D1691025

Lutz Hachmeister
Heideggers Testament

LUTZ HACHMEISTER

Heideggers Testament

Der Philosoph, der *Spiegel* und die SS

Propyläen

Propyläen ist ein Verlag der Ullstein Buchverlage GmbH
www.propylaeen-verlag.de

ISBN: 978-3-549-07447-3

© Ullstein Buchverlage GmbH, Berlin 2014
Lektorat: Jan Martin Ogiermann
Photos Innenteil: © Digne Meller Marcovicz
Alle Rechte vorbehalten
Gesetzt aus der Minion Pro
Satz: Pinkuin Satz und Datentechnik, Berlin
Druck und Bindearbeiten: Fa. Pustet, Regensburg
Printed in Germany

Inhalt

NACHTZUG NACH FREIBURG
Martin Heidegger, die Philosophie und der Journalismus... 7

AUF BURG WILDENSTEIN
Heidegger 1945 und im *Spiegel* 61

DER FRÜHE *SPIEGEL* UND DIE SD-KADER 97

GEORG WOLFF
Vom SD-Offizier zum
»Geisteswissenschaftler« des *Spiegel* 145

»SCHARF GEWÜRZTE BOUILLABAISSEN«
Die Vorbereitungen und Recherchen 172

»DAS IST SCHLAGEND, HERR PROFESSOR!«
Das Interview, die Strategien der
Gesprächspartner und die historischen Realitäten 203

DIE GEGNER
Ernst Krieck, das »Todtnauberger Lager«
und die Studentenführer 256

»ER WAR FAIR ZU MIR. ICH BIN FAIR ZU IHM.«
Nachspiele und Interpretationen 283

FAMILIENVERHÄLTNISSE 311

QUELLEN UND LITERATUR 341

DANKSAGUNG 354

ANMERKUNGEN 355

PERSONENREGISTER 361

Nachtzug nach Freiburg

Martin Heidegger, die Philosophie und der Journalismus

»Die großen Philosophen sind ragende Berge, unbestiegen und unbesteigbar. Aber sie gewähren dem Land sein Höchstes und weisen in sein Urgestein.«
Martin Heidegger, *Beiträge zur Philosophie* (Vom Ereignis), datiert 1936–1939

»Schade, daß ich nichts auf der Welt lasse, als nur die Erinnerung an mich.«
Cato Bontjes van Beek, letzter Brief vor ihrer Hinrichtung, 5. August 1943

Am Abend des 22. September 1966 nimmt eine kleine Reisegruppe den Nachtzug von Hamburg nach Freiburg im Breisgau. Dabei sind der einflussreichste deutsche Journalist und Herausgeber des maßgebenden »Nachrichtenmagazins«, sein Ressortleiter für »Geisteswissenschaften«, eine junge Photographin und ein Stenograph. Sie wollen den bekanntesten deutschen Philosophen des 20. Jahrhunderts für ein lange und intensiv vorbereitetes Interview treffen.

Der führende Journalist war vor 1945 Zeitungsvolontär gewesen und hatte als Leutnant in Hitlers Wehrmacht an der Ostfront gekämpft. Der Geisteswissenschaftler hatte im Rang eines SS-Hauptsturmführers im besetzten Norwegen gearbeitet, als Nachrichtenoffizier des Sicherheitsdienstes (SD). Die Halbschwester der Photographin war im NS-Staat zum Tode verurteilt und hingerichtet worden. Der Stenograph war ursprünglich Fremdsprachenkorrespondent in der Textilbranche und hatte als Marineartillerist vor Leningrad gestanden.

Der Philosoph hatte vor und nach 1933 für eine gewisse Zeit den »Führer« verehrt und große Hoffnungen in »die Bewegung« gesetzt – wie lange und wie intensiv, das war und ist umstritten, eine internationale *cause célèbre*. Politischer Irrtum und die Sache des Denkens, aber auch das Sein an sich und die *Technik* sollten Gegenstand des Interviews sein. Die Reisegruppe – bestehend aus der *Spiegel*-Crew Rudolf Augstein, Georg Wolff, Digne Meller Marcovicz und Walter Steinbrecher[1] – kommt um acht Uhr zwanzig in Freiburg an und wird dort im Hotel Colombi von einem Sekundanten des Philosophen Martin Heidegger erwartet. Der Adlatus ist Heinrich Wiegand Petzet, Verehrer und Berater des mittlerweile sechsundsiebzigjährigen Denkers. Nach vielen Kehren und Wendungen in seiner intellektuellen und privaten Existenz hatte sich Heidegger zunächst nach Kräften gegen ein journalistisches »Interview« gesträubt. In seiner universitätspolitisch-aktivistischen Phase als Rektor der Universität Freiburg 1933/34 war er als Mischung aus Fichte und Luther aufgetreten: der deutschvölkische Reformator der Humboldt'schen Universitätsidee. Einzig in dieser Phase seines Lebens hatte er sich öffentlich sehr klar ausgedrückt,[2] und das war ihm nicht gut bekommen. Danach befand er sich wieder im denkerisch umwölkten Zwiegespräch mit den Vorsokratikern, mit Nietzsche und Hölderlin, und wenn für ihn schon die Philosophiegeschichte seit Platon, den »Römern« und erst recht der sogenannten »Aufklärung« als *Verfallsgeschichte* zu deuten war, dann galt dies erst recht für das »Man«, die Denomination der lärmenden und demokratischen Öffentlichkeit. Journalisten waren für ihn das gefährliche Gezücht aus professioneller Geschwätzigkeit und den Möglichkeiten planetarischer Informationstechnik.

Aber auf eine seltsame Weise schätzt Martin Heidegger den *Spiegel*, vor allem dessen Herausgeber. Er liest das damals FDP-nahe, nationalliberale Wochenmagazin regelmäßig, die großbürgerliche *Frankfurter Allgemeine Zeitung* ist ihm dagegen verhasst. »Von dem erwarte ich noch sehr viel«, habe Heidegger über Augstein gesagt, berichtete der getreue Vermittler Petzet, noch bevor es zu dem persönlichen Treffen in Freiburg kommt. Auch Heideggers Enkelin Gertrud erinnert sich, dass ihre Großeltern den *Spiegel* abonniert hatten: »Und der wanderte dann über meinen Vater und meinen Onkel. Da wurde abgezeichnet, wer ihn gelesen hatte.« Die Sympathie des Journalismusverächters Heidegger zu dem bekennenden Agnostiker Augstein hat ein Motiv in der gemeinsamen Abneigung gegen den politischen Katholizismus. Heideggers Erzfeinde sind seit der Weimarer Republik die »Schwarzen«, Zentrumsleute, Funktionäre der katholischen Kirche, später dann Adenauers Christdemokraten. Heidegger war vom katholischen Glauben abgefallen und zur »Fundamentalontologie« übergegangen, auf der Suche nach dem »Sinn des Seins«. Augstein, selbst aus der katholischen Diaspora kommend, focht so lange gegen Adenauers klerikalkonservative Kanzlerdemokratie, bis er 1962 dessen Regierung destabilisiert und als Märtyrer der Pressefreiheit einige Monate im Gefängnis verbracht hatte.

Über Heideggers politisches und geistiges Engagement im Zuge der NS-Machtübernahme wissen wir einiges, über seine realpolitische Grundeinstellung nach 1945 – und im Grunde auch vor 1933 – ist wenig geforscht worden. Am 11. November 1966 schreibt der Philosoph aus dem schweizerischen Zollikon an seine Frau Elfride (»Mein liebes Seelchen«): »Gestern abend sahen wir im deutschen Fernsehen das ganze Bonner Wahltheater; der Kiesinger höchst unangenehm; Brandt u. Mende sehr verschlossen u. verärgert; Schröder nicht minder. Hoffentlich halten SPD u. FDP zusammen, dann kommen die Schwarzen nicht von der Stelle. Das Wahlverfahren hat Strauß eingefädelt. Der trat auch auf; übel –«

So waren sich Heidegger und der *Spiegel* in ihrem Ansinnen nach Ablösung der CDU/CSU aus der Regierungsverantwortung ganz einig. In den Wochen vor seinem Aufenthalt in der Schweiz, wo er mit dem Psychiater Medard Boss »daseinsanalytische« Seminare gibt, hat Heidegger im heimatlichen Meßkirch zusammen mit seinem Bruder Fritz die Abschrift des *Spiegel*-Interviews studiert und sich »auf der Hütte« wieder einmal mit Heraklits Fragmenten beschäftigt. Er bedankt sich bei seiner Frau brieflich für die Übersendung von frischen Hemden und schreibt: »Schade war es, daß wir der Sp(iegel)-Sache wegen nicht wandern konnten.«

Das *Spiegel*-Interview mit Martin Heidegger aus dem Jahr 1966 ist seither stets mit den Attributen »berühmt«, »sagenumwoben« oder »legendär« versehen worden. Die *FAZ* nannte es ein »erregendes geistespolitisches Testament«; auch der US-Philosophieprofessor William J. Richardson, der es als Erster ins Englische übersetzte, sah darin »den Charakter eines letzten Willens und Testaments«. Der eminente Literaturwissenschaftler George Steiner wunderte sich in seinem Heidegger-Einführungsbuch 1978 zwar über »den merkwürdig trivialisierenden Ort«, den sich Heidegger für ein publizistisches Gespräch ausgesucht habe, hielt den Text aber dennoch für signifikant: »Wie wir aus dem *Spiegel*-Interview wissen, legte er sich zur postumen Veröffentlichung eine besonders lügnerische Apologie seiner Rolle in den 30er und 40er Jahren zurecht. Doch der Denker des Seins fand keine Worte zum Holocaust oder den Todeslagern.«

Das Interview ist vor allem dadurch mystifiziert worden,

dass es Heidegger erst einmal nicht zur Veröffentlichung freigab, sondern die mehrfach redigierte Fassung bis zum Zeitpunkt seines Todes »sekretierte«. Die *Sekretierung*, also das Geheimnisvolle, Numinose und Hinhaltende in der Publizistik des »fragenden Denkens« war eine von Heideggers Lieblingsstrategien – bis hin zu der von ihm schließlich konzipierten »Gesamtausgabe letzter Hand« seiner Schriften, Notizen und Gedichte, die auf 102 Bände angelegt ist. Der Historiker und Publizist Reinhard Mehring hat in diesem Zusammenhang schon früh von »Heideggers Überlieferungsgeschick« gesprochen, im Sinne einer Verewigung ins Überzeitliche. Es wurde auch beim *Spiegel*-Gespräch heftig über mögliche redaktionelle Veränderungen spekuliert, die der Philosoph in den Passagen über seinen Einsatz für die NS-Bewegung vorgenommen haben könnte.

Der chilenische Heidegger-Kritiker Víctor Farías empfand Heideggers Umgang mit den *Spiegel*-Befragern als »einen letzten Beweis seines dramaturgischen Talents«. Vom *Spiegel* selbst, so Farías 1987, seien die Unterschiede »zwischen dem Originaltext des Interviews und dem schließlich publizierten« nicht erwähnt worden; ihm selbst habe das *Spiegel*-Archiv Einsichtnahmen in das Originalskript verwehrt – mit Verweis auf die Rechte der Heidegger-Nachlassverwaltung. Man könne also nur auf »die Bedeutung aufmerksam machen, die ein wissenschaftlicher Vergleich der Interview-Fassungen hätte, und hoffen, dass er eines Tages möglich sein wird«.

Nun stimmte es nicht, dass der *Spiegel* den redaktionellen Prozess verschleiert hätte, der mit dem komplizierten Procedere des Interviews einherging, im Gegenteil. Als es dann am 31. Mai 1976 endlich erscheinen konnte, druckte das Magazin stolz eine von Heidegger redigierte Protokollseite faksimiliert in seinen »Hausmitteilungen« auf Seite 3 ab, bei der man tatsächlich den Eindruck haben konnte, der Philosoph habe das Ursprungsskript komplett umgeschrieben. So war es aber nicht, wie sich zeigen wird.

Wir beschäftigen uns in diesem Buch mit der Entstehung und dem Verlauf dieses merkwürdigsten aller *Spiegel*-Gespräche, mit den Recherchen und den politisch-geisteswissenschaftlichen, mitunter auch ganz persönlichen Interessen der Beteiligten. Es wird also die *Biographie eines Interviews* geschrieben,[3] mit den Stationen seiner Entstehung, der Kommunikationssituation, dem redaktionellen Prozess und der Beurteilung des Gesagten. Dass hier ein ehemaliger SS-Offizier ein Gespräch mit dem einstigen nationalsozialistischen Universitätsrektor Heidegger vorbereitet und es dann – gemeinsam mit Augstein – auch führt, gibt der Sache eine besondere Note.[4] Dies alles findet vor dem Hintergrund ideengeschichtlicher Strömungen der fünfziger und sechziger Jahre statt, die vom Pariser »Existentialismus« bis zum Neomarxismus reichen. Auch der Blick auf die konkrete zeithistorische Situation der alten Bonner Republik spielt eine Rolle; der Abgang des CDU-Bundeskanzlers Ludwig Erhard, der das westdeutsche »Wirtschaftswunder« auch physisch abbildet, steht ins Haus. Als das Heidegger-Gespräch im September 1966 geführt wird, beschäftigen sich die *Spiegel*-Titelgeschichten mit dem Phänomen der »Gammler« und der Entlassung Albert Speers aus dem Spandauer Gefängnis. Das letzte *Spiegel*-Heft 1966 thematisiert die Möglichkeiten der »Futurologie«. Es ist also eine Zwischenzeit mit noch sehr präsenter NS-Überlagerung und modernisierter, demokratischer Technokratie der »formierten Gesellschaft«. Nach der Bildung der Großen Koalition am 1. Dezember 1966 werden der SPD-Ökonom Karl Schiller, in seinen Heidelberger Studentenzeiten noch im NS-Studentenbund und der SA aktiv, und der wegen der *Spiegel*-Affäre geschasste Franz Josef Strauß gemeinsam im Regierungskabinett sitzen, Wirtschaftsminister der eine, Finanzminister der andere.

Martin Heidegger, ohnehin ins esoterische Spätwerk entrückt und nun vornehmlich mit der Selbstinterpretation seines Denkwegs beschäftigt, bereitet sich in dieser Zeit auf seinen endgültigen Abgang aus der universitären Öffentlichkeit vor. Rudolf Augsteins Interesse am Inhalt der Heidegger'schen Lehre von der »Seynsgeschichte« geht gegen null. Der *Spiegel*-Herausgeber, zum Zeitpunkt des Interviews vierzigjährig und mit seinem Nachrichtenmagazin ökonomisch und publizistisch auf der Höhe der Macht, will die Begegnung mit dem Philosophen als Trophäe. Er interessiert sich für das Zwielicht, das die nach 1945 Verfemten umgibt. Er strebt nach *face-to-face*-Begegnungen mit den Professoren und Schriftstellern, die sich 1933 für mehr oder weniger kurze Zeit mit dem völkisch-institutionellen Aufbruch des NS-Regimes identifiziert hatten: der »Kronjurist« Carl Schmitt, der Waldgänger und Stoßtruppführer Ernst Jünger, der Anthropologe Arnold Gehlen und der Dichter Gottfried Benn. Alle diese Solitäre, mag man sie als »konservative Revolutionäre« oder Vertreter des »heroischen Realismus« beschreiben, in jedem Fall scharf beobachtende Gegner der Weimarer Parteiendemokratie, mochten sich schon vor 1933 nicht besonders. Nach der deutschen Totalkapitulation 1945 kamen sie in unterschiedlichen Konstellationen allenfalls zu eher kurzzeitigen Zweckbündnissen zusammen – aber ausnahmslos standen sie auf der Wunschliste des *Spiegel*-Herausgebers. Politische Intellektuelle wie Carl Schmitt, den Augstein in den fünfziger Jahren animieren wird, juristischer Berater des *Spiegel* zu werden, oder Ernst Jünger faszinieren Augstein zweifelsohne mehr als der Esoteriker und »Fachphilosoph« Heidegger, aber der war vielleicht doch der Berühmteste von all den in die Irre Gegangenen.

Es handelt sich hier also um ein *Trophäeninterview*, vorher in der Fragestruktur weitgehend ausgehandelt, dann auch noch bis zum Ableben des Philosophen zehn Jahre im Archiv – im Gegensatz zu einem *Bekenntnisinterview*, bei dem der Interviewte von sich aus die Öffentlichkeit für eine überraschende *confessio* sucht, oder einem *Rechercheinterview*, bei dem die journalistischen Befrager ihr Gegenüber mit Zeugenaussagen oder Dokumenten überfallen, mit denen dieser nicht rechnen konnte. Gewiss, der *Spiegel* hat in Sachen Heidegger recherchiert – dies übernahmen die zwei Mitarbeiter Georg Wolffs aus dem Ressort »Geisteswissenschaften«. Aber befragt wurden im Vorfeld wesentlich Leute aus dem südwestdeutschen Heidegger-Umfeld – Schüler, Doktoranden und Weggefährten, aber keine Emigranten wie Herbert Marcuse, Hans Jonas, Hannah Arendt oder Karl Löwith. Vielleicht erschien dem *Spiegel* dafür der Aufwand zu groß. Heidegger konnte sich nicht völlig sicher sein, wie das Gespräch ablaufen würde. Aber er war über die Themen- und Fragestruktur gut informiert und wusste, was auf ihn zukam.

Gut zwanzig Jahre später, anlässlich eines avisierten Vortrags von Rudolf Augstein bei einer Konferenz zum jeweiligen hundertsten Geburtstag von Martin Heidegger und Ludwig Wittgenstein in Madrid, bekannte der *Spiegel*-Herausgeber: »Als ich mich 1966 mit Martin Heidegger zwei Tage unterhalten konnte, in seiner Freiburger Wohnung und auf seiner Hütte in Todtnauberg, war ich dem Thema keineswegs gewachsen. Wir, mein Freund Georg Wolff und ich, hatten uns ordentlich vorbereitet, wie Journalisten das zu tun pflegen. Aber wir hatten keine enzyklopädischen Studien getrieben.« Und Augstein fügte freimütig an, dass er »für das Hauptthema von ›Sein und Zeit‹ kein philosophisches Organ habe«. Ihn interessiere »die Metaphysik als die ›Lehre vom Sein des Seienden‹ nicht. Ich verstehe Heidegger nur da, wo er gegenständlich wird, sich also ›entbirgt‹, um in seiner Sprache zu bleiben. Irgendeine, und sei es auch noch so umwegige und noch so ferne Wirkung muß der Philosoph nach meinem Verständnis erbringen, wie sich das leicht an den Werken von Machiavelli, Hobbes, Hume, Locke, Spinoza, Rousseau, Descartes, Burke, Hegel etc. dartun läßt.«

Dass hier vom *Spiegel*-Herausgeber Machiavelli als Theoretiker der politischen Machtspiele an erster Stelle genannt wird, ist sicher nicht zufällig. Augsteins Heidegger-Terminologie zeigt, dass er den Denkweg des Philosophen tatsächlich kaum verstanden hatte, aber wer hatte das schon – Heidegger verstand sich ja mitunter selbst nicht, weil ihn das Denken nur »überkam« und er lediglich das Medium der anfänglichen abendländischen Anfänge war, allerdings seiner Meinung nach so ziemlich »der Einzigste« unter den Lebenden im Abendland. Ansonsten war Augstein nun, im Abstand von zwei Jahrzehnten und im Wissen um die neuere Heidegger-Forschung, von dem Gesprächsverlauf 1966 enttäuscht, bis hin zu sarkastischen und wütenden Angriffen auf seinen damaligen Gesprächspartner. Er fühlte sich ausgetrickst und benutzt – und das war ihm nicht oft passiert. Dafür vorab nur ein Beispiel: Heidegger hatte sich im Interview darüber beklagt, dass er von der NS-Administration 1944 im fortgeschrittenen Alter noch zum »Schanzen« oder zum Volkssturm eingezogen worden war; Augstein retournierte *post festum* 1989: »Rühmte sich der 55jährige Heidegger nicht seiner bäuerlichen Gesundheit? Umfaßte der Volkssturm nicht Männer bis zu 60 Jahren? War es nicht besser, den Hölderlinschen Heimatboden gegen die zum Philosophieren unfähigen Alliierten, womöglich Franzosen, mit der Schippe oder der Flinte in der Hand zu verteidigen, als zweideutige Vorlesungen über Nietzsche zu halten?«

Während Augstein als Jäger und Sammler geistespolitischer Größen für seinen *Spiegel* auftritt, ist sein Ressortchef Georg Wolff (1914–1996) zwar auch kein Heidegger-Spezialist, aber als ehemaliger SS-Offizier an einem »Moralgebäude« und biographischer Erlösung durch Philosophie interessiert. Wolff gehörte zu den prägenden Persönlichkeiten des *Spiegel* in den fünfziger und sechziger Jahren. Er wäre nach dem Willen Rudolf Augsteins 1959/60 beinahe Chefredakteur des Magazins geworden. Das scheiterte auch an seiner Vergangenheit als Norwegen-Spezialist des SD und SS-Hauptsturmführer. Wolff nutzt schließlich sein neues Ressort »Geisteswissenschaften« dafür, die Kontakte des *Spiegel* zu Horkheimer, Adorno und Marcuse und damit auch zur studentischen Linken zu intensivieren. Sein Traum, ein spektakuläres *Spiegel*-Gespräch des SS-Mannes Wolff mit dem jüdisch-neomarxistischen Sozialphilosophen und Remigranten Horkheimer, zerschlägt sich. Ende der achtziger Jahre arbeitet er an einer Autobiographie, deren unveröffentlichtes Manuskript eine wesentliche Quelle für die in diesem Buch behandelte Geschichte des *Spiegel* in der Adenauer-Ära ist. Dem Geschichtslehrer Ekkehard Zimmermann aus Goslar, der ihm bei der Abfassung des autobiographischen Textes geholfen hatte, schreibt Wolff resigniert am 25. September 1989 aus Reinbek: »In der Tat ist dieser selbstbiographische Versuch ja fast in Gänze misslungen. Mir schwebte vor, den Menschen in seiner Zeit, in seiner Landschaft, unter seinen Mitmenschen darzustellen – seine Unschuld, seine Schuld. Es ist nicht gelungen. Konnte wohl auch nicht. Jetzt ist es zu spät.«

Digne Meller Marcovicz, die Photographin und Filmemacherin, erinnert sich im Gespräch mit dem Autor daran, dass ihr Georg Wolff bei der nächtlichen Zugfahrt nach Freiburg erzählt habe, dass er in der SS gewesen sei. Dies habe sie »ziemlich schockiert«, weil sie es vorher nicht wusste:

> Wir sprachen über grundsätzliche Dinge, die das Dritte Reich betreffen, und er sagt mir in etwa: »Ach wissen Sie, das ist doch alles Quatsch, was heute darüber erzählt wird. Die SS war doch eine ganz

ordentliche militärische Organisation, so etwas gibt es doch in jedem Land.« Ich bin ja ziemlich empfindlich, was dieses Thema betrifft. Früher war ich noch viel ungehaltener und regte mich furchtbar auf. Ich dachte: »Mein Gott, was ist das für ein gruseliger Typ, wo kommt der denn her?« Ich konnte kaum schlafen, weil er diese Meinung vertrat und gar nicht davon abzubringen war. Deswegen habe ich auch später, beim Zusammenstellen meines Heidegger-Buchs, nur ein einziges Photo von Wolff ausgewählt – von hinten. Das ist natürlich albern, und ich würde es heute auch nicht mehr machen.

Für die Photographin des Heidegger-Gesprächs und einzige Frau im Raum machten die schwarzweißen Lichtbilder des Jahres 1966 einen gewichtigen Teil ihres späteren Ruhms aus, obwohl sie auch zahlreiche Künstler wie Rainer Werner Fassbinder, Oskar Werner oder Klaus Kinski porträtiert hat. Meller Marcovicz zählt neben Barbara Klemm, Will McBride, Robert Lebeck oder Jupp Darchinger zu den Photokünstlern, die das politische und kulturelle Bild der Bonner Republik definiert haben. Ihrer Arbeit wurden »zeitloser Charme und freundliche Distanz« (Claudia Lenssen) attestiert. Zum Zeitpunkt des Heidegger-Gesprächs war sie 33 Jahre alt, und sie hatte das Gefühl, dass sie seinerzeit als Frau und Photographin inmitten der politisierenden und philosophierenden *Spiegel*-Männertruppe nicht besonders ernst genommen wurde: »Wolff war mir gegenüber ziemlich unverschämt. Als ich mich beschwerte, dass meine Bilder verwendet wurden, ohne mich namentlich zu nennen, sagte er nur: ›Wo kommen wir denn hin, wenn wir die Chauffeure, die Stenographen und die Photographen hier mit Namen nennen!‹ Und heute bin ich die Einzige, die noch am Leben ist und über das Gespräch berichten kann …«

Meller Marcovicz war die Tochter des Keramikers Jan Bontjes van Beek und dessen zweiter Ehefrau, der Innenarchitektin Rahel-Maria, geborene Weisbach. Jan Bontjes van Beek und seine Tochter aus erster Ehe, Cato, also die Halbschwester von Digne Meller Marcovicz, waren 1942 im Zuge der Gestapo-Aktionen gegen die »Rote Kapelle« verhaftet worden. Cato Bontjes van Beek wurde vom Reichskriegsgericht wegen »Beihilfe zur Vorbereitung zum Hochverrat« zum Tode verurteilt und nach mehrmonatiger Haft am 5. August 1943 in der Strafanstalt Plötzensee hingerichtet. Hitler selbst hatte gegen das Votum Hermann Görings ein Gnadengesuch abgelehnt. Catos Vater war nach dreimonatiger Haft wieder freigekommen und lehrte nach 1945 an der Berliner Meisterschule für Kunsthandwerk und an der Hochschule für Bildende Künste in Hamburg. Er starb 1969 in Berlin. Digne Meller spricht nicht gern über die familiäre Dramatik, weil sie ihre politische Einstellung nicht darauf fixiert sehen möchte. Aber sie erinnert sich, dass ihr Vater sich noch darüber aufgeregt hat, dass sie den »Nazi« Heidegger und seine Frau nach dem *Spiegel*-Gespräch noch einmal porträtiert hat: »Dass du das machst, finde ich ganz schön übel.«

Meller Marcovicz arbeitete von 1964 bis 1985 für den *Spiegel*, stets in »fester freier« Position. Sie war mit dem Werbefachmann Pali Meller Marcovicz und dem Chirurgen Istvan Klempa verheiratet und mit den Regisseuren Werner Schroeter und Einar Schleef befreundet. Von 1987 bis 2002 lebte und arbeitete sie in Italien, heute wohnt sie in Berlin-Pankow. Man kann es als *poetic justice* nehmen, dass die Wahrnehmung des Heidegger-Interviews bis heute von ihren Photographien geprägt wird, weniger von seinem dubiosen Inhalt. Carl Schmitt, der Heidegger nach einer kurzen Zeit gemeinsamer Interessen eher für einen apolitischen Geisteswissenschaftler hielt, las das Interview 1976 im sauerländischen Plettenberg und notierte an den Rand: »Triumph der Photographie« und »So wandelten an Augsteins Hand (er: Heidegger, sie: die Philosophie) im sanft- und wohlgelebten Land/Südbaden« – bezogen auf die ikonographische Meller-Marcovicz-Photographie mit Augstein und Heidegger auf dem Feldweg zur Hütte.

Auf den Photos zum Interview sieht man auch einen fülligen und jovialen Mann, der zusammen mit dem Schriftsteller und Direktor der Wolffenbütteler Herzog-August-Bibliothek, Erhart Kästner, unter einiger pädagogischer Mühe Heidegger zum *Spiegel*-Gespräch bewegt hatte. Das war Heinrich Wiegand Petzet, Jahrgang 1909, ein Kunsthistoriker aus bremisch-merkantiler Familie, den Heideggers Bruder Fritz immer »das Petzetle« nannte. Er war der Sohn von Arnold Petzet, Direktor bei der Norddeutschen Lloyd, der von 1928 an auch der Handelskammer Bremen vorstand. Arnold Petzets Frau Elsa hatte in Bremen eine Art geisteswissenschaftlich-poetischen Salon etabliert; Heinrich Petzets Elternhaus war von den berühmten Architekten Bruno Paul und Richard Riemerschmid entworfen worden. Nach seinem Abitur 1928 am Alten Gymnasium Bremen studierte er Jura und Geschichte in Freiburg und hatte bei Heideggers Antrittsvorlesung »Was ist Metaphysik?« am 24. Juli 1929 sein Erweckungserlebnis. »Es war, als spalte ein riesiger Blitz jenen dunkel verhangenen Himmel, der über dem Höhlengleichnis gelegen hatte; in einer fast schmerzenden Helle lagen die Dinge der Welt offen da … Es hatte mir die Sprache verschlagen, als ich die Aula verließ. Mir war, als hätte ich einen Moment auf den Grund der Welt geblickt«, so schrieb es Petzet in seinen Heidegger-Erinnerungen, die 1983 unter dem Titel *Auf einen Stern zugehen* erschienen.

Dem jungen Studenten Petzet war es gemeinsam mit seinem alten Deutschlehrer Jordan schon im Oktober 1930 gelungen, Heidegger zu Vorträgen nach Bremen einzuladen. Der Philosoph übernachtete damals in Petzets Elternhaus; es gab einen Ausflug nach Worpswede zum »Künstlerdorf«. Petzet entwickelte sich später zum Spezialisten für den genialen sozialistischen Maler und Graphiker Heinrich Vogeler, auf dessen als linksextrem verdächtigtem Worpsweder »Barkenhoff« sich auch Jan Bontjes van Beek 1919 einige Monate lang verborgen hatte. Heidegger hielt seinen Vortrag »Vom Wesen der Wahrheit« in der Aula des Bremischen Realgymnasiums (Petzet: »ein denkerisches Ereignis von höchstem Range«). Am nächsten Tag gab es Frühstück bei Hilde Roselius, der Tochter des Kaffee-Kaufmanns und Schöpfers der Böttcherstraße, zu der Heidegger gesagt habe: »Liebes Fräulein Roselius, in Bremen stellt man mir keine dummen fachphilosophischen Fragen, bei denen doch nichts herauskommt. Nüchtern wie Ihr seid, geht es euch Bremern doch wohl einzig um Sachliches, mögen dies nun die denkbar einfachsten Dinge sein. Und dabei fühle ich mich wohl!«

Petzet studiert im Sommersemester 1933 in Kiel und hört dort Heideggers rabiaten völkischen Vortrag »Die Universität im neuen Reich«, interpretiert ihn aber in grenzenloser Heidegger-Bewunderung zum Resistenz-Akt um: »Der Christian-Albrechts-Universität schien der Redner eine schwere Kränkung anzutun. Denn war man nicht gerade in Kiel besonders stolz darauf, alles Jüdische, Personen und Sachen bis in den jüdischen Geist der Bibliotheksbestände hinein, ausgemerzt zu haben – und nun war in dem Vortrag mit keinem Wort von der Rassenfrage die Rede gewesen?«

Petzets Mutter stirbt im Januar 1934 in München, auch er selbst wird krank und unterbricht sein Studium für ein Jahr. Danach beginnt er ein Geschichtsstudium in Berlin und promoviert 1938 bei dem Militärhistoriker Walter Elze. Im Winter 1935 hat Petzet »einen jungen, eleganten Ausländer« kennengelernt, den zweiten Attaché der peruanischen

Botschaft Alberto Wagner de Reyna, den er zum Studium bei Heidegger empfiehlt. Reyna schreibt eine Doktorarbeit in Lima über *Die Fundamentalontologie Heideggers* und betätigt sich auch als Heidegger-Übersetzer, wird schließlich Diplomat in Bern und später Botschafter in Bonn. Er wird den Heideggers nach 1945 mit Lebensmittelpaketen helfen.

Nach dem Ausbruch des Zweiten Weltkriegs entwickelt sich ein reger Briefwechsel zwischen den Häusern Heidegger und Petzet. Vater Arnold Petzet hat ein Landhaus im bayerischen Icking und bietet Heidegger dort Logis an. Heidegger sorgt sich angesichts des Kriegsverlaufs um seine Manuskripte und deponiert einige davon bei den Petzets in Icking; dort stirbt der Vater 1941. Der Sohn findet nach seiner Promotion auf Vermittlung seines Doktorvaters Walter Elze Anstellung bei der Kriegsgeschichtlichen Abteilung des Oberkommandos der Wehrmacht, der ganz unkriegerische Ästhet erhält den Titel »Kriegsverwaltungsrat«. Auch er muss allerdings Kriegsdienst »im Osten« leisten und schildert zudem die »Erfahrung jenes Herbstabends in Moabit«, wo Petzet »ahnungslos Zeuge eines Abtransports Hunderter von Juden wurde, die – Frauen, Kinder, Greise und Männer auf Lastwagen eng zusammengepfercht – singend in den Tod gefahren wurden«. 1946 arbeitet Petzet für den amerikanischen »Art Collecting Point« in München. Es kommt zu einem erneuten Besuch beim Ehepaar Heidegger auf dem Freiburger Rötebuck im November 1947. Der mit Lehrverbot belegte Philosoph berichtet Petzet dabei über seine »unsichtbare Einkreisung durch die Gestapo« im NS-Staat und über seine schäbige Behandlung durch die Freiburger Universität nach 1945, wo Heidegger, so Petzet, »völlig unvorbereitet von der Fakultät in das Inquisitionsverhör der dreiundzwanzig Fragen genommen wurde und darauf zusammenbrach«. Petzet geht für einige Zeit zu seinem Freund Alberto Wagner de Reyna in die Schweiz.

Mit den Heidegger-Vorträgen 1949 auf Einladung des »Club zu Bremen« über »Das Ding«, »Das Ge-stell«, »Die Gefahr«, »Die Kehre« im Kaminsaal des Neuen Rathauses leitet Petzet die Heidegger-Renaissance in den fünfziger Jahren ein – Gottfried Benn dazu an den Bremer Kaufmann F. W. Oelze: »Nun reist er auch noch herum! Nicht schön.« Acht Mal ist Heidegger zu Vorträgen in Bremen und bringt, wie Petzet berichtet, auch den Planungen für eine neu zu gründende Universität in Bremen zunächst »warmes Interesse« entgegen, aber »die bald nach dem Scheitern des ersten Gründungsausschusses einsetzende Entwicklung, die Verkehrung ins Politische waren für ihn eine große Enttäuschung«. Petzet lebt schließlich als Privatgelehrter und Kunsthistoriker im väterlichen Haus in Icking und verbraucht langsam das väterliche Erbe. Schließlich wohnt Petzet in Rast über Meßkirch, in der Heimat des Philosophen. »Wären wir durch den modernen Journalismus nicht jedes Gefühls für Größe beraubt, so hätte gerade der Vergleich des Meßkircher Bauernbuben mit dem Röckener Pastorensohn (Nietzsche, L. H.) längst deutlich machen müssen«, so Petzet 1983, »wie sehr sich entscheidende Phasen ihres Lebens ähneln. Auch im Verhältnis zu Universität: anfangs deren leuchtende Sterne, dann im Gegensatz zu ihr geraten, vermochte die Institution weder den einen noch den anderen zu halten.«

Heinrich Wiegand Petzet stirbt 1997 in Freiburg. Petzets Erinnerungsbuch *Auf einen Stern zugehen* ist seinem jungen Freund Arnold Stadler aus Meßkirch gewidmet, dem Schriftsteller und Büchner-Preisträger, der auch Petzets Nachlass betreut.

Petzet wollte mit seinem Buch einer künftigen Biographie *vorarbeiten*, eine kritische Auseinandersetzung mit der Person Heidegger hielt er allerdings für kaum möglich, »ohne seine umstrittene Gestalt erneut umzufälschen, wie dies von gegnerischer Seite schon öfters geschehen« sei. Abgesehen von dem ausgeprägten Freund-Feind-Denken der Heidegger-Getreuen, ist tatsächlich kein anderer Universitätsphilosoph im 20. Jahrhundert von seinen Gegnern so drastisch und inständig gehasst worden wie Martin Heidegger. Karl Raimund Popper, der Theoretiker des »kritischen Rationalismus«, nannte Heidegger einen »Schwindler« und ein »Schwein« – Letzteres bezogen auf die menschliche Kälte, mit der Heidegger seinen jüdischen phänomenologischen Mentor Edmund Husserl nach 1933 behandelt hatte. Popper sagte noch an seinem neunzigsten Geburtstag: »Ich appelliere an die Philosophen aller Länder, sich zusammenzutun und nie wieder Heidegger zu erwähnen, oder mit einem anderen Philosophen zu sprechen, der Heidegger verteidigt.« In eine ähnliche Richtung ging 2007 Emmanuel Faye mit seinem Vorschlag, Heideggers Schriften in Bibliotheken künftig nicht mehr unter »Philosophie«, sondern unter »Nationalsozialismus« einzuordnen. Thomas Mann hatte schon im April 1944 an Paul Tillich geschrieben, er habe diesen »Nazi par existence doch niemals leiden können. (...) Schopenhauer hätte diesem High-Brow-Sudler und kriminellen Sprachschänder die Meinung gesagt.« Theodor W. Adorno, mit seiner neomarxistischen »kritischen Theorie« nach 1945 in unmittelbarer geistespolitischer Konkurrenz zur schwächer werdenden Heidegger-Schule, war sich sicher: »Heideggers Einordnung in den Hitlerschen Führerstaat war kein Akt des Opportunismus, sondern folgte aus einer Philosophie, die Sein und Führer identifizierte.«

In Frankreich, wo der rätselhafte Einfluss des Schwarzwald-Philosophen auf Intellektuelle wie Jean-Paul Sartre, Michel Foucault, Jacques Derrida oder Jean Baudrillard mitunter als »zweite deutsche Besatzung« empfunden wurde, gab es mehrere publizistische Heidegger-Schlachten, besonders nach den fundamentalkritischen Büchern von Víctor Farías (1987) und dem bereits erwähnten von Emmanuel Faye, dessen Vater Jean-Pierre sich schon kritisch mit Heideggers Terminologie beschäftigt hatte. Bei dem Sohn Faye erschien Heidegger als für alle Zeiten gefährlicher Über-Nationalsozialist, und es wird sogar über einen direkten Einfluss auf Hitler phantasiert: »Weiter muss zumindest die Frage aufgeworfen werden, ob Heidegger nicht an der Ausarbeitung der einen oder anderen Führerrede mitgewirkt haben könnte, denn seine nachweislich engen Kontakte zu Führungspersönlichkeiten in München und Berlin lassen es durchaus möglich erscheinen.« Hitler wusste aber wohl gar nicht, dass ein Philosophieprofessor mit Namen Heidegger überhaupt existierte, und Rudolf Augstein hatte in gewisser Weise recht mit seiner steilen These, dass es im NS-Staat letztlich nur einen Philosophen geben konnte: den Führer selbst mit seinem lebensphilosophisch-rassistischen Hauptwerk *Mein Kampf*.

Derzeit wird in Paris, »der unheimlichsten Hauptstadt des irrationalsten Heidegger-Kults« (Jürg Altwegg), an der endgültigen Heidegger-Vernichtung gearbeitet – für März 2014 sind Editionen von Heideggers »Schwarzen Heften« in der Gesamtausgabe angekündigt, und in einem Kino in Saint-Germain-des-Prés wurden vorab Passagen vorgelesen, die an Heideggers antisemitischer Grundeinstellung offenbar wenig Zweifel lassen. Organisiert hatte die düstere Séance im Kino Bernard-Henri Lévys Zeitschrift *La règle du jeu*. »Schwarze Hefte«, das linke Seine-Ufer, Bernard-Henri Lévy – solche Embleme und Konnotationen verweisen auf die zeichenhaft-medialen Potentiale und die kinematographischen Qualitäten der Heidegger-Vita, die am deutlichsten in der Beziehung des späteren »Nazis« zu seinen jüdischen Schülern in den zwanziger Jahren sichtbar werden. So kommt heute »Heidegger« kaum ohne »Hannah Arendt«

vor – ihre intime Beziehung wurde allerdings erst mit Elisabeth Young-Bruehls Arendt-Biographie 1982 bekannt; die *Spiegel*-Interviewer wussten davon offenbar nichts.

Mit der Beurteilung der alemannisch-maskenhaften Persona Martin Heideggers durch Hannah Arendt und seine jüdischen Meisterschüler soll das biographisch-zeithistorische Kaleidoskop eröffnet werden, das zu einer besseren Einschätzung der Substanz des *Spiegel*-Gesprächs beitragen kann. Am 9. Juli 1946 thematisiert Hannah Arendt in einem Brief an Karl Jaspers einen angeblichen »Rundbrief« mit Unterschrift Heideggers, der Husserl das Betreten der Universität Freiburg verboten habe: »Obwohl mir weder sachlich und persönlich je an dem alten Husserl irgendetwas gelegen war, gedenke ich ihm in diesem einen Punkt die Solidarität zu halten; und da ich weiß, daß dieser Brief und diese Unterschrift ihn beinahe umgebracht haben, kann ich nicht anders als Heidegger für einen potentiellen Mörder zu halten.« Von Sartre habe sie gehört, dass Heidegger gleich ein paar Wochen nach der deutschen Kapitulation »an einen Professor der Sorbonne« (Émile Bréhier, L. H.) geschrieben und seine Hand zur deutsch-französischen »Verständigung« geboten habe. Als daraufhin keine Antwort kam, habe er es bei Sartre versucht. »Die verschiedenen Interviews,[5] die er dann gegeben hat, werden Sie ja kennen«, empörte sich Arendt gegenüber Jaspers. »Nichts als törichte Lügnereien, mit einem, wie mir scheint, ausgesprochen pathologischen Einschlag. Aber das ist eine alte Geschichte.«

Jaspers schrieb am 19. Oktober 1946 aus Heidelberg knapp zurück: »Ihre Beurteilungen Heideggers teile ich durchaus – leider.« Und nachdem Jaspers 1949 wieder mit seinem existenzphilosophischen Gegenpart Heidegger Briefkontakt aufgenommen hatte, legte Arendt noch einmal nach: »Was Sie Unreinheit nennen, würde ich Charakterlosigkeit nennen, aber in dem Sinne, daß er buchstäblich keinen hat, bestimmt auch keinen besonders schlechten. Dabei lebt er doch in einer Tiefe und mit einer Leidenschaftlichkeit, die man nicht leicht vergessen kann; das Verdrehen ist unerträglich, und allein die Tatsache, daß er jetzt alles so aufzieht, als sei es eine Interpretation von ›Sein und Zeit‹, spricht dafür, daß alles wieder verdreht herauskommen wird.«

Heidgeggers Leben in Todtnauberg, so die aufgebrachte Ex-Freundin, »auf Zivilisation schimpfend und Sein mit einem y schreibend, ist ja doch in Wahrheit nur das Mauseloch, in das er sich zurückgezogen hat, weil er mit Recht annimmt, daß er da nur Menschen zu sehen braucht, die voller Bewunderung anpilgern; es wird ja so leicht nicht einer 1200 Meter steigen, um eine Szene zu machen. Und wenn es einer doch täte, so würde er lügen, das Blaue vom Himmel, und sich darauf verlassen, daß man ihn nicht ins Gesicht einen Lügner nennen wird.« In ihr »Denktagebuch« schrieb Arendt später noch eine etwas inkonsistente, aber gern zitierte Fabel von Heidegger als *Fuchs*, der sich in seine eigene Falle zurückgezogen hat.

Nach ihrer Wiederbegegnung mit Heidegger im Februar 1950 blieb dann von dem »potentiellen Mörder« und notorisch charakterschwachen »Lügner« Heidegger nicht mehr viel übrig. Im Festvortrag zu Heideggers achtzigstem Geburtstag (Widmung: »Für Dich/zum 26. September 1969/ nach fünfundvierzig Jahren/wie seit eh und je/Hannah«) war der einstige Liebhaber dann wieder »der heimliche König im Reich des Denkens« aus den Marburger Tagen – sicherlich, er habe auch »einmal dem Versuch nachgegeben, seinen Wohnsitz zu ändern und sich in die Welt der menschlichen Angelegenheit ›einzuschalten‹ – wie man damals so sagte«.

Aber Heidegger war für Arendt noch jung genug gewesen, »um aus dem Schock des Zusammenpralls, der ihn nach zehn kurzen, hektischen Monaten vor 35 Jahren auf seinen angestammten Wohnsitz« zurückgetrieben habe, zu lernen und das Erfahrene in seinem Denken »zu verwurzeln und anzusiedeln«, mit der Nietzsche-Kritik und der Hinwendung zur »Gelassenheit«.

Weniger versöhnlich waren Arendts erster Ehemann Günther Stern (alias Anders) und Herbert Marcuse. Sie hatten von ihrem Lehrer nach der erregenden Lektüre von *Sein und Zeit* irgendeine »konkrete Philosophie« erwartet, waren dann aber von Heideggers tatsächlicher politischer Konkretion 1933 ebenso schockiert wie von seinen Ausflüchten nach Kriegsende. Auch für Arendts Studienfreund Hans Jonas (der in seinen Erinnerungen recht anschaulich über Heideggers Verführungskünste berichtet: der verheiratete Philosoph sei in Marburg vor der achtzehnjährigen Arendt auf die Knie gefallen, »es spielte sich hochdramatisch auf einer emotionalen Ebene ab«) war Heideggers Verhalten zu Beginn der NS-Diktatur »eine grausame, bittere Enttäuschung«, weil er an die Kraft der Philosophie geglaubt hatte, Menschen vor so etwas zu bewahren: »Heidegger ist, was die Originalität des Denkens betraf, eine gewaltige Figur der Geistesgeschichte, ein Bahnbrecher, der Neuland erschlossen hat. Das Einschwenken des tiefsten Denkers der Zeit in den tosenden Gleichschritt der braunen Bataillone erschien mir als katastrophales Debakel der Philosophie, als welthistorische Blamage, als Bankrott des philosophischen Denkens.« Jonas emigrierte im August 1933 nach London und traf dann in Paris Hannah Arendt und Günther Stern, bis er 1935 nach Palästina übersiedelte.

Von »Heideggers Children« (Richard Wolin), den jüdischen Schülern also, hat keiner Heidegger so seziert wie der Religionsphilosoph Karl Löwith, und zwar noch vor 1945. Löwith beteiligte sich 1940 von Japan aus an einem Preisausschreiben der Harvard University zum Thema »Mein Leben in Deutschland vor und nach dem 30. Januar 1933«, bei dem insgesamt 1000 Dollar ausgelobt waren. Zweck der Unternehmung war eine »rein wissenschaftliche Materialsammlung, die für eine Untersuchung der gesellschaftlichen und seelischen Wirkungen des Nationalsozialismus auf die deutsche Gesellschaft und das deutsche Volk verwendet werden soll«, wie es in der Ausschreibung hieß. Löwith, der ohnehin mit seiner Frau in die USA überwechseln wollte, lockte auch das Preisgeld – er ging dann allerdings leer aus. In dem ausführlichen Essay Löwiths spielt Heidegger eine herausragende Rolle, und der erst 1986 veröffentliche Text wurde schnell eine Standardreferenz der Heidegger-Literatur: »Die Nüchternheit und Prägnanz einer mikroskopischen Sicht«, lobte der Historiker Reinhart Koselleck in einem Vorwort zur Publikation, »wird mit der Unmittelbarkeit und Klarheit phänomenologischer Beschreibung verbunden.«

Löwiths Essay machte in den achtziger Jahren rasch Furore, weil er darin schilderte, dass er 1936 in Rom Heidegger getroffen habe, als dieser dort einen Vortrag über Hölderlin hielt. Nach Löwiths Erinnerung trug Heidegger bei einem anschließenden Ausflug mit Frau und den zwei Söhnen nach Frascati und Tusculum das NS-Parteiabzeichen, später habe er zugegeben, dass sein Begriff von der »Geschichtlichkeit« die Grundlage für seinen politischen »Einsatz« gewesen sei; »er ließ auch keinen Zweifel über seinen Glauben an Hitler; nur zwei Dinge habe er unterschätzt: die Lebenskraft der christlichen Kirchen und die Hindernisse für den Anschluß von Österreich. Er war nach wie vor überzeugt, daß der N.S. der für Deutschland vorgezeichnete Weg sei; man müsse nur lange genug ›durchhalten‹.« Der Löwith-Bericht war für orthodoxe Heidegger-Verteidiger unangenehm, weil es sich hier nicht um das kurzzeitige In-die-Irre-Gehen 1933 handelte, sondern um die Zeit nach den Nürnberger Rassegesetzen, auch weit nach den für Heideggers Kehrtwende angeblich so entscheidenden Röhm-Ereignissen vom 30. Juni 1934.

»Er war ein kleiner dunkler Mann«, so hat Löwith in seinem Bericht Heideggers Rhetorik charakterisiert, »der zu zaubern verstand, indem er vor den Hörern verschwinden ließ, was er eben noch vorgezeigt hatte. Die Technik seines Vortrags bestand im Aufbau eines Gedankengebäudes, das er dann selbst wieder abtrug, um den gespannten Zuhörer vor ein Rätsel zu stellen und im Leeren zu lassen. Diese Kunst der Verzauberung hatte mitunter höchst bedenkliche Folgen; sie zog mehr oder minder pathologische Existenzen an und eine Studentin nahm sich nach drei Jahren Rätselraten das Leben.« Nun sei dahingestellt, ob der Suizid der Studentin etwas mit Heideggers Tricks zu tun hatte; Hörerinnen und Hörer wie Arendt, Gadamer, Stern-Anders, Marcuse, Jonas oder Löwith selbst blieben ja bis ins hohe Alter beneidenswert produktiv.

Abgesehen von Arendts persönlichen Gefühlen, blieb bei aller nachwirkenden Bewunderung für den »Zauberer von Meßkirch« bei Heideggers jüdischen Schülern vor allem das Gefühl von Verblendung und schließlich *Ernüchterung* – so ähnlich wie es auch Augstein in seiner Reflexion der Begegnung von 1966 empfand. Nach 1945 war es für die skeptische, aber noch nicht radikalisierte Studentengeneration genau diese Melange aus Verruchtheit, Eindringlichkeit und Prominenz, die Heidegger als philosophischen Mandarin wieder attraktiv machte. So hat der »Transzendentalbelletristiker« und entschiedene Geisteswissenschaftler Odo Marquard, Jahrgang 1928, anschaulich und mit feiner Ironie über Heideggers Nachkriegs-Ruhm bei den Studenten berichtet:

> Für meine Generation – die unmittelbare Generation der Studierenden nach Ende des Zweiten Weltkriegs – war zweifellos Heidegger die Ver-

suchung. Den Namen Heidegger habe ich zuerst 1947 in Münster gehört. Zum Winter 1949 sind drei Studenten der Philosophie – Hermann Lübbe, Karlfried Gründer und ich – dann aus Münster nach Freiburg gekommen, gleichzeitig mit Ernst Tugendhat, der aus Amerika kam und in seinen Philosophischen Aufsätzen darüber berichtet. Wir kamen auch und gerade Heideggers wegen nach Freiburg. Heidegger durfte damals noch nicht wieder lesen: Vielleicht hat gerade das zusätzlich stimuliert. Heidegger war – trotz seiner Abwesenheit – überall präsent; nur ein Beispiel: Es gab damals Professorenbilder im Ansichtskartenstil in Freiburg zu kaufen. Jede Professorenansichtskarte kostete 80 Pfennige, nur Heidegger kostete – bei gleicher Aufmachung – 1,20 D-Mark. In der Philosophie war Freiburg ein durch Heidegger missioniertes Gebiet: Alle glaubten – irgendwie – an Heidegger. Aber es gab zugleich mehrere Sekten – die Fink-Sekte, die Müller-Sekte, die Szilasi-Sekte, auch die Welte-Sekte –, die darum stritten, den »wahren« Heidegger zu repräsentieren, was sie – nicht eigentlich bei den Lehrern, aber bei den Schülern – gegeneinander unerbittlich machte: Anstandshalber durfte niemand die jeweils anderen Sekten auch nur besuchen. Nur wir »Münsteraner« und Ernst Tugendhat galten diesen Sekten als philosophisch unzuverlässig – sozusagen als potentielle Heidegger-Heiden – und durften als Strafe für unsere Unzuverlässigkeit schimpflicherweise alle Sekten besuchen. Die Komik dieser Situation – man traf nicht auf einen Heidegger, sondern auf vier Heideggers und auf vier Heidegger-Jargons – wurde uns sehr bald bewusst. Sie führte zur weiteren Relativierung des Heidegger-Anspruchs: So sind wir – zumindest ein wenig – Heideggers Jargon entronnen.

Heideggers Jargon und sein bohrendes substantielles Fragen nach den Anfängen, vor allem seine Zivilisations- und Technikkritik wirken seit geraumer Zeit nicht nur bis nach Frankreich, Japan und Südamerika, sondern haben mit Terrence Malick (»The Thin Red Line«, »The Tree of Life«) auch einen der bildmächtigsten Avantgardisten des US-Kinos beeinflusst. Malick, der 1943 geborene Sohn eines Raketentechnikers und Ölmanagers, hatte im Rahmen seiner Philosophiestudien in Harvard und Oxford 1969 Heideggers »Vom Wesen des Grundes« als »The Essence of Reason« übersetzt und geriet offenbar mit Gilbert Ryle, seinem Dozenten in Oxford, in Streit über eine mögliche Doktorarbeit zu Heidegger und Wittgenstein. Es gehört zur Malick-Fama, dass dieser nach der Erinnerung von Kommilitonen einmal nach Deutschland zu Heideggers Hütte gepilgert sei und dort von dem Philosophen eine Widmung in sein *Sein und Zeit*-Exemplar erhalten habe. In jedem Fall hat der *Sound* der Malick-Filme deutliche Heidegger-Bezüge; überdies thematisiert »Heideggers einsamer Cowboy« (Georg Seeßlen) beständig Europa-Amerika-Verhältnisse und den Konflikt technischer und ursprünglicher Umwelten.[6]

Ganz direkt sind auch die Heidegger-Referenzen bei dem koreanisch-deutschen Kulturtheoretiker Byun-Chul Han, der angesichts der neuen Digitaltechniken in Serie die »Müdigkeitsgesellschaft«, die »Transparenzgesellschaft« oder die »digitale Rationalität und das Ende des kommunikativen Handelns« kritisiert hat. Im Gefolge Heideggers schrieb Han, der über »Heideggers Herz« promovierte, 2012 über die »Transparenzgesellschaft«, dass diese nicht nur ohne Wahrheit sei, sondern auch ohne Schein: »Weder Wahrheit noch

Schein sind durchsichtig. Ganz transparent ist nur die *Leere*. Um diese Leere zu bannen, wird eine Masse an Information in Umlauf gebracht. (...) Die Hyperinformation und Hyperkommunikation bringt kein *Licht* ins Dunkel.«

Auch das französische Autorenkollektiv »Tiqqun«, das zum »kommenden Aufstand« gegen den Terror des kybernetisch-biopolitischen Komplexes aufgerufen hat, schmückt das Buch *Kybernetik und Revolte* mit Heidegger-Zitaten; überdies kann Heidegger auch als Darling der spezifisch deutschen Medien- und Kulturwissenschaft gelten – so bei Friedrich Kittler, Jochen Hörisch oder Peter Sloterdijk –, weil er »die Technik« nicht nur als Erweiterung menschlicher Anlagen begriff, sondern als »geschickhafte Weise des Entbergens« ansah, als ständige Heraus-Forderung. Für einen »potentiellen Mörder«, notorischen »Lügner« und »Nazi« sind diese geistespolitischen Ausstrahlungen jedenfalls phänomenal, und die Forderungen Karl Poppers oder Emmanuel Fayes nach einer Art Heidegger-Quarantäne haben bislang keinerlei Wirkungen gezeitigt.

In seiner auch von Rudolf Augstein sehr gelobten Studie über Heideggers »politische Ontologie« hatte Pierre Bourdieu schon 1975 geschrieben, dass dieser »konservative Revolutionär in der Philosophie« den sozialwissenschaftlichen Analytiker »vor eine kaum zu überwindende Schwierigkeit« stelle, weil der Objektivierende als »Spielfremder« immer der Gefahr ausgesetzt sei, »unbeteiligt und inkompetent« zu erscheinen – »im sozialen Mikrokosmos des philosophischen Feldes«. Denn für Bourdieu war klar, dass Heideggers Einsätze in der Hauptsache »dem philosophischen Feld eingeschrieben sind und dass es ihm in vorderster Linie um Stiftung einer neuen philosophischen Position ging«. Heidegger wollte demnach im *Universitätsfach Philosophie* die Vormachtstellung der südwestdeutschen oder Berliner Neukantianer brechen und benutzte dafür ein begriffliches und methodisches Amalgam aus Bergson, Dilthey, Kierkegaard und Husserl, gegründet auf seine aristotelisch-scholastische Grundausbildung. Bourdieu hat Heideggers Gesamtwerk als »das erste und vollkommenste der philosophischen *ready mades*« definiert – »jener Werke, dazu *gemacht, um* interpretiert zu werden, und *gemacht von* der Interpretation, oder, genauer, von der Interpretation zwischen dem Interpreten, der notwendig *exzessiv* verfährt, und dem Produzenten, der, mittels seiner Dementis, Retuschen und Korrekturen, zwischen dem Werk und seinen Interpretationen eine unüberwindliche Kluft aufrechterhält«. Wie sehr die deutsche und im speziellen südwestdeutsche Universität trotz aller Verfemung Heideggers institutionelle Heimat blieb, zeigte sich im Juni 1957, als er in vollem Ornat mit Kappe und Talar wieder am Festumzug zum fünfhundertjährigen Jubiläum der Universität Freiburg teilnahm und auch einen der Festvorträge hielt.

Wie viele konservative Revolutionäre und junge Akademiker, für die der abrupte Zusammenbruch des Kaiserreichs 1918 prägend war, wünscht sich Heidegger gegen den zersplitterten Weimarer demokratischen Betrieb und den Berliner publizistischen Tingeltangel heroische und erregende Führung. Und dies lange bevor die NSDAP politisch relevant wird und Adolf Hitler den Führerbegriff okkupiert. Ein Brief des jungen Dozenten an seine Frau vom 17. Oktober 1918 zeigt, dass er nicht bei den alldeutschen Radikalen verortet werden kann, sondern nach dem großen Gemetzel auf die läuternde Kraft universitär-philosophischer Führung setzt. Bei all den Leiden von vier Jahren, so Heidegger, bedürfe es »ganz großer Reife des Geistes u. einer radikalen Erweckung, die fortreißt zum Opfer für wahrhafte Güter. Statt dessen sind die Menschen systematisch von alldeutschen Phantastereien angeekelt u. da jetzt dazu die Machtmittel versagen, starrt sie eine hohläugige Ziellosigkeit an – es lagert auf ihnen nicht das Bewußtsein der Volkszugehörigkeit der wahrhaftigen Liebe u. der Hilfsbereitschaft – sondern der Gedanke des Betrogen- und Mißbrauchtseins für selbstische Zwecke geistig mißgeleiteter oder überhaupt ganz ungeistiger zurückgebliebener Machtgruppen.« Für Heidegger helfen da »nur neue Menschen, die eine ursprüngliche Verwandtschaft mit dem Geist u. seinen Forderungen in sich tragen u. ich erkenne selbst immer dringender die Notwendigkeit der Führer – nur der einzelne ist schöpferisch (auch in der Führerschaft) die Masse nie – unser Volk ist schon viel mehr geistig-seelisch verarmt als es künftig materiell verarmen wird.«

Zehn Jahre später, in seiner Freiburger Grundsatzvorlesung »Einleitung in die Philosophie« vom Wintersemester 1928/29 definiert der nun arrivierte Denker das Philosophiestudium und das »Philosoph-Sein«, also den konkreten »Beruf«, als »innere Aufgabe, die sich das Dasein im Ganzen und Wesentlichen seiner Existenz vorgibt«. Mit der Aneignung des akademischen Bürgerrechts, so sagt er seinen Studenten, »haben wir die Verpflichtung in unser Dasein gepflanzt, im jeweiligen Ganzen des geschichtlichen Miteinanderseins so etwas wie eine Führerschaft zu übernehmen«. Diese sei nicht mit höheren »Posten im Gebiet des öffentlichen Lebens« zu verwechseln, auch nicht mit Prominenz oder moralischer Überlegenheit gegenüber anderen – im Gegenteil: »die Verantwortung, die gerade solche unkontrollierbare und schlechthin unöffentliche Führerschaft« bei sich trage, sei eine »ständige und verschärfte Gelegenheit zum moralischen Versagen des Einzelnen«. Das war im Hinblick auf sein eigenes Fatum durchaus prophetisch gedacht.

»Führerschaft bestimmt den Beruf Ihres Daseins«, das gibt er bündig seinen Anhängern mit auf den Weg. Heidegger wird sich damals auch klar, dass der Ausdruck »Existenzialismus« üblich zu beginnen wird. Leider sei er zumeist religiös betont, »im Entscheidenden gefördert durch eine bestimmte Form der Erneuerung Kierkegaardscher Gedanken«. In dieser »Schublade« möchte er eben nicht untergebracht werden, also nicht in irgendeiner subjektivistischen oder individualistischen Haltung, die das Leben als Geschäft verstehe, »das entweder durch psychologische Betulichkeit oder neuhumanistische Gebärde oder aber durch die widersinnige Zappelei eines sogenannten existentiellen Denkens in Gang gehalten werden soll«.

In einem Brief an seine künftige Ehefrau Elfride hatte Heidegger schon im Februar 1916 für sich selbst prophezeit: »Ein hochwertiges Leben steht mir bevor, wo ich mich ganz in meine Probleme stürzen darf u. Du doch um mich bist – u. mir ein Ausruhen schenkst, wenn ich müd zurückgekehrt aus dem großen Land der Fragen.« Er will »eine Philosophie des lebendigen Lebens« und daher »dem Rationalismus den Kampf bis aufs Messer« ansagen, vor allem auch, damit »unseren jungen Helden, wenn sie hungrig aus dem Kampffeld zurückkommen«, nicht »Steine statt Brot« gegeben werden, also »nicht unwirkliche u. tote Kategorien, nicht schattenhafte Formen u. blutleere Schubfächer um das rationalistisch zerriebene Leben fein säuberlich darin aufzubewahren u. vermodern zu lassen«. Schon um Pfingsten 1917 empfindet er auch Husserls Phänomenologie als im Ansatz und Ziel »zu eng und blutlos«. Bei seiner Stationierung als Militärmeteorologe im Juli 1918 in Berlin beobachtet er »gemeinste und raffinierteste Sexualität« in der Friedrichstraße, »in dieser Dekadence gibt es kein Aufhalten mehr«, eine Gesundung der Jugend sei, wenn überhaupt, nur noch durch eine »bodenständige Kultur an den Provinzuniversitäten« möglich.

Martin Heidegger hat seine Biographie und seinen Denkweg in zahlreichen Lebensläufen und Selbstreflexionen immer wieder überschrieben, retuschiert und neu justiert. Ein Noviziat bei den Jesuiten 1909 in Tisis bei Feldkirch, das er wegen »Herzbeschwerden« nach zwei Wochen abbricht, lässt er grundsätzlich weg, ansonsten gibt es aber auch konsistent geschilderte entscheidende geistige Erlebnisse und »Situationen«. Schon 1907 hat ihm ein väterlicher Freund und Lehrer, der spätere Freiburger Erzbischof Conrad Gröber, Franz Brentanos Dissertation *Von der mannigfachen Bedeutung des Seienden nach Aristoteles* in die Hand gegeben. Die obsessive Suche nach den »mannigfachen Bedeutungen« des Seins im Verhältnis zum Seienden blieb dann tatsächlich für seine zirkuläre denkerische Suchbewegung prägend. Geboren 1889 im badischen Meßkirch als Sohn des Mesners und Küfermeisters Friedrich Heidegger und seiner Frau Johanna, geborene Kempf, besuchte Heidegger Gymnasien in Konstanz und Freiburg. Er begann 1909 mit dem Studium der katholischen Theologie in Freiburg als Alumnus des theologischen Konvikts: »Hier beschäftigte ich mich vorwiegend mit Philosophie und zwar von Anfang an grundsätzlich aus den Quellen (Aristoteles, Augustinus, Bonaventura, Thomas von Aquin). Um über die Lehrbuchphilosophie hinaus ein Problemverständnis zu gewinnen, studierte ich auf eine Anleitung des damaligen Dogmatikers Braig hin Lotze und Husserl«, so Heidegger in einem Lebenslauf 1922.

Im Frühjahr 1911 trat der katholische Stipendiat Heidegger, in einem anerkennenswert mutigen Schritt, aus dem theologischen Konvikt aus und gab das theologische Studium auf – nach eigenen Angaben, weil er »den damals zur ausdrücklichen Forderung erhobenen ›Modernisteneid‹« nicht auf sich nehmen konnte. Als sich Heidegger vom Theologiestudium abwandte, fiel für seine Eltern, so berichtet es später der Jesuit Johannes Baptist Lotz, der Himmel ein: »Sie hatten auf ihren Sohn Martin, der so ein gescheiter Mensch war und ein so gutes Abitur gemacht hatte, große

Hoffnungen gesetzt. Sie meinten, er könne einmal vielleicht nicht Erzbischof, wohl aber Weihbischof und ein berühmter Mann werden.«

Heidegger studiert statt Theologie nun Mathematik, Logik und im Hauptfach Philosophie, vor allem bei dem Neukantianer Heinrich Rickert und dem katholischen Kirchenhistoriker Heinrich Finke, die beide auf Photographien so verstaubt und gestrig aussehen, wie man sich den deutschen professoralen Geheimratstypus an Universitäten des 19. Jahrhunderts gemeinhin vorstellt. Heidegger wird sich dagegen mit *outdoor look*, als sportiver Skifahrer und mit dem eigens geschneiderten »existentiellen Anzug« des Künstlers Otto Ubbelohde, als Universitätsrevoluzzer profilieren. Einstweilen promoviert er konventionell im Sommer 1913 summa cum laude mit einer Arbeit über *Die Lehre vom Urteil im Psychologismus* und beschäftigt sich mit den spätscholastischen Gedankengebäuden Wilhelm von Ockhams und Duns Scotus'; dessen »Kategorienlehre« wird 1915 auch Thema seiner Habilitation. Bei Ausbruch des Ersten Weltkriegs hatte sich Heidegger als Freiwilliger zur Infanterie gemeldet, wurde aber nach vier Wochen wegen eines Herzleidens entlassen. Nach seiner Habilitation wieder zum Garnisondienst eingezogen und in der meteorologischen Aufklärung beschäftigt, kann er aber nebenher als Privatdozent Vorlesungen halten. Im März 1917 heiratet er Elfride Petri, die protestantische Tochter des Obersten zur Disposition Richard Petri aus Alfeld an der Leine, eine für die damaligen Verhältnisse emanzipierte, lebenspraktische und tatkräftige Frau, die dann allerdings auch konsequent ihren Weg zur NS-Frauenschaft finden wird.

Die gemischtkonfessionelle Ehe führt zu neuen Problemen mit der katholischen Sphäre seiner Herkunft; »meine ganze frühere Unsicherheit, Unwahrhaftigkeit u. Kasuistik ist die einfache Folge einer hyperkatholischen Erziehung«, berichtet Heidegger im September 1918 sehr offen an Elfride, »die ich andererseits immer mit unzulänglichen Mitteln durchbrechen wollte. Und dieselben Momente finden sich noch im Elternhause (ich mache damit meinen Eltern keinen Vorwurf) zumal wo es so eng zum Pfarrhaus gehörig ist – letztlich liegt aber alles am katholischen System seiner inneren Unfreiheit – u. dem sich fromm gebärdenden Gewissensdepotismus. All das sehe ich heute völlig klar.«

Die Söhne Jörg und Hermann werden 1919 und 1920 geboren. 1919 wird Heidegger Assistent des drei Jahre zuvor nach Freiburg gekommenen Edmund Husserl – er ist auf dieser Stelle Nachfolger der später während der NS-Herrschaft im Konzentrationslager ermordeten Edith Stein. »Die Einübung in das phänomenologische ›Sehen‹, die erst in den Jahren des persönlichen Kontaktes mit dem großen Lehrer zu erlangen war, schuf die Voraussetzung für den Versuch, die beunruhigende Seinsfrage in der Auseinandersetzung mit der Geschichte des abendländischen Denkens zu entfalten« – mit diesen Worten lobt Heidegger noch 1964 Husserl, von dem er sich philosophiepolitisch ja so früh wie möglich entfernt hat. Als Privatdozent entwickelt Heidegger sein Talent für Begriffsprägungen, damals noch eher »römischer« Art – wie »Relulenz«, »Larvanz« oder die berühmte »Destruktion« –, darin vielen aufstrebenden Talenten nicht unähnlich, die mit Jargon-Systemen akademische Claims besetzen. Heidegger erhält nach längerem Bemühen 1923 ein Extraordinariat im hessischen Marburg, wo er ungern lebt und nur mit dem Neutestamentler Rudolf Bultmann in engere fachliche Beziehung tritt. Aber er hat phänomenalen Lehrerfolg. Heideggers leise, bedrohliche und schamanenhafte Vortragsweise zieht Studenten und Wegbegleiter seit den Marburger Tagen in den Bann. »Wenn er den Hörsaal betrat, traf mich die Macht des Denkens als eine sinnlich fühlbare Gewalt«, so bekannte der spätere Bildungstheoretiker Georg Picht. Carl

Friedrich von Weizsäcker, der Heidegger im Herbst 1935 auf der »Hütte« bei einem Treffen mit dem Hochschulpolitiker Johann Daniel Achelis, seinem Onkel Viktor von Weizsäcker und Werner Heisenberg persönlich kennenlernt, hört später in Freiburg eine Heidegger'sche Heraklit-Vorlesung und fühlt: »Das ist Philosophie. Ich verstehe kein Wort. Aber das ist Philosophie.«

Im Vergleich zu den langbärtigen älteren Philosophie-Professoren mit ihren Erkenntnistheorien oder Kant-Interpretationen hörten sich Heideggers Überlegungen zur »Angst« als zentraler Gestimmtheit im Sein-zum-Tode erregend an: »Die Angst ist da. Sie schläft nur. Ihr Atem zittert ständig durch das Dasein: am wenigsten durch das ›ängstliche‹ und unvernehmlich für das ›Ja Ja‹ und ›Nein Nein‹ des betriebsamen; am ehesten durch das verhaltene, am sichersten durch das im Grunde verwegene Dasein. Dieses aber geschieht nur aus dem, wofür es sich verschwendet, um so die letzte Größe des Daseins zu bewahren« – so Heidegger in seiner Antrittsvorlesung »Was ist Metaphysik?« 1929 in der Aula der Universität Freiburg. Dorthin zurück, an seinen badisch-alemannischen Sehnsuchtsort, hat er es 1928 geschafft: jetzt als Philosophie-Ordinarius und Nachfolger Husserls in Freiburg, von diesem nach Kräften protegiert. Die Publikation von *Sein und Zeit* (1927), mit der berühmten »ontologischen Differenz« zwischen Sein und Seiendem, war formale Voraussetzung für die Besetzung dieser ersehnten Position; ein immer wieder angekündigter zweiter Band des Meisterwerks erscheint nicht. Heidegger, nun zumindest in der philosophischen Fachwelt über die deutschen Grenzen hinaus berühmt, lehnt 1930 einen Ruf Adolf Grimmes an die Berliner hauptstädtische Universität ab und bleibt bewusst »in der Provinz«, wofür ihn die Studenten mit Fackelzug und abendlichem Konzert ehren.

Danach folgen die Ereignisse vom NS-Engagement bis

zur Emeritierung 1951, die wesentlich Thema im ersten Teil des *Spiegel*-Gesprächs sind. Für seinen Verleger Günther Neske autorisiert Heidegger 1964 die folgende Summa seines philosophischen Denkens: »In der Auseinandersetzung mit der abendländischen Metaphysik, mit den Glaubenszeugnissen Pascals, Luthers und Kierkegaards, in der Hinwendung zum frühen griechischen Denken, zu Hölderlin und Trakls Dichtung, in der Deutung Nietzsches, erweist sich Heideggers Denken immer wieder als der Versuch, die Erfahrung der Eigentümlichkeit und der Wandlung des Seins im Sinne der Anwesenheit zu wecken und sie zur Sprache zu bringen.«

Prägend für Heideggers Vita, um es auf den Punkt zu bringen, sind also die aus dem Kulturkampf des 19. Jahrhunderts herrührenden Konflikte um Ultramontanismus und Altkatholizismus, um konfessionelle Lehrstuhlbesetzungen und damit verbundene Intrigen, vor allem aber der Behauptungskampf theologischer Sinnbezirke angesichts der biologischen Evolutionstheorie im Gefolge von Charles Darwin, über die sich der anfänglich dogmatisch-gläubige junge Heidegger noch in seiner Heimatzeitung lustig machte. Später wird er gegen das System des politischen und universitären Katholizismus und die Darwin'sche Lehre zugleich fechten müssen. Auf expressionistische und deutschromantische Motive hat schon Heideggers erster, frühverstorbener Biograph, der *Zeit*-Feuilletonchef Paul Hühnerfeld verwiesen. Die fundamentale Verunsicherung angesichts der neuen Waffentechniken im Ersten Weltkrieg, der Implosion des wilhelminischen Imperiums, der Inflation und den politischen Konfrontationen in der Weimarer Republik teilt er mit seiner Generation der Frontsoldaten und Freikorps-Kämpfer. Nur dass Heidegger schnell das Denken als eigentliches Handeln fixiert; sein *vivere pericoloso* und persönliches Freikorps sind seine solitären politisch-ontologischen Vorlesungen und Seminare an der Provinzuniversität – bei gesichertem Professorengehalt.

Heideggers kleinbürgerlich-völkische Sozialisation, das Studium an einer »Grenzlanduniversität«, sein rebellisches Votum für »Entschlossenheit« und »Geschichtlichkeit«, auch der Einfluss Ernst Jüngers lassen zum einen den Weg zum nationalsozialistischen Erlösungspunkt logisch erscheinen. Zum andern wäre es ganz unwahrscheinlich gewesen, wenn sich Heideggers Philosophie von seiner biographischen, sozialpsychologischen oder generationellen Prägung hätte gleichsam entkoppeln können. Viele der ewigen Auseinandersetzungen um die Verwebung von Heideggers Votum für den »nationalen Sozialismus« und seinem existentiellen Geschichtsdenken hätten sich durch eine gründlichere zeithistoriographische Analyse abkühlen lassen, im Sinne von Niklas Luhmanns »Aufklärung durch Abklärung«.

So verblüfft es vielleicht durch die Denk- und Sprachartistik, nicht aber in der historisch-lebensweltlichen Konsequenz, dass Heidegger dann 1933/34 mühelos das »Sein« und das völkische Prinzip übereinbringt und gleichzeitig im Gerenne um eine möglichst attraktive Einsatzposition auch noch gegen Konkurrenten wie Carl Schmitt Front macht: »Wir sahen, daß die Frage nach dem Staat nicht isoliert gestellt werden kann, daß der Staat nicht von einem Staatstheoretiker entworfen werden kann, sondern daß er eine Seinsweise und eine Seinsart des Volkes ist. Das Volk ist das Seiende, dessen Sein der Staat ist«, so Heidegger in seiner Übung »Über Wesen und Begriff von Natur, Geschichte und Staat« im Februar 1934. Die »Natur unseres deutschen Raumes« werde etwa den »semitischen Nomaden« vielleicht »überhaupt nie offenbart«. Andererseits: »Wir müssen uns überhaupt hüten, uns durch das Wort Volk allzu sehr imponieren zu lassen.« Und dann in seinem klandestinen zweiten Hauptwerk *Beiträge zur Philosophie (Vom Ereignis)*, geschrieben, soweit wir wissen, in den Jahren 1936 bis 1939:

> Die Besinnung auf das Volkhafte ist ein wesentlicher Durchgang. So wenig wir dies verkennen dürfen, so sehr gilt es zu wissen, daß ein höchster Rang des Seyns errungen sein muß, wenn ein »völkisches Prinzip« als maßgebend für das geschichtliche Da-Sein gemeistert ins Spiel gebracht werden soll. Das Volk wird erst dann Volk, wenn seine Einzigsten kommen, und wenn diese zu ahnen beginnen. So wird das Volk erst frei für sein zu erkämpfendes Gesetz als die letzte Notwendigkeit seines höchsten Augenblicks. Die Philosophie eines Volkes ist jenes, was das Volk zum Volk einer Philosophie macht, das Volk geschichtlich in sein Da-Sein gründet und zur Wächterschaft für die Wahrheit des Seyns bestimmt.

Jenseits solcher Überhöhungen ist seine politische Lagebeurteilung von den dreißiger Jahren bis zu seinem Lebensende ziemlich schlicht; er sieht die Deutschen als Hüter des Abendlandes in die Zange genommen von amerikanischer Plutokratie und östlichem Bolschewismus, damit auch vom internationalen Judentum. So ähnlich hatte es Giselher Wirsing, einer der Protagonisten des »Tat«-Kreises, in seinem Buch *Zwischeneuropa und die deutsche Zukunft* 1932 formuliert: »Das deutsche Raumschicksal, Europas Mitte und Herz zu sein, ist der Angelpunkt der politischen Existenz unseres Volkes.«

Als sich der Ost-West-Konflikt mit dem Korea-Krieg deutlich konturiert, ist Heidegger sehr skeptisch »gegen alles unmittelbare Wirkenwollen«. Dies ist später der Grundtenor des *Spiegel*-Interviews. Die »Weltgeschichte« sei in »ihrer

Raserei schon zu weit vorgeprescht«, schreibt er 1950 auch unter dem Eindruck der atomaren Konfrontation an Hannah Arendt. »Du hast ganz recht: Die Sache wird auf dem Weg der Bürgerkriege besorgt. Das ist für Deutschland das Ende und für Europa überhaupt. Ich glaube nicht daran, daß Amerika die Sache schafft. Im ganzen ist es wohl überhaupt kindisch, angesichts der losgelassenen Gewalten mit historischen Vorstellungen sich zurechtfinden zu wollen.« 1974, in seinen allerletzten Lebensjahren, hat für Heidegger ohnehin das »Technische« jede differenzierte geopolitische Analyse hinfällig gemacht, wie er Arendt zu verdeutlichen versucht: »Im Unterschied zu Dir schenke ich der Politik nur ein geringes Interesse. In der Hauptsache ist die Weltlage doch klar. Die Macht des Wesens der Technik wird freilich kaum erfahren. Alles bewegt sich im Vordergründigen. Gegen die Aufsässigkeit der ›Massenmedien‹ und der Institutionen vermag der Einzelne nichts mehr – und schon gar nichts, wenn es sich um die Herkunft des Denkens aus dem Anfang des griechischen Denkens handelt.«

Während Heidegger als politischer Theoretiker wenig mehr als eine Art Giselher Wirsing der Philosophie ist, kann man es wohl als das größte Heidegger-Paradox von allen ansehen, dass er gerade durch Ignoranz und bewusste Nichtbeschäftigung mit allen modernen Erkenntnislehren oder Denkströmungen *philosophisch* wirkmächtig wird und bleibt. Er grenzt seinen Sinnbezirk scharf und strategisch von jeglicher Soziologie, Psychologie, Linguistik oder »Logistik« ab. Heideggers Tick ist das ständige Zurück-Fragen bei gleichzeitiger Verleugnung oder Umbiegung ideengeschichtlicher Einflüsse. An Elfride schreibt er im Februar 1920: »Ich lerne sehr viel beim Studium von Bergson – was ich Dir gerade vor Wochen schon sagte, wie wenig wir die Franzosen kennen – bestätigt sich mir immer mehr – Probleme, die Huss(erl) als unerhört neu im Gespräch oft ankündigt, sind schon vor 20 Jahren v. Bergs. klar herausgestellt und gelöst.«

In *Sein und Zeit* wird Henri Bergson dann mit wenigen Sätzen abgefertigt; die Eingangswidmung des Werks für Edmund Husserl bleibt zumindest so lange stehen, bis es politisch nicht mehr opportun ist. Heideggers Denkweg ist, wie die Heidegger-Forscher Dieter Thomä und Reinhard Mehring betont haben, ein gewundener Fluchtweg, auf dem er den »Vorgaben der Lehrer und Tradition zu entrinnen sucht« (Mehring). Er will kein Phänomenologe in der Tradition Husserls sein, kommt auch wieder von seiner »Fundamentalontologie« ab, erfindet seine »Kehre«, macht sich über den »Existentialismus« lustig, landet bei der »Seynsgeschichte« und bei Hölderlin. Heidegger nichtet sich beständig selbst, indem er als Persona derselbe bleibt. Konstant bleibt die Resistenz gegenüber jeglicher Vereinnahmung, auch vonseiten allzu eifriger Schüler, die mitunter angeherrscht werden: »Hier wird nicht geheideggert!« Es gibt, im Sinne der Analogie Karl Löwiths zu den »Zaubertricks« auf der Bühne, auch kaum eine Heidegger-Aussage, die nicht an irgendeiner Stelle des Gesamtwerks wieder relativiert, konterkariert oder aufgehoben wird. Da er *Wege, nicht Werke* aufweisen will, kann ihm das egal sein, er sieht sich ohnehin mehr als das *Medium* des frühgriechischen Denkens: »Herr Schulz, wenn ich nachdenke, dann ist es manchmal so, als ob Heraklit danebensteht«, so erinnerte sich der Gadamer-Schüler Walter Schulz einmal an Heideggers eigene Er-Griffenheit.

In seiner Vorlesung »Die Grundbegriffe der Metaphysik: Welt – Endlichkeit – Einsamkeit« (1929/30) stellt Heidegger viele Fragen nach der *Langeweile*, etwa »die Frage nach der bestimmten tiefen Langweile in der Richtung der spezifischen Leergelassenheit und spezifischen Hingehaltenheit«. Ihm fehlt in der Weimarer Moderne »das Geheimnis in unserem Dasein«. Damit bleibt für ihn der »innere Schrecken aus, den jedes Geheimnis bei sich trägt und der dem Dasein seine Größe gibt«. Wenn er überhaupt nach dem Geheimnis des Daseins frage, werde »dem heutigen Normalmenschen und Biedermann bange« und vielleicht sogar »schwarz vor Augen«. Der entschlossene Philosoph fordert indes: »Wir müssen erst wieder rufen nach dem, der unserem Dasein einen Schrecken einzujagen vermag. Denn wie steht es mit unserem Dasein, wenn ein solches Ereignis wie der Weltkrieg im wesentlichen spurlos an uns vorübergegangen ist.« Es wäre verfehlt, bei dem herbeizurufenden Schreckensmenschen gleich an Adolf Hitler zu denken, wie dies in manchen politischen Heidegger-Interpretationen ex post geschehen ist; dass mit den Biedermännern die »Erfüllungspolitiker« und Funktionäre von Sozialdemokratie und Zentrum zumindest auch gemeint waren, liegt schon näher. In dieser Vorlesung durchstreift Heidegger – neben den langen Meditationen zu den verschiedenen Formen der Langeweile, vom öden Aufenthalt im Provinzbahnhof bis zum Betrachten des Zigarrenrauchs – »das Sichgeben der Philosophie als letztes und Höchstes«, die vier Deutungen der aktuellen Lage bei Oswald Spengler, Ludwig Klages, Max Scheler und Leopold Ziegler,[7] Nietzsches Grundgegensatz zwischen dem Dionysischen und Apollinischen, die Frage »Was ist Welt?«, die Umweltbiologie bei Jakob von Uexküll und Hans Driesch und die Charakteristik des Aussagesatzes bei Aristoteles. Bei allem Interesse an ungewöhnlichen Zusammenhängen und auch dem frühen Erkennen der »Ökologie« zeigt die Struktur der Vorlesung vor allem die Überdehnung von Heideggers Anspruch an sich selbst, nach dem Ruhm von *Sein und Zeit*. Sie ist schon Anzeichen für eine geistige Erschöpfung, die Heidegger dann in seiner Korrespondenz mit Jaspers auch zugeben wird.

Peter Sloterdijk, in gewissem Sinne der letzte prominente Heideggerianer in Deutschland, ging 2005 bei einem Straßburger Vortrag im Rahmen der Konferenz »Heidegger – le danger et la promesse« davon aus, »dass die Historiker mit dem Fall Heidegger im Wesentlichen fertig sind«. Es sei 70 Jahre *post eventum* nicht mehr zu erwarten, dass unbekannte Zeugnisse auftauchten, »die zu einer Neubewertung der Vorgänge um Heideggers Rektorat und sein Sich-Einklinken in die sogenannte ›nationale Revolution‹ Anlass gäben«. Nun ist es eine interessante psychohistorische Frage, wann Historiker jemals mit etwas »fertig sind«, aber selbst auf die Faktenebene bezogen, kann mit Fug und Recht die gegenteilige These vertreten werden: Es gibt bislang überhaupt keine aus den Quellen fein gearbeitete, historiographisch zureichende politische Heidegger-Biographie.

Dies liegt vor allem an der strategisch verzögerten und gespreizten Publikation von Briefwechseln[8] und der eher unsystematischen Archivrecherche, die noch dazu von den orthodoxen, allerdings langsam biologisch aussterbenden Heideggerianern lange Zeit mit Verfemung bedroht war. Die mitunter katholisch überpointierten Forschungen Hugo Otts gegen Heideggers Selbsthistorisierung erschienen zunächst in entlegenen Periodika (*Zeitschrift des Breisgau-Geschichtsvereins*, *Freiburger Diözesan-Archiv*), bevor sie 1988 als gesammelte biographische Annährung publiziert wurden. Ernst Noltes Heidegger-Monographie (1992) diente im Wesentlichen der Selbstverteidigung; Rüdiger Safranski hat sich mit seinem fein abgewogenen Standardwerk *Ein Meister aus Deutschland. Heidegger und seine Zeit* wiederum auf die Recherchen von Ott oder die noch länger zurückliegende initiale Dokumentation von Guido Schneeberger (1962) gestützt. Dass der Jaspers-Doktorand Schneeberger völlig in Vergessenheit geriet, ist eine Geschichte für sich; umso größer waren, vor allem in Frankreich, die intellektuellen und publizistischen Aufwallungen um die Heidegger-kritischen Bücher von Víctor Farías und Emmanuel Faye, deren historiographische Substanz zu wünschen übriglässt.

Im September 1960 schreibt Heidegger einen Brief an den Studenten Hans-Peter Hempel, der offenbar Guido Schneebergers erste Broschüre zu Heideggers NS-Engagement gelesen und Fragen dazu formuliert hatte. Nach den üblichen Erläuterungen (Knebelung Deutschlands durch den Versailler Vertrag, sechs Millionen Arbeitslose, ins Rektorat von den Kollegen gedrängt, der Versuch zu verhindern, »dass bloße Parteifunktionäre sich der leitenden Stellen und Ämter bemächtigen«, Verbot der Aushängung des »Judenplakats« etc.) kommt Heidegger auch direkt auf Schneeberger zu sprechen: »Es ist freilich aussichtslos, die umlaufenden Lügen und Entstellungen zu beseitigen, weil ›man‹ das nicht will. So hat in diesem Frühjahr eine große Basler Zeitung sich geweigert, Berichtigungen zu bringen, die ihr anläßlich der Broschüre von Herrn Schneeberger von früheren Schülern von mir zur Verfügung gestellt wurden.« Politische Irrtümer seien im Übrigen schon größeren Dichtern und Denkern unterlaufen: »Hegel hat in Napoleon den Weltgeist gesehen und Hölderlin als den Fürsten des Festes, zu dem die Götter und Christus geladen seien.« Und noch einmal: »Über die Methoden des Herrn Schneebergers (sic), eines Schülers von Jaspers, mögen sie selbst urteilen.«

Der mysteriöse Guido Federico Schneeberger, geboren im April 1927 in Mailand als Sohn des Kaufmanns und Korkfabrikanten Fritz Schneeberger und seiner Frau Sima, geborene Rosenblatt, hatte nach seiner Matura 1946 am Solothurner Gymnasium ein Studium der Philosophie, Ethnologie und Psychologie an der Universität Basel aufgenommen. Das Hauptreferat seiner Dissertation über *Kants Konzeption der Modalbegriffe* übernahm 1952 Karl Jaspers, der existenzphilosophische »Kampfgenosse« Heideggers aus den zwanziger

Jahren. Jaspers urteilte über Schneebergers Doktorarbeit: »Herr Schneeberger hat sich durch Denkenergie und Fleiss ausgewiesen. Die Arbeit ist in ihrer Begrenzung auf ein bedeutendes Thema m. E. trefflich und von dauerndem Wert, als Symptom des Ernstes eines jungen philosophierenden Menschen erfreulich. Ich empfehle sie der Fakultät wärmstens zur Annahme.« Der Zweitgutachter Heinrich Barth war skeptischer; der Kandidat Schneeberger sei vor allem in seinen Erläuterungen zu Kant-Zitaten »in einer unerlaubten Weise einsilbig«. Immerhin empfahl auch Barth die Annahme der Dissertation »mit einer mittleren Note«.

Schneeberger verfertigte nach seiner Promotion eine beachtliche Schelling-Bibliographie, schrieb aber kein eigenständiges philosophisches Werk mehr. Er zog nach Dulliken, wo sein Vater und seine Verwandten eine Korkfabrik betrieben, später nach Bern. Dort kam er auf ein neues Thema: Heideggers NS-Zeit. Hermann Lübbe hatte in der *Zeitschrift für philosophische Forschung* 1957 eine »Bibliographie der Heidegger-Literatur 1917–1955« publiziert. Schneeberger antwortete mit einer Broschüre im Selbstverlag und schrieb maliziös: »Ich erlaube mir, hier einige Ergänzungen mitzuteilen. (…) Mit vier Beilagen und einer Bildtafel habe ich den Zugang zu einigen entlegeneren Heideggeriana gesucht.« Schneebergers erste Broschüre enthielt unter anderem Heideggers »Treuekundgebung« für Adolf Hitler (gemeinsam mit dem NS-Oberbürgermeister Franz Kerber und Studentenführer Heinrich von zur Mühlen), die »Langemarck«-Feierrede des Rektors und das Protokoll der legendären »Arbeitsgemeinschaft Cassirer-Heidegger« bei den Davoser Hochschulwochen 1929. Im November 1961 legte Schneeberger in größerem Stile nach: Seine *Nachlese zu Heidegger*, 288 Seiten stark, enthielt nun 217 Einzeldokumente aus den Jahren 1929 bis 1933, zumeist Berichte aus Freiburger Tageszeitungen und Studentenblättern sowie Dokumente zur beginnenden NS-Wissenschafts- und Studentenpolitik. Offenbar fand der Dokumentarist für sein Werk keinen Verlag; so ließ er es bei der Berner Buchdruckerei Suhr auf eigene Kosten herstellen, das Buch war zum Preis von elf Schweizer Franken oder 2,75 US-Dollar direkt bei Schneeberger in der Berner Hochfeldstrasse 88 zu beziehen. So gelangte die »Nachlese zu Heidegger«, von Schneeberger verschickt, etwa in die Bibliotheken von Maurice Blanchot, Hans Arp oder Paul Celan. Aus Farías' Heidegger-Buch ist zu erfahren, dass Schneeberger Mitte der achtziger Jahre wohl noch plante, ein Gutachten des NS-Pädagogen Alfred Baeumler über Heidegger vom September 1933 zu publizieren, dazu kam es aber nicht mehr. Schneeberger, der durch das elterliche Vermögen nie einem Broterwerb nachgehen musste, starb, selbst in der fachphilosophischen Gemeinde vergessen, 2002 in Fraubrunnen bei Bern, unverheiratet und ohne Kinder.

Heidegger war es zwar gewohnt, von abtrünnigen Schülern wie Karl Löwith oder Günther Anders philosophisch-politisch kritisiert zu werden; der Schneeberger-Angriff war aber weitaus gefährlicher, weil mit kalter dokumentarischer Präzision ausgeführt, mithin schwer zu parieren. Heidegger vermutete im Hintergrund Karl Jaspers, den er seit 1934 nicht mehr gesehen hatte – und auch zeitlebens nie mehr sehen sollte. Es war – neben dem Drängen der Freunde – die enger werdende Beziehung zwischen Jaspers, Augstein und dem *Spiegel*, die Heidegger ins Grübeln geraten ließ, ob ein Interview mit dem *Spiegel* nicht doch Gegen-Wirkungen erzeugen könnte, *sub specie aeternitatis*.

Nach »Schneeberger« waren es aber erst die Editionen zweier Heidegger-Briefwechsel, die den Blick für seine Situation im Ersten Weltkrieg, im Ringen um universitären Status und vor allem für sein Verhältnis zur erstarkenden NS-Bewegung im Jahr 1932 schärfen konnten: die Veröffentlichung der Korrespondenz mit seiner jüdischen Freundin Elisabeth

»Lisi« Blochmann (1989) und vor allem Gertrud Heideggers Edition der Briefe an seine Gattin (2005). Namen wie Hans Zehrer (der »Duce des Tat-Kreises« 1929–33) oder Kurt von Schleicher, des letzten Reichskanzlers vor Adolf Hitler, kommen auch in der Neuauflage (2013) des von Dieter Thomä edierten *Heidegger-Handbuchs*, ansonsten eine formidable Magna Charta der Heidegger-Forschung, nicht vor. Am 15. Oktober 1932 hatte Heidegger von der »Hütte« an seine Frau geschrieben, er fände die Kritik Hans Zehrers in der *Tat* am Nationalsozialismus »sehr gut«, die NS-Bewegung habe einfach »keine geschulten u. erfahrenen Leute«. Aber im Grundsätzlichen, so Heidegger an Elfride im Juni desselben Jahres: »So viel Überwindung einem die Nazis abfordern, es ist immer noch besser, als diese schleichende Vergiftung, der wir in den letzten Jahren unter dem Schlagwort ›Kultur‹ und ›Geist‹ ausgesetzt waren.« Abgesehen von seinem eingestandenen Scheitern mit der politischen Verwaltung einer Traditionsuniversität in Zeiten eines extremen Umbruchs, muss Heidegger sich gerade in der 68er-Zeit nicht wesentlich revidieren, im Gegenteil, er kann im Januar 1969 an einen seiner französischen Bewunderer, Jean-Michel Palmier, schreiben:

> Was mich seinerzeit bewogen hat, die (fast) einstimmige Wahl zum Rektor von Seiten der Kollegen anzunehmen, war nicht nur die nachher bös enttäuschte Hoffnung auf Hitler. Bestimmend war ebenso sehr die Erwartung, daß die Lehrerschaft der Universität dafür zu gewinnen wäre, den Nationalsozialismus auf den nationalen Sozialismus hin sich entwickeln zu lassen und geistige Potenzen in ihm zur Wirksamkeit zu bringen. Aber auch diese Erwartung erfüllte sich nicht. Die Universität blieb starr und ohne Einblick in die Weltsituation. Heute liegen die Dinge ähnlich. Viele Forderungen,

die jetzt wieder allenthalben von den Studenten gestellt werden, wurden 1933 von der akademischen Jugend vertreten.

Der Historiker Ernst Nolte, auch er in den vierziger und fünfziger Jahren Student bei Heidegger, hat in seiner politischen Biographie des Philosophen 1992 bemerkt, »kein Nachgeborener« habe das Recht, »eine so allgemeine Verhaltenstendenz, wie es diejenige Heideggers war, zu verurteilen«. Andererseits war Heidegger auch für Nolte »nicht bloß einer von zahllosen Deutschen« und 1933 »sogar weitaus mehr engagiert gewesen als die meisten«. Nolte schließt nun die Verfallenheit des Denkers an die NS-Bewegung und dessen Bereitschaft, dem *Spiegel* 1966 ein Interview zu geben, auf frappierende Weise zusammen: »Daß er sich trotzdem in diesem Punkt ebenso verhielt wie die vielen und daß er obendrein den *Spiegel* wählte, um nach seinem Tode die Äußerungen publik zu machen, war seiner nicht würdig und markierte den niedrigsten Punkt, bis zu dem dieses denkerische Leben gelangte.« Damit waren das *Spiegel*-Interview und das Sich-Einschalten in die Aufbauphase der NS-Universitätspolitik das Gleiche, eine Abstiegsbewegung des denkerischen Daseins.

Nolte nimmt hier im Grunde die Position ein, die der enttäuschte Heidegger seit Mitte der dreißiger Jahre entwickelt hatte, indem er »die Frage nach der Technik«, Propaganda-, Medien- und Journalismuskritik, das verstärkte Votum für das Abseits-Stehen im Bodenständigen der Provinz und die Konturen einer politischen Ökologie zu einem neuen Denk-Komplex verbindet, der auch heute noch brisant erscheint – angesichts von Facebook und *post-privacy*, Suchmaschinen und NSA vielleicht brisanter denn je. Wenn man dem Heidegger'schen Denken überhaupt »eine politische Wirkung zuschreiben will«, formulierte Georg Wolff in seinen unveröffentlichten Memoiren Ende der achtziger Jahre, »dann sollte man, meine ich, diese vor allem bei den Grünen suchen. Heideggers radikale Wendung gegen das Wesen der Technik und der Naturwissenschaften, seine fundamentale Ablehnung des technischen und wissenschaftlichen Macher-Geistes hat deutliche Spuren in dem Gedanken- und Gefühlsbrodel des ökologischen Bewegung hinterlassen, und zwar auch dort, wo diese Bewegung sich als linke versteht.«

Das *Spiegel*-Interview steht für ein weiteres Heidegger-Paradox: Er wählt für das einzige längere Interview seines Lebens, das auch ein Plädoyer für das Hinhalten, die Verzögerung und das denkerische Aushalten der langen Weile ist, ausgerechnet ein politisches Kampfblatt, dem es, zumindest nach dem Willen des Herausgebers, um maximale und unmittelbare publizistische Wirkung geht. Bevor in den folgenden Kapiteln der Verlauf des journalistischen Abenteuers »Heidegger-Interview« analysiert wird, soll noch einmal knapp der Kontext der Heidegger'schen Dualismen von technokratischer »Vernutzung« und dem notwendig Unverständlichen, von spiritueller Übertragung und lärmender Öffentlichkeit, wahren Ereignissen und bloßen »Machenschaften« erläutert werden. Heidegger wird das Paradox des »Interviews« in einem Wochenmagazin für sich dann so auflösen, dass er zur Bedingung macht, die Veröffentlichung nicht mehr zu erleben.

Heideggers Programmtext »Schöpferische Landschaft: Warum bleiben wir in der Provinz?«, nach seiner Ablehnung des zweiten Berliner Rufes 1933 verfasst, wurde vom Südfunk ausgestrahlt und in der *Freiburger Tagespost* sowie im NS-*Alemannen* gedruckt. Ostentativ ist dem Denker der Gruß einer sterbenden Bäuerin mehr wert als der mondäne Hauptstadtjournalismus: »Noch anderthalb Stunden vor dem Ende hat sie ihnen (den Angehörigen, L. H.) einen Gruß an den ›Herrn Professor‹ aufgetragen. – Solches Gedenken gilt unvergleichlich mehr als die geschickteste ›Reportage‹ eines Weltblattes über meine angebliche Philosophie.« Sein Dasein als Philosoph, so schildert er es, kommt zum Austrag inmitten der »Schwere der Berge« und der »Härte ihres Urgesteins« und des »Rauschens des Bergbaches in der weiten Herbstnacht«; wenn »in tiefer Winternacht ein wilder Schneesturm mit seinen Stößen um die Hütte rast, *dann* ist die hohe Zeit der Philosophie. Ihr Fragen muß dann einfach und wesentlich werden. Die Durcharbeitung jedes Gedankens kann nicht anders denn hart und scharf sein. Die Mühe der sprachlichen Prägung ist wie der Widerstand der ragenden Tannen gegen den Sturm.«

Seine denkerische Arbeit soll aber auch nicht die »abseitige Beschäftigung eines Sonderlings« sein, der sich mit seiner Frau eine Hütte als fremdes *Refugium* in die ursprüngliche Landschaft baut. Anders als der Städter, der sich mit den Bauern nur zu einem Gespräch herablässt, weiß sich Heidegger mit der Gestimmheit der Bauern eins: »Wenn ich zur Zeit der Arbeitspause abends mit den Bauern auf der Ofenbank sitze oder am Tisch im Herrgottswinkel, dann reden wir *meist gar nicht*. Wir rauchen *schweigend* unsere Pfeifen. Zwischendurch vielleicht fällt ein Wort, daß die Holzarbeit im Wald jetzt zu Ende geht, daß in der vorigen Nacht der Marder in den Hühnerstall einbrach, daß morgen vielleicht die eine Kuh kalben wird, daß den Oehmibauer der Schlag getroffen, daß das Wetter bald ›umkehrt‹.« Und noch einmal öffentlichkeitskritisch: »Man kann draußen im Handumdrehen durch Zeitungen und Zeitschriften eine ›Berühmtheit‹ werden. Das ist immer noch der sicherste Weg, auf dem das eigene Wollen der Mißdeutung verfällt und gründlich und rasch in Vergessenheit gerät.«

Dem vordergründigen, durch »Öffentlichkeit« besorgten Ruhm wird die durch Erschweigen oder in rauschhafter

Sturmnacht erlebte Denkarbeit gegenübergestellt, denn, so Heidegger in seinen *Beiträgen zur Philosophie*, der Anspruch des philosophischen Denkens »kann niemals auf den unverzüglichen, allen gemeinen Nach- und Mitvollzug gehen. Weil solches Denken das Einzigste in seiner Befremdlichkeit denkt, das Seyn, was sonst das Gemeinste und Geläufigste ist im üblichen Seinsverständnis, bleibt dieses Denken notwendig selten und fremd.« Oder, noch deutlicher: »Das Sichverständlichmachen ist der Selbstmord der Philosophie. Die Götzendiener der ›Tatsachen‹ merken nie, daß ihre Götzen nur in einem erborgten Glanze leuchten. Sie sollen dies auch nicht merken; denn sie müßten dann alsbald ratlos und damit unbrauchbar werden. Götzendiener und Götzen aber werden gebraucht, wo Götter auf der Flucht sind und so *ihre* Nähe künden.«

Selbst Buchpublikationen, nach dem Ruhm von *Sein und Zeit*, sind ihm lästig; schon am 28. April 1928 schreibt Heidegger an Jaspers: »Für die, die rezensieren und dergleichen, hat man gewiss nie geschrieben. Ob überhaupt für kurzatmige Zeitgenossen? Wie oft ich nun schon gelesen habe, ich sei die – überdies von anderen auch schon längst geplante – wirklich gewordene Synthese von Dilthey und Husserl mit einigem Gewürz aus Kierkegaard und Bergson.« Wobei er eben, *cum grano salis*, ja genau das war – eine geschichtlich und biologisch entstandene Persona, auch wenn er diese sozialpsychologische Einsicht durch das Zwiegespräch mit Parmenides oder Anaximander zu vertreiben suchte.

Die »Machenschaft«, als Grundwort für »Gewalt, Macht, Herrschaft und später auch das Ge-Stell«, so definiert es Heidegger 1938/39 in den erst 1997 erschienenen Notaten »Besinnung«, fordere »in vielerlei Maskierungen der mannigfachen Gewalten die im voraus vollständig übersehbare Rechenhaftigkeit der unterwerfenden Ermächtigung des Seienden zur verfügbaren Einrichtung; aus dieser wesenhaften, aber zugleich verhüllten Forderung entspringt die neuzeitliche Technik (...). Die Steigerung der Weite und Schnelligkeit, der Billigkeit und Öffentlichkeit des ›Erlebens‹ ist das Zeichen dafür, daß die letzten Schranken für die Gewalt der Machenschaft gefallen sind.«

Von nun an geht es hin und her in Heideggers Technikphilosophie. Mal ist alles unrettbar verloren – »im Informationszeitalter sind die Möglichkeiten, noch lesen zu lernen, ausgelöscht«, schreibt er an Hannah Arendt im Juni 1972. Als er aus Anlass seines siebzigsten Geburtstags 1959 der *Neuen Zürcher Zeitung* »Aufzeichnungen aus der Werkstatt« zukommen ließ, klang es noch verheißungsvoller:

> Eine Möglichkeit besteht, daß die Vollendung der Herrschaft des Wesens der modernen Technik (das heißt des Ge-Stells) zum Anlaß einer Lichtung seiner eigenen Wahrheit (das heißt des Ereignisses) wird, daß so erst die Wahrheit des Seins ins Freie gelangt. Der An-fang käme zuletzt. Weil er noch gespart ist, sind wir nie befugt, nur mit einem Ende im Sinne des Aufhörens zu rechnen. Wir können aber jener Möglichkeit nur entsprechen, daß wir den Weg freihalten für das spekulativ-sinnende Denken inmitten aller Übereilungen der Soziologie, Psychologie und Logistik.

In seinem Meßkircher Vortrag zur »Gelassenheit« 1955 hat Heidegger die Vorteile des gleichzeitigen »Ja« und »Nein« zu den technischen Dingen entdeckt – das Verhältnis zur technischen Welt werde dadurch weder zwiespältig noch unsicher: »Ganz im Gegenteil. Unser Verhältnis zur technischen Welt wird auf eine wundersame Weise einfach und ruhig. Wir lassen die technischen Gegenstände herein und lassen sie zugleich draußen, d.h. auf sich beruhen als Dinge, die nichts Absolutes sind, sondern selbst auf Höheres angewiesen bleiben. Ich möchte diese Haltung des gleichzeitigen Ja und Nein zur technischen Welt mit einem alten Wort nennen: *die Gelassenheit zu den Dingen.*«

Den modernen Journalismus, mit seiner im 19. Jahrhundert entstandenen arbeitsteiligen Redaktionsstruktur mit seinen Verlegern, Setzern, Druckern und Annoncenwerbern, wird Heidegger aber vollständig dem »Ge-Stell« der Technik zuordnen. Die berühmten Sentenzen aus *Sein und Zeit* über das »Man«, das »Gerede« und das »Geschreibe« lesen sich heute wie eine mit dem besonderen Heidegger-Jargon aufgeladene, aber eher konventionelle Kultursoziologie, die sich vornehmlich an massenpsychologische Konzepte anschließt: »In der Benutzung öffentlicher Verkehrsmittel, in der Verwendung des Nachrichtenwesens (Zeitung) ist jeder Andere wie der Andere. Dieses Miteinandersein löst das eigene Dasein völlig in die Seinsart ›der Anderen‹ auf, so zwar, daß die Anderen in ihrer Unterschiedlichkeit und Ausdrücklichkeit noch mehr verschwinden. In dieser Unauffälligkeit und Nichtfeststellbarkeit entfaltet das Man seine eigentliche Diktatur«, heißt es im § 27 von *Sein und Zeit*. Heidegger mag ohnehin keine »Intellektuellen«, die für ihn das Nur-Rationale, den französischen Geist und das unmittelbare politische Wirkenwollen repräsentieren. Journalisten sind für ihn dabei Intellektuelle zweiter oder dritter Klasse, deren »Betrieb« noch dazu in der Weimarer Zeit von den Parteien und vor allem mit jüdischem Kapital aufrechterhalten wird. Man könnte die Journalisten- und Intellektuellenkritik des Propagandisten Joseph Goebbels danebenstellen und würde bis ins Vokabular hinein keine großen Unterschiede finden.

Nun ist die Journalistik tatsächlich in weiten Teilen zudringliches, dem schnellen Takt des Betriebs verfallenes kommunikatives Handeln, aber für die Dialektik der öffentlichen Aussage und deren Wert für das notwendig zähe demokratische Geschäft, für Qualitäten und Feinheiten hat Heidegger keinen Common Sense, weil er jede Form von Sozialwissenschaft und Psychologie nicht an sich herankommen lassen will. Anders sahen es Max Weber mit seiner Anerkennung für die grundsätzlichen politischen Leistungen des Journalismus oder der Weber-Verehrer Karl Jaspers, für den in seiner Analyse zur »geistigen Situation der Zeit« 1931 »die Achtung vor den Journalisten wächst, wenn man sich den Sinn des Sagens für den Tag klar macht. (...) Der Journalist kann eine Idee des modernen universalen Menschen verwirklichen. (...) Im Schutt des täglich Gedruckten den Edelsteinen einer zur wunderbarsten Kürze geschliffenen Sprache schlichten Berichtes zu begegnen, ist eine hohe, wenn auch nicht häufige Befriedigung des modernen Menschen.« Heidegger hingegen bleibt fundamentalkritisch bei Kierkegaard hängen, der schon über die »Meinungsverleiher« geklagt hatte: »Wehe, wehe, wehe über die Tagespresse! Käme Christus heute auf die Welt, er nähme nicht die Hohepriester aufs Korn – sondern die Journalisten.«

Alle vier Bremer Vorträge des Jahres 1949, die er auf Einladung Heinrich Wiegand Petzets hält, stehen unter dem starken Eindruck der Wirkung der modernen Transport- und Wahrnehmungstechnologien; in einem »Hinweis«, den Heidegger 1950 aus dem »Ding«-Vortrag ausgliederte und dem gesamten Zyklus voranstellte, kommen gleich zu Beginn »Flugmaschine«, »Rundfunk«, »Film« und »Fernsehapparatur« vor – mit Letzterer sei der »Gipfel aller Beseitigung aller Entfernung« erreicht. Heidegger kommt hier *ex negativo* auf Marshall McLuhans *Global-village*-Vision. Auch das Unheimliche im Wesen der Technik wird bei Heidegger damals dystopisch zusammengeschnurrt:

> Alles wird in das gleichförmig Abstandlose zusammengeschwemmt. Wie? Ist das Zusammenrücken

in das Abstandlose nicht noch unheimlicher als ein Auseinanderplatzen von allem? Der Mensch starrt auf das, was mit der Explosion der Atombombe kommen könnte. Der Mensch sieht nicht, was lang schon angekommen *ist* und zwar geschehen *ist* als das, was die Atombombe und deren Explosion nur noch als seinen letzten Auswurf aus sich herauswirft, um von der einen Wasserstoffbombe zu schweigen, deren Initialzündung, in der weitesten Möglichkeit gedacht, genügen könnte, um alles Leben auf der Erde auszulöschen. Worauf wartet diese ratlose Angst noch, wenn das Entsetzliche schon geschehen *ist*?

In Bremen geht der Philosoph sogar ins Detail der Rundfunk-Organisationsform und erläutert seinen Zuhörern medienkritisch, dass der »Rundfunkrat«, sofern er zur Abschaffung des Rundfunks riete, »über Nacht abgesetzt« würde, eben weil er nur »der Gestellte eines Bestandes im Ge-Stell der Öffentlichkeit« sei. Und auch der Forstwart, »der im Wald das geschlagene Holz vermisst und dem Anschein nach wie sein Großvater in der gleichen Weise dieselben Waldwege begeht«, ist für Heidegger »von der Holzverwertungsindustrie bestellt, ob er es weiß oder nicht. Er ist in die Bestellbarkeit von Zellulose bestellt, die ihrerseits durch den Bedarf an Papier herausgefordert wird, das den Zeitungen und illustrierten Magazinen zugestellt wird. Diese aber stellen die öffentliche Meinung daraufhin, das Gedruckte zu verschlingen, um für eine bestellte Meinungsherrichtung bestellbar zu werden.« Solche Passagen liest man heute mit einem gewissen Amüsement, sie zeigen aber auch, warum Heideggers Reflexionen über »Medien«, Kybernetik, Informationstechnologie und Sprache wie auch seiner Technikphilosophie insgesamt in Zeiten eines neuen militärischkommunikationstechnologischen Komplexes durchaus Zukunftsweisendes zukommt.⁹

In seiner eigenen Mediennutzung bleibt Heidegger, bis hin zum *Spiegel*-Interview, konsequent inkonsequent. Er geht in Freiburg zum Nachbarn, um sich auf dessen Fernsehapparat Fußballspiele des verehrten Franz Beckenbauer anzuschauen, spricht auf Schallplatten und steuert 1956 sogar eine Lobpreisung zum zehnjährigen Bestehen des Wochenblattes *Die Zeit* bei, weil diese ihn im Streit um die Wiederveröffentlichung seiner Vorlesung »Einführung in die Metaphysik« unterstützt hatte:

> Was ist die ZEIT? – Man könnte meinen, der Verfasser von »Sein und Zeit« müsste dies wissen. Er weiß es aber nicht, so daß er heute noch fragt. Fragen heißt: hören auf das, was sich einem zuspricht. Solches Hören durch das bloß Aktuelle hindurch auf das, was den Geschichtsgang unseres Zeitalters fernher und weithinaus bewegt, scheint mir die mutige, umsichtige und fruchtbare Haltung Ihrer Wochenzeitung *Die Zeit* zu sein. Ich freue mich der Gelegenheit, mit diesen Zeilen für manche verdienstvolle und klärende Stellungnahme, für zuversichtliche Wegweisung danken zu dürfen. Die belebende Teilnahme an Ihrer Arbeit möge überall im Stillen wachsen.

Dagegen hat ihm vier Jahre zuvor in der »Metaphysik«-Sache ein junger Gastautor der *FAZ* die Zeitungslektüre verleidet: »Der Verfasser des Artikels in der Frankf. Allg. Habermaas (sic) ist ein 24-jähriger Student!! Ich habe seitdem absichtlich keine Zeitung mehr in die Hand genommen«, schreibt er an Elfride am 7. August 1953.

In dem zähen Ringen mit Rudolf Augstein und Georg

Wolff, die das *Spiegel*-Interview doch gerne ganz oder in Teilen noch 1966 oder 1967 veröffentlichen möchten, zieht sich Heidegger dann sophistisch und gelehrt aus der Affäre. In einem sechsseitigen handgeschriebenen Brief vom 14. Januar 1967 an Rudolf Augstein meint er, dass die Aufgaben seines philosophischen Denkens »im äußersten Gegensatz zu dem in gleicher Weise notwendigen Auftrag des *Spiegel*« stünden. Aber so geartete Gegensätze gehörten »in der heutigen Zeit zusammen«. Das »unum necessarium« für sein Denken aber bleibe: »Rückzug aus der Öffentlichkeit«. Als Augstein und sein Freund Wolff 1979 schon über eine mögliche Autobiographie des *Spiegel*-Herausgebers sprechen, nennt Wolff diesen Brief Heideggers »großartig«; denn »die hintergründige, wohl auch ein wenig hinterhältige Stelle, die mit ›Das unum necessarium …‹ beginnt, eignet sich hervorragend als Motto eines Kapitels in Deinem Text«, so Wolff in einem Brief an Augstein: »Die erwähnte Stelle ist eine unübertrefflich durchdachte Kürzestfassung von Heideggers Philosophie. Außerdem sagt sie etwas ganz Vernünftiges über den *Spiegel*.« Damit hatten sich Heidegger und der *Spiegel* doch noch im Konstruktiven getroffen, aber auch im Vergeblichen, denn Augstein wird nie dazu kommen, seine Autobiographie zu schreiben. Einen späten Triumph seiner publizistischen Strategie wird Heidegger indes nicht mehr erleben; als das *Spiegel*-Interview dann 1976 publiziert wird, in der beginnenden Hochphase der deutschen Hysterie um die »Rote Armee Fraktion«, wählt die offiziöse Deutsche Presse-Agentur für ihre Zusammenfassung die Überschrift »Heidegger verbot die Bücherverbrennung«. Wesentlich mehr hätte auch der *Fuchs* nicht erwarten können.[10]

Auf Burg Wildenstein

Heidegger 1945 und im *Spiegel*

Martin Heidegger taucht im frühen *Spiegel* zum ersten Mal am 2. August 1947 auf. Die Überschrift des Artikels lautet »Shakespeare kein Existenzialist« – und es geht natürlich um Jean-Paul Sartre. Der *Spiegel*, damals eher im Status eines ambitionierten Studentenblattes und noch ganz unter dem Einfluss der angelsächsischen Stilvorgaben, kompilierte mangels eigener Korrespondenten seine Texte zu Kultur und Politik im Ausland zumeist aus etablierten Blättern. Rudolf Augsteins pragmatische Parole dazu: »Fauzi-el-Kauki[11] dementiert sowieso nicht.« Im Sommer 1947 wurden im Lyric Theatre von Hammersmith zwei Sartre-Stücke aufgeführt. Ein Reporter des *Daily Herald* hatte dieses Ereignis zum Anlass für Explorationen über den »Existenzialismus« genommen, und der *Spiegel* referierte: »Der Reporter wollte von Sartre einiges über den Existenzialismus erfahren. Sartre lächelte mystifizierend durch seine Brillengläser und meinte, das sei sehr schwierig. Je nach den Menschen ändere sich auch der Existenzialismus. Er sei sich selbst nicht im klaren darüber.«

Martin Heidegger, der in dem Artikel nur kurz – neben Kierkegaard, Husserl, Hegel und Jaspers – als »philosophischer Wahlverwandter« von Sartre vorkommt, war sich indes ziemlich schnell darüber klargeworden, dass der schicke »Existenzialismus« auf eine humanistische und aktivistische Umbiegung seiner seinsgeschichtlichen Fragestellung hinauslief. Er hatte schon Ende 1946 – davon wusste der *Spiegel* nichts – einen langen »Brief über den Humanismus« an den Philosophen Jean Beaufret nach Paris geschickt, der dann 1947 im Francke-Verlag zusammen mit »Platons Lehre von der Wahrheit« publiziert wurde. Es war eine schroffe und strategisch gewagte Kontradiktion zum damals ungeheuer populären Dramatiker und politischen Publizisten Sartre. Der Text machte durch Sentenzen zur Sprache als dem »Haus des Seins« in Paris sofort Furore, auch wegen Heideggers Hinweis auf die »eigentümliche Diktatur der Öffentlichkeit«, die nach »Ismen« verlange, eben jetzt nach dem »Existentialismus«, und durch die Lobpreisungen des dichterischen Wohnens mit und bei Hölderlin. Das Manöver des Humanismus-Briefs sicherte Heidegger tatsächlich einen eigenständigen Platz in der französischen Nachkriegsphilosophie, worauf wir noch zurückkommen werden.

Am 27. Juni 1945 hält Heidegger im Forsthaus von Schloss Hausen im Tal seinen für längere Zeit letzten Vortrag, das Thema ist eine Sentenz von Hölderlin zur »Armut« – erst 1949 wird ihn Heinrich Wiegand Petzet in Bremen wieder salonfähig machen. Freiburg war am 27. November 1944 von den Alliierten verheerend bombardiert worden, es wurden über 3000 Tote gezählt, achtzig Prozent der Universitätsgebäude waren zerstört. Für die Freiburger Universität gab es mehrere Optionen: Schließung des Lehrbetriebes, Verlegung ins Kloster Beuron oder auf die Insel Reichenau, aber kein Departement wechselte dann so hochsymbolisch den Ort wie die Philosophische Fakultät. Zehn Professoren und rund dreißig noch verbliebene Studentinnen richteten sich für den Lehrbetrieb des kommenden Sommersemesters Ende März 1945 auf Burg Wildenstein ein, hoch über dem Donaudurchbruch durch die Schwäbische Alb gelegen, auf dem Gebiet des Dorfs Leipertingen, einst Eigentum der Grafen von Zimmern, die auch über Meßkirch geherrscht hatten.

Die zumeist nationalkonservativen Gelehrten sahen jetzt von hoher Warte auf die materielle und moralische Verwüstung herab. Heidegger selbst spricht in einem Brief vom 20. Juli 1945 an seinen Vertrauten, den Tübinger Historiker Rudolf Stadelmann (1902–1949), der ihn für eine Professur in Tübingen ins Gespräch bringen wollte, von seinem in dieser Zeit besonders starken Bezug zu Hölderlin: »Ihre Zeilen aus Tübingen trafen mich wie die Stimme des Dichters aus seinem Turm am heimatlichen Strom. Das letzte halbe Jahr weilte ich im Geburtsland und zeitweise in der nächsten erregenden Nähe des Stammhauses meiner Väter im oberen Donautal unterhalb der Burg Wildenstein. Mein Denken ist weit über bloße Interpretationen hinaus zu einem Gespräch mit dem Dichter geworden, und seine leibhafte Nähe ist das Element meines Denkens.«

Die meisten Professorenkollegen Heideggers waren damals in Leipertingen untergebracht; Heidegger hingegen hatte im Forsthaus Hausen in einer Dachkammer Quartier gefunden. Das schmucke Forsthaus hatte der Eigentümer Graf Douglas dem Prinzen Bernhard von Sachsen-Meiningen und seiner Ehefrau Margot zur Verfügung gestellt. Die aparte Breslauer Fabrikantentochter Margot von Sachsen-Meiningen, Jahrgang 1911 und Mutter zweier Kinder, war 1932 mit ihrem Mann in die NSDAP eingetreten. Sie hatte seit 1942 bei Heidegger studiert und war irgendwann seine Geliebte geworden. Ihre Ehe mit Prinz Bernhard wurde 1947 geschieden. Die Wildenstein-Episode ist für die Persona Heideggers und seine Strategie in politischen Krisen bezeichnend: Er ließ seine Frau im Stich – sie musste das Rötebuckhaus und den Garten in Freiburg-Zähringen hüten –, kümmerte sich nach kurzzeitigem Einsatz beim Volkssturm gemeinsam mit Bruder Fritz um die Sicherung und Transkribierung seiner unveröffentlichten Wegweisungen und war ansonsten mit seiner Geliebten wie mit »dem deutschen Dichter« schlechthin in elegisch-spiritueller Verbindung versponnen. Mit dem Fetisch »Hölderlin« ließ sich für

Heidegger vieles ekstatisch konnotieren: die vaterländische Erfahrung des Ersten Weltkriegs, der Übergang von bloßer Philosophie zu dichterischem Sprach-Denken, die Liebe zum altgriechischen Ursprung, die Heimat und die Erwartung der abendländischen Sendung nach der deutschen Niederlage. Nach 1945 stand er im Briefwechsel mit Imma von Bodmersdorf, der Verlobten des 1918 vor Verdun gefallenen Hölderlin-Wiederentdeckers Norbert von Hellingrath, und besprach eine Schallplatte des Verlegers Günther Neske mit Hölderlin-Dichtungen, darunter die Donau-Hymne »Der Ister«. Schließlich legte er für sein Begräbnis 1976 in Meßkirch die zu verlesenden Hölderlin-Sprüche als Vermächtnis fest.

»›Wer das Tiefste gedacht, liebt das Lebendigste‹ steht in einem Hölderlin'schen Gedicht –, Höld. wird mir z. Zt. ein neues Erlebnis – gleichsam als ob ich ganz ursprünglich erstmalig mich ihm nähere«, hatte er schon im September 1918 von der Frankreichfront aus an Elfride geschrieben. Nach dem Ende seiner operativen Arbeit an der völkischen Hochschulpolitik 1934/35 bot ihm die Beschäftigung mit dem Dichter Trost und Zuflucht, auf den Punkt gebracht in einem Schreiben an seine Frau am 11. Oktober 1934, als er eine »lange Dürre« nach dem Scheitern des Rektorats befürchtet, sich aber nun plötzlich wieder »ganz frei, einfach u. wesentlich« fühlt: »Es ist schwer, mit Hölderlin allein zu sein – aber es ist die Schwere alles Großen. Ob die Deutschen einmal begreifen werden, daß hier nicht ein lebensuntüchtiger Schwächling in Verse sich rettete, sondern ein Held den kommenden Göttern standhielt – ohne jede Gefolgschaft ›tagelang festgewurzelt auf den Bergen‹.« So schrieb er, gleichfalls ohne jede Gefolgschaft, im Nieselregen auf der Todtnauberger Hütte.

Zehn Jahre später beschäftigt Heidegger sich dann mit Hölderlins »theoretischen« Abhandlungen, »die den Weg zu den großen Elegien u. Hymnen bahnen halfen u. die für den gewöhnlichen Verstand unfaßlich sind u. in Sätzen dargelegt, die sich über Seiten hinziehen« (Brief an Elfride vom 2. März 1945). Am 22. Februar 1945 war Meßkirch bombardiert worden, man zählte 35 Tote und über 120 Verletzte. Auch die Volksbank-Filiale, der Bruder Fritz vorstand, bekam einen Volltreffer ab. Die dort im Safe lagernden Manuskripte Martin Heideggers blieben aber unversehrt. Da der Philosoph zusammen mit dem Bibliothekar Wilhelm Hoffmann von der Württembergischen Landesbibliothek in Stuttgart nach einem sicheren Ort für Hölderlin-Manuskripte suchte, kam es zu einer aus seiner Sicht glückhaften Vereinigung, als er eine Höhle dafür an der Donau fand und auch gleich noch eigene Texte einlagerte: »In allen Wirren ist es ein schöner Gedanke, daß meine Arbeiten mit Hölderlin zusammen in den Felsen an der Donau ruhen dürfen.« (Brief an Elfride vom 15. April)

Am 21. April nehmen die französischen Truppen des Generals Jean de Lattre de Tassigny Freiburg ein, am 7. Mai akzeptiert Generaloberst Alfred Jodl im Hauptquartier der US-Streitkräfte in Reims die bedingungslose Kapitulation der deutschen Wehrmacht. Hans Dieter Zimmermann hat in seiner feinen Studie über die Brüder Fritz und Martin Heidegger bereits auf die tragikomische Beinahe-Koinzidenz der Wildenstein-Sitation mit der kurz zuvor im nahen Sigmaringer Schloss endgelagerten Vichy-Restregierung verwiesen, mit ihren »schlafenden« und »aktiven« Ministern. Louis-Ferdinand Céline schrieb darüber den Roman mit den meisten Ausrufezeichen der Literaturgeschichte, *De l'un chateau à l'autre*. Der einstige deutsche NS-Botschafter in Paris, Otto Abetz, versteckt sich im Schwarzwald. Mussolini wird erschossen, zahlreiche hohe NS-Funktionsträger bringen sich um, die angelsächsischen Kriegsberichterstatter filmen und photographieren die Leichen in den Vernichtungslagern – aber die Philosophische Fakultät auf dem Wildenstein machte einfach weiter wie gewohnt, mit Vorlesungen über Kant und die Epochen der mittelalterlichen Geschichte. Mitunter helfen die Professoren und Studentinnen den Bauern bei der Heuernte. Die Universität denke im alten Stil, so mokiert sich Heidegger am 14. Juni in einer weiteren Depesche an Elfride, obwohl er selbst mitmacht. Von »irgendwelchen Institutionen dieser Art« sei wohl nichts zu erwarten; es sei allein entscheidend, »daß wir eines Tages mit den Anderen ins Gespräch kommen und dabei etwas wesentliches zu sagen haben. Darauf bereite ich mich tagtäglich vor.«

Wer aber sind »die Anderen«? Vor allem wohl die real einmarschierten Franzosen, und in dieser Erwartung arbeitet Heidegger zusammen mit dem Romanisten Hugo Friedrich (1904–1978, an der Freiburger Universität seit 1937) schon einmal an »einer Übersetzung von Valéry«. Vielleicht könne es »ein Anknüpfungspunkt zur Aussprache« werden, hofft Heidegger. Er knüpft hier an seinen Text zur deutsch-französischen Verständigung an, den er 1937 in einem Jahrbuch-Sammelband (*Alemannenland*) des Freiburger NS-Oberbürgermeisters Franz Kerber unter dem Titel »Wege zur Aussprache« veröffentlicht hat. Es war die Zeit des erstarkenden »Dritten Reiches« und einer sozialistischen, von den Kommunisten tolerierten Regierung unter Léon Blum in Frankreich. In Heideggers Text von 1937 werden explizite politische Aussagen vermieden, vordergründig geht es um seine Philosophie-Vorstellung als »das unmittelbar nutzlose, aber gleichwohl herrschaftliche Wissen vom Wesen der Dinge« und um »ein echtes Sichverstehen in den philosophischen Grundstellungen«. Dieses könne eine »zunächst und oft langehin unsichtbare Verwandlung der Völker« vorbereiten. Die französische Philosophie sei indes wesentlich durch die »mathematische Denkweise« Descartes' rationalistisch geprägt. Dagegen war »im Verlauf der Geschichte des Abendlands erstmals durch die Dichter und Denker im Zeitalter des deutschen Idealismus ein metaphysisches Wissen vom Wesen der Geschichte angebahnt worden«. So könne es nicht verwundern, ahnte Heidegger schon 1937, dass bereits seit Jahren »jüngere Kräfte in Frankreich«, die sich von der Descartes'schen Überschätzung des Subjekts befreien wollten, sich um ein Verstehen Hegels, Schellings und Hölderlins bemühten. Angesichts der »drohenden Entwurzelung des Abendlandes« müsse jetzt aber eine *Entscheidung* getroffen werden, in der »Bereitstellung eines Bereiches der Entscheidbarkeit und Nichtentscheidbarkeit der Fragen«.

Klartext redete Heidegger intern, nachdem er von dem französischen Philosophieprofessor Émile Bréhier zum IX. Internationalen Kongress für Philosophie 1937 nach Paris eingeladen worden war. Heidegger wusste, dass er nach *Sein und Zeit*, vermittelt vor allem durch die jüdischen und/oder osteuropäischen Interpreten Emmanuel Levinas, Alexandre Kojève, Alexandre Koyré und Raymond Aron, als Meisterschüler Edmund Husserls der deutsche Philosophie-Star in Frankreich zu werden begann. Er wäre auch sehr gern nach Paris gefahren und damit zum ersten Mal überhaupt nach Frankreich. Die Tatsache oder die Bewertung seines NS-Rektorats spielte zu diesem Zeitpunkt links des Rheins kaum eine Rolle; Hitlers Aufstieg und das Erstarken des »Dritten Reichs« wurden von vielen konservativen und radikalen Franzosen bewundert. Heidegger war aber als existenzphilosophischer Outsider, als ehemals bevorzugter Mitarbeiter des Juden Husserl, von den fachpolitisch dominierenden Zirkeln der NS-Philosophie bei der Aufstellung einer Kongressdelegation offenbar nicht hinzugezogen worden.

Heidegger teilte dem seinerzeitigen Freiburger Rektor Friedrich Metz am 14. Juni 1937 kühl mit, dass er sich nicht in der Lage sehe, knapp anderthalb Monate vor Beginn des

Kongresses einer Delegation beizutreten, »deren Zusammensetzung sowohl wie deren Führung mir bis zur Stunde unbekannt sind«. Die Vorbereitungen für diese entscheidende Konferenz liefen bereits seit anderthalb Jahren, so Heidegger, und er habe nach der Einladung durch Bréhier gleich das Reichserziehungsministerium darauf hingewiesen, »daß dieser zugleich als Descartes-Jubiläum angelegte Kongreß bewußt zu einem Vorstoß der herrschenden liberal-demokratischen Wissenschaftsauffassung überhaupt ausgestaltet werde« und deshalb eben eine »entsprechend vorbereitete und wirkungskräftige deutsche Vertretung frühzeitig« aufgestellt werden möge. Nun sei es aber zu spät. Delegationsleiter wurde der von Heidegger als subalterner Geist abgelehnte ehemalige Königsberger Rektor und Göttinger Ordinarius Hans Heyse, der wie Heidegger 1933 in die NSDAP eingetreten und trotz seiner Studien zu den griechischen Klassikern – Spitzname »Parteigenosse Plato« – dem NS-dogmatischen Lager »germanischer« Überlieferungen zuzuordnen war.

Am Sonntag, den 24. Juni 1945 endete die Wildensteiner Epoche der Freiburger Philosophischen Fakultät mit einem Fest auf der Burg, zu dem auch die Dorfbewohner geladen waren. Man kann sich vorstellen, wie sich die Herren Ordinarien auf Burg Wildenstein über die Berufschancen und Lebensumstände unterhalten haben, die sich nach dem Herabsteigen ins zerstörte Freiburg ergeben würden. Vielleicht ging Heidegger, der sich ja strategisch ganz gut vorbereitet hatte, noch einmal durch den Kopf, dass er bei seinen verbal heroischen Vorträgen im Herbst 1933 in Heidelberg, Tübingen oder Kiel solches verkündet hatte: »Wir Heutigen stehen in der Erkämpfung der Neuen Wirklichkeit. Wir sind nur ein Übergang, nur ein Opfer. Als Kämpfer dieses Kampfes müssen wir ein hartes Geschlecht haben, das an nichts eigenem mehr hängt, das sich festlegt auf den Grund des Volkes

(...). Nur der Kampf entfaltet die wahren Gesetze zur Verwirklichung der Dinge, der Kampf, den wir wollen, den wir kämpfen Herz bei Herz, Mann bei Mann.«

Nun, der Kampf war blutig ausgefochten worden, wenn auch nicht von Heidegger selbst, so doch von vielen Studenten, die damals begeistert zugehört hatten. Und Heidegger hatte sich noch im Februar 1935, jedenfalls deutlich nach Hitlers, Görings und Heydrichs Röhm-Aktion, die er später als kardinalen Wendepunkt für seine Abkehr vom NS-Regime erklären sollte, in einem Brief an seinen Freund Kurt Bauch, Kunsthistoriker und späterer Dekan der Philosophischen Fakultät, so geäußert: »Zwar kenne ich Ihr ›Publikum‹ nicht; aber ich fürchte, auch Sie lesen und mühen sich ab vor jenen, die von vornherein gewillt sind, nicht für den Nationalsozialismus zu arbeiten – Versprengte Juden, Halbjuden, sonst Mißglückte, Jesuiten und Schwarze in Laiengestalt und einige Schöngeister. (...) Und trotzdem – müssen wir da stehen bleiben – und wirklich stehen und selbst wenn nur für uns selbst – gesetzt daß wir alle Arbeit dem Geschick des Volks opfern. (...) Mit herzlichem Gruß und Heil Hitler!«

Mit den »versprengten Juden« hatten die zuständigen NS-Stellen dann ja auch noch aufgeräumt, allerdings systematischer und »technischer«, als es sich selbst der in Sachen »riesenhafter« Technologien phantasiebegabte Heidegger hätte vorstellen können. Die Grundstimmung bei jenem Vortrag, den Heidegger drei Tage nach dem Wildenstein-Abschlussfest nebst Klavierkonzert vor Prinz, Prinzessin, dem Forstwart und wenigen anderen Zuhörern in seinem Refugium hielt, war denn auch wesentlich verhaltener und spiritueller. Aber man darf sich von der vordergründigen und weitschweifigen Auslegung des angeblichen Hölderlin-Spruchs »Es koncentrirt sich bei uns alles auf's Geistige, wir sind arm geworden, um reich zu werden« nicht täuschen lassen. Heideggers zunächst mystifizierende Auslegung ist metapolitisch und auf die Erwartung und »Verwindung« der kommenden kommunistischen Herrschaft gerichtet. Heideggers geopolitische Intuition war doch so weit ausgebildet, dass er sich vorstellen konnte, dass vor allem Frankreich kommunistisch werden konnte, und da brauchte es eben neue »Wege zur Aussprache«.

Nachdem er Hölderlins Spruch erst einmal gründlich enthistorisiert und ins Überzeitliche des »Pneumatischen« und »Immateriellen« verewigt hatte, kam er auf Mystiker wie die Heilige Sophia (»Sie ist noch heute in der russischen Mystik in einer Weise lebendig, die wir uns kaum vorstellen können«) und den Görlitzer Schuster Jakob Böhme (»der stillste aller Schuster«) zu sprechen, dessen Einfluss sich zu Beginn des 19. Jahrhunderts, gleichzeitig mit dem starken Wirken von Hegel und Schelling, in Russland erneuert habe. Und dann brachte er sich als Spezialisten für das geistige Sein des Seins ins Nachkriegsspiel:

> Es ist daher weit entfernt von einer Übertreibung, wenn ich sage, daß das, was man heute kurzsichtig und halb gedacht nur »politisch« und gar grobpolitisch nimmt und russischen Kommunismus nennt, aus einer geistigen Welt kommt, von der wir kaum etwas wissen, ganz abgesehen davon, daß wir schon vergessen, dies zu denken, wie selbst noch der grobe Materialismus, die Vorderfläche des Kommunismus, selbst nichts Materielles, sondern etwas Spirituelles ist und eine geistige Welt, die nur im Geist und aus dem Geist erfahren und zum Austrag seiner Wahrheit und Unwahrheit gebracht werden kann.

Heidegger hatte schon in seinen klandestinen Schriften Ende der dreißiger und dann verstärkt in den vierziger Jahren das ursprüngliche »Seyn« mit dem »Unnötigen« gleichgesetzt – eine seiner luziden und noch heute bedenkenswerten Einsichten. Der Forstwart und die Prinzessin konnten sich also in Hausen folgende Conclusio anhören: »Armseyn – d. h. einzig das Unnötige entbehren, d. h. einstig dem Freien-Freienden gehören, d. h. in der Beziehung zum Freienden stehen. (…) Wenn das Wesen des Menschen eigens in der Beziehung des freienden Seyns zum Menschen steht, d. h. wenn das Menschenwesen das Unnötige entbehrt, dann ist der Mensch im eigentlichen Sinn arm geworden.«

Das Armsein hat demnach weniger mit der konkreten Verelendung oder dem Hunger nach der materiellen Zerstörung 1945 zu tun, sondern mit dem Erkennen der Vorteile einer immateriellen Armut, die erst wahren Reichtum begründet. Nur wenn die europäischen Nationen »auf den Grundton der Armut gestimmt« seien, würden sie »zu reichen Völkern des Abendlandes, das nicht untergeht und nicht untergehen kann, weil es noch gar nicht aufgegangen ist«.

So hätte nach diesen spirituell-politischen Überlegungen eigentlich alles gut oder zumindest glimpflich ausgehen können für Heidegger, den »Fuchs«, die Inkarnation des alemannischen *Kuinzigen*, also kaum Greifbaren, Eigentümlichen, Listigen. Aber in den wenigen Wochen zwischen dem Hölderlin-Vortrag in Hausen und der vielleicht rettenden Demarche des Historikers und Gerhard-Ritter-Schülers Rudolf Stadelmann mit dem Wink einer Tübinger Professur – und den bald einsetzenden Besuchen wohlwollender französischer Intellektueller – lag eine für Heidegger unerwartet dramatische Wende. Man hatte ihm in Freiburg, »außerhalb der Philosophischen Fakultät«, seine Arroganz und seine nationalsozialistische Hochgestimmtheit von 1933 nicht vergessen. Er war in vielfacher Hinsicht Gefangener seiner Anfänge im »Dritten Reich«. Über das »Maß« und die Gerechtigkeit der Maßnahmen mag man aus heutiger Sicht streiten, doch es war eben Heidegger selbst, der die Messlatte der geistigen Intervention ins realpolitische Geschehen sehr hoch gelegt hatte.

An Stadelmann schrieb er jedenfalls im Juli 1945: »Aber zur Zeit ist hier noch nicht über meine Zukunft entschieden. Trotzdem ich seit meiner Amtsniederlegung in steigendem Maße gehemmt und angepöbelt wurde und hart an Schlimmerem vorbeikam, entdeckt man jetzt (nicht die Alliierten, sondern die Eigenen) Belastendes in meinem Rektorat, das alles andere war als ein Eintreten für die Partei und Parteidoktrin. So muß ich abwarten.« Ein Gastsemester in Tübingen sei allerdings erst einmal willkommen. Die Professoren der Freiburger Universität hatten sich – ohne die »Wildensteiner« und ohne Heidegger – schon wenige Tage nach dem Einmarsch der Franzosen zu einem Plenum getroffen und mit dem Mediziner Sigurd Janssen einen neuen Rektor gewählt, waren zur alten Universitätsverfassung zurückgekehrt und berieten darüber, wie man als jahrhundertealter Rechtskörper nun mit den französischen Besatzern konstruktiv umgehen könne. Ein Teil des Kollegiums setzte darauf, die Albertina-Ludoviciana als im Kern doch katholisches Bollwerk gegen das NS-Unwesen darzustellen, eine andere Gruppe um die Nationalökonomen Adolf Lampe[12] und Walter Eucken plädierte für eine harte Bestrafung der eindeutig Belasteten. Dazu zählten sie vor allem den initialen NS-Rektor Heidegger, der mit ihnen als *jack in the box* im Stil eines Hochschuldiktators umgesprungen war.

Hinzu kam, dass Elfride in jenen Wochen, als Heidegger noch mit Hölderlin und der Prinzessin auf Burg Wildenstein weilte, schon mit dem Verlangen der kommissarischen Stadtverwaltung konfrontiert worden war, das Rötebuckhaus für Nicht-Nationalsozialisten freizugeben, wogegen sie, nach den Recherchen von Hugo Ott, am 10. Juni protestiert hatte. Ihr Mann, so Elfride, sei nach 1933 Parteimitglied geworden, habe sich in der NSDAP aber nie betätigt, bereits 1934 aus Protest von seinem Rektorenamt zurückgetreten, überdies sei die Besprechung seiner Bücher »seit Jahren von den zuständigen Stellen der Partei« verboten worden. Heidegger selbst legte am 16. Juli in einem Brief an den neuen Freiburger Oberbürgermeister Max Keller – der alte NS-Amtsinhaber Kerber wurde nach französischer Internierung ermordet in einem Waldstück aufgefunden – noch einmal nach. Drei Tage vorher war auf dem Rötebuck ein Mann mit einem Ausweis des Wohnungsamtes erschienen, um sich die beschlagnahmte Wohnung anzusehen; »bei dem Hinweis auf die Bibliothek«, so Heidegger, »wurde erwidert, daß diese im Haus verbleiben müsse. Auf den Einwand, daß diese mein unentbehrliches Handwerkszeug für meine Berufsarbeit sei, wurde geantwortet, daß ich ohnehin in der nächsten Zeit meinen Beruf nicht mehr ausüben könne.« Im Gegenzug verwies auch Heidegger wieder auf die ständige »Anpöbelung«, bald einer seiner kulturpolitischen Lieblingsbegriffe, durch »die Partei« nach seinem Rektoratsrücktritt, auf seine durch die Ablehnung der Rufe nach Berlin und München bewiesene badische Heimattreue und die Übersetzung seiner Werke ins Französische, Italienische, Spanische, Türkische, Japanische und so weiter – mithin auf seinen Weltruf. Er wollte zwar »die bevorzugte Behandlung der aus den Konzentrationslagern Entlassenen« anerkennen, habe aber als jemand, der »aus einem armen und einfachen Elternhaus« stamme und »jederzeit den einfachen Lebensstil« gepflegt habe – womit er zweifellos recht hatte –, keine Belehrung darüber nötig, »was sozial Denken und Handeln heißt«.

In einem Brief an Stadelmann fasste er die für ihn prekäre Lage am 1. September 1945 noch einmal zusammen. Er sei zeitweise auch von der Stadt »beschossen« worden: »Die Franzosen sind – und zumal in Paris – darüber empört. So wie die Dinge jetzt liegen, werde ich von Paris und Frankreich aus, wo ich zur Zeit als ›Modephilosoph‹ gelte, gegen die Landsleute gehalten; besonders auch in Baden-Baden.« Tübingen würde ihn aber atmosphärisch sehr locken, »hier ist mir vieles fremd geworden; im übrigen bin ich der Überzeugung, daß aus unserem schwäbischen Land der abendländische Geist erwachen wird«.

Nun immerhin, für das Abendland gab es aus der Tradition des Hegel'schen und Hölderlin'schen Wirkens noch Hoffnung; Heidegger selbst hatte in den frühen Besuchen und Botschaften wohlwollender französischer Intellektueller ein Wetterleuchten gesehen. In Paris, so Frédéric de Towarnicki (geboren als Alfred von Towarnicki), war schon nach der Befreiung der Stadt Ende August 1944 endgültig die Zeit des »Existentialismus« gekommen, aber niemand habe gewusst, was der Begriff bedeuten solle – vielleicht in Saint-Germain-des-Prés »eine bestimmt Art, die wiedergefundene Freiheit zu leben«. Der damals fünfundzwanzigjährige Towarnicki, ein in Wien geborener Dolmetscher und Kulturbetreuer der französischen Armee Rhin et Danube mit Sitz in Lindau und im Hotel Rote Lache bei Baden-Baden, war in jenem September 1945 zuerst allein und in Uniform auf dem Rötebuck aufgekreuzt, wo er aber nur die »sichtbar beunruhigte« Elfride antraf; Heidegger war zum Schreiben auf der »Hütte«. Towarnicki ließ Aufsätze von Jean Beaufret aus der Lyoner Zeitschrift *Confluences* da und kam einige Zeit später mit seinem Vorgesetzten Leutnant Fleurquin und Alain Resnais[13] wieder, Heidegger erschien ihm »klein, sehr klein, in badischer Heimatkleidung mit Kniebundhosen«. Es entstand ein berühmtes Photo, aufgenommen von Alain Resnais, das einen sichtlich abgemagerten Heidegger zusammen mit Towarnicki zeigt. Die Franzosen erläuterten

Heidegger und seiner Frau Sartres Philosophie, soweit sie diese verstanden hatten. Es entspann sich ein erstes Verhör über Heideggers Verhältnis zum Nationalsozialismus, Towarnicki brachte dann noch ein Exemplar von Sartres *Das Sein und das Nichts* vorbei. Edgar Morin übermittelte eine Bitte des Camus-Freundes Max-Pol Fouchet um neue Heidegger-Texte für dessen *Revue Fontaine*. Und, Krönung des Ganzen, Towarnicki sollte im Auftrag Fleurquins eine Art existenzphilosophisches Gipfeltreffen zwischen Sartre, Heidegger und möglicherweise anderen Prominenten wie Pablo Picasso in Baden-Baden organisieren. Albert Camus, den Towarnicki zufällig im Pariser Café de Flore traf, hatte keine Lust: Er habe nichts persönlich gegen Heidegger, aber er interessiere ihn nicht besonders und außerdem ...»war er nicht Nationalsozialist?« Auf Bitten Towarnickis schreibt Heidegger, nachdem sich der Plan des öffentlichen Disputs erledigt hatte und der Versuch einer Kontaktaufnahme mit Émile Bréhier erfolglos geblieben war, am 8. Oktober 1945 an den »sehr verehrten«, an den »Weggenossen und Wegbereiter« Sartre:

> Vor wenigen Wochen erst habe ich von Ihnen und Ihrem Werk gehört. Herr Towarnicki hatte mir freundlicherweise Ihr Werk L'être et le néant hier gelassen u. ich habe sofort begonnen, es durchzuarbeiten. Hier begegnet mir zum erstenmal ein selbständiger Denker, der von Grund auf den Bereich erfahren hat, aus dem heraus ich denke. Ihr Werk ist von einem so unmittelbaren Verstehen meiner Philosophie beherrscht, wie es mir noch nirgends begegnet ist. Ich wünsche sehr, daß wir in eine fruchtbare Auseinandersetzung kommen und dadurch wesentliche Fragen klären ... » Einleitung« und »Schluss« Ihres Werkes sind für mich sehr er-

regend, ich denke freilich diese Fragen in einem ursprünglichen Zusammenhang mit der Geschichte, zumal mit dem Anfang des abendländischen Denkens, das bis heute ganz durch die Vorherrschaft des Platonismus verdeckt ist.

Nachdem er Sartre für den Winter zum Skifahren und »zusammen philosophieren« nach Todtnauberg eingeladen hat, wird Heidegger in üblicher Manier pathetisch: »Es gilt, mit dem höchsten Ernst den Weltaugenblick zu erfassen u. ins Wort zu bringen, über alle Parteiungen, Modeströmungen, Schulrichtungen hinweg, daß endlich die entscheidende Erfahrung erwacht, wie abgründig im wesenhaften Nichts der Reichtum des Seins sich verbirgt.«

Es klingt hier ein wenig der Ton an, den er für die erwünschte »Kampfgenossenschaft« mit Karl Jaspers in den zwanziger Jahren gewählt hatte. Der vollständige Brief an Sartre wurde zum ersten Mal 1994 in der *Frankfurter Allgemeinen Zeitung* publiziert, aber mysteriöserweise in den Band 16 der Heidegger-Gesamtausgabe nicht aufgenommen. Wie wir heute wissen, waren vor allem einige der während des NS-Regimes mit Verhaftung oder gar Ermordung bedrohten Freiburger Ökonomen über die bevorstehende öffentliche Bühne für Heidegger empört. Zwar hatte die universitäre »Bereinigungskommission«, bestehend aus den Ökonomen Constantin von Dietze und Adolf Lampe, dem Historiker Gerhard Ritter, dem Theologen Arthur Allgeier und dem Botaniker Friedrich Oehlkers, Heidegger zunächst eher milde behandelt und mit Ausnahme von Lampe für die »Möglichkeit beschränkter Lehrtätigkeit« votiert. Die französischen Behörden stuften ihn zunächst nur als »disponible« ein, hatten offenbar auch nichts gegen seinen Wechsel nach Tübingen. Doch dann drangen innerhalb der Universität die Ökonomen Franz Böhm, Lampe und Eucken auf ein härteres Urteil mit dem Hauptargument, Heidegger habe doch 1933 jüngere Kollegen und Studenten aktiv zum Nationalsozialismus verführt. Und schließlich brachte Heidegger im Dezember 1945 eine durch ihn selbst angeregte Stellungnahme von Karl Jaspers zu Fall. Jaspers hatte eigentlich gehofft, »schweigen zu können außer zu vertrauten Freunden«, aber das denunziatorische Heidegger-Gutachten über Eduard Baumgarten an den Göttinger NS-Dozentenbund mit seinem strategisch-antisemitischen Subtext gab für Jaspers den Ausschlag. Einerseits, so Jaspers, sei Martin Heidegger

> eine bedeutende Potenz, nicht durch den Gehalt einer philosophischen Weltanschauung, aber in der Handhabung spekulativer Werkzeuge. Er hat ein philosophisches Organ, obgleich er m. E. ungewöhnlich kritiklos ist und der eigentlichen Wissenschaft fern steht. Er wirkt manchmal, als ob sich der Ernst eines Nihilismus verbände mit der Mystagogie eines Zauberers. Im Strom seiner Sprachlichkeit vermag er gelegentlich den Nerv des Philosophierens auf eine verborgene und großartige Weise zu treffen. Hier ist er unter den zeitgenössischen Philosophen in Deutschland, soweit ich sehe, vielleicht der einzige.

Aber dennoch: »In unserer Lage ist die Erziehung der Jugend mit größter Verantwortung zu behandeln. Eine volle Lehrfreiheit ist zu erstreben, aber nicht unmittelbar herzustellen. Heideggers Denkungsart, die mir in ihrem Wesen nach unfrei, diktatorisch, kommunikationslos erscheint, wäre heute in der Lehrwirkung verhängnisvoll. Mir scheint die Denkungsart wichtiger als der Inhalt politischer Urteile, deren Aggressivität leicht die Richtung wechseln kann.«

Jaspers' außerordentlich treffende Analyse der Heidegger'schen Antriebe, die auch heute noch faszinierend zu lesen ist, mündete in den Empfehlungen: »Bereitstellung einer persönlichen Pension« und »Suspension vom Lehramt für einige Jahre«. Heidegger hatte vorausschauend schon im Oktober 1945 von sich aus um eine – finanziell abgesicherte und mit einer Lehrbefugnis verbundene – Emeritierung gebeten und sich auch wieder der katholischen Kirche in Gestalt seines alten Förderers Erzbischof Conrad Gröber zugewandt. Gröbers Schwester Maria soll einer hübschen Anekdote nach gesagt haben: »Ach, der Martin isch au mal wieder bei uns. Zwölf Jahre isch er nicht gekomme.« Darauf Heidegger: »Maria, ich habe es schwer gebüßt. Mit mir ist es jetzt zu Ende.«

Der Denker des Seyns erlitt zwar im Frühjahr 1946 einen psychophysischen Zusammenbruch – der Psychiater und Arzt Viktor Freiherr von Gebsattel behandelte ihn mit einer Traubenzuckerkur und vielen Wanderungen in Badenweiler –, doch ganz zu Ende mit ihm ging es nicht, im Gegenteil: Der Weltruhm im eigentlichen Sinne sollte erst noch kommen. Es folgte indes zunächst ein fünfjähriger, für Heidegger quälender Behördenkrieg mit den Universitätsorganen und dem badischen Finanzministerium – besonders dort sah Heidegger dann doch wieder üble »Schwarze«, das heißt politische Katholiken am Werk. An Elfride schreibt er aus Badenweiler am 15. März 1946: »Klar ist mir dieses, daß ich in keiner Weise mit M(argot) zusammenwohnen werde. Wenn ich mich für Meßkirch oder die engste Heimat entscheide, dann möchte ich, daß Du *mit* bist. Klar ist mir auch dieses, daß ich aus der Universitätsatmosphäre vollständig weg muß, damit mein Denken u. das wachsende Werk seinen klaren Stil und Grund behält.« Wir werden sehen, dass Rudolf Augstein 1966 im *Spiegel*-Interview den ersten Gesprächspart über Heideggers NS-Verstrickung schon abschließen will, weil er die »Vorgänge bis zur tatsächlichen oder sagen wir bis zur rechtlichen Emeritierung« für allseits bekannt hält, was Heidegger dann abstreitet; tatsächlich ist der Streit des Kaltgestellten mit der Freiburger Universität und dem badischen Finanzministerium bis heute nicht aufgearbeitet.

Jean-Paul Sartre hatte auf Heideggers Brief vom Oktober 1945 vorsichtshalber erst einmal nicht geantwortet. Zuvor war eine gemeinsame, von Towarnicki vorbereitete Bahnreise mit Simone de Beauvoir nach Freiburg an fehlenden Platzkarten gescheitert. Es liest sich in Towarnickis etwas blumigen Erinnerungen so, als sei Sartre darüber nicht unfroh gewesen. Er hatte sich schon nach der Befreiung Frankreichs im Herbst 1944 mit Vorwürfen aus Kreisen der französischen Kommunistischen Partei auseinandersetzen müssen, sein »Existentialismus« beruhe wesentlich auf den Denkleistungen des »Faschisten« Heidegger. Da kam für Heidegger ein neuer Mann ins Spiel, der ein echtes Interesse an ihm zeigte: Jean Beaufret (1907–1982), der wie Sartre um die Zeit der Machtübernahme Hitlers mit Interesse an Fichte und Hegel ein paar Monate in Deutschland studiert hatte, auch er ein Angehöriger der Résistance, Lehrer an der École normale supérieure. Dieser Beaufret war bald schon der PR-Mann, Dolmetscher, Propagandist und unverbrüchliche Freund Heideggers in Frankreich. Er okkupierte Heidegger, und Heidegger ließ sich gern okkupieren.

Ethan Kleinberg hat in seiner konzisen Studie *Generation Existential* darauf hingewiesen, dass schon 1946 nahezu alle Argumente zum »Fall Heidegger« in der von Sartre und Maurice Merleau-Ponty herausgegebenen Zeitschrift *Les Temps Modernes* durchdekliniert worden sind, mit Beiträgen von de Towarnicki, Karl Löwith, Maurice de Gandillac und Eric Weil. Heidegger, davon unbeirrt und dank seiner Kur in Badenweiler neu gestärkt, unternahm jetzt im Verbund mit seinem neuen Kampfgenossen Jean Beaufret einen neuen Anlauf. Der gängigen Legende nach hatte sich Beaufret, der Heidegger bereits im September 1946 in Freiburg besucht hatte, in ein Pariser Café gesetzt und drei Fragen an Heidegger zum »Engagement« à la Sartre, zum Begriff »Humanismus« und zum abenteuerlichen Element in der Philosophie aufgeschrieben. Es kann aber durchaus auch so gewesen sein, dass sich Beaufret und Heidegger schon zuvor über eine ins Sartre-Frankreich gerichtete, größere geistespolitische Intervention verständigten. Heidegger schrieb also seinen knapp sechzigseitigen Humanismusbrief mit den Überlegungen zum Menschen als »Hirten des Seins«, dem Sein als der stillen Kraft des »mögenden Vermögens« und der Sprache als »lichtend-verbergende Ankunft des Seins selbst«, vor allem aber *gegen* Sartres Diktum »Der Existentialismus ist ein Humanismus«. Sartre war noch ganz vom Vokabular von *Sein und Zeit* eingenommen und hatte von Heideggers großer Kehre in den dreißiger Jahren nichts mitbekommen, wie sollte er auch, Heidegger konnte oder wollte nach 1933 dazu nichts publizieren. Heidegger behandelte Sartre jetzt wie einen begriffsstutzigen Studenten, wenn er mehrfach im Humanismus-Text auf Stellen in *Sein und Zeit* verweist, die Sartre falsch auslege, etwa: »Das ›Wesen‹ des Daseins liegt in seiner Existenz.« Heidegger dazu: »Der Hauptsatz von Sartre über den Vorrang der existentia vor der essentia rechtfertigt indessen den Namen ›Existentialismus‹ als einen dieser Philosophie gemäßen Titel. Aber der Hauptsatz des ›Existentialismus‹ hat mit jenem Satz in ›Sein und Zeit‹ nicht das geringste gemeinsam; abgesehen davon, daß in ›Sein und Zeit‹ ein Satz über das Verhältnis von essentia und existentia noch gar nicht ausgesprochen werden kann, denn es gilt dort ein Vor-läufiges vorzubereiten.«

Der Humanismusbrief ist als »Text« und »Ereignis« bereits so häufig behandelt worden, dass wir hier nur auf die für unsere Thematik interessanten Aspekte hinweisen wollen. In der Diktion zeigt der Humanismusbrief eine entschlossene Sowohl-als-auch-Rhetorik. So sollen die humanistischen Auslegungen des Menschen als *animal rationale* oder als »Person« gar nicht für »falsch erklärt« werden, und Heidegger will sich selbstverständlich auch nicht auf die »Gegenseite des Humanen« schlagen. Aber »wie der Gott und die Götter, die Geschichte und die Natur in die Lichtung des Seins hereinkommen, an- und abwesen«, entscheide eben nicht »der Mensch«. Auch das Wort »Heimat« – wiederum mit Hölderlin verbunden, bei dem sich »geheimnisvolle Bezüge zum Osten« fänden – werde »hier in einem wesentlichen Sinne gedacht, nicht patriotisch, nicht nationalistisch, sondern seinsgeschichtlich«.

Und überdies: Man möge zum Kommunismus »in verschiedener Weise stehen«, seinsgeschichtlich sei aber nun einmal und jetzt erst recht festzustellen, dass sich in ihm eine »elementare Erfahrung« dessen ausspreche, »was weltgeschichtlich ist«. Wer »Kommunismus« nur als »Partei« oder »Weltanschauung« nehme, denke in der gleichen Weise zu kurz wie alle, die beim »Amerikanismus« nur abschätzig einen besonderen Lebensstil meinten. Nun hätte bei diesen schlichten Darlegungen zum Zusammenhang von Begriffen, Ideen und Institutionen kaum ein Wissenssoziologe oder Geisteshistoriker widersprochen, mit denen wollte Heidegger aber eben nichts zu tun haben, weder vor noch nach 1945. Vorsichtshalber lobt er auch noch Karl Marx, der »in einem wesentlichen und bedeutenden Sinne von Hegel her kommend (…) die Entfremdung des Menschen erkannt« habe, die aber mit ihren Wurzeln »in die Heimatlosigkeit des neuzeitlichen Menschen« zurückreiche.

Die »eigentümliche Diktatur der Öffentlichkeit«, die Heidegger nach 1945 in ihrer demokratisch-kapitalistischen Entfaltung wahrnehmen konnte, bewirkt dem Humanismusbrief zufolge, dass sich auch die sogenannte »private

Existenz« nur als formale Verneinung des Öffentlichen auspräge: »Sie bleibt der von ihm abhängige Ableger und nährt sich vom bloßen Rückzug aus dem Öffentlichen. Sie bezeugt so wider den eigenen Willen die Verknechtung an die Öffentlichkeit.« Darum gerate auch die Sprache »in den Dienst des Vermittelns der Verkehrswege, auf denen sich die Vergegenständlichung als die gleichförmige Zugänglichkeit von Allem für alle unter Missachtung jeder Grenze ausbreitet«. Dies richtete sich nun wieder deutlich gegen Sartre und die Pariser Bohème, wo öffentlichkeitsbewusstes Literatentum, Nachtclubkultur und aktuelles politisches wie auch journalistisches Engagement in einer für Heidegger erschreckenden Weise zusammenkamen. Tatsächlich war der »Existentialismus« das erste und bislang auch einzige fachphilosophisch untermauerte Medienspektakel, mit Chansons, eigener Zeitschrift, bestimmten Outfits und besonderen Orten. Dazu passt auch die später von Simone de Beauvoir übermittelte Anekdote, dass Sartre, nachdem ihm Raymond Aron 1933 in der Kneipe Bec de Gaz von der »Phänomenologie« berichtet hatte, besonders davon begeistert war, dass man mit Hilfe Husserls auch über einen Aprikosencocktail philosophieren könne.

Sartre und Heidegger hatten zwar einiges gemein, vom philosophischen Interesse für Ontologie und Phänomenologie über die Schreibneurose bis hin zu ihren Episoden als Meteorologen im Kriegsdienst, ansonsten aber trennte sie eine harte lebensweltliche und realpolitische Differenz. Sartre hatte Emmanuel Levinas' Dissertation *La théorie de l'intuition dans la phénomenologie de Husserl* gelesen, bevor er 1933 nach Berlin ging, und wechselte dann Ende der dreißiger Jahre aus Frustration mit der Husserl-Lektüre zu dem nicht weniger komplizierten Heidegger über, dessen Denken in französischen Intellektuellenkreisen vor allem durch die Übersetzungen des späteren Irankundlers Henry Corbin

(1903–1976) vermittelt worden war. Corbin übersetzte allerdings Heideggers »Da-Sein« mit »realité humaine«, was zu der Kette von Missverständnissen bis hin zum Humanismusbrief beitrug. In seinen Kriegstagebüchern schildert Sartre sehr eindringlich, wie er Heideggers Einfluss »unterlegen« sei:

> Dieser Einfluß ist mir in letzter Zeit manchmal schicksalhaft vorgekommen, da er mich Authentizität und die Geschichtlichkeit genau in dem Augenblick gelehrt hat, als der Krieg mir diese Begriffe unerlässlich zu machen drohte. Wenn ich mir vorzustellen versuche, was ich ohne diese Werkzeuge mit meinem Denken angefangen hätte, bekomme ich nachträglich Angst. Wie viel Zeit habe ich gewonnen. Ich würde immer noch vor den großen geschlossenen Ideen auf der Stelle treten: Frankreich, die Geschichte, der Tod; mich vielleicht immer noch über den Krieg entrüsten, ihn mit meinem Sein ablehnen.

Sartre liest *Sein und Zeit* dann drei Stunden täglich in einem Gefangenenlager bei Trier. Damals ist Heideggers Philosophie Siegerphilosophie, eine für Sartre auch fachphilosophisch anziehende Summa aus Hegel, Schelling, Nietzsche und Husserl, mit den gerade für Sartre vertrauten Untertönen von Bergson und den attraktiven Kierkegaard'schen Einsprengseln von Angst, Sorge und Geworfenheit. Nach 1945 sieht es anders aus: Der deklassierte Heidegger bittet den Sieger Sartre huldvoll um Zusammenarbeit. Sartre aber bleibt phänomenologischer Psychologe, politisch aktiver Kader, wird dann auch von 1952 bis 1956 Mitglied der Kommunistischen Partei, während Heidegger langsam in das Reich der Gelassenheit und der dichterischen Zu-Sprache herabsteigt.

Im zweiten *Spiegel*-Artikel mit Heidegger-Erwähnung, am 23. April 1949, geht es wieder um den »Meister von St. Germain«, dieses Mal in größerem Stil. Untertitel: »Ich existiere, also küsse ich«. Ein angebliches Zitat von Anne-Marie Cazalis, der »Muse der Jünger Sartres«. Aus ihren »blauen Augen unter dem unfrisierten Jungenschopf« leuchte der »existentialistische« Eigensinn der Jugend, der »wohlerzogene ältere Leute« aufbringe. Hauptquartier der jungen Existentialisten sei die Bar Tabou im Pariser Stadtviertel St. Germain, hatte der *Spiegel* herausgefunden. Sartre wird als »Literat lateinischer Prägung« vorgestellt, »wie es der alte Voltaire auch war«, dabei »weder schön noch besonders anziehend«, aber »umgänglich«. Er weiche weder Interviews noch Diskussionen aus.

Der *Spiegel* referiert Sartres Prägung durch Kierkegaard, Husserl und Heidegger: »Unter dem wesentlichen Einfluss des finsteren Schwarzwälder Denkers Heidegger, den er in seinen Schriften oft zitiert, bildete Sartre seine eigene Form des Existentialismus aus.« Er deute aber die »negativen Gedankengänge Heideggers« zum positiven Handeln um, eben zur Freiheitsverdammnis des Subjekts. Ansonsten werden launige Anekdoten erzählt; Ernest Hemingway, »Amerikas first-line-Romancier«, habe Sartre für einige gute Erzählungen gelobt, aber: »›Ich würde ihn nie bitten, mir den Existentialismus zu erklären. Das fehlte gerade noch! Hier unter Freunden kann ich es ja sagen: das ist alles Unsinn.‹« Madame Simone de Beauvoir, »Ende 30, elegant, wohlfrisiert, eine etwas herbe, selbstbewusste Dame«, kämpfe nach drei klugen existentialistischen Romanen mit Nachdruck für die Gleichberechtigung der französischen Frau: »Sie wirft den Franzosen vor, sie verwöhnten ihre Frauen zwar gelegentlich, aber nur so, ›wie die Menschenfresser kleine Kinder lieben‹.« Sartre blicke bei all dem wohlwollend auf seine »sich angestrengt gebärdende Jüngerschar«; da er auf

»Breitenwirkung« ausgehe, komme sie ihm nicht ungelegen. Der *Spiegel* stellt auch Sartres Massenmedien-Theorie vor: Mit der Schrift könne nur ein begrenztes Publikum erreicht werden, wenn die Literatur nicht vulgär werden wolle; Film und Rundfunk aber seien »von ihrem Wesen her auf Hunderttausende eingestellt«.

Anlass für den Artikel waren Ernst Rowohlts deutschsprachige Sartre-Ausgaben (Aufmachung: »höllenrote Aufschrift auf schwarzem Grund«) und Inszenierungen der Sartre-Stücke »Geschlossene Gesellschaft« und »Die respektvolle Dirne« von Wolfgang Liebeneiner an den Hamburger Kammerspielen. Das alles war nun eindeutig nicht Martin Heideggers Welt. Im Winter 1949 ging er immerhin ins Theater der Stadt Essen. Der »deutsche Stiefvater Sartres« habe sich dort das Schauspiel »Monte Cassino« seines Bewunderers Egon Vietta angesehen, meldete der *Spiegel*. Doch Ernst Jünger und sein Bruder Friedrich Georg, dem Geist des frühen *Spiegel* wesentlich näher als Heidegger, waren schon wohlwollend mit einer großen Titelgeschichte bedacht worden (26. Januar 1950),[14] bevor Heidegger auch einmal etwas ausführlicher gewürdigt wurde (6. April 1950) – mit einem eher belustigten Bericht über ein Heidegger-Privatcolloquium im Sanatorium Bühlerhöhe des Chefarztes Dr. Stroomann:

> Sein Vierstunden-Kolleg vor Geladenen in Baden-Baden stellte absolut eine Ausnahme dar. Von Universitäts wegen darf er noch nicht wieder. Er war Rektor der Freiburger Universität während der Nazizeit. Jetzt lebt er droben im Schwarzwald in einer Art Blockhütte, deren Ausstattung in den Interviews französischer Journalisten eine Rolle spielt. Die Franzosen machen sich etwas aus Heidegger. Der Erfinder des Existentialismus in der Block-

hütte, das gibt Schlagzeilen. Die Mode des Existentialismus geht auf Sartre zurück, Sartre aber auf Heidegger. Deshalb die vielen französischen Interviews. Heidegger, um Ruhe zu haben, schrieb eine ganze Schrift, die seine »Abgrenzung« gegen Sartre enthält. Trotzdem bleibt er der Vater des Ganzen.

Dem *Spiegel*-Bericht zufolge nahmen auch die Publizisten Egon Vietta und Benno Reifenberg teil, alle »Klubsessel und alle Biedermeierstühlchen des kurhäuslichen Salons« waren besetzt. Das Kolleg, ein zuvor schon im Club zu Bremen gehaltener Vortrag, handelte von Heideggers Vorstellung von der Technik als »Gestell«, Heidegger habe ja die »ärgerliche Gewohnheit, deutsch zu sprechen«. Er gebe den Worten »ihren Ur-Sinn« zurück und erreiche damit »eine ganz neue Verdichtung des Ausdrucks«; dies sei aber »nicht ohne Beschwer für den Hörer«. Nun waren die technikphilosophischen Darlegungen, die den Kern des Heidegger'schen Denkens nach 1945 bilden, noch wesentlich verständlicher als seine auf der Bühlerhöhe ebenfalls präsentierten Fragen nach dem »Ding«: »Schmiegsam, schmiedbar, geschmeidig, fügsam, leicht, heißt in unserer deutschen Sprache ›ring‹ und ›gering‹. Das Spiegel-Spiel der weltenden Welt entringt als Gering des Ringes die einigen Vier in das eigene Fügsame, das Ringe ihres Wesens. Aus dem Spiegel-Spiel des Gerings des Ringen ereignet sich das Dingen des Dinges. Das Ding verweilt das Geviert. Das Ding dingt Welt. Jedes Ding verweilt das Geviert in ein je Weiliges aus der Einfalt der Welt.«

Mit der Publikation seiner neuen Textsammlung *Holzwege* bei Vittorio Klostermann komme Heidegger, so weiß der *Spiegel*, von »der Erkenntnistheorie von ›Sein und Zeit‹ (…) immer mehr zur Metaphysik«. Das stimmte eben nicht: *Sein und Zeit* hatte gerade keine Erkenntnistheorie liefern sollen, und Heidegger wollte ja hinter jede »Metaphysik« zurück. Es war aber auch nicht einfach, die zuhörenden Kurgäste auf der Bühlerhöhe blieben ratlos zurück. Von der Sartre'schen Freiheit des Einzelnen zur Entscheidung habe Heidegger im Baden-Badener Privatissimum nicht gesprochen, monierte der *Spiegel*-Berichterstatter. Benno Reifenberg hatte sie in der anschließenden Diskussion ins Spiel gebracht, aber Heidegger war dagegen, dass der Mensch »entscheiden solle, was das Sein sei«, denn damit wäre man ausgerechnet wieder »bei Sartre angelangt«. Die ständigen Sartre-Referenzen hatten als Teil des öffentlichen Gelärms die selbstgewisse Seinslehre Heideggers bedrohlich überlagert. 1953 kamen Heidegger und Sartre anlässlich eines Vortrages des Franzosen in Freiburg dann ein einziges Mal *face-to-face* zusammen; wie abzusehen war, verstand man sich nicht. Dominique Janicaud, der Spezialist für die erstaunliche Heidegger-Rezeption in Frankreich, hat die Missverständnisse zwischen dem Schwarzwald und Paris so interpretiert:

> Während Heideggers »Sein« immer auf das »Seiende« als Gegensatz bezogen ist, lässt Sartre nämlich diesen letzteren Begriff außer Acht. Er kümmert sich kaum um die ontisch-ontologische Differenz (ohne dass er sie deshalb geradewegs ignorierte); stattdessen hält er sich an die direkt greifbare Differenz zwischen dem Sein (An-sich) und der Nichtung (Für-sich). Von diesem Punkt an nimmt die Suche nach dem Sein bei Sartre einen ironischen, absurden oder verzweifelten Sinn an, der bei Heidegger trotz des Phänomens der »Angst« nirgends zu finden ist.

Vom *Spiegel* wurde Heidegger bis 1960 in Ruhe gelassen, abgesehen von einigen Marginalien: Ingeborg Bachmanns Heidegger-Dissertation wurde 1954 erwähnt, 1957 ging es um die Aufführung der Parodie »Die Birne birnt« von Gabriel Marcel an der Volkshochschule Oberhausen. Die von Jürgen Habermas und Karl Korn 1953 in der *FAZ* ausgelöste,[15] in der *Zeit* von Christian E. Lewalter fortgesetzte Debatte um Heideggers damals erstmals publizierte *Einführung in die Metaphysik* (ursprünglich aus dem Jahr 1935) ging am Hamburger Nachrichtenmagazin ebenso vorbei wie die Heidegger-Bücher von Karl Löwith (1953) und Paul Hühnerfeld (1959).

Erst 1960 konnte man im *Spiegel* zum ersten Mal zwei Heidegger-Originalsätze aus dem Jahr 1933 lesen, anlässlich einer Rezension der Dokumentensammlung von Léon Poliakov und Joseph Wulf über *Das Dritte Reich und seine Denker*, erschienen im Berlin-Grunewalder arani-Verlag. »Nicht Lehrsätze und ›Ideen‹ seien die Regel Eures Seins. Der Führer selbst und allein *ist* die heutige Wirklichkeit und ihr Gesetz« – eine später immer wieder zitierte Weisung, die der Führer-Rektor den Freiburger Studenten zum Wintersemester 1933/34 in der Studentenzeitung mit auf den Weg gegeben hatte. Angesichts dieses Moments der Kapitulation jeder Philosophie gab sich Heidegger denn auch im *Spiegel*-Gespräch mit Augstein und Wolff reumütig; da war nichts mehr zu reparieren.

In der Mitte des Jahres 1960 – des Bundeskanzlers Adenauer Kräfte ließen merklich nach, der *Spiegel* befand sich mitten im publizistischen Krieg mit Franz Josef Strauß – brachte das Magazin Karl Jaspers auf den Titel. Überschrift: »Der Bodenlose«. Dieser lange Text, wohl verfasst von Georg Wolff, führt nun mittelbar schon auf Motive für das Heidegger-Interview von 1966 zu. Jaspers war für den *Spiegel*, neben dem »Umworter aller Worte«, also Martin Heidegger, »der bedeutendste lebende Philosoph deutscher Zunge«. Der seit 1948 in Basel lehrende Jaspers vertrete eine »eigenartige, extrem subjektive Lehre, von der unumstritten lediglich feststeht, daß sie sich nicht in einem System ausformen läßt, daß sie keine eigentliche Ethik, ja nicht einmal eine schlüssige Logik hervorzubringen« vermöge. Das alles ließ sich von Heidegger nun genauso sagen, aber es war Karl Jaspers, der damals zu Rudolf Augsteins bevorzugtem, mitunter durchaus heftig attackiertem Gegenwartsphilosophen wurde, da er sich von der Schweiz aus als *public intellectual* und »öffentliches Gewissen« in die bundesdeutsche Politik einmischte. Jaspers war 1938 aus seiner Heidelberger Professur entlassen worden, weil er mit Gertrud Mayer, einer Jüdin, verheiratet war, er bekam allerdings eine Pension. Er arbeitete im Stillen weiter und überlebte mit Hilfe von Freunden den NS-Staat gemeinsam mit seiner Frau – in ständiger Angst. Er hatte 1945 schon Zyankali-Kapseln besorgt, während Heidegger auf Burg Wildenstein an die Zukunft der fernen Vergangenheit dachte. »Dass wir leben, ist unsere Schuld« – auf diesen Jaspers-Satz sollte sich auch Heidegger, auf ihn selbst gewendet, nach 1945 in einem Brief an Herbert Marcuse beziehen.

Heidegger und der fünf Jahre ältere Jaspers, in Oldenburg als Sohn eines Bankdirektors und Landtagsabgeordneten geboren, galten über Jahrzehnte, vor allem im Ausland, als die deutschen Dioskuren der Existenzphilosophie. Zwar waren sie sich in der Abgrenzung zum Neukantianismus oder zur bloßen »Lebensphilosophie« einig, aber schwerer wogen die Differenzen: Jaspers, der gelernte Arzt und Psychiater, interessierte sich wesentlich stärker für die Soziologie Max Webers und die kultur-politischen Tatbestände der Zeitgeschichte, wie etwa sein für Heidegger unannehmbar populäres Buch *Die geistige Situation der Zeit* von 1931 belegt. Dem spiritueller und letztlich eben doch religiöser empfindenden Heidegger fehlte bei Jaspers vor allem die Nähe zum Altgriechischen. In dem erst 1992 von Hans Saner und

Walter Biemel edierten Briefwechsel zwischen Jaspers und Heidegger kann man nachlesen, wie sich die beiden abmühen zusammenzukommen, etwa ein Buch gemeinsam zu schreiben oder eine Zeitschrift herauszugeben. Beide leiden seit ihrer ersten Begegnung 1920 am Universitäts*betrieb*, es geht schier endlos um akademische Intrigen, Berufungs- und Konkurrenzfragen. Der ungestümere Heidegger informiert den Kollegen Jaspers im Juli 1923 darüber, dass er in Marburg Nicolai Hartmann allein durch das Wie seiner Gegenwart »die Hölle heißmachen« wolle, ein »Stoßtrupp von 16 Leuten« komme mit. Heidegger schon fast bedrohlich an Jaspers: »Sie sehen, ich bin nicht gesonnen, ein vornehmtuender und vorsichtiger Professor zu werden, der bei seinem Auskommen ›fünfe gerade sein läßt‹ – das will besagen, unsere Freundschaft muß jetzt zur Konkretion kommen.«

Die Publikation von *Sein und Zeit* wirkte dann, eben durch ihre Mischung aus Pseudokonkretheit und »Fundamentalontologie«, schärfer und nachhaltiger als Jaspers' dreibändiges Hauptwerk *Philosophie*, das auch erst 1932 erschien. Heidegger nahm es nur noch oberflächlich zur Kenntnis. Schon 1930 hatte er brüsk zu Jaspers gesagt, man betreibe doch zusammen kein »Kompagniegeschäft«. Im zweiten Band seiner *Philosophie* hatte Jaspers unter dem Titel »Existenzerhellung« Überlegungen zum zwischenmenschlichen Dasein ausdrücklich unter den Zentralbegriff »existentielle Kommunikation« subsumiert. Heidegger bevorzugte jede Form von »Geheimnis« vor jeder »Öffentlichkeit« und lehnte auch den auf Intersubjektivität bezogenen Kommunikationsbegriff ab. Es folgte die biographisch-politische Trennung – nicht so sehr, wie häufiger angenommen wird, durch Heideggers Rektoratsübernahme und NSDAP-Mitgliedschaft, sondern durch die schleichende Kaltstellung des zunächst abwartenden[16] Jaspers im NS-Staat. Am 18. März 1933 hatte Heidegger Jaspers noch einmal in Heidelberg besucht, um sich über die Fragen der neuen Hochschulpolitik nach dem Machtantritt Hitlers auszutauschen. Er schildert dies anderntags in einem Brief an Elfride:

> Wir – J(aspers) und ich – haben vom ersten Augenblick an den alten Kontakt u. stehen schon ganz in allen bewegenden Fragen. Es erschüttert mich, wie dieser Mensch urdeutsch u. mit dem echtesten Instinkt u. der höchsten Forderung unser Schicksal u. die Aufgabe sieht u. doch gebunden ist durch die Frau – die heute übrigens einen »glücklicheren« – d. h. günstigeren Eindruck macht als damals. J. ist auch ganz zugänglich für das wirkliche Geschehen, das die heutige Revolution darstellt – aber in einzelnen Entscheidungen doch gebunden ist durch eine »Geistigkeit«, die noch das Heidelbergerische nicht ganz abgestreift hat. Über das innere Versagen der Universität als einheitlicher wirkfähiger Welt sind wir uns ja nicht erst seit heute einig – aber auch im positiv Praktischen – (dem Unmittelbaren) ebenso ratlos.

Nachdem auch der briefliche Austausch zwischen dem »Existenzerheller« und dem »Fundamentalontologen« 1936 eingestellt wurde, versuchte Jaspers 1948/49, wohl auch aus schlechtem Gewissen angesichts seines Gutachtens in der »Bereinigungsfrage«, tastend eine neue Kontaktaufnahme. Er stand jetzt auch wieder in enger Verbindung mit Hannah Arendt, die im Januar 1940 in Paris den politischen Aktivisten Heinrich Blücher geheiratet hatte und inzwischen mit ihrem Mann in den USA lebte. Heideggers NS-Episode und sein »Charakter« sind in den Briefen ständiges Thema. Wenn man heute die jeweilige Korrespondenz zwischen Jaspers und Heidegger, Arendt und Jaspers, Heidegger und

Arendt sowie Arendt und Blücher studiert, dann fällt vor allem von Seiten Hannah Arendts die Differenz zwischen dem Briefwechsel *mit* Heidegger und den Urteilen *über* ihn in der Kommunikation mit Jaspers und ihrem Mann auf. Noch die schlechtesten Segnungen Heideggers, den sie im Februar 1950 in Freiburg wiedergetroffen hat, nimmt sie huldvoll entgegen:

> Dir
> Du – Hannah
> Das eigentliche »Und« zwischen »Jaspers und Heidegger« bist nur Du. Es ist schön, ein »Und« zu sein. Aber es ist das Geheimnis der Göttin. Es ereignet sich vor aller Kommunikation. Es klingt aus dem tiefen Ton des »U« im »Du«.

Es ist derselbe Heidegger, über den sie nur wenige Monate zuvor im Schreiben an Jaspers geurteilt hatte, er sei »charakterlos«. Sie schreibt an ihren Mann kurz nach der Freiburger Begegnung, die durch die eifersüchtige und nach wie vor antisemitische Elfride getrübt wird: »Und er, der doch notorisch immer und überall lügt, hat ebenso offenbar, d.h. wie sich aus dem vertrackten Gespräch zu dritt ergibt, nie in alle den 25 Jahren geleugnet, daß dies (die Liebe zu Arendt, L.H.) nun einmal die Passion seines Lebens gewesen sei. Die Frau, fürchte ich, wird so lange ich lebe, bereit sein, alle Juden zu ersäufen. Sie ist leider einfach mordsdämlich.«

Jaspers dagegen bleibt für Arendt der verehrte, gütige, skrupulöse Mentor, eben eine *intellektuelle* Passion. Für Jaspers wird Hannah Arendt auch zu einer Art Beraterin im Umgang mit dem *Spiegel*. Die Titelgeschichte von 1960 erschien nach einem öffentlichkeitswirksamen Fernsehinterview von Jaspers mit Thilo Koch, einem frühen ARD-

Star des politischen Journalismus. In einer Ära, in der es im öffentlich-rechtlichen Fernsehen noch substantielle Interviews mit politischen Philosophen gab, sprach sich Jaspers, »1959 Beinahe-Kandidat für den Posten des Bundespräsidenten«, gegen die ständigen Forderungen nach einer baldigen Wiedervereinigung der beiden deutschen Teilstaaten aus. Es müsse aber »unablässig die Forderung nach Freiheit – zum Beispiel nach freien Wahlen – für die Bevölkerung in Mitteldeutschland« erhoben werden. Der *Spiegel* mischte eine Analyse des Interviews mit Schilderungen von Jaspers' Oldenburger Kindheit und seiner Philosophie des »schwebenden Denkens«. Vor allem sei Jaspers' Behauptung, mit der Wiedervereinigung würde der Bismarck-Staat neu entstehen, »unhaltbar, politisch, historisch und staatsrechtlich«.

Jaspers missfielen diese Schlussfolgerungen im kaleidoskopisch-dauerironischen Stil des Hamburger Blattes, wie er im Dezember 1962 an Arendt schrieb, als es um die Frage ging, ob er Augstein ein Interview gewähren solle:

> Der Geist (des *Spiegel*, L. H.) ist nihilistisch im Gewande vorausgesetzter »moralischer« Selbstverständlichkeiten. Er »enthüllt« beliebig politisch relevante und andere Dinge. (…) Keine Spur von Anstand, keine Noblesse, kein Gehalt. (…) Aber Du hast m. E. völlig Recht: daß der *Spiegel* da ist, ist für die Bundesrepublik notwendig. Weil unsere gesamte Presse (auch die *Zeit*) faktisch und uneingestanden unter Einschüchterungen lebt, also nicht in gutem Stil und positiver Gesinnung leistet, was heute für die Demokratie das Dringendste ist: Aufdeckung der Realitäten, überzeugende und begründende Urteile – darum ist der *Spiegel* da.

Arendt teilte Jaspers' »Unbehaglichkeit über Augstein«; der *Spiegel* sei aber nun einmal in der Bundesrepublik »die einzige Opposition (mit allen Fehlern, warum nicht?) in diesen Jahren gewesen«, die es gegeben habe, teilte sie Jaspers 1965 mit, als es dann zum *Spiegel*-Interview mit dem Philosophen über die »Verjährung« von NS-Verbrechen gekommen war. Jaspers wiederum hatte die Begegnung mit Augstein als »ungemein interessant« empfunden, »weil der Augstein, ein ganz unscheinbarer kleiner Mann mit scharfer Intelligenz und enormem präsenten Wissen, mir Eindruck machte. Ein ganz ›moderner‹ Mensch, völlig unabhängig, auch seinem *Spiegel* gegenüber! (...) So ein Mann ist mir noch nicht begegnet. Es war mir, als ob ich Verwandtschaft spüre und dann den Abgrund ...«

Heidegger hingegen sah in jeder politischen Publizistik jenseits philosophischer Schriften nichts als den Abgrund schlechthin. Im April 1950 hatte er Arendt übermittelt, vielleicht sei »der planetarische Journalismus die erste Zuckung dieser kommenden Verwüstung aller Anfänge und ihrer Überlieferung«. Außerdem machte er sich angesichts der Bedrohung durch die Sowjets nichts mehr darüber vor, »daß ich mit meinem Denken zu den Bedrohtesten gehöre, die zuerst ausgelöscht werden«. Und mit übertriebener Demut, aber großer Inständigkeit setzte er hinzu: »Im Politischen bin ich weder begabt noch bewandert. Aber inzwischen lernte ich und künftig möchte ich noch mehr lernen, auch im Denken nichts auszulassen.« Und fast wortgleich zur selben Zeit an Jaspers: »Die Schuld des einzelnen bleibt und ist bleibender, je einzelner er ist. Aber die Sache des Bösen ist nicht zuende. Sie tritt erst ins eigentliche Weltstadium. 1933 und vorher haben die Juden und die Linkspolitiker als die unmittelbar Bedrohten heller, schärfer und weiter gesehen. Jetzt sind wir dran. Ich weiß durch unseren Sohn in Rußland, daß mein Name jetzt auch wieder vorne steht und daß die Bedrohung sich jeden Tag auswirken kann. Stalin braucht keinen Krieg mehr zu erklären. Er gewinnt jeden Tag eine Schlacht. Aber ›man‹ sieht das nicht.« Aber auch Heidegger, der eingebildete Bedrohteste von allen, gewöhnte sich nach dem Überstehen der Kubakrise – damals legte er sich ein Radio zu – an den Ost-West-Konflikt, bald schon erschienen ihm »planetarische«, alle geopolitischen Grenzen überwindende Kybernetik, Logistik und Biophysik gefährlicher.

Der *Spiegel* informierte 1962 über den Druck seiner Nietzsche-Vorlesungen und über Heideggerdeutsch-Verballhornungen durch Hans G. Helms bei Radio Bremen oder durch Günter Grass in dessen Roman *Hundejahre* (1963). Inzwischen wird die Berichterstattung des Blattes über soziologisch-akademische und kulturphilosophische Themen zügig ausgebaut. Ausführlich berichtet der *Spiegel* etwa über die Konflikte von Lukács und Bloch mit den stalinistischen Regimen. Das alles koordiniert jetzt Ressortleiter Georg Wolff; er ist es auch, der mit seiner Rezension über Alexander Schwans Freiburger Dissertation *Politische Philosophie im Denkens Heideggers* 1966 einen Heidegger-Leserbrief provoziert, der dann Anlass für die Gesprächsverhandlungen mit dem Philosophen ist. Es ist der erste *Spiegel*-Text, der nach Zusammenhängen von philosophischer Einstellung und Politik bei Heidegger fragt.

Eine *intellektuelle* Auseinandersetzung mit Heidegger findet aber erst Eingang in den *Spiegel*, als das Heidegger-Gespräch unter Dach und Fach ist – mit Hans Mayers Rezension zu Robert Minders *Dichter in der Gesellschaft* (Heft 24/1967). Der elsässische Literaturwissenschaftler Minder (1902–1980) hatte Heideggers Heimat-Vereinnahmungen von Dichtern wie Johann Peter Hebel oder Hölderlin vernichtend kritisiert und als »bare Vergewaltigung« (Mayer) empfunden. Minders Essay »Heidegger und Hebel oder die Sprache von Meßkirch« nannte Rezensent Mayer »große deutsche Polemik in unserer Zeit«. Für ihn war Heidegger »ein Testfall in Deutschland und unter den Deutschen« geblieben; der Philosoph habe es so gewollt.

1969 stirbt Karl Jaspers, seit 1967 Schweizer Staatsbürger, sechsundachtzigjährig in Basel; Rudolf Augstein schreibt einen durchaus kritischen Nekrolog: »Nicht die Fundiertheit seiner politischen Urteile war staunenswert, sondern die Radikalität seiner Neugier bis ins höchste Alter.« Der vermeintliche »Kampfgefährte« Martin Heidegger wird darin mit keinem Satz erwähnt.

Der frühe *Spiegel* und die SD-Kader

Auch der frühe *Spiegel* hatte seine NS-Vergangenheit, die nicht zuletzt mit dem Namen Georg Wolff verknüpft ist. Der langjährige Ressortleiter assistierte Augstein beim Heidegger-Interview und konzipiert es maßgeblich, seine Biographie wird im nächsten Kapitel geschildert. Wolff und sein alter Kamerad Horst Mahnke, die beide im gefürchteten »Sicherheitsdienst des Reichsführers SS«, Reinhard Heydrichs finsterer deutscher Version eines *intelligence service,* gearbeitet hatten, kamen 1951 zum *Spiegel.* Und sie waren nicht die Einzigen aus Himmlers Schwarzem Orden. Die Rekrutierung ehemaliger SS-Kader passt nicht recht zu den Ursprüngen des Blattes, die eng mit deutsch-jüdischen Emigranten in britischer Uniform verbunden sind.

Es gibt bis heute keine aus den Akten, etwa der damaligen britischen Presse-Behörden in Deutschland, herausgearbeitete, wissenschaftlich fundierte Gründungsgeschichte des *Spiegel.* Augstein war froh, dass er mit dem Wirtschaftsredakteur der ersten Stunde, Leo Brawand (1924–2009), jemanden gefunden hatte, der die »*Spiegel*-Story« 1987 anekdotenreich und aus der Innensicht schrieb. Brawand wollte vierzig Jahre nach der *Spiegel*-Gründung die »turbulenten Anfänge festhalten«, bevor die »Tatzeugen aussterben und ehe das schöne Thema nichtsahnenden Medienwissenschaftlern anheimfällt«. Die Angst des knarzigen Wirtschaftspublizisten vor blutleer-akademisch formulierenden Medienforschern kann man verstehen, stattdessen lieferte Brawand nun einen bunten Hoppla-jetzt-komm-ich-Stil, den er aufrichtigerweise auch einen »subjektiven Erlebnisbericht« nannte. Brawand schilderte die Gründung des Blattes korrekt als »deutsch-englisch-jüdisches Gemeinschaftswerk«.

Er gab die immer wieder gern kolportierten Anekdoten zum Besten: John Seymour Chaloner – dem britischen Presse-Major schwebte das Vorbild von *Time* und der britischen *News Review* vor – bastelte die Nullnummer für den *Spiegel*-Vorläufer *Diese Woche* gemeinsam mit seiner Mitarbeiterin Hildegard Neef mit Schere und Kleister zusammen; bei einer Kahnpartie auf dem Dümmer See überzeugte er seinen Offizierskollegen Harry Bohrer von dem Projekt; der damals dreiundzwanzigjährige Augstein glaubte, bei dem Nachrichtenmagazin handele es sich um eine Art Satirezeitschrift; die Kantinenwirtin Hulda Rehse spendierte auf Chaloners Weisung immer eine Portion Fleisch mehr für die Jungredakteure, so dass man im Anzeiger-Hochhaus zu Hannover glaubte, es handele sich um eine vom Secret Service geförderte Einrichtung; der Major Chaloner habe eine Vorliebe für PS-starke Autos und hübsche Mädchen gehabt – »mit beiden kam er schnell auf Touren«.

Es war offenbar Brawand, der mit einem für die Besatzungsmacht peinlichen Artikel über die systematische Aneignung deutscher Technologie durch die Briten den Anlass gab, dass aus *Diese Woche* dann schnell *Der Spiegel* wurde. »Nach fünf Nummern *Diese Woche* verloren nicht die britischen Väter in Hannover, wohl aber deren Übervater in London, Paris und Moskau die Geduld an diesem ungebärdigen, aber britischen Kind. Das Blatt musste innerhalb von 24 Stunden in deutsche Hände übergehen, innerhalb von drei Stunden musste ein neuer Titel her. Herausgeber Augstein, mit einer neuen Lizenz versehen, nannte sein Blatt DER SPIEGEL. Am 1. Juli 1947 feierten die deutschen Zeitungsleute zusammen mit ihren britischen Paten die endgültige Lizenzierung«, so das Nachrichtenmagazin in einer

Hausmitteilung anlässlich des Todes von Harry Bohrer 1985. Harry Bohrer, geboren als Hanus Bohrer, sei »der zuverlässigste, klarblickendste, taktvollste Freund« gewesen, »den das Blatt je hatte«.

Harry Bohrers Schwester und seine Eltern wurden im KZ Auschwitz umgebracht, er selbst, Manager einer Glasfirma in Prag, floh vor den NS-Truppen 1939 nach London, war seit Ende 1945 bei der 30th Information Unit der Briten in Hannover, traf dann auf Chaloner und übernahm das *editorial management* einschließlich der Akquise der deutschen Redakteure. Der dritte Gründervater, Henry Ormond (geboren als Heinz Ludwig Jacobssohn, 1901–1973), war ein von den NS-Machthabern entlassener Berliner Richter. 1937 in Dachau inhaftiert, musste er sich als Kellner verdingen, 1939 flüchtete ebenfalls nach Großbritannien und wurde von dort als *enemy alien* nach Kanada verfrachtet. Nach seiner Rückkehr gleichfalls bei der 30th Information Unit als Presse-Offizier tätig, betrieb er später eine Anwaltskanzlei in Frankfurt am Main und war Nebenklagevertreter in den Auschwitz-Prozessen Mitte der sechziger Jahre.

1995 publizierte Brawand dann auch eine Augstein-Biographie; der *Spiegel*-Herausgeber lieferte seinem nunmehr dienstältesten lebenden Mitarbeiter dafür Privatphotos und frühe ungelenke Gedichte zu. Wenig amüsiert war Augstein, dass Brawand nunmehr seine Sympathie unverhohlen dem britisch-jüdischen Gründertrio John Seymour Chaloner, Harry Bohrer und Henry Ormond zuwandte. Der Wirtschaftspublizist enthüllte – und hier kann man wirklich von einer Enthüllung sprechen –, dass die britischen Presseoffiziere davon ausgegangen waren, für ihr anfängliches Engagement – sie hatten Schwarzmarktgeld für den Aufbau des Blattes besorgt – irgendwann mit 30 Prozent der Gesellschafteranteile belohnt zu werden. 1950, als Augstein seine beiden Mit-Lizenzträger Roman Stempka und Gerhard R.

Barsch ausbezahlen konnte und anstelle des zögernden Axel Springer der Hamburger Verleger John Jahr in das damals noch defizitäre Unternehmen einsteigen wollte, wiesen sie Augstein auf dieses Gentlemen's Agreement hin. Der mochte sich an die Vereinbarung nicht mehr entsinnen, der Verhandlungston wurde frostig. Henry Ormond erinnerte Augstein noch einmal daran, dass »die Unterstützung bei der Gründung des *Spiegel* über das Dienstliche« weit hinausgegangen sei: »Ohne den persönlichen Einsatz von uns Dreien wäre aus *Diese Woche* kein *Spiegel* geworden und die Zeitschrift mit Ihnen Dreien als Lizenzträger nie entstanden.« Dafür hätten Chaloner, Bohrer und er erhebliche Auseinandersetzungen mit den vorgesetzten Dienststellen durchgestanden, schrieb Ormond. Augstein gab, beraten von John Jahr, einige Zentimeter nach, blieb aber kühl in seiner Antwort vom 1. September 1950:

> Sehr geehrter Herr Ormond!
> Ich darf unsere Vorschläge noch einmal fixieren.
> Wir zahlen, beginnend mit dem 1. Oktober 50, sechs Monate lang je 500 DM an die Herren Bohrer und Chaloner, insgesamt für beide 6000 DM.
> Da ich jetzt in Urlaub fahre, genügt es, wenn Sie dem Verlag Ihre Zustimmung mitteilen, das Abkommen ist dann in Kraft.
> Hochachtungsvoll!
> (Rudolf Augstein)
> Chefredaktion

Mit den Jahren kühlte vor allem die Beziehung zwischen Augstein und Chaloner weiter ab; Letzterem wurde immer mehr bewusst, dass ja eigentlich er den *Spiegel* erfunden hatte, und er fühlte sich nicht genügend gewürdigt. Er charakterisierte Augstein 1987 in einem Zeitungsartikel als »napoleonische« Figur, deren Gesichtszüge immer »eulenhafter« würden. Als Chaloner, zwischenzeitlich mit einem eigenen Pressevertrieb in Großbritannien vermögend geworden, in den achtziger Jahren finanzielle Probleme hatte, war es der *Spiegel*-Verlagsleiter Karl Dietrich Seikel, der ihn ehrenhalber den gewinnbeteiligten Mitarbeitern zuordnete; Augstein zeigte zuletzt keine Lust mehr, mit dem grummelnden Blattgründer zu kommunizieren.

Rudolf Augstein hatte zum Zeitpunkt des Einstiegs von John Jahr, drei Jahre nach der Gründung, den Laden journalistisch und strukturell im Griff. Er galt, obwohl erst sechsundzwanzigjährig, als die unangefochten dominierende Persönlichkeit in Verlag und Redaktion. Am 5. November 1923 als sechstes von sieben Kinder der Eheleute Gertrud und Friedrich Augstein in Hannover geboren, wuchs er in einem streng katholischen, nationalkonservativen Elternhaus auf. Die Eltern waren zunächst im Weinhandel in Bingen tätig gewesen, dann hatte sich der Vater Friedrich nach dem Verkauf seiner Anteile eine Fabrik für Photowaren in Hannover gekauft, damit wenig Glück gehabt und eine Zeitlang als Handelsvertreter arbeiten müssen, bis er wieder ein Photogeschäft (»Photo Augstein«) in der Vahrenwalder Straße 39a aufmachte. Rudolf Augstein sagte später über seinen Vater, dieser sei vor 1933 Antisemit gewesen, unter Hitler nicht mehr, danach aber wieder.

Die Großfamilie Augstein spricht vor und nach den Mahlzeiten das Dankgebet, Sohn Rudolf wird Messdiener und Mitglied beim durchaus elitären Jugendbund »Neudeutschland«, nach dessen Auflösung im NS-Staat kommt er dann zu einer Puppenspieler-Gruppe der Hitlerjugend. Aus der katholischen Erziehung bleiben Sinnsprüche wie »Wenn du denkst, es geht nicht mehr, kommt von irgendwo ein Lichtlein her«, die er in kritischen Redaktionssitzungen gern zum Besten gibt. Mit 13 oder 14, so Augstein selbst, verliert er den

Glauben an die christliche Lehre, dennoch wird ihn Jesus von Nazareth – wie auch Friedrich der Große, Bismarck, Nietzsche und Hitler – sein Leben lang publizistisch beschäftigen. Der ernste und strebsame, aber auch witzige und debattierfreudige Schüler besucht in Hannover erst das humanistische Kaiserin-Auguste-Viktoria-, dann das Ratsgymnasium, schreibt Verse, liest Karl May und begeistert sich früh für die »schwüle und sinnliche« Musik Richard Wagners. Obwohl den Lehrern eine Gabe zur druckreifen Formulierung auffällt, deutet wenig auf den kometenhaften Aufstieg zur publizistischen Ein-Mann-Opposition nach 1945 hin. Augstein absolviert 1941 ein Zeitungsvolontariat beim *Hannoverschen Anzeiger* im Klinkerhochhaus an der Goseriede, eben dort, wo später auch die *Spiegel*-Redaktion residieren wird. Dass er höher hinaus will, zeigt ein harmloses Feuilleton, das er im November 1941 für 35 Reichsmark Honorar beim Renommierblatt *Das Reich* unterbringen kann.

Nach der Absolvierung des Reichsarbeitsdienstes in Kulm (Chełmno) als Kantinenwirt und Postordonnanz verschlägt es Augstein als Artilleriefunker an die Ostfront, zuletzt im Leutnantsrang. Dreimal wird er verwundet, die stärkste Voraussetzung für seine weitere Karriere ist sein schlichtes Überleben. Zahlreiche Schulkameraden kommen um, die Heimatstadt Hannover liegt in Schutt und Asche. Augstein, nach kurzer Gefangenschaft bei den Amerikanern im Juni 1945 wieder im heilgebliebenen Elternhaus, besteht das »Screening« der britischen Presseaufsicht und arbeitet als »Sub-Editor« beim neuen *Hannoverschen Nachrichtenblatt*, bevor ihn Chaloner und Bohrer zur Gründungstruppe von *Diese Woche* und dem *Spiegel* holen. Ende der vierziger Jahre festigt sich Augsteins national-libertäre Grundhaltung, also auf der einen Seite aus der Tradition der Dichter und Denker heraus das Votum für ein starkes Deutschland in Mitteleuropa (darin Heidegger nicht unähnlich), auf der anderen Seite der publizistische Kampf gegen katholisches Muckertum und klerikale Kulturpolitik, gegen die »Demokratur« des Adenauer- und Globke-Staates.

Dies wird durch mondänen Lebensstil auch nach außen demonstriert: amerikanische Straßenkreuzer, fünf Ehen und zahlreiche Amouren, ein Haus in Saint-Tropez, eine Elbvilla. Während eines Italienurlaubs mit dem befreundeten Presseoffizier Michael Thomas (ursprünglich Ulrich Hollaender) äußert Augstein schon 1950 seine Langeweile angesichts der Magazinroutine beim *Spiegel*; das Einzige, was ihn noch reizen könne, sei eine eigene Tageszeitung, habe Augstein an der ligurischen Küste gesagt, so erinnert sich Thomas im Gespräch mit Leo Brawand. In seinen Memoiren *Unruhestifter* schreibt der einstige *Zeit*-Feuilletonchef Fritz J. Raddatz, aus »dem politischen Seismographen des Landes« sei vor allem nach der *Spiegel*-Affäre »ein mehr zänkischer als witziger Neureich im Cadillac« geworden, abgeschirmt durch einen Cordon sanitaire seiner *Spiegel*-Vasallen; mitunter hatte Raddatz das Gefühl, »dieser Mann müsse geschützt werden, er geht unter in einem herabsaugenden Wirbel aus Macht, Ruhm, Geld und daraus entstandenem Verfügungswahn«.

Aus dem *pet project* der drei britisch-jüdischen Presseoffiziere wurde mit Augstein-Energie das mächtigste Nachrichtenmagazin der Welt, jedenfalls bezogen auf das Land, in dem es erscheint; andere Periodika dieses Genres wie *Time*, *Newsweek*, *profil*, *L'Express* oder *Le Point* hatten in ihren Heimatländern nicht die ungeheure Wirkung, die der *Spiegel* bis in die neunziger Jahre hinein stilistisch, institutionell und politisch erreichte. »Zeitweise war er der mächtigste Mann im Staate«, schrieb die *FAZ* 2002 mit nur milder Übertreibung nach Augsteins Tod; Frank Schirrmacher bemerkte: »Unsereins lernte Schreiben und Rechnen zur Zeit des Bundeskanzlers Willy Brandt. Alphabetisiert aber wurden wir, ob wir wollten oder nicht, durch Augsteins *Spiegel*.« Augsteins Tod machte den nachfolgenden Journalisten-Generationen den Verlust eines »Typus« deutlich: »So heftig und fast unisono hat die deutsche Nation, Medien inclusive, das deutsche Nachrichtenmagazin und seinen Gründer noch nie an ihr Herz gedrückt«, schrieb der ehemalige *Spiegel*-Mann Dieter Wild im Fachblatt *message*.

Augsteins Vertrauter bei der politischen Schärfung der Redaktionslinie war Hans Detlev Becker, der »Zuchtmeister«, »Preuße« und spätere Verlagsdirektor. Der Sohn eines preußischen Zollbeamten, Jahrgang 1921, macht 1939 Abitur, HJ-Führer, Reicharbeitsdienst, drei Semester Jurastudium in Münster und dort auch Ausbildung zum Funker bei einer Nachrichten-Ersatzabteilung. Becker kommt zur Funküberwachungskompanie 612 im Ostseebad Cranz bei Königsberg, im Mai 1942 wird er einer Abteilung der FÜK 612 in Nikolajew am Schwarzen Meer zugeteilt. Er besucht die Infanteriekriegsschule Lissa bei Prag, zuletzt erreicht er das Dönitz-Hauptquartier Mürwik bei Flensburg. Aus der britischen Kriegsgefangenschaft am 15. Juni 1945 entlassen, wohnt Becker wieder bei seinen Eltern in Nordhorn, wird SPD-Mitglied und fordert im März 1946 in einer Rede über die »Sozialdemokratie von morgen« eine scharfe Entnazifierung auch bei Lehrern und Publizisten. Seine journalistische Laufbahn beginnt er bei den *Nordwest-Nachrichten* und der *Osnabrücker Rundschau*. Am 17. Mai 1947 wird er Deutschlandredakteur des *Spiegel*, 1948 tritt er gleichzeitig aus SPD und Kirche aus. Hans Detlev Becker teilte Brawand mit: »Unabhängig von der verfehlten Ideologie der HJ und unabhängig von allem angeblichen Preußentum bewährte sich, was die britische Militärakademie Sandhurst unter Befehlsautorität versteht – ›I say to this man Go, and he goes‹. Dazu kann man tatsächlich als paramilitärischer Führer von zwanzig Jungen, egal, ob Pfadfinder, FDJ oder Jungvolk, gewisse Grundlagen legen.«

Durch das Zusammenwirken von Augsteins strategischem Intellekt und Beckers strengem Redaktionsregime wird aus dem *Spiegel*, besonders nach dem Umzug nach Hamburg 1951, eine Mischung aus Orden, Freimaurerloge, Kadettenanstalt und Investigationsmaschine. Frühe Affären mit nationaler Debattenwirkung, wie die Enthüllung von Bestechungsvorgängen bei der Wahl des bundesdeutschen Regierungssitzes oder die auch Adenauer berührende »Schmeißer«-Agentenaffäre, festigten den Nimbus von Unabhängigkeit und furchtloser Inkarnation der »vierten Gewalt«. Die Befindlichkeit der Gründungstruppe des *Spiegel* hat einer ihrer Vertreter, Hans Dieter Jaene, einmal auf den Begriff »Landser« gebracht – nicht im revanchistischen Sinne, sondern bezogen auf Kriegserlebnisse, auf Tonfall und Selbstverständnis jenseits von links und rechts und den Kampf an den publizistischen Frontlinien. In Hannover kamen Flakhelfer, Hitler-Jugendliche und junge Offiziere zusammen, gemischt mit ein paar Profis aus den Propagandakompagnien der Wehrmacht wie Benno Wundshammer und »bürgerlichen« Redakteuren wie Hans Joachim Toll und Werner Hühne. Major Chaloner hatte ein einleuchtendes Rezept: »Ich nahm die besten Leute von den Regionalzeitungen.«

Der mit Augstein lizenzierte Roman Stempka (Lieblingsspruch: »Pulver, Pulver, es rauchen die Banditen!«) war vor 1945 Photograph im Scherl-Zeitungsverlag und im Spanischen Bürgerkrieg für die Franquisten propagandistisch tätig, der zweite kaufmännische Lizenzträger Gerhard R. Barsch kam ebenfalls aus dem Scherl-Konzern. Der Feuilletonist und Fachmann für Lateinamerika Karlwerner Gies hatte vor 1945 für die *Kölnische Zeitung* beziehungsweise die *Kölnische Volkszeitung* geschrieben und wechselte dann vom *Spiegel* zum Bremer *Weser-Kurier*. Hans Joachim Toll, Mitte vierzig, der Ästhet, Pfeifenraucher und Mann im Maßanzug, hatte als Kulturredakteur beim hannoverschen NS-Blatt *Niedersächsische Tageszeitung* gewirkt. Und auch der protestantische Chef vom Dienst Werner Hühne war ein »typischer Generalanzeigerjournalist« (Brawand). Der erste Auslandsredakteur Willi Gerberding musste wegen falscher Angaben in seinem Entnazifizierungsfragebogen wieder gehen, damals wachten noch die Briten streng über die Einstellungsrichtlinien.

Mitte der fünfziger Jahre weist das Impressum so unterschiedliche Mitarbeiter aus wie Hans Walter Berg, später profilierter ARD-Asienkorrespondent (»Der Tiger von Whisky Pur«), Dieter Ertel (später Programmdirektor beim SWR), Hans Germani (später Rechtsaußen-Publizist aus Südafrika, *Rettet Südwest*), Hermann Blome (bald Berater von Ludwig Erhard), Karl Friedrich Grosse (ehemals Pressemann bei Ribbentrop) oder Hans Schmelz (Wehrmachtsmajor und Militärfachmann). Jedenfalls war das nicht der »linksliberale« Mainstream, in dem man den *Spiegel* später verortete.

Frauen waren als Sekretärinnen oder im Archiv tätig, bestenfalls als Bildredakteurinnen, wie Lore Ostermann, Hildegard Neef und Maria Günther, mit Ausnahme der diplomierten Englischdolmetscherin Hanne Walz im Kulturressort, die aber mit dem Revirement 1950/51 ausschied. Es folgten Christa Rotzoll und Eva Windmöller als profilierte Redakteurinnen der erste Jahre, die Führungsspitze aber blieb bis heute fest in Männerhand. »Hans Joachim Toll und seine Gruppe« (Brawand) müssen 1949/50 gehen, weil sie sich der forcierten Politisierung des Blattes verweigern und zu sehr dem besinnlichen Feuilleton zuneigen. Brawand dazu: »Als Harry Bohrer zur Jahresmitte (1947, L. H.) – er hatte noch einmal in Uniform die erste Hannover-Messe besucht – aus der Armee ausschied und nach England zurückkehrte, fühlte Toll sich um seinen liebsten Gesprächspartner gebracht,

›irgendwie verwaist‹. Und nachdem mit der Ausgabe Nr. 23 im Sommer Hans Detlev Becker auf der Bildfläche erschienen war, der sich bald als unentbehrlicher Partner Augsteins erwies, nahmen die Diskussionen und Reibereien zu.«

Zeitgleich mit dem Abgang der Feuilletonisten knüpfte Augstein Kontakte zum ersten Gestapo-Chef Rudolf Diels und ließ ihn 1949 in einer Serie über seine Erlebnisse mit Hitler, Himmler und Heydrich schreiben. Der SS-Standartenführer und Göring-Vertraute Diels, damals wohnhaft auf seinem Hof in Twenge bei Hannover, wurde dem *Spiegel*-Publikum als Wanderer zwischen den politischen Welten und halber Widerstandskämpfer präsentiert. Die alarmierte britische Presseaufsicht unterband die Fortsetzung der Serie nach acht Folgen. Ein *Spiegel*-Vertrag mit Diels über eine Hitler-Biographie wurde zwar geschlossen, das Buch erschien dann aber doch nicht. Auch Ribbentrops ruppiger Pressechef, SS-Obersturmbannführer Paul Karl Schmidt (nach 1945 Paul Carell), wird als *Spiegel*-Serienautor herangezogen; der rabiate Antisemit, als Kieler Studentenführer auch Teilnehmer an Heideggers Todtnauberger »Wissenschaftslager« im Herbst 1933, wird später noch Erfolgsautor von Landser-Literatur (*Unternehmen Barbarossa*) und Axel Springers Sicherheitschef.

Richtungsweisend war, dass Augstein um diese Zeit Fachleute vom nationalsozialistischen SD akquirierte, allen voran Georg Wolff und Horst Mahnke, die spezifisches Wissen, Organisationstalent, Beziehungen und Storys aus dem untergegangenen »Dritten Reich« mitbrachten. Mahnke, Jahrgang 1914, hatte wie der gleichaltrige Wolff in Königsberg im Hauptfach Zeitungswissenschaft studiert und war 1940 mit »sehr gut« über die »freimaurerische Presse in Deutschland« promoviert worden. Er war im NS-Staat der persönliche Assistent jenes Presseforschers und Auslandskundlers Franz Alfred Six, der von 1935 an das Presseamt im SD-Hauptamt unter Reinhard Heydrich aufgebaut und auch noch nebenbei seit 1935 das Institut für Zeitungswissenschaft an der Königsberger Universität geleitet hatte. 1937 bis 1942 war Six Amtschef im SD- bzw. des Reichssicherheitshauptamts (RSHA), zuständig für die akademisch-strategische »Gegnerforschung«. Die bevorzugten Gegner des SD waren Juden, Freimaurer und »politische Kirchen«, die Nachrichtendienstler fühlten sich bald als geistespolitische Avantgarde des NS-Staates, deutlich abgegrenzt von älteren Partei-Ideologen wie Alfred Rosenberg oder Krakeelern wie Robert Ley. Ökonomen, Soziologen und Studentenpolitiker wie Reinhard Höhn, Otto Ohlendorf, Gustav Adolf Scheel, Franz Alfred Six oder Werner Best warben effizient hoffnungsvollen akademischen Nachwuchs für den weltanschaulichen Sicherheitsdienst an. Six vermittelte selbst noch seinem zeitweiligen Untergebenen Adolf Eichmann das Gefühl, im Sinne eines rational-wissenschaftlichen Antisemitismus zu wirken.

Der SS-Wissenschaftsmanager Six (1909–1975), seit 1932 einer der radikalen Heidelberger Studentenführer und 1940 auch noch Gründer und »Dekan auf Lebenszeit« der neuen Auslandswissenschaftlichen Fakultät an der Berliner Friedrich-Wilhelms-Universität, hatte seinen Adlatus Mahnke neben der Ausarbeitung von Vorlesungen und Aufsätzen mit hochrangigen Aufgaben betraut, etwa mit Planungen im Rahmen der geplanten Besetzung Großbritanniens (»Operation Seelöwe«) oder beim »Vorkommando Moskau«, das 1941 als erste SD-Einheit in die sowjetische Hauptstadt einmarschieren sollte, um dort Archivmaterial zu sichern und Listen für Erschießungen und Verhaftungen auszuarbeiten. Das Vorkommando, mit Six und Mahnke rund zwanzig Mann, war aber in Smolensk hängengeblieben und hatte dort unter anderem 38 intellektuelle Juden erschossen, die versucht hätten,»im neu errichteten Ghetto von Smolensk Unzufriedenheit und Unruhe« zu stiften – so hieß es jedenfalls in einer SS-Einsatzgruppenmeldung vom 4. September 1941. Mahnke behauptete wenig glaubhaft, er sei nur im Tross als »Küchenbulle« dabei gewesen – so referierte es jedenfalls treuherzig der *Spiegel* (Sonderausgabe *Der Spiegel 1947–1997*). *Dass* er sich noch im September 1941 in Smolensk aufhielt, also im Zeitraum der Morde, ist nach Aktenlage unstrittig.

Es war diese Meldung, deren Interpretation 1948 im Nürnberger Einsatzgruppen-Prozess (»Fall 9«) darüber entschied, ob der SS-General Six zum Tode verurteilt werden würde. Er kam mit zwanzig Jahren Haft davon und wurde 1952 vorzeitig aus dem Landsberger Kriegsverbrechergefängnis entlassen. Six zog mit Frau und zwei Töchtern nach Hamburg, kaufte sich mit Geldern von Friedrich Flick den sozialwissenschaftlichen Leske-Verlag in Darmstadt und arbeitete später noch als Werbe- und Marketingchef für die Porsche-Diesel-Motorenbau GmbH in Friedrichshafen, ein fast ausschließlich von alten SS-Kameraden geführtes Traktorenunternehmen. In Hamburg kam er mit seinen inzwischen beim *Spiegel* angestellten Schülern Mahnke und Wolff zusammen. Six konzipierte – stets ein Mann der Tat – mit ihnen gleich eine *Spiegel*-Taschenbuchreihe für seinen Leske-Verlag. Erster Band: Rudolf Augsteins gesammelte Anti-Adenauer-Kommentare (*Deutschland – ein Rheinbund?*). Zweiter Band: eine verschachtelte geostrategische Analyse von Mahnke und Wolff (*1954 – der Frieden hat ein Chance*).

Mahnke war seinem SS-Chef und Mentor Six 1945 von Salzburg aus in den Untergrund gefolgt. Beide waren davor im Auswärtigen Amt tätig gewesen: Six seit 1943 als Chef der Kulturpolitischen Abteilung im Rang eines Gesandten, Mahnke als sein persönlicher Referent, der nebenamtlich weiterhin in der Gegnerforschung des RSHA mitarbeitete. Sein Aufenthaltsort bei Frau Six in Hannover, wie auch der von Six selbst, war von einem »Verräter« – dem ehemaligen SS-Mann Walter Hirschfeld, der nun für das amerikanische Counter Intelligence Corps (CIC) arbeitete – den Alliierten preisgegeben worden. Mahnke, im Februar 1946 festgenommen, kam in das berüchtigte britische Spezial-Verhörlager Bad Nenndorf. Dort, in den umgewandelten ehemaligen Badehäusern des niedersächsischen Kurorts, wurden deutsche Internierte tatsächlich geschlagen und gequält, wie auch eine britische Untersuchung später bestätigte. Der Six-Assistent musste seine Verletzungen über mehrere Monate im Krankenhaus von Rotenburg auskurieren.

Nach weiteren Internierungsstationen schließlich 1948 in Mehrum bei Peine ansässig, traf Mahnke wieder mit Georg Wolff zusammen. Die beiden fanden 1949 zunächst als »Marktbeobachter« beim Hamburger Kaffee-Einfuhrkontor Anstellung. Ihre konkrete Arbeit bestand in der Beobachtung des damals grassierenden Kaffeeschmuggels, und als PR-Leistung für ihren Arbeitgeber gelang es ihnen, eine wilde Antischmuggelserie im *Spiegel* unterzubringen. Die Schmugglerbanden bestanden, so konnten es die *Spiegel*-Leser den wüsten Abenteuergeschichten entnehmen, vor allem aus obskurem »Grenzvolk« und jüdischen Displaced Persons.

Nach Auskunft von Marion Meyn (in einem Brief an den Verfasser vom 17. 02. 2002), die 1951 in Hannover studierte, kam Mahnke über den *Spiegel*-Redakteur Hans Jürgen Wiehe, mit dem er damals in Hannover »in einer Art Wohngemeinschaft« gelebt habe, zum *Spiegel*. Wiehe, später als Journalist noch beim *Stern* und dann im niedersächsischen Innenministerium für Verfassungsschutzfragen zuständig, habe als Hauptautor der Schmuggler-Serie »Am Caffeehandel betheiligt« fungiert (der *Spiegel* geht hingegen davon aus, es sei der Redakteur Fritz Köhler gewesen). Marion Meyn über Mahnke:

> Gewohnt an den Umgang mit jungen Intellektuellen aus seiner Zeit an der Uni Berlin, suchte und fand Mahnke verstärkt Kontakte und die Freundschaft von jungen Menschen der neuen unbelasteten Generation. Wir waren ein Kreis von jungen Kunststudenten, Links-Intellektuellen, jungen Schauspielern, Kabarettisten (»Die Amnestierten«, ein Studenten-Kabarett aus Kiel), auch Volontären aus seiner Redaktion, »Existentialisten«, die mit den beiden Journalisten Wiehe und Mahnke freundschaftlich verbunden waren und mit ihnen über Camus, Sartre und Kafka, Theater und Filme, neue Bücher und Ausstellungen diskutierten. Mahnke machte aus seiner belasteten Vergangenheit nie ein Geheimnis, aber er distanzierte sich stets davon.

Marion Meyn, die den Schutzumschlag für das Mahnke/Wolff-Buch *Der Frieden hat eine Chance* gestaltete und dabei auch Franz Alfred Six im Hamburg kennenlernte (»ich konnte es mir leisten, ihn *nicht* zu mögen«), schreibt weiter:

> Ich habe Mahnke sehr belesen, gebildet und sensibel, auch im Umgang mit der Sprache, in Erinnerung. (…) Auch in Hamburg suchten stets junge Redakteure den Umgang mit Mahnke und umgekehrt, sei es Eva Windmöller, Heinz Höhne oder Lothar Ruehl. Es darf Sie also nicht wundern, dass wir ein anderes Bild von Mahnke aus dieser Zeit zeichnen würden, als das, was jetzt allgemein üblich ist. Es wird Sie erstaunen, diese wenig opportune Meinung zu hören, aber denken Sie an Hannah

Arendt, die nach einer gewissen Zeit einem Heidegger auch den politischen Irrtum verziehen hat.

Es steht außer Frage, dass Mahnke – wie auch Wolff – mit dem Nationalsozialismus als Ideologie und System spätestens mit der deutschen Niederlage 1945 abgeschlossen hatte, auch wenn ihn die Briten und die Rechercheure des US-State Department in der unmittelbaren Nachkriegszeit verdächtigten, mit seinen einstigen Königsberger SS-Kameraden Rudolf Oebsger-Röder und Theodor Christensen im »SS underground« gewirkt zu haben. Für verzweifelte, Werwolf-ähnliche Aktionen aber war Mahnke zu clever – es ging wohl mehr darum, sich materiell über Wasser zu halten und abwartend nach neuen »Einsatzstellen« in der radikal gewandelten politisch-publizistischen Szenerie zu suchen. Dass sich für die SS-Leute eine solche Einsatzmöglichkeit ausgerechnet beim *Spiegel* fand, verwundert diejenigen noch heute, die das Blatt nur in einer rein linksliberalen, »oppositionellen« Tradition sehen wollen. Augsteins gern zitierte Erfolgsformel vom »Sturmgeschütz der Demokratie« bekommt angesichts der vielen Hauptsturmführer beim frühen *Spiegel* eine pikante, komplexe Note.

Nachdem Joseph Klibansky »als Anwalt der bayerischen Judenheit« (Augstein) den *Spiegel* wegen antisemitischer Tendenzen in der Mahnke/Wolff-Serie verklagt hatte, erklärte das Blatt, vertreten von Augsteins älterem Bruder Josef, in einem Vergleich, es habe »nicht zum Ausdruck bringen wollen, dass vornehmlich Menschen jüdischen Glaubens an dem Kaffeeschmuggel beteiligt sind. Am Kaffeeschmuggel nehmen (…) Menschen jeder Religion und Herkunft teil. Er kann nur beseitigt werden durch wirksame Zusammenarbeit aller Behörden und Vertreter aller Konfessionen.« Der Antisemitismus, so vermittelte Augstein jetzt doch an die *Spiegel*-Leser, sei ein »buchstäblich todernstes

Problem«, das er mit seinem Freund Norbert Wollheim, »dem Präses der Juden in der britischen Zone«, schon öfter und nicht immer fruchtlos diskutiert habe. Den Anwalt Klibansky, der »im Felde unbesiegt« geblieben sei, charakterisierte er indes als »Zwischending von einem römischen Volksredner und einem Teppichhändler aus Smyrna«, als »kleinen dicken Mann mit der Behändigkeit eines Waschbären und dem Habitus eines Pinguins«. Bei der Verwendung antisemitischer Klischees wie bei der Akquise fähiger Ex-Nationalsozialisten war Augstein offenbar ebenso nonchalant wie unbefangen.

Neben Wolff und Mahnke konnten, nachdem sie Augsteins rustikale Eingangsfragen überstanden hatten (»Haben Sie Juden erschossen?«), weitere Propaganda-Spezialisten mit SS-Hintergrund beim *Spiegel* reüssieren, wie neue Recherchen für dieses Buch im Bundesarchiv ergeben haben:

- Der langjährige Chef vom Dienst des Nachrichtenmagazins, Johannes Matthiesen, Jahrgang 1910, war seit 1932 beim NS-Blatt *Hamburger Zeitung* tätig und stieg dort bis zum stellvertretenden Hauptschriftleiter auf. Der gebürtige Flensburger, der einige Jahre seiner Kindheit in Dänemark verbracht hatte, war 1929 in die Hitlerjugend und 1932 in NSDAP und SS eingetreten. Er kehrte im April 1940 mit den deutschen Truppen nach Dänemark zurück. In der SS wurde er, wie die im Bundesarchiv verfügbare Personalakte belegt, als Untersturmführer (Leutnant) beim Stab Oberabschnitt Nordsee geführt, arbeitete aber hauptsächlich als »Aktivpropagandist« und Frontberichter für die Propaganda-Kompagnien der Wehrmacht. 1942 wurde er, so eine Aktennotiz von Ministerialrat Werner Stephan im Propagandaministerium, als Führer eines Berichtertrupps in Frankreich eingesetzt.
- Der Hilfsreferent für Fragen des Marxismus im Amt VII

des Reichssicherheitshauptamts, Heinz-Wilhelm Rudolph, Jahrgang 1914, wurde offenkundig von seinem einstigen Vorgesetzten Horst Mahnke zum *Spiegel* nachgezogen. Er hatte im Beziehungsfeld zwischen SD und der Berliner Auslandswissenschaftlichen Fakultät an einer Dissertation zum Thema »Die Stellung der deutschen Sozialdemokratie zur Außenpolitik 1918–1933« gearbeitet. Gemeinsam mit Mahnke sollte er sich, wie es im Protokoll einer Arbeitstagung des RSHA-Amtes VII vom April 1942 heißt, einer »Befragung von zur Zeit noch lebenden und für uns erreichbaren Sozialdemokraten zu Einzelproblemen« widmen, darüber hinaus dem Komplex »Judentum und Sozialdemokratie«. Beim *Spiegel* wechselte Rudolph Mitte der fünfziger Jahre nach kurzer Redakteursarbeit auf das ihm vertrautere Terrain des Archiv- und Dokumentationswesens.

- Kurt Blauhorn, geboren 1916 in Stargard/Pommern, beim *Spiegel* in vielen Ressorts aktiv, seit dem 15. Juli 1939 SS-Bewerber, war im November 1938 in die NSDAP eingetreten. Blauhorn, Schriftleiter im politischen Nachrichtendienst der *Pommerschen Zeitung*, bat im Juli 1940 darum, von seiner damaligen Stellung als Infanterie-Unteroffizier in Neustrelitz zu einer Propagandakompanie (PK) versetzt zu werden. Die Schriftleitung der *Pommerschen Zeitung* unterstützte diesen Wunsch; Blauhorn sei ein »junger politischer Schriftleiter mit hervorragenden Charaktereigenschaften und auch ein guter Soldat«. Er habe »den brennenden Wusch, endlich an die Front zu kommen«. Nachdem Ministerialrat Stephan zunächst urteilte, Blauhorn sei »doch etwas zu jung« für die Tätigkeit als PK-Wortberichter, wurde er im April 1942 zur PK 695 an die Ostfront versetzt und im März 1943 zum Feldwebel befördert. Im Juli 1940 hatte Blauhorn in einem Lebenslauf die Hoffnung geäußert, »unseren Sieg im Kampf um die weltpolitische Neuordnung sowohl als Soldat als auch als Journalist selbst mitzuerleben«. Die weltpolitische Neuordnung sah dann nach 1945 anders aus, Blauhorn kam zunächst beim SED-Zentralorgan *Neues Deutschland* unter. Der gereifte *Spiegel*-Journalist Blauhorn schrieb dann in den sechziger Jahren populäre Wirtschaftssachbücher wie *Jetzt kauft uns Amerika – Dollar-Kolonie Deutschland?*

Mit diesem Personal aus der NS-Strategieebene schließt Augstein nicht so sehr an publizistische Traditionen von Solitären wie Maximilian Harden oder Karl Kraus an, auch nicht an die *Weltbühne*, sondern an den »Tat«-Kreis vor 1933 mit Hans Zehrer, Ferdinand Fried oder dem später beim *Spiegel* verhassten Giselher Wirsing. Auch der *Spiegel* entwickelt ein »Tat«-Bewusstsein, eine Vorliebe fürs Enigmatische und Geheimbündlerische. Den Besatzungsmächten wie auch dem Bonner Parlament mit seiner klerikal gebundenen Mehrheit und dem Personal aus Weimarer Zeiten wird nicht viel zugetraut. Mit der Linie eines national-libertären Blattes will Augstein kultur- und geistespolitisch einen Platz zwischen den feineren Reflexionszeitschriften wie *Die Wandlung, Der Ruf, Die Gegenwart, Frankfurter Hefte* auf der einen, populären Illustrierten wie *Stern, Revue, Quick* oder *Die Straße* auf der anderen Seite besetzen. Dies bedingt ein Konzept der intellektuellen Universalität; der wissbegierige Autodidakt und bekennende Zyniker mit dem unbedingten Willen nach politischer Gestaltung ist gerade deshalb auch an den konservativ-revolutionären »Verfemten« interessiert. Als ihn Christa Rotzoll 1950 für einen Artikel besucht, denkt Gottfried Benn zunächst an »Revolverjournalismus«, stellt aber bald verblüfft fest: »Mir scheint, dass der *Spiegel* eine geradezu minutiöse, fast gewissenhafte Form von Journalismus betreibt.«

Als in den neunziger Jahren erstmals intensiver über das NS-Personal beim *Spiegel* öffentlich diskutiert wurde, interessierte sich die Publizistik vor allem für die SS-Ränge und die Biographien vor 1945; wesentlicher aber waren und sind die konkreten Zusammenhänge der Personalakquise mit den Inhalten und Strategien des Nachrichtenmagazins:

- Vor allem mit der Anstellung von Mahnke ergaben sich weitere Kontakte zur »Six-Gruppe«, also zu den ehemaligen Mitarbeitern und Untergebenen von Franz Alfred Six, die häufig auch nach 1945 im Geheimdienstmilieu blieben. Sie lieferten Informationen für detailreiche *crime stories* aus dem Innenleben des NS-Staates und über die »Verwandlungszone« der frühen Nachkriegszeit, die für damalige *Spiegel*-Leser authentisch klangen und ihnen die Informationsüberlegenheit des Blattes vor Augen führten. Angelsächsische Stilvorgaben, Augsteins schneidige Anti-Adenauer-Publizistik und die NS-Insiderberichte brachten eine einzigartige und auch sehr deutsche Magazin-Mischung hervor.
- Durch die SS-Ressortleiter und die »Six-Gruppe« ergaben sich vielfältige operativ-publizistische Kontakte zur »Organisation Gehlen«, für deren Präzeptor, den Ex-Wehrmachtsgeneral Reinhard Gehlen, der *Spiegel* seit Beginn der fünfziger Jahre ziemlich hemmungslos Reklame machte. Damals ging es für Gehlens Dienst vor allem darum, aus dem Sold der CIA heraus zum offiziellen und führenden Nachrichtendienst der Bundesrepublik zu werden. So lässt sich bei vielen *Spiegel*-Artikeln des Anfangsjahrzehnts nicht mehr zwischen Geheimdienstdossier und investigativem Journalismus unterscheiden. Anders gesagt: Hier entstand eine spezifische Form des investigativen Journalismus.
- Vergangenheitspolitische Abrechnungen *ad personam*

gehörten von Beginn an zum Kerngeschäft des *Spiegel*. Und die Akquisition von Kadern des SD, des Propagandaministeriums (wie dem Goebbels-Adjutanten Wilfred von Oven) oder des Reichskriminalpolizeiamts (wie dem »Polizeireporter« Bernhard Wehner) erhöhte für den *Spiegel* die Kenntnis von NS-Biographien beträchtlich. Wenn das Blatt auch nicht die publizistische »Gestapo unserer Tage« war, wie der erregte und abservierte Ex-Verteidigungsminister Franz Josef Strauß 1963 ausgerechnet der israelischen Zeitung *Ha'aretz* mitteilte, wirkte das Drohpotential des Magazins gerade in den fünfziger Jahren doch beträchtlich.

Augsteins Strategie der Rekrutierung von SD- und Gegnerforschungs-Spezialisten zahlte sich aus – in Auflage und Reputation. Durch sie erwarb sich das Nachrichtenmagazin den Nimbus von Allwissenheit, zumindest aber von wundersam präziser Recherche. Unter der Überschrift »SD/Internationales: Intermezzo in Salzburg« hieß es etwa am 22. April 1953 über den inzwischen in Bad Aussee residierenden Mehrfach-Agenten Wilhelm Höttl: »Es gibt zur Zeit in Europa kaum eine geheime Nachrichten-Organisation, zu der dieser Mann nicht auf geraden oder ungeraden Wegen Kontakte hätte und von der er direkt oder indirekt nicht auch Tantiemen in verschiedener Höhe bezöge.«

Der alte »Nachrichten-Fuchs Höttl«, gesteuert vom CIC in Österreich, habe »bereits in alten Tagen beim SD gelernt, daß der Fachmann sich auch um dunkle Dinge kümmern muß, die im eigenen Bau passieren. Ein gutes Gedächtnis hatte Höttl seit je.« Und überdies: »Die westdeutschen Nachrichtenorganisationen waren einverstanden, Informationen aus dem Höttl-Netz herauszupumpen. München wurde Relais-Station, die mit ehemaligen deutschen Offizieren besetzt wurde. Und Höttls SD-Männer schafften Nachrichten aus

Österreich und dem Balkan heran.« Zu einer Art »Relaisstation« für die zwielichtige Zone zwischen Geheimdienstarbeit und Journalismus, einer attraktiven Informationsbörse und einem Forum für Abrechnungen wurde allerdings auch der frühe *Spiegel*. Für Augstein gab es frei nach Talleyrand keine moralische Trennlinie zum damaligen nationalsozialistischen Untergrund, sondern nur günstige Umstände und direkten Nutzen für die Schlagkraft seines Blattes.

So wurde 1956 vom *Spiegel* der geschäftsführende Bundespressechef Edmund »Mundi« Forschbach abgesägt, den Adenauer damals zum ordentlichen Regierungssprecher hatte machen wollen. Der *Spiegel* grub eine Rede aus, die Forschbach im November 1933 als Bundesführer des Cartellverbands der katholischen deutschen Studentenverbindungen gehalten hatte, mit Sätzen wie diesen:

> Es darf nirgendwo, wenn Deutschland seine Freiheit wiedererwerben will, ein Zweifel darüber bleiben, daß der Nationalsozialismus und Deutschland unlöslich und untrennbar ineinander verwachsen und verschmolzen sind. Volksentscheid und Reichstagswahl gehören zusammen. Sie sind beides Waffen, die gebraucht werden und notwendig sind in dem geistigen Ringen um die Befreiung Deutschlands von den Versklavungsdiktaten. Wer sie zu trennen versucht oder sogar die geheime Losung aus persönlicher Verärgerung ausgibt, nicht für die Reichstagsliste zu stimmen, der fällt unserem Führer freventlich in den Rücken.

Der gelernte Verwaltungsjurist Forschbach, der sich in Freiburg auch zu Heideggers Rektoratszeiten um die Angelegenheit der katholischen »Ripuaria«-Verbindung gekümmert hatte – darüber später mehr –, wurde zur Freude des *Spiegel* auf einen Posten der Unterabteilung »Lebensmittel und Arzneimittelwesen« im Bundesinnenministerium versetzt.

Der »Tat«-Publizist und SD-Konfident mit Namen Wirsing wiederum – den Vornamen »Giselher« hatte er sich selbst zugelegt, eigentlich hieß er Max Emmanuel – war dem *Spiegel* nicht genehm, weil er sich nach 1945 den US-Besatzern servil angenähert hatte. SS-Sturmbannführer Wirsing, später Chefredakteur von *Christ und Welt*, damals die auflagenstärkste Wochenzeitung der Bundesrepublik, hatte in seinem bekannten Buch *Der maßlose Kontinent* 1940 noch antisemitisch-antiamerikanisch »Roosevelts Griff nach der Weltherrschaft« analysiert. Der *Spiegel* blätterte 1952 Wirsings Karriere vom »Tat«-Kreis bis zur Hauptschriftleitung der NS-Auslandsillustrierten *Signal* noch einmal auf und wusste zu berichten: »Es war opportunistisch, als Wirsing und der Gesandte Otto v. Hentig, jetzt als Botschafter im indonesischen Djakarta vorgesehen, im Winter 1945/46 ein Angebot des amerikanischen Geheimdienstes annahmen, einen Bericht über Stimmung und Lage der deutschen Bevölkerung zu erstellen. Wirsing und v. Hentig fuhren damals in einem Jeep und in Begleitung eines amerikanischen Nachrichten-Offiziers durch Süddeutschland und befragten Schuhmacher, Pfarrer, Friseure und Lehrer.« Wirsing habe sich mit von Hentig sogar für die Idee eines »Deutschland als US-Kolonie« stark gemacht, so der *Spiegel*. Und in einem weiteren Passus des Abrechnungstextes wird auch klar, wer den Artikel verantwortete:

> Da solches sogar heute noch den Amerikanern etwas zuviel ist, war es ihnen damals, im Schatten von Auschwitz und Buchenwald, um so mehr. Sie hatten also nichts dagegen, als im Sommer 1946 die Engländer sich Wirsing zur Vernehmung in das Schlammbad Nenndorf ins Hannoversche holten.

Das war damals bei den Internierten als »Hölle von Nenndorf« bekannt. In jenen Kellern von Nenndorf, wenn nachts in den Zellen die Häftlinge unter den Riemenschlägen ihrer Bewacher aufheulten und die angetrunkenen Wächter sadistisch jaulten, entstand die Konzeption des Buches: »Schritt aus dem Nichts«. Mit einer gewissen intellektuellen Sattheit zeigte Wirsing damals seinen Freunden die Entwürfe seiner Kapitel über die »Höllen-Utopien« und den »Einbruch des Dämonischen« in die moderne Welt.

Neben der neuen Personalpolitik änderte sich um 1950 auch die politische Orientierung des *Spiegel*-Herausgebers. Nachdem sich Augstein in Hannover eine Zeitlang für den marxistisch-nationalistischen SPD-Führer Kurt Schumacher begeistern konnte, wendet er sich politisch ganz der FDP zu, einer in gewissem Sinne trotz altliberaler Reste neuen Partei in Westdeutschland, die für viele junge Frontoffiziere des Zweiten Weltkriegs und die nach neuer Orientierung suchende nationalsozialistische Funktionselite attraktiver ist als SPD oder CDU. In den fünfziger Jahren ist der *Spiegel* mehr als jede andere Zeitschrift der publizistische Arm der FDP, besonders des nordrhein-westfälischen Landesverbandes. Beharrlich verfolgt Augstein die Ablösung des Adenauer-Regimes durch eine sozialliberale Koalition. Mit äußerster Härte, vor allem in seinen mit »Jens Daniel« gezeichneten Kolumnen, schießt er sich auf den alten rheinischen Franzosenfreund Adenauer ein. Augsteins Artikel über das »Lebewohl den Brüdern und Schwestern im Osten« (Heft 1/1952) bildet wohl den Höhepunkt:

> Nicht daß wir künftig Provinz und Truppenübungsplatz des Westens sein sollen, ist das ent-

scheidende Manko. Provinz und provinzielle Politik ist unser Schicksal, solange Berlin nicht die Hauptstadt Deutschlands ist. Man tut dem Kanzler Unrecht, wenn man in ihm nur immer den Oberbürgermeister sieht. Er hätte durchaus das Zeug zum Oberhaupt einer katholischen autonomen Provinz. Wenn uns die Wiedervereinigung Deutschlands nicht gelingen sollte, müßten wir uns damit abfinden, eine Weile als Provinzler in der Weltpolitik umherzutappen, und als Fußvolk unter den westalliierten Streitkräften. Dafür haben wir zwei Weltkriege verloren. Dafür können wir uns abends ruhig ins Bett legen.

Wenn der Bischof Dibelius meine, so Augstein, Westdeutschland wolle seinen Lebensstandard zugunsten der ärmeren Sowjetzone nicht einschränken,

> stößt er an eine Wunde, unter deren Oberfläche noch mancherlei schmerzt. Warum ist es am Rhein zu schön? Vielleicht sitzen die Politiker der Rechten zu gut und zu warm? Vielleicht ist unter den Regierungsparteien, namentlich unter der Industrie, doch der Hintergedanke lebendig, man dürfe freie Wahlen für ganz Deutschland nicht fördern, um dem rabiaten Schumacher nicht an die Macht zu helfen. Dies, meine Herren, ist vielleicht die gefährlichste Fehlspekulation. Das rücksichtslose Durchpauken der Politik Dean Achesons in Deutschland wird mit allen unvermeidlichen Rückschlägen eine nationalistische Welle über die Bundesrepublik schwemmen lassen, auf deren Kamm als erster der Dr. Kurt Schumacher samt allen Vertriebenen und Entrechteten ins Palais Schaumburg reiten wird.

> Dann hätten Sie eine Außenpolitik, an der es nichts mehr zu reparieren gibt, und eine Innenpolitik, in der so manches noch ruiniert werden kann.

Augsteins engster politischer Freund ist damals Wolfgang Döring, Jahrgang 1919, Berufssoldat, Hauptmann bei einer Panzereinheit, seit August 1950 Hauptgeschäftsführer des FDP-Landesverbandes Nordrhein-Westfalen, also dort, wo der Landesvorsitzende Friedrich Middelhauve bald das Konzept einer »Pflicht nach rechts« vertritt – die Einbindung orientierungsloser Ex-Nationalsozialisten, auch in taktischer Konkurrenz zur Deutschen Partei oder dem Bund der Heimatlosen und Entrechteten (BHE). Unterstützt wird Middelhauve von dem einflussreichen Essener Landtagsabgeordneten Ernst Achenbach, Leiter der Politischen Abteilung der Deutschen Botschaft in Paris 1940 bis 1943 und danach unter Franz Alfred Six in der Kulturabteilung des Auswärtigen Amtes tätig. Middelhauves persönlicher Referent Wolfgang Diewerge, SS-Standartenführer und vielfältig einsetzbarer Propaganda-Beamter im Goebbels-Ministerium, paktiert mit dem ehemaligen Goebbels-Staatssekretär Werner Naumann, der mit einer Kohorte junger NS-Hoffnungsträger den FDP-Landesverband zu unterwandern beginnt. Die Briten stoppen 1953 diese Aktion und weitere NS-Geheimbündeleien in Hamburg, wo auch der Ex-Reichsstudentenführer Gustav Adolf Scheel mitgewirkt hat. Augstein und der *Spiegel* finden diese Zerschlagungsoperationen der Besatzer übertrieben. Die ganze Aktion, so suggeriert das Blatt, habe lediglich einen propagandistisch-geopolitischen Hintergrund:

> Wenn der französische Ministerpräsident René Mayer nun nach Amerika zu Dwight D. Eisenhower geht, und Eisenhower sollte etwa mit dem

Gedanken einer deutschamerikanischen Allianz spielen, die den Engländern und Franzosen wie ein Alpdruck auf der Seele liegt, dann kann René Mayer immer mit dem Finger auf das große Nazi-Gespenst zeigen. Jenes Gespenst, das die Engländer wie einen Luftballon aufgeblasen haben.
Nun bleibt abzuwarten, was mit den sieben Verhafteten geschieht. Wenn eine Parallele zu früheren ähnlichen Vorgängen erlaubt ist, wird es nicht allzu viel sein. Im Februar 1947 war schon einmal eine ähnliche Aktion über die Bühne gegangen, und zwar kurz vor der Moskauer Viermächtekonferenz. Die Zeitungen meldeten damals bis in die Formulierung ähnlich wie jetzt von den Verdiensten der Briten, die eine Nazi-Verschwörung zerschlagen hatten, damals allerdings auch gegen die Sowjetunion und nicht nur gegen den Westen wie jetzt.

Augsteins FDP-Engagement reicht von dem verwegenen Versuch, den baden-württembergischen Ministerpräsidenten Reinhold Maier für die Wahl 1957 als Kanzlerkandidaten gegen Adenauer zu profilieren, und dem zeitgleichen Verlangen nach einem eigenen Bundestagsmandat sowie die angestrebte Gründung einer FDP-nahen Wochenzeitung Mitte der fünfziger Jahre bis hin zur etwas slapstickhaften Kandidatur im »Willy wählen«-Wahlkampf 1972 für einen Bundestagssitz im tiefschwarzen Wahlkreis Paderborn. Über die Landesliste gelangt er in den Bundestag, wo er Hinterbänkler bleibt und es nur drei Monate aushält. Günter Gaus schrieb darüber 2002 in der *FAZ*: »Wie ich Augstein verstanden habe, bestand sein Leben von Zeit zu Zeit auch aus dem Bedürfnis, seinem Geschöpf *Spiegel* zu entfliehen. Das Schreiben von Büchern, Neugründungen, mancherlei Sprunghaftigkeiten. Wen will es wundern bei einem Intellekt von Augsteins Art, der im Alter von dreiundzwanzig Jahren an seinem am Ende einzigen, wenn auch großmächtigen Erfolg geschmiedet wurde? Auch Augsteins Abstecher in den Bundestag ist ein solcher Fluchtversuch gewesen.«

In einem Interview mit André Müller in der *Zeit* (42/1993) brachte es Augstein 1993 selbst gut auf den Punkt:

> ZEIT: 1956 sind Sie in die FDP eingetreten. Im Jahr darauf kandidierten Sie zum erstenmal für den Bundestag.
>
> AUGSTEIN: Ja, weil wir, mein Freund Wolfgang Döring, andere und auch ich, Adenauer absetzen wollten, was uns vielleicht auch gelungen wäre, hätte es nicht den Ungarn-Aufstand gegeben, der Adenauers Politik gegenüber der Sowjetunion zu bestätigen schien.
>
> ZEIT: Warum haben Sie sich nicht der SPD angeschlossen?
>
> AUGSTEIN: Die kam für mich nie in Frage. Deren Ideologie habe ich damals schon nicht gemocht, und sie ist auch heute nichts wert.
>
> ZEIT: Welche Ideologie?
>
> AUGSTEIN: Verstaatlichung der Banken, der Versicherungen und so weiter. Bis zum Godesberger Programm 1959 war die SPD für mich gar nicht wählbar, die CDU ohnehin nicht. Also was blieb dann übrig?
>
> ZEIT: Bei Ihrem zweiten Versuch, in die Politik einzusteigen, 1972, kamen Sie dann doch in den Bundestag. Drei Monate später gaben Sie Ihr Mandat wieder zurück.
>
> AUGSTEIN: Dafür hatte ich Gründe.
>
> ZEIT: Sie wollten Fraktionsvorsitzender werden. Es blieb aber Mischnik.

AUGSTEIN: Das stimmt. Es stimmt aber auch, daß der damalige Chefredakteur des *Spiegel*, Günter Gaus, ständiger Vertreter der Bundesrepublik in Ostberlin wurde.
ZEIT: Der *Spiegel* brauchte Sie. Waren Sie insgeheim froh darüber?
AUGSTEIN: Ja.
ZEIT: Die *FAZ* schrieb damals, Sie müßten beschwipst gewesen sein, als Sie meinten, Sie könnten Politiker werden.
AUGSTEIN: Das kann man ja schreiben. Richtig ist, ich wollte kein Journalist mehr sein, sondern im Bundestag eine Rolle spielen. Richtig ist auch, daß das dumm von mir war.

Neben den FDP-Jungtürken in Nordrhein-Westfalen – Augstein transferierte 1956 seinen FDP-Mitgliedssitz von Hamburg dorthin – ist es vor allem die »Organisation Gehlen«, die für den *Spiegel* eine zentrale Rolle im politisch-nachrichtendienstlichen Raum spielt. Diese Verbindung scheint schon in einem Artikel zu dem 1952/53 geplanten »Über-Ministerium« des damaligen Kanzleramtschefs Otto Lenz auf. Adenauers einflussreichste Staatssekretäre Hans Globke und Otto Lenz, beide mächtiger als die meisten Minister, wollten den *Spiegel*-Recherchen (Heft 35/1953) zufolge einen christdemokratisch-staatlichen Machtapparat von durchschlagender Wirkung schaffen:

> Zu diesem Zweck wollen sie ein Über-Ministerium aufbauen, in dem die Innenpolitik des Bundes entschieden werden soll. Dieses Ministerium, dessen umfassende Kompetenz sich nicht in die klassische Ressorteinteilung einfügen läßt, wird (wenn die Pläne sich verwirklichen lassen) die Kombination

eines Bundesministeriums für Volksaufklärung und Propaganda mit einem Bundessicherheitshauptamt sein. Die beiden wichtigsten Elemente der Beherrschung eines modernen Massenstaates würden in ihm vereinigt sein: das Wissen um die Menschen und ihr Tun und die Beeinflussung der Menschen. Information und Propaganda. Beides erfordert eine Monstre-Organisation von Vertrauensmännern, einen Apparat von Kartotheken, Archiven und Dossiers und ein System umfassender Überwachung und durchdringender Beobachtung. Über diese Mittel verfügen Globke und Lenz schon heute, wenn auch en miniature.

Nach einer Schilderung des geplanten Propaganda-Apparats – Adenauer ließ den durchaus fähigen Lenz fallen, als die von ihm zunächst unterstützten Ministeriums-Pläne via *Spiegel* und *Zeit* publik wurden – ging es im *Spiegel*-Artikel sehr konkret um die künftige Geheimdienststruktur der Bundesrepublik:

> Die zweite, vielleicht noch wichtigere Hälfte des Ministeriums umfaßt den politischen Geheimnachrichten-Dienst. Diese Aufgaben, die bisher für den Bund das Kölner Bundesamt für Verfassungsschutz unter Leitung von Dr. Otto John wahrnimmt, will Minister in spe Otto Lenz einem anderen, ungleich versierteren Mann anvertrauen: dem General Gehlen, der unter Hitler Leiter der geheimdienstlichen Abteilung »Fremde Heere Ost« war. Gehlen ist heute Boss eines mit amerikanischem Geld für amerikanische Zwecke arbeitenden militärischen Nachrichtendienstes.

Nach Lektüre des Artikels kann man nur folgern, dass der *Spiegel* schon damals Kontakte zur Gehlen-Organisation gehabt haben muss; auch Gehlens Wunsch, »Staatssekretär für Äußere Sicherheit« unter einem Minister Otto Lenz zu werden, wird getreulich referiert.

Die Verbindungen zum Nachrichtendienst des Ex-»Fremde Heere Ost«-Generals Reinhard Gehlen ergaben sich zwangsläufig aus der *Spiegel*-Akquise von SD-Leuten. Die »Org.« des Ostspezialisten Gehlen, zunächst von der CIA alimentiert, 1956 dann offiziell zum Bundesnachrichtendienst erhoben (mit einem Zehnmillionen-Zwischenkredit der deutschen Industrie), hatte selbst Dutzende alter SS-Führer engagiert, massenmordende Einsatzgruppentäter inklusive. Darunter auch die alten Six- und Mahnke-Bekannten Rudolf Oebsger-Röder, vor 1945 zuletzt bei einer SS-Einsatzgruppe in Ungarn tätig, und Emil Augsburg (alias Alberti alias Althaus), einen der »Ostexperten« des SD, auch er 1941 zusammen mit Six und Mahnke beim »Vorkommando Moskau«. General Gehlen, ansonsten verständlicherweise pressescheu, hatte bald begriffen, dass mit diesen Querverbindungen gerade der *Spiegel* ein vortreffliches Reklameblatt für seine Machtambitionen sein könnte. So bekam der *Spiegel* Informationen von der »Org.«, im Gegenzug stellte das Blatt seinen Lesern den mysteriösen General als genialen Strategen vor – etwa in jener Titelgeschichte 1954, in der man erfuhr, entgegen allen bösen Gerüchten befänden sich in »Gehlens Stab« keine ehemaligen SD- oder Gestapo-Leute. Das war natürlich glatt gelogen, Dr. Mahnke wusste es besser.

Als der BND fünfzig Jahre später zögerlich begann, seine Archive für Zeithistoriker zu öffnen, und eine eigene Historikerkommission einsetzte, verlangte nun auch der *Spiegel* Aufklärung über seine eigenen frühen Kontakte zur Gehlen-Truppe. Der BND wollte, wie üblich, zunächst keine Auskunft geben, nach einer Klageandrohung durch den *Spiegel*-Verlag ging BND-Präsident Gerhard Schindler dann aber doch ins Detail – und nannte als frühe Presse-Verbindungsleute beim *Spiegel* Namen, die größtenteils für Kenner der Materie keine Überraschung waren: eben Horst Mahnke, Paul Karl Schmidt und Wilfred von Oven. Überraschend war eher, dass sie in einem *Spiegel*-Artikel Mitte 2013 (Heft 23/2013) als Kader mit »bedeutenden Posten« dargestellt wurden – als in den neunziger Jahren über die *Spiegel*/SD-Verbindungen diskutiert wurde, waren es noch »kleine Chargen« (Stefan Aust, damals Chefredakteur) gewesen.

Mahnke, so schrieb *Spiegel*-Geschichtsredakteur Klaus Wiegrefe nun, habe »zunächst mit Wissen Augsteins den Kontakt zur Organisation Gehlen gepflegt«; auch der bis zum Lebensende bekennende Nationalsozialist von Oven (letzte Buchpublikation im Jahr 2000: *Ein »Nazi« in Argentinien*), 1951 Lateinamerika-Korrespondent des *Spiegel* und dann für die *FAZ* tätig, sei von der Org. rekrutiert worden und habe unter verschiedenen Decknamen für Gehlen Informationen zugeliefert. Der Goebbels-Bewunderer von Oven war, noch unter Decknamen (»Willy Oehm«) in Schleswig-Holstein lebend, nach einem Leserbrief an den *Spiegel* von Augstein eingeladen worden, ihm persönlich über Interna des Propagandaministeriums zu berichten. Als von Oven im April 1951 nach Argentinien übersetzte, half ihm Augstein mit dem Redaktionsausweis Nr. 26 (»Die Redaktion der unterzeichneten Zeitschrift hat Herrn Wilfred von Oven mit ihrer Vertretung in Südamerika beauftragt«). Nachdem die *Spiegel*-Redaktion 1952 in einem Argentinien-Artikel über den Diktator Juan Perón zum Missfallen von Ovens herumredigiert hatte, wechselte der Goebbels-Assistent direkt zum NS-Blatt *Freie Presse* in Buenos Aires. In der Gemengelage zwischen alten NS-Bekannten, Geheimdiensten und *Spiegel*-Publizistik wurden alte Fraktionierungen oder auch persönliche Animositäten wiederbelebt, als solche nur für eingeweihte Leser verständlich.

Die stärksten berufspolitischen Wirkungen erzielte der Nachkriegs-*Spiegel*, indem das Blatt seinen »Polizeireporter«, den ehemaligen Kriminalkommissar und »im Rang angeglichenen« SS-Hauptsturmführer Bernhard Wehner (1909–1995), ohne Vorbehalte Public Relations für die »alten Sherlock Holmes« aus dem Reichkriminalpolizeiamt (RKPA) betreiben ließ. Sehr klar sprachen sich Augstein und Wehner, Mitglied in NSDAP und SA bereits seit 1931, gegen angeblich unqualifizierte Remigranten auf höheren Posten der neuen bundesdeutschen Kriminalpolizei aus. Nur die alten Kader aus dem RKPA könnten effizient mit dem Nachkriegschaos der Schmuggler, Berufsverbrecher, Displaced Persons und sonstigen Banditen aufräumen. Dies wurde vor allem in der längsten *Spiegel*-Serie aller Zeiten (»Das Spiel ist aus – Arthur Nebe«) vermittelt, in der die Heldentaten der RKPA-Beamten rund um den Amtschef und Führer der Einsatzgruppe B im Russlandkrieg, Arthur Nebe, erzählt werden. Auch SS-Hauptsturmführer Mahnke, so erinnerte sich später Georg Wolff, arbeitete nach ersten Kontakten zu Augstein an der Serie mit.

Rudolf Augstein hatte zur Einführung im September 1949 an den »lieben Spiegelleser« geschrieben, die Arbeit an der Nebe-Serie habe in ihrer Komplexität »der einer großen Mordkommission« entsprochen, insgesamt seien zur Ausleuchtung des Nebe-Bildes 54 Personen »vom *Spiegel* gutwillig vernommen« worden. Der für die Leser anonyme Rechercheur und Co-Autor Wehner firmierte neckisch als »Sachbearbeiter des Dezernats ›Nebe‹«. Beim Schreiben jedenfalls sei klargeworden, so Augstein, dass »die Verantwortlichen« für den Aufbau einer neuen Bundes-Kriminalpolizei gut daran täten, »die Eifersucht auszuschalten, die eine überwiegende Mehrzahl erstklassiger Kriminalisten unter dem Vorwand fernhält, sie hätten dem Regime gedient«.

Die Geschichte hatte eigentlich Hans Rudolf Berndorff (1895–1963) schreiben sollen, ehemaliger Freikorps- und SS-Mann, Autor von Kriminalromanen unter Zuhilfenahme von realen Fällen aus dem RKPA (*Shiva und die Galgenblume*), nach 1945 einer der meistbeschäftigten *Hörzu*-Romanschreiber unter Chefredakteur Eduard Rhein. Wehner hatte Augstein aber überzeugen können, der präzisere Zeitzeuge für die Mammutaufgabe zu sein. Wehner, Mahnke und Augstein fragten die *Spiegel*-Leser eingangs eher kryptisch: »Wie konnte es im SS-Staat geschehen, dass der Führer der Kriminalisten gleichzeitig der führende Kriminalist war, mehr Kriminalist als Nationalsozialist und Widerständler zusammengenommen?« Oder: »Wie konnte diese Kriminalpolizei sich unter einem Regime behaupten, dem sie ihre einheitliche Organisationsform zu danken hatte? Wieso war die Kripo 1933 gefestigt genug, sich zu behaupten, so wie sie entstanden war, wie hatte sie sich unter den Lehren atemberaubender Verbrechensserien entwickelt und vervollkommnet?«

Die Figur Arthur Nebe ist an sich kein uninteressantes Beispiel für das Nebeneinander von Rassismus, Pflichterfüllung und spätem Widerstand im »Dritten Reich« – Nebe hatte Gaswagen zur Vernichtung von Juden in Mogilew erprobt und sich gleichzeitig den Konspirateuren des 20. Juli angenähert –, aber die Kripo-Serie des *Spiegel* unterschied zwischen Einsatzgruppen-Verbrechen und spektakulären Kriminalfällen zumindest auf der Stilebene gar nicht. So mischten sich die staatsterroristischen Exzesse von Otto Ohlendorf und Arthur Nebe, also die Hunderttausenden von toten jüdischen Männern, Frauen und Kindern, mit den Taten der Giftmörderin Helene Möller, des S-Bahn-Ungeheuers Paul Ogorzow, des – vermeintlichen – 53-fachen Mörders Bruno Lüdke (»der in der Kriminalgeschichte der zivilisierten Welt seinesgleichen nicht hat«), oder der Kassenbotenräuber Paul und Franz Baumeister (»gefährlichste Verbrecherbande, die Deutschland je sah«) – alles ein Abgrund des Bösen, dem eben nur mit anständig recherchierenden Kriminalisten beizukommen war. Und zumeist brachte sich Bernhard Wehner in der »Nebe«-Serie selbst als leuchtendes Beispiel dafür ins Spiel.

Als im Sommer 1942 auf der unter deutscher Besatzung stehenden Kanalinsel Sark der deutsche Oberarzt Goebel ermordet aufgefunden wird, fährt Wehner hin, überführt als Täter einen deutschen Unteroffizier und entlastet einen anfänglich tatverdächtigen Obergefreiten. Wehner ermittelt trickreich gegen den korrupten KZ-Kommandanten Karl Otto Koch in Buchenwald und klärt gemeinsam mit dem Gestapo-Beamten Horst Kopkow den Hergang des Attentats vom 20. Juli 1944 in der Wolfsschanze auf. Leider zeigte Hitler »kein sonderliches Interesse an der kriminalistischen Arbeit«. Schließlich organisiert Wehner mit anderen RKPA-Kollegen die Großfahndung nach seinem eigenen Vorgesetzten, Arthur Nebe, dem nach dem 20. Juli 1944 untergetauchten Chef der Reichskripo. Dessen Frauengeschmack sei zum Schluss leider bei »durchaus miesen Luftschutzbekanntschaften angelangt«, während er sich zuvor wenigstens noch »auf dem Niveau der Damen Kitty Schröder und Vera Achilles« bedient habe, »die ihr Gewerbe immerhin mit Eleganz meisterten«.

In einem späteren Artikel äußert sich Polizeireporter Wehner 1952 düster über die Kriminalität in Frankfurt am Main: »Der Hammer ist die klassische Mordwaffe des Frankfurter Altstadt-Untergrunds. Sein lautloser, dumpfer Schlag ist der gespenstischen Ratten-Atmosphäre in den stickigen Keller-Höhlen gemäß.« Und gegen Ratten konnte, so der *Spiegel*, nur restlose Vernichtung helfen: »Frankfurts Kriminal-Oberhaupt Fritz Dörsam«, so Wehner, »bereitet im

Bunde mit seinem Schutzpolizei-Kollegen, Hauptkommandanten Berger, dem Altstadt-Untergrund eine Vernichtungsschlacht« – mittels »magistratseigenen Räumbaggern«, um das »Dorado menschlicher Ratten« auszuheben.

Für Wehner lohnt sich der sechsjährige Ausflug in den *Spiegel*-Journalismus. 1954 wird er Chef der Düsseldorfer Kriminalpolizei und redigiert das Fachblatt *Kriminalistik*. Auch seine Ex-Kollegen besetzen, wie gewünscht, bald beinahe alle führenden Posten im Bundeskriminalamt und in den Landeskriminalämtern – und zeigen begreiflicherweise wenig Energie bei der Verfolgung nationalsozialistischer Gewaltverbrechen. Wehner liefert dem *Spiegel* noch bis zum Ende der fünfziger Jahre Material und Storys zu.

Als Klaus Barbie, der Folterspezialist und ehemalige Gestapo-Chef von Lyon, 1983 aus Bolivien nach Frankreich überstellt wurde, lieferte das US-Justizministerium einen umfangreichen Bericht über Barbies Deutschland-Arbeit für den amerikanischen Militärgeheimdienst CIC in den Jahren 1947 bis 1951. Im dokumentarischen Anhang dieses damals aufsehenerregenden Reports (»Book Two«), verantwortet von Allan A. Ryan jr., findet sich an einigen Stellen der Hinweis auf einen mysteriösen CIC-Agenten »Walter«, der von Stuttgart-Backnang aus auf den Kriegsverbrecher Barbie angesetzt war, bevor dieser in der bayerischen Region IV des CIC wieder in Lohn und Brot kam. Agent »Walter« war Walter Hirschfeld, Jahrgang 1917, SS-Untersturmführer der Reserve. Der CIC in Stuttgart hatte Hirschfeld angeworben, damit er in der unmittelbaren Nachkriegszeit alte SS-Kumpane aufsuchen und ihnen vorspiegeln sollte, es gebe neue Aufgaben und lohnende Aktionen in Netzwerken des SS-Untergrunds.

Hirschfeld erhielt jeweils ein intensives Briefing und erwarb sich bei den Untergetauchten Vertrauen, indem er seine SS-Blutgruppentätowierung vorzeigte. Offensichtlich machte er seine Sache gut, denn durch ihn gingen dem CIC zahlreiche SS-Führer ins Netz. Daneben spürte Hirschfeld, geführt von dem Stuttgarter CIC-Dienststellenleiter Robert A. Gutierrez, auch noch Goldbarren, Devisen, Schmuck und Kunstschätze oder Preziosen wie die Amateurfilme von Eva Braun auf (Letztere heute aufbewahrt in den US-National Archives). Die meisten dieser Undercover-Missionen erledigte er zusammen mit seinem SS-Kompagnon Gerhard Schlemmer, gleichfalls Jahrgang 1917. Außerordentlich detailliert, mit Zitaten aus internen CIC-Akten und Aktennotizen der Spruchkammer Schorndorf, stellte der *Spiegel* schon am 25. August 1949 seinen Lesern den angeblichen »jüdischen Mischling« Hirschfeld und seinen Freund Schlemmer vor, der von den Amerikanern für seine Arbeit mit der Treuhänderschaft einer Lederwarenfabrik in Schorndorf belohnt worden sei. *Spiegel*-Leser erfuhren sogar die Kontonummern des Kollaborateurs Schlemmer (»Konto Nr. 19 der Volksbank Schorndorf und Postscheckkonto Stuttgart 8485«). Der *Spiegel* verfügte auch über einen beeindruckenden »Arbeitsbericht« von Hirschfeld und Schlemmer über ihre CIC-Arbeit bis zum März 1946:

- Aus Vergrabungsorten der RSHA des Amtschefs (sic!) SS-Brigadeführer Spacil Gold, Brillanten, Schmuck, Dollars und englische Pfunde im vorsichtigen Werte von 26 Millionen sichergestellt und abgeliefert.
- Den Amtschef der RSHA, SS-Brigadeführer Spacil, gefangengenommen. – Den Adjutanten des Spacil sowie seine Sekretärin durch Agentenarbeit gefunden und gefangengenommen ...
In der Zwischenzeit Vernehmung der Gefangenen und Schreiben von Raporten unter Leitung des Herrn Gutierrez.

- Sucharbeiten als Agent nach einem SS-Hauptsturmführer Conrad, sogenannten König des Warschauer Ghettos und Verwaltungsführer bei Obergruppenführer Fegelein. Später Auffindung im französischen Gebiet, Zurückbringung und Gefangennahme.
- Im weiteren Verlaufe dieser Arbeit wurde durch die als Agent und durch die in meinem Verhör erhaltenen Informationen folgendes in verschiedenen Territorien sichergestellt:
  1. Hitlers Anzug, welchen er am 20. April getragen haben soll.
  2. Photoalben und Bilder der Eva Braun und Hitler.
  3. Privatfilme der Eva Braun vom Berghof.
  4. Briefwechsel zwischen der Braun und Hitler.
  5. Ein kleines Tagebuch der Braun.
  6. Eine große Briefmarkensammlung.
  7. Schmuck und Geld in allen Währungen im vorsichtigen Schätzungswert von über einer Million Dollar.
  [...]
  11. Sucharbeit und Auffindung des SS-Brigadeführers Six.
  12. Auffindung der Mitarbeiter des Six, Mahnke und Röder, im englischen Gebiet.

Der Artikel »Merkt Euch den Namen Hirschfeld«, dann im Dezember 1949 publiziert, gehört sicherlich zu den mysteriösesten Texten, die im *Spiegel* jemals erschienen. Selbst Augstein-Biograph Merseburger meint, es bleibe »doch ein fahler Geschmack ob des hämischen Untertons und einer untergründig spürbaren Sympathie für die von Hirschfeld verratenen SS-Leute«. Wer war dieser Walter Hirschfeld? Wer waren die Autoren und Informanten für die Hirschfeld-Investigation?

Im Prinzip ging es um das Zugriffsrecht der Besatzungsmächte in den Westzonen, um ihre Versuche, die Bildung nationalsozialistischer Untergrundorganisationen zu verhindern, aber auch um Doppelagenten, Korruption, den Verbleib der NS-Reliquien und Kunstschätze. Über die ursprüngliche »Operation Selection Board« der Briten und Amerikaner hatte der *Spiegel* bereits am 1. März 1947 gemeldet: »Zusammen mit seiner Freundin lag der ehemalige SS-Brigadeführer Kurt Ellersiek im Bett, als ihn die Beamten des amerikanischen Geheimdienstes in Fulda verhaften wollten, etwa zur selben Zeit, als ihre britischen Kollegen Ellersieks Frau in Hamburg abholten.«

Der gebürtige Dortmunder Kurt Ellersiek gehörte zu den einflussreichen NS-Studentenführern 1933, und, so der *Spiegel*, »er war einer der führenden Männer, die sich seit dem Sommer 1946 damit beschäftigten, eine deutsche Untergrundbewegung aufzubauen. Rund 1000 britische und amerikanische Beamte haben jetzt die Mitglieder der Bewegung verhaftet. ›Damit hat die deutsche Untergrundbewegung aufgehört zu bestehen‹, sagt ein Sprecher des Hauptquartiers der Kontrollkommission.« In den frühen Morgenstunden des 23. Februar waren, so der *Spiegel*, überall in der britischen und amerikanischen Zone »die Untergründler aus ihren Betten geholt und hinter Stacheldraht gebracht« worden – »in der Mehrzahl SS-Leute, die als Kriegsverbrecher gesucht wurden, unter falschem Namen und mit falschen Papieren lebten und sich vom Schwarzmarkt redlich ernährten«.

Bei »Selection Board« entkam allerdings einer der aktivsten NS-Konspirateure: eben der berüchtigte Gestapo-Folterer von Lyon, Klaus Barbie. Seine Nachkriegskarriere in Nordhessen und Bayern, die Agententätigkeit für den amerikanischen CIC seit 1947 und die von US-Spezialisten mitorganisierte »Flucht« über die »Rattenlinie« nach Bolivien 1951 sind spätestens seit Marcel Ophüls' oscargekröntem Dokumentarfilm »Hotel Terminus« in groben Zügen bekannt, bieten aber immer noch Stoff für Überraschungen.

Der Mainzer Historiker Peter Hammerschmidt hat sich in den letzten Jahren detailliert mit Barbies Eintauchen ins US-Geheimdienstmilieu nach 1945 beschäftigt, bis hin zu der Entdeckung, dass auch der BND Mitte der sechziger Jahre Barbies Agentendienste wieder in Anspruch nahm. Barbie hatte sich nach Kriegsende in der Gegend von Kassel und Marburg mal auf der Flucht vor den Briten und Amerikanern bewegt, mal auf der Suche nach Expertenkontakt mit ihnen. Er hielt sich mit den alten *tricks of the trade* über Wasser: Passfälschungen, Suche nach alten Kameraden zwecks Aufbau neuer Netzwerke (über Kleinanzeigen mit dem Kennwort »Minox«) bis hin zu einem Raubüberfall auf eine jüdische Baronin in der Kasseler Parkstraße. Auch in Hamburg wurde er gesichtet und dort von den Briten verhaftet, hatte aber wieder einmal entfliehen können.

Schließlich kam Barbie 1947 durch einen alten Geheimdienst-Kameraden aus der Zeit des Kampfes gegen die französische Résistance, den Abwehr-Mann Kurt Merk, in Kontakt mit dem CIC, dem amerikanischen Militärgeheimdienst. Es entstand die verwirrende Situation, dass das Stuttgarter Büro des CIC nach untergetauchten NS-Verbrechern fahndete, der CIC in Bayern wiederum eben diese Kader als antikommunistische Experten gerne unter Vertrag nahm. Beim CIC in Augsburg arbeitete Barbie in führender Rolle mit eigenem Netzwerk (»Büro Petersen«), vor allem um die kommunistische Szenerie in Bayern auszuspähen und zu unterwandern. Und zu diesem Netzwerk gehörte auch der spätere Gehlen- und BND-Mitarbeiter Emil Augsburg, eine der handelnden wie auch leidtragenden Personen in dem »Hirschfeld«-Artikel des *Spiegel*:

> Am frechsten hat er (Hirschfeld, L. H.) dem Augsburg mitgespielt. Kurz vor der Kapitulation war der SS-Sturmbannführer Dr. habil. Emil Augsburg,

Rußland-Spezialist im Amt VI, als Privat-Sekretär eines hohen Vatikanbeamten polnischer Herkunft im Benediktiner-Kloster Ettal untergetaucht. Monsignore und Augsburg retteten sich und wichtige politische Dokumente zum Vatikan. Der hohe Würdenträger blieb in Rom und konnte den perfekt polnisch und russisch parlierenden Augsburg als Nachrichtenoffizier in die in Norditalien stehende Polenarmee des General Anders lancieren. Eines Tages erhielt Augsburg einen Brief seines alten Chefs Six: »Ich habe in Süddeutschland wichtige Aufträge. Ich benötige Sie dringend. Kommen Sie. Six.« Augsburg zog seine polnische Uniform aus, hing die Mütze mit dem Polenadler an den Nagel und kam. In Süddeutschland traf er am verabredeten Ort nicht auf Six, sondern auf Hirschfeld, der sich als Six-Beauftragter auswies und gleich von Six unterschriebene nachrichtendienstliche Aufträge mitbrachte. Augsburg trommelte seine alten Fachleute zusammen. Tolle Dinge wurden gedreht. Nicht immer einwandfrei, nicht immer ungefährlich. Aber für Six wurde es getan. Auftrag folgte auf Auftrag. Unterschrift: Six. Die Zentrale für Augsburgs Aktion war Schorndorf, wo Augsburg im Schlemmerhaus, Konnenbergstraße 20, wohnte. Schließlich hatte aber Augsburg das Bedürfnis zu einer Aussprache mit seinem Chef.

Six aber war, was Augsburg nicht wusste, schon im Januar 1946 auf einem Bauernhof bei Kassel vom CIC verhaftet worden und gehörte zu denen, die in Nürnberg als Kriegsverbrecher angeklagt werden sollten. Unfreiwillig verraten hatte ihn, wie aus dem *Spiegel*-Artikel hervorgeht, seine Schwester Marianne, eine angehende Kinderärztin, die mit dem Agent provocateur Walter Hirschfeld angebandelt hatte. Die verliebte Marianne Six plauderte zu viel, und deshalb konnten die vom CIC verständigten Briten fast zeitgleich mit Six auch dessen Mitarbeiter Mahnke, Augsburg und Oebsger-Röder verhaften. Die Six-Schwester hatte sich, so die Amerikaner, daraufhin umgebracht, oder – und das legte der *Spiegel* nahe – sie war von Agent Hirschfeld umgebracht worden. Nach dem »Merkt Euch den Namen Hirschfeld«-Text publizierte das Blatt einen anonymen Leserbrief, in dem stand, man sollte sich um den Hirschfeld keine Sorgen machen, er werde »sowieso keines natürlichen Todes sterben«. Das wurde dann selbst Rudolf Augstein, der sich für den Fall persönlich sehr interessierte, zu viel. Er schrieb am 16. Februar 1950 an die lieben *Spiegel*-Leser: »Einige Leser hatten sich aus dem *Spiegel*-Artikel die Aufforderung herausgelesen, dem Hirschfeld ein Leids zu tun. Sie haben falsch gelesen. Es wäre verkehrt, dem Hirschfeld ein Haar zu krümmen. Er mag so leben, wie es ihm in diesem Land noch möglich ist, und die Amerikaner mögen sich überlegen, ob sie sich von dem Sturm und Drang ihrer ersten Jahre hier nicht entschiedener absetzen sollten.«

Hirschfeld hatte versucht, auch Klaus Barbie mit der Offerte einer vermeintlichen Arbeit für Six in die Falle zu locken (»Operation Flowerbox«). Am 13. Februar 1947 war es deshalb zu einem Treffen zwischen Hirschfeld, Augsburg und Barbie (alias Becker) bei München gekommen.[17] Der skeptische Barbie hatte sich auf das Lockangebot nicht eingelassen. Als der gegen ihn und seine Aktionen gerichtete Text im *Spiegel* erschien, war Hirschfelds Stern beim CIC bereits wegen allerlei Eskapaden gesunken. Aber Klaus Barbie und Emil Augsburg, Horst Mahnke und Rudolf Oebsger-Röder, sicherlich auch Franz Alfred Six in seiner Landsberger Zelle, hatten ihn nicht vergessen.

Die US-Autoren Kenneth Alford und Theodore Savas,

die sich intensiver mit Hirschfelds spektakulärer Arbeit für den CIC beschäftigt haben, gehen nach Sichtung klassifizierter Akten des CIC davon aus, dass Barbie und Augsburg die Informanten, wenn nicht gar die Koautoren hinter den beiden Artikeln über Hirschfeld im *Spiegel* waren. Sie seien als CIC-Agenten in Bayern auch damit beschäftigt worden, den inzwischen unkontrollierbaren Hirschfeld abzuschalten: »Beide genossen die Arbeit. Detaillierte Berichte über den Tod von Marianne Six wurden zusammengestellt, über Hirschfelds Affäre mit der Frau von Heinrich Hofmann, über seine fehlgeschlagenen Geschäfte und seine zahlreichen Versuche, die Verwandten von ehemaligen SS-Angehörigen zu erpressen. (…) Augsburg und Barbie stellten sicher, dass Hirschfelds Name in den Kreisen früherer SS-Angehöriger öffentlich gemacht wurde.«[18] Maria Rank,[19] die erste Archivmitarbeiterin des *Spiegel*, bestätigt heute, dass Barbie eine Freundin unter den *Spiegel*-Beschäftigten hatte und häufiger unter seinem Decknamen »Altmann« in der Redaktion anrief. Das Nachrichtenmagazin war also Schauplatz einer Vendetta unter SS-Leuten, ohne dass dies für Augstein oder Hans Detlev Becker in den Einzelheiten nachvollziehbar gewesen wäre.[20] Horst Mahnke schrieb zu »Merkt Euch den Namen Hirschfeld« einen Leserbrief von seinem damaligen Wohnort Mehrum aus; es ist gut möglich, dass er darüber mit dem *Spiegel* und Augstein näher in Kontakt kam.

Walter Hirschfeld, welch dubioser Charakter er auch immer gewesen sein mochte, hatte also nicht ganz unrecht, als er zu den *Spiegel*-Rechercheuren auf deren Vorhaltungen hin bemerkte: »Darüber sage ich Ihnen nichts. Fragen Sie doch die Amerikaner. Im übrigen: Sie werden mit Ihren Veröffentlichungen über meine Person noch große Schwierigkeiten haben. Ich werde in süddeutschen Zeitungen klarstellen, dass Ihre Zeitung die Interessen hoher Nazis vertritt.«

Der *Spiegel* hatte den ehemaligen Untersturmführer der Waffen-SS so beschrieben:

> Walter Hirschfeld, 186, Jahrgang 1917, mit rotem Wollschal und Blutwarze auf der Knollnase, beobachtet die Wirkung seiner Drohung. Gattin Josephine, geborene Cretius, weiland als Verkäuferin in Heidelbergs Ami-Kaufhaus noch wasserstoff-blond, heute brandrot und Inhaberin der von Hirschfeld geleiteten Dekorations- und Reklamewerkstatt Cretius, zeigt sich unerschüttert, wenn Gatte Walter auf Kumpan Gerhard Schlemmer oder gar auf den sehr merkwürdigen Tod der Marianne Six angesprochen wird. »Ich habe das Mädchen nicht umgebracht«, sagt Hirschfeld.

Und dann hieß es nach bewährter Geheimdienst-Art sehr konkret, nur dass dieses Mal alles öffentlich gemacht wurde:

> Heute muss sich Walter mit seinem uralten 2-Liter-Adler AW 66-4443 zufrieden geben, der gerade noch den Weg von Hirschfelds Feudalwohnung Hirschgasse Nr. 16 (3mal läuten) bis zur Bergheimer Straße 111–115 schafft, wo das Cretius-Atelier von Kundigen im Hinterhof links über einen dunklen Schuppen und zwei steile Holztreppen gefunden wird. Ob Walter Hirschfeld sich dort ungestört der Ruhe eines gesetzten Ehemannes und Geschäftsführers erfreuen wird, hängt von der Staatsanwaltschaft Heidelberg und anderen Dienststellen ab, die darüber zu entscheiden haben, ob der Fall »Marianne Six« noch einmal aufgegriffen werden darf und soll.

Es waren solche zwielichtigen Feme-Texte, die es dem *Spiegel* angeraten erscheinen ließen, sich nicht allzu intensiv mit der eigenen Gründungsgeschichte zu beschäftigen. Die Erzählungen über die hilfreichen und gütigen britisch-jüdischen Geburtshelfer lasen sich angenehmer. Und schließlich: Wer konnte wissen, auf welche personellen Querverbindungen mit SS-Seilschaften man noch stoßen würde? Da ließ man es lieber ganz und schob »Gehlen« die Schuld in die Schuhe. Und Augstein hatte auch ein feines Gespür dafür, sich mit tumben rechtsradikalen Gruppierungen oder Geheimbund-Abenteurern mit Sehnsucht nach einem Vierten Reich nicht einzulassen. Organisationen wie die »Bruderschaft« um Alfred Franke-Gricksch und Helmut Beck-Broichsitter wurden im *Spiegel* ironisch als randständig klassifiziert, und als Rudolf Diels bei Augstein um publizistische Unterstützung für den unter Beschuss von Göttinger Professoren und Studenten geratenen niedersächsischen FDP-Kulturminister Leopold Schlüter, der nach seinem Rücktritt bald als Verleger in offen rechtsradikalem Umfeld agieren sollte, anfragte, bekam er eine klare Abfuhr. Augstein hielt sich lieber an die professionellen nordrhein-westfälischen FDP-Kader um Wolfgang Döring, dem es dann, zusammen mit Willi Weyer, Walter Scheel und Hans Wolfgang Rubin, ja 1956 tatsächlich gelang, den christdemokratischen NRW-Ministerpräsidenten Karl Arnold zu stürzen und für einige Zeit eine SDP/FDP-Landesregierung unter Fritz Steinhoff (SPD) zu installieren – Vorspiel für die spätere Ära Brandt/Scheel auf Bundesebene.

Und als Augstein 1962 nach der Strauß/Adenauer/*Spiegel*-Affäre für immerhin 103 Tage ins Gefängnis gesteckt wird, ist er der Held der Pressefreiheit; die »Gruppe 47«, Intellektuelle und besorgte Citoyens demonstrieren für ihn – er ist nun Vorbild auch für Ulrike Meinhof und die neue Linke. Überhaupt hat sich nach der Erklärung der »Göttinger 17«

und der Bewegung »Kampf dem Atomtod«, nach Gründung und Verbot des SDS ein linksliberales Spektrum herausgebildet, das nun für den *Spiegel* als Leserpotential zunehmend attraktiv wird. Bis dahin aber waren für den Erfolg des Blattes, neben Chaloner, Bohrer und Ormond, neben Augstein, Becker und den »Landsern«, auch die fachkundigen SS-Intellektuellen um Mahnke und Wolff verantwortlich.

Während der *Spiegel* nach außen kräftig austeilte und sich schon mit dem ersten Bundeskanzler den obersten nationalen Gegner aussuchte, fand er über Jahrzehnte kein vernünftiges Verhältnis zur eigenen Geschichte. Dabei war im Grundsatz wenig zu »enthüllen«, denn schon zu Beginn der sechziger Jahre hatte der Rechtsaußen-Publizist, NS-Poet und Dauerprozessierer Kurt Ziesel (*Der deutsche Selbstmord*, 1963), ein publizistischer Vertrauter von Franz Josef Strauß, auf die SS-Vergangenheit von Georg Wolff hingewiesen. 1968 folgten Informationen zur Biographie von Horst Mahnke in Hans Dieter Müllers heute noch beachtenswerter Studie über den Springer-Konzern. Mahnke war 1960 als Chefredakteur zur Springer-Illustrierten *Kristall* gewechselt und stieg nach deren Einstellung zum Leiter von Axel Springers Politbüro (genannt »redaktioneller Beirat«) auf, bevor er dann noch von 1968 bis 1980 als Hauptgeschäftsführer des Verbandes Deutscher Zeitschriftenverleger amtierte. Und die alten *Spiegel*-Storys konnte man ja in Bibliotheken jederzeit nachlesen, auch wenn sie noch nicht wie heute bequem online zu recherchieren waren.

Erstaunlicherweise erwähnt Peter Merseburger in seiner ebenso fein abgewogenen wie wohlwollenden Augstein-Biographie (2005) mit keinem Wort, dass Augstein 1959/60 zunächst den bewährten Geophilosophen und ehemaligen SS-Offizier Georg Wolff zum *Spiegel*-Chefredakteur machen wollte. Immerhin referiert er die deutliche Stellungnahme von Harry Bohrer, dem britischen Presseoffizier und *Spiegel*-Mitbegründer, zur Kaffeeschmugglerserie von Mahnke und Wolff. Da sich die *Spiegel*-Redakteure bewusst sein sollten, so Bohrer 1950, »dass sie ihre Berufsausübung und ihren relativen Wohlstand teilweise solchen zu verdanken haben, die auch von der Pogrompolitik betroffen waren«, könne man »diese Art von Journalismus nur als dreckig bezeichnen«. Merseburger, Redakteur beim *Spiegel* von 1960 bis 1965 und dann einer der Protagonisten des öffentlich-rechtlichen Politfernsehens (»Panorama«), findet die zahlreichen Storys mit antisemitischen Klischees im frühen *Spiegel* zwar auch nicht schön, hat aber eine Erklärung: »Dass es in den meisten dieser Geschichten, wie im Kern ja auch in der Kaffeehandel-Serie, um juristische Fragen geht, mag erklären, warum Augstein, der lebenslang peinlichst auf Recht, korrekte Einhaltung der Rechtsordnung und Rechtstaatlichkeit achtet, geholfen hat, diese ins Blatt zu heben.«

Der *Spiegel* als elitepublizistische Trutzburg hatte freilich wenig Lust, sich Image und Erfolgsgeschichte bei ständig steigenden Auflagen selbst zu lädieren; sein Markenname galt für den gehobenen Journalismus bald so viel wie »Krupp« für die Stahlindustrie, und andere Blätter hatten eigene Leichen im Keller. Als Rudolf Augstein 2001 vom Allein-Juror Frank Schirrmacher der Börne-Preis zuerkannt wurde, kam es in Sachen *Spiegel*-Frühgeschichte noch einmal zu stärkeren öffentlichen Aufwallungen, und in einem herben Nachruf schrieb John Hooper im *Guardian* nach Augsteins Tod im November 2002: »In seinen späteren Jahren geriet er unter Beschuss, als nachgewiesen wurde, dass er in frühen *Spiegel*-Tagen ehemalige hochrangige Nazis angeheuert hatte.« Doch »in seinen späteren Jahren« war Augstein ohnehin schon gezeichnet von einer langen Alkoholkrankheit, jenseits von Gut und Böse.

Die funktionale Absicht bei der Bindung von SD-Kadern

an den *Spiegel* hat Franziska Augstein, Tochter des Herausgebers und selbst profilierte Journalistin, bei einer Konferenz zur *Spiegel*-Affäre im Herbst 2012 nüchtern registriert: »Ich habe über diese Sache mit meinem Vater gesprochen. Er hat gesagt: Es hätte keinen Sinn gehabt, den *Spiegel* mit lauter Emigranten zu machen, die keine Ahnung davon gehabt hatten, was sich in den Vorjahren in Deutschland abgespielt hat. Du brauchtest natürlich alte Nazis, und zwar eben solche, die Funktionen ausgefüllt hatten, so dass sie die Apparate, um die es ging, so gut kannten, dass sie in der Lage waren, darüber zu schreiben. Das leuchtet mir vollkommen ein.«

Georg Wolff

Vom SD-Offizier zum »Geisteswissenschaftler« des *Spiegel*

Georg Wolff, der Gehilfe und eigentliche Konzeptionist Augsteins beim Heidegger-Interview, war über Jahrzehnte einer der produktivsten *Spiegel*-Redakteure, von hoher Allgemeinbildung und begabt in Themenfindung und Disposition. Ein Publizist mit Allround-Interesse, belastbar, ganz der Schreibarbeit hingegeben. Augstein nannte ihn einmal »den gedankenreichsten Schreiber des *Spiegel*«. Das konnte allerdings auch heißen, dass sich Wolff zu viele Gedanken machte. Wolff war aber zweifellos der für den *Spiegel* wichtigste ehemalige SD-Mann, den Augstein rekrutiert hatte.

1986 bekam Rudolf Augstein Post von dem Goslarer Geschichtslehrer Ekkehard Zimmermann. Der 1941 in Zwickau geborene Pädagoge, promoviert mit einer Arbeit zur Willensmetaphysik bei Schopenhauer, forschte nebenbei und jahrelang über das Schicksal deutscher Kriegsgefangener in westalliierten Internierungslagern wie Fallingbostel, Bad Nenndorf, Oberursel oder Schwäbisch-Hall; einer seiner Schüler war der spätere SPD-Vorsitzende Sigmar Gabriel. 2007 publizierte Zimmermann über diese Internierungslager eine Broschüre mit dem Titel *Staub soll er fressen*.

Bei Augstein erkundigte sich der Geschichtslehrer nach dem Wolff-Freund Mahnke und seinem Internierungsschicksal. Augstein gab die heikle Anfrage an Georg Wolff weiter:

Lieber Georg Wolff!
Ob Du mir einen Vorschlag machst, was ich hinsichtlich unseres verstorbenen Freundes Horst Mahnke schreiben soll? Es geht mir natürlich nur um den kritischen Punkt, »Bad Nenndorf« und »Rothenburg« (sic). Offensichtlich will der Mann Horst Mahnke nichts am Zeuge flicken.
Sehr herzliche Grüße, Dein Rudolf

Georg Wolff war in jedem Fall der richtige Mann für Auskünfte über Horst Mahnke. Aber es entspann sich auch eine intensive Korrespondenz zwischen Wolff und dem Geschichtslehrer Zimmermann, der ihm einen Fragenkatalog zu seiner Internierungszeit in Norwegen vorgelegt hatte. Wolff resümierte: »Für einen deutschen Soldaten, SS-Offizier, war Norwegen ein Glücksfall, im Krieg und danach.« Aber: »Die Begleitumstände der Verhaftung waren unangenehm. Ich wurde auf einem LKW durch Oslo gefahren, Jungen auf Fahrrädern fuhren johlend neben mir her.«

Offenbar animiert durch den Geschichtslehrer, schrieb Georg Wolff seine Memoiren, die er aber dann doch nicht publizierte. Vielleicht fand er nicht mehr die Zeit, sie endgültig in Form zu bringen. Vielleicht wollte er aber auch despektierliche Interna und Beurteilungen über Rudolf Augstein, Hans Detlev Becker und andere *Spiegel*-Leute zu seinen Lebzeiten nicht der Öffentlichkeit preisgeben. Der Lehrer Zimmermann erhielt ein Typoskript der Memoiren, und über diesen gelangten sie an mich. Diese rund dreihundertseitigen Reflexionen des ehemaligen SD-Offiziers und späteren *Spiegel*-Ressortleiters sind für die Nachkriegsgeschichte der SD-Intelligenzia ein einzigartiges Dokument, voll mit verschlungenen Reflexionen über Schuld und Sühne, Preußentum, dabei immer wieder Kritik an Bismarck, Familiengeschichte, Norwegeneinsatz, über die Zeit beim

Spiegel, die Konflikte mit Augstein um die Deutschlandpolitik Adenauers.

Der Grundton von Wolffs Lebenserinnerungen klingt so: »Wahr ist, daß es zwei Urteile über mich gibt. Eines, das besagt, daß ich schuldig bin. Und ein anderes, daß ich unschuldig bin. Beide Urteile sind richtig – aber in Übereinstimmung miteinander sind sie nicht zu bringen. Sie widersprechen sich und sind beide wahr. Ich würde mich erbärmlich unterschätzen, wollte ich mich von Schuld freisprechen. Ich würde mich maßlos überschätzen, wollte ich mich für schuldig im Sinne von ›verantwortlich‹ für Krieg, Mord und Verbrechen erklären.«

Das Abwägen der eigenen Schuld führt Wolff auch zu Martin Heidegger, der »Schuld auf sich geladen« habe, auch in dem »ganz konkreten Sinn«, dass er »mehrere Studenten-Generationen« im Sinne des Nationalsozialismus beeinflusst habe – durch »seine Reden, zumal die Rektoratsrede, und seine Aufrufe«. Dies konnte Wolff aus eigener Anschauung bestätigen: Im Wintersemester 1934/35 nahm er an einem der damals beliebten Schulungslager des Nationalsozialistischen Deutschen Studentenbunds (NSDStB) in Kiel teil, bei dem, so notiert er, »wir zögerlichen Erstsemester immer wieder mit Heidegger-Zitaten beeindruckt wurden«. Wenn diese Erinnerung zeitlich korrekt ist – und es gibt keinen Grund, daran zu zweifeln –, zeigt sich hier auch, dass Heidegger als philosophischer NS-Propagandist auch noch im Semester *nach* seinem Rücktritt vom Rektorat brauchbar war, vielleicht nicht in Freiburg oder Heidelberg, wo nun Gustav Adolf Scheel und Ernst Krieck die Ansagen machten, aber durchaus in Kiel und anderen Hochburgen der NS-Studenten. Wolff widmet in seinem Erinnerungsmanuskript – wir kommen darauf im nächsten Kapitel zurück – zwanzig Seiten der Begegnung mit Heidegger; er behandelt ihn und seine psychischen Dispositionen mit einiger Skepsis. Heideggers

Antisemitismus sei »nicht rassistisch, sondern theologischer Art«, also aus dem Empfinden des vom Glauben abgefallenen Katholiken gegen das »auserwählte Volk« der Juden entwickelt. Wolff ordnete Heidegger, wie wir gesehen haben, ideengeschichtlich im Prinzip dem »ökofaschistischen« Flügel der deutschen Grünen zu.

Und Wolff hatte aus seiner jugendlichen und studentischen Hitler-Begeisterung tatsächlich eines gelernt: Deutsche Sonderwege mit irrationaler Grundierung, auch nationalistische oder neutralistische Schaukelpolitiken zwischen Ost und West, erschienen ihm nach 1945 gefährlich. Dabei teilte er durchaus Heideggers Geringschätzung der auf Benutzbarkeit eingerichteten »Wissenschaft«, wenn er autobiographisch nach der Mentalität der NS-Studenten fragt:

> Wie kam es, (...) daß gerade sie, die – verkürzt formuliert: die universitäre Jugend dem Nationalsozialismus anheimfiel? Die Antwort liegt, scheint mir, darin, daß der Nationalsozialismus neben vielem anderen ein Element von Wissenschaftlichkeit enthielt, das geeignet war, gerade intellektuell geprägte Menschen gegen Barmherzigkeit und Liebe vor allem zu immunisieren. (...) Nationalsozialismus und Marxismus-Leninismus sind – jeweils partiell – Abkömmlinge der Aufklärung. Sie sind Geschwister, insofern sie den Menschen als wissenschaftlich berechenbare Objekte dekuvrieren, wenn auch beide auf unterschiedliche Berechnungsmuster zurückgriffen, die eine auf biologische, die andere auf soziologische.

Auch Lenin, so Wolff, habe der Elektrizität geradezu religiöse Weihe zuteilwerden lassen. Daher sei auch die Katastrophe von Tschernobyl 1986 für den Sowjetmenschen eine geistige

Katastrophe gewesen. Wie bei den Russen habe sich eine »extreme und schließlich in den Irrsinn entartete Verehrung des Deutschen für Wissenschaft und Technik« entwickelt. Nach einem langen und weitschweifigen historischen Exkurs über Regionalismus, Kleinstaaterei, Reichswerdung und Zentralismus kommt Wolff zu dem Schluss, die Degradierung Deutschlands durch Frankreich, England und Russland im 19. und 20. Jahrhundert habe auch »die Degradierung des deutschen Menschen« bedeutet: »Die Misere des Deutschen Reiches ist – darauf hat Lassalle hingewiesen – auch die Misere der deutschen Seele«; Pygmäen-Staaten hätten dann auch Pygmäen-Seelen produziert, so Wolff. Der eigentliche Anlass für diese – auch in seinen *Spiegel*-Texten prägende – Beschäftigung mit geopolitisch-soziologischen Fragen, war aber der übergeordnete generationelle Entschuldigungsversuch:

> Ich brauche diesen Exkurs, um mich und meine Generation herauszureden – herauszureden aus Schuld und Verantwortung für die schrecklichen Taten, die geschehen sind. In der Tat, ich bekenne offen, daß mir daran liegt, meine Kameraden, mein Volk zu ent-schuldigen. Wir waren keine »Monster«, denen – wie Adorno in seiner »Negativen Dialektik« gemeint hat – nicht einmal ein ordentliches Gerichtsverfahren zugebilligt werden dürfe … Wir waren Menschen unserer Zeit, Menschen also auch, die den Irrtümern ihrer Epoche unterworfen waren – zuallererst jenem mit ehrwürdiger Tradition behafteten Glauben an die Wissenschaft.

Dahinter verbarg sich eine persönliche Verstrickung, über die Wolff auch in seinen Memoiren keine Auskunft geben mochte. Georg Wolffs gesammelte Lageberichte aus Norwegen 1940 bis 1945 wurden 2008 in einer Gemeinschaftsarbeit von deutschen und norwegischen Historikern veröffentlicht. Im Vorwort dieser Edition heißt es, dass der SD in Oslo eng mit der Gestapo zusammengearbeitet habe, schließlich saß man ja dort auch fünf Jahre lang im selben Gebäude (Victoria Terrasse 7). Nach Aussagen der Gestapo-Leute Siegfried Fehmer und Albert Weiner, die von den Briten nach Kriegsende verhört wurden, waren Georg Wolff und sein Vorgesetzter Herbert Noot an der Erstellung von Listen beteiligt, auf denen die Namen von norwegischen Geiseln verzeichnet waren, die am 8. Februar 1945 erschossen wurden – als Vergeltung für die Liquidierung des norwegischen Staatspolizeichefs Karl Alfred Marthinsen durch die Widerstandsgruppe Milorg. Reichskommissar Josef Terboven hatte ursprünglich den Tod von 75 Geiseln gefordert, hingerichtet wurden schließlich 29. Fehmer und Weiner gaben an, sowohl Wolff als auch Noot seien bei den Geiselerschießungen als Zuschauer dabei gewesen.

Neben seinen Überlegungen zur »verspäteten Nation« Deutschland und deren Ersatzreligion »Wissenschaft« führte Wolff selbstreflexiv die konkreten Umstände seines In-der-Welt-Seins an, um seine frühe Affinität zum Nationalsozialismus zu erklären: »Geboren bin ich in Wittenberge an der Elbe, am 14. Februar 1914, als Deutschland noch ein ganzes war und von der Maas bin an die Memel reichte und im nahen Berlin ein schnauzbärtiger Kaiser regierte.« Wittenberge war, so Wolff, »damals wie heute ein ödes Industrienest«. Immerhin hatte Vater Friedrich Wilhelm Wolff, geboren 1870, ein Eigenheim in der Parkstraße 15 bauen können, für Wittenberger Verhältnisse eine bessere Gegend. Die Mutter Dora, stets voller Sorge, stammte aus Kyritz und erschien dem Sohn als die »Schützende, die Mahnende und vorsichtig Warnende, die Hütende«. Deren Mutter habe immerhin zur Kyritzer Hautevolee gehört, der Großvater war »Rechnungsrat« bei der Eisenbahn.

1915 meldete sich der Vater, ein Volksschullehrer, als Fünfundvierzigjähriger freiwillig zum Kriegsdienst, »kehrte nach der Kapitulation heim, müde, nervlich zermürbt, todeskrank. Wenig mehr als ein Jahr hatte er noch zu leben.« Der ältere Bruder Hans, Jahrgang 1909, war Jurastudent, Mitglied des Berliner Demokratischen Klubs, einer Stresemann-nahen Vereinigung. Er hatte das *Berliner Tageblatt* abonniert, das damals dreimal am Tage ins Haus kam. Hans Wolff wurde nach 1945 Ministerialdirigent im Bundeswirtschaftsministerium unter Ludwig Erhard, und bei einer *Spiegel*-Titelgeschichte über den neuen Kanzler Erhard 1966 kooperierten die beiden Brüder.

»Die geistige Formung eines Menschen beginnt mit den Menschen, den Gebäuden und dem Himmel, unter denen man aufwächst«, so erkannte Wolff, und »in all diesen Hinsichten« habe er in Wittenberge »nicht allzu viel erwarten« können; »die Prignitz war eben eine dürre Gegend, nicht nur landschaftlich, klimatisch und historisch, sondern auch geistig. Und die Familie zeichnete sich auch nicht gerade durch starke Gefühle oder lebhaftes Denken aus. Es waren preußisch geformte Menschen: strebsam, pflichtbewußt, manchmal mit einem Schuß Aufsässigkeit, manchmal zur Verzagtheit neigend.«

In der Zeit nach dem Ende des Ersten Weltkriegs kommt Georg Wolff in die Bürgerschule von Wittenberge: »Was aber ist, wenn in einer dunklen Nacht Vater verschwindet und der Kaiser entrückt und Mutter mit zitternder Hand am Fenster steht, das Brot im Steintopf fehlt und die jungen Männer am Abendbrottisch fluchen über das Unrecht, das an der Ruhr geschieht?« Wolff kombiniert diese ersten kindlichen Nachkriegserfahrungen mit sozialphilosophischen Betrachtungen über den Verfall der etablierten Institutionen, über AIDS,

Sexualmoral, das Aufkommen von Fromm's Kondomen und der Pille: »Chemie war an die Stelle der Moral getreten, an die Stelle der Eltern nichts. Die vom Kondom eingeleitete Zerstörung wurde durch viele parallele Vorgänge verstärkt und ausgeweitet.« Im weiteren Sinne: »Die Lebens-Erleichterung durch Technik entmündigt Eltern, Obrigkeit und Gott. Sie tut dies unentwegt und in lauter kleinen oder großen Wohlfahrtsschritten.« Zudem ist Wolff kein großer Freund der Lebensbewältigung durch ironische Gesten: »Ironie ist die Vorstufe der Verzweiflung. Sie ist der Versuch des Geschlagenen, seinem Doch-recht-haben einen winzigen Platz zu verschaffen. Ironie siedelt an den Rändern der Trümmer und Gräberfelder.« Fontanes preußische Ironie im *Stechlin* (»Preußens Himmel war leer. Kein Stern dort, dem es diente«) wird ebenso verworfen wie Thomas Manns *Leiden und Größe der Meister* als »Hymne auf deutsche Lügenhaftigkeit und Bodenlosigkeit«.

Adenauer hingegen habe schon in den zwanziger Jahren die »Gefahren jener verlogenen, ironischen Schaukelpolitik der Weimarer Republik erkannt«, und er selbst, Wolff, habe diese Erkenntnis in seiner *Spiegel*-Serie über Adenauer »gegen einen zögerlichen Rudolf Augstein« verbreitet: »Ich fürchte, diese Kombination von reiner Moral und keinen Schmutz und keine Lüge scheuender Realpolitik hat noch heute viele Anhänger in Deutschland. Gerade unsere grünen Moralisten, die sich so viel auf die Moral ihrer Kritik an der westlichen Einbindung Deutschland zugutetun, würden sich schnell, wenn sie denn in Bonn zur Macht kommen sollten, sehr bald im tiefsten Dreck der sogenannten Realpolitik wälzen, freiwillig oder von Sachzwängen geschubst.«

Als folgenreichstes Leseerlebnis seiner Abiturientenzeit nennt Wolff Ernst Jüngers Monographie *Der Arbeiter*, die er gemeinsam mit seinem Freund Hannes Gudenschwager durcharbeitete; hier erschien den beiden ein neuer Menschentyp, »nüchtern, wortlos beinahe und doch durchglüht von einem universellen Pathos. Aus der Distanz einer sternenfernen Technik betrachtet, wurden die Menschen zu stummen Vollstreckern der Geschichte gebannt. Gleich Monteuren in Arbeitsanzüge gekleidet, verrichteten sie das Werk, das ihnen von einem mythischen Geschick aufgegeben war.« Dass »diese dröhnende Musik (Jüngers, L. H.) eine große Rolle bei meiner Einstimmung auf den Nationalsozialismus spielte«, scheint Wolff bei der Abfassung seiner Memoiren in den achtziger Jahren »offensichtlich«; leider habe Carl Friedrich von Weizsäcker bei der Schilderung einer ähnlichen, auf das Jahr 1933 bezogenen »Pfingststimmung« nicht erwähnt, »aus welchen Quellen seine pfingstliche Stimmung stammte. War es etwa Ernst Jünger? Oder war es Martin Heidegger?« Ernst Jünger lehnt dann 1967 ein *Spiegel*-Gespräch ab, das Wolff erbeten hatte. Das Mikrophon sei ein »geistiges Präservativ«, schreibt er an Wolff. Der fährt dann mit seinem Redakteur Helmut Gumnior 1976 doch zu einem Besuch Jüngers nach Wilflingen, der zwar »einfach sympathisch« gewesen sei, dies ändere aber nichts daran, »daß ich ihn für einen Verderber halte, einen Verderber zumal der Jugend«.[21]

Bald nach dem Abitur tritt Wolff der SA bei. »Mit dem Dritten Reich trat ich ins Leben ein. Es fing – wie soll ich sagen? – ganz nett an«, kommentiert Wolff rückblickend nun doch mit milder Ironie. Am 1. Oktober 1933 beginnt Wolff sein Volontariat beim kleinen Familienbetrieb *Itzehoer Kurier*, der zusammen mit dem *Husumer Kurier* auf eine Auflage von 20000 Exemplaren kommt. Er schreibt Filmkritiken, Kulturbeiträge und auch einen Artikel über Ernst Krieck, der ihm sogar eine Replik desselben einträgt. Wolff kehrt 1934 nach Wittenberge zurück, studiert dann ein Semester Volkswirtschaft in Kiel unter anderem bei dem bekannten Wirtschaftswissenschaftler Andreas Predöhl –

»geldlich ging es mir in Kiel miserabel«. Am 1. April 1935 geht er zum Freiwilligen Arbeitsdienst,»Arbeit, Sport, Exerzieren, Essen« seien ihm »körperlich gut bekommen«. Wolff glaubt auch in den achtziger Jahren noch, dass der Arbeitsdienst, »ob freiwillig oder nicht«, vor allem für Oberschüler »eine gesundheitlich und geistig fördernde Zwischenstation sein kann«. Nach zwei Jahren Wehrdienst, stationiert unter anderem in Spandau und nach eigenem Empfinden »kein passionierter Soldat«, mit letztem Dienstgrad Unterfeldwebel, wird Wolff im Januar 1938 Alleinschriftleiter beim *Wittstocker Kreisanzeiger*, Auflage 5000 Exemplare.

Im Jahr 1938 nimmt Wolff auch sein Studium der Zeitungswissenschaft und der Philosophie auf, zu seinen Lehrern in Königsberg zählt nicht zuletzt Franz Alfred Six. Der Kieler Ex-Kommilitone Günter Manthey, »ein Langsam-Denker und Langsam-Sprecher«, vermittelt Wolff an Horst Mahnke, der in Königsberg Kontakte zum SD herstellen könne. Diesen trifft Wolff dann an einem Märztag jenes Jahres am Bahnhof Zoo in Berlin: »Er war klein von Statur, wirkte aber größer, auf jeden Fall eindrucksvoll. Sein Gesicht wurde von einer großen, gebogenen und fleischigen Nase beherrscht, ein Renaissance-Kopf, an den des Papstes Julius II. erinnernd. (...) Auf jeden Fall drückte er Willenskraft aus. Er redete nicht viel, aber merkwürdigerweise machte auch sein Schweigen den Eindruck von Kompetenz.«

Horst Mahnke, inzwischen wohl planmäßig für seinen Professor Franz Alfred Six, damals auf dem Höhepunkt seiner Macht im SD-Hauptamt, als Akquisiteur junger Talente tätig, macht Wolff das Angebot, halbtags für den SD zu arbeiten, mit Berichten über Kulturpolitik im weitesten Sinne. Der SD-Unterabschnitt Königsberg residiert im »Geheimratsviertel« Maraunenhof. Wolff taucht hier in die Sphäre von paramilitärischer SS-Schulung und deutschem Secret Service à la Heydrich ein; der SD vermittelt gerade den jungen studentischen Mitarbeitern das Gefühl eines »reinen Nationalsozialismus«, der über dem gewöhnlichen Partei- und Institutionenbetrieb steht. Dies bedeutete aber auch Konflikte mit den Ausgespähten und Überwachten. Wolff empfand es so: »Der SD bewegte sich also in einem Netz von Intrigen, Machtlüsternheiten und Koalitionen, in das, wenn er nicht selber, so doch seine eigenen Führer mit unterschiedlichen Absichten eingebunden waren. Selbstverständlich durchschaute ich dieses Spiel nur ganz undeutlich.«

Dass der SD »auch Opposition« war, ergab sich für Wolff »schon aus seiner Existenz«: »Allein sein Vorhandensein konnte keinen anderen Grund haben als die Vermutung, dass die anderen, die sozusagen normalen Informationskanäle Hitlers nicht richtig funktionierten (...). Daraus ergaben sich vertrackte Konstellationen. Eine davon war, dass der SD eine besondere Attraktion auf solche jungen Intellektuellen ausübte, die sich nur ungern mit der Partei, ihren dickbäuchigen Funktionären und ihrem ausgelatschten Jargon einließen.« Deshalb habe auf der anderen Seite der SD seine »absolute Führer-Treue« beweisen müssen; diese Situation habe dazu geführt, »daß sich der SD in den Juden-Mord verstricken« ließ.

Wolff schildert in seinen Lebenserinnerungen auch seine Beteiligung an der »Reichskristallnacht« in Königsberg – »das große Beutemachen, die Marodeure waren Parteidienststellen, darunter auch der SD«. Der SD hatte in Königsberg das jüdische Altersheim besetzt, Wolff war dabei: »Es war Schuld, die ich damals mir aufgeladen habe« – es wird aus seiner Schilderung aber nicht ganz deutlich, ob er sich an den Demolierungen beteiligte oder nur zusah. »Ohne dieses Bewußtsein (einer Schuld, L. H.) wäre ich kein Mensch, sondern nur ein Faktor. Ich will ein Mensch sein. Ich will es.«

Im Königsberger SD hatte sich Wolff um die allgemeine kulturelle Lageberichterstattung (nach Gründung des

Reichssicherheitshauptamts 1939: Referate III A–C) gekümmert, also vornehmlich um Fragen der Universität, um Streitigkeiten in der NS-Wissenschaftspolitik und die allgemeine soziologische Betrachtung der gesellschaftlichen »Lebensgebiete«. In einer Beurteilung anlässlich seiner Beförderung zum SS-Hauptsturmführer wird Wolff 1942 attestiert, seine Leistungen lägen »weit über dem Durchschnitt«, er sei »in charakterlicher Hinsicht einwandfrei« und »sehr kameradschaftlich«, sein Auftreten »in und außer Dienst ist ohne Tadel«. Schon im Januar 1940 hatte ihm Kurt Gritschke, der Führer des SD-Leitabschnitts Königsberg, in einer »Gesamtbeurteilung« bescheinigt, Wolff sei »in jeder Hinsicht Nationalsozialist«.

Wolff, damals noch im Rang eines SS-Bewerbers, recherchiert über Korruption im HJ-Jugendlagern, über den Baustil des ostpreußischen Gauleiters Koch, liest Christoph Stedings *Die Krankheit der europäischen Kultur* (ein Buch, das auch Heideggers Interesse findet) und beginnt, wohl von Mahnke angeregt, sein Studium der Zeitungswissenschaft. Das zeitungswissenschaftliche Seminar war in einem Nebenbau der Universität am Paradeplatz im Zentrum Königsbergs untergebracht, »drei knarrende, breite Treppen hoch, neben dem Kunsthistorischen Seminar des alten Worringer«. In zwei Räumen wurde rudimentär gelehrt und geforscht, zumeist über die »Presse des Ostens«. Professor Six war »meistens in Berlin«, so erinnert sich Wolff, der Assistent Kurt Walz gestaltete den laufenden Betrieb. Der Geheimdienst-Professor Six war nach Wolffs zutreffender Einschätzung »kein hervorragender Wissenschaftler«, sondern ein »Wissenschaftsstratege«, der es unter Ausnutzung seiner Position im SD geschickt verstanden habe, »akademische Schlüsselpositionen zu besetzen«. Allerdings will auch Wolff von diesem Doppel- und Dreifachspiel profitieren; er plant eine Promotion bei Six und will später Hochschullehrer, Professor, werden.

Wolff nimmt im Auftrag von Six auch Kontakt zu Arnold Gehlen auf, dem damaligen jungen Shootingstar der NS-Philosophie, von 1938 bis 1940 Ordinarius in Königsberg. Wolff fragt bei Gehlen an, ob er bereit sei, an einem Philosophie-Lagebericht für den SD mitzuarbeiten: »Seine Antwort war ein eindeutiges Nein: andere Pläne und so weiter.« Gehlen lud Wolff aber in sein Seminar ein, wobei er »so gut wie nichts verstanden« habe. An Gehlen habe ihn aber schon damals »die Technizität des Umgangs mit dem Menschen« fasziniert. Man wird sich nach 1945 in *Spiegel*-Kontexten wiedertreffen.

Folgenreicher entwickelt sich Wolffs Begegnung mit Horst Mahnke:

> Aus der Begegnung am Bahnhof Zoo wurde nach und nach, endgültig erst nach dem Kriege eine Freundschaft, die auch das Andere am jeweils anderen einschloß, auch das Dunkle und das vom Anderssein her nicht Erkennbare. Horst starb 1984 an Blutkrebs. Die modernen und insofern erfolgreichen Behandlungsmethoden hatten bewirkt, daß sich sein Leiden über Jahre hinzog. Er ertrug es ungeduldig und starb, wenn das überhaupt möglich ist, im Zorn. In seinem letzten Lebensjahr hatte er für die Welt eigentlich nur noch Verachtung, weigerte sich, andere Menschen zu sprechen oder überhaupt ans Telefon zu gehen.

Wolff verlor, so schreibt er jedenfalls, Mahnke 1939 zunächst aus den Augen, weil dieser sich mit Six dem Aufbau der Berliner Auslandswissenschaftlichen Fakultät widmete. Auch vor 1945 wusste Wolff, wie er festhält, nichts über Mahnkes Tätigkeit im Auswärtigen Amt oder beim »Vorkommando Moskau« unter Six: »Diskretion war ihm offenbar angeboren, und sicher wäre Horst, wenn das Dritte Reich Bestand gehabt hätte, in dessen von Intrigen zerrissenem Gefüge ein Geheimrat von Holstein, eine Graue Eminenz also, geworden. Tatsächlich wäre er es beinahe noch nach dem Kriege geworden. Rudolf Augstein wollte ihn 1959 zu seinem persönlichen Sekretär machen, was dann an der etwas tuntenhaften Eifersucht Detlev Beckers scheiterte.« Anstelle von Mahnke wurde der Kulturressortleiter Walter Busse, der Ehemann von Christa Rotzoll, berufen, »ebenso verschwiegen wie Mahnke, aber weicher, resignierender und weniger machtlüstern« als dieser. Wolff schildert auch, Hans Detlev Becker habe in den sechziger Jahren verlangt, Wolff solle seine Beziehungen zu Mahnke abbrechen, weil vertrauliche *Spiegel*-Interna an Springer gelangt seien, wo Mahnke ja inzwischen prominent wirkte.

Das stimmte auch; Mahnke nannte Wolff in Springer-Dossiers nicht übermäßig originell »Lupus«, er mag aber Wolff auch ohne dessen Wissen abgeschöpft haben. Becker jedenfalls war für Wolff »ein sehr begabter, aber ebenso eitler Mann, in sich selbst verstrickt, ein Egotomane«; er habe »Detail-Leidenschaft« als »Herrschaftsdenken« betrieben. 1959 hatte sich Becker, so steht es in den Wolff-Memoiren, Hoffnungen gemacht, »als ein Art von Hausmeier die Gesamtleitung des *Spiegel*« zu übernehmen. Augstein »sollte in die Rolle eines Ehrenpräsidenten abgeschoben werden – ein völlig absurder Plan«. Beckers Wunsch sei es, psychologisch gesehen, gewesen, »das Idol (Augstein, L. H.) in Marmor zu verwandeln, in das Gottesbild der Spiegel-Kirche, Gegenstand der Verehrung, aber steinern«.

Bei Ausbruch des Krieges wird Wolff für die SD-Arbeit zunächst »unabkömmlich« gestellt. Beim deutschen Überfall auf Norwegen im Frühjahr 1940 wird Wolff dann zum SD-Einsatzkommando Oslo kommandiert, ohne dass er über

Sprach- oder Spezialkenntnisse verfügt hätte. Über den Sammel- und Ausbildungsplatz Preetz an der Elbe kommt er dann nach Norwegen, erst per Bahn, dann per Ju 52 über Jütland nach Oslo. Das engere Kommando besteht aus vierzig bis fünfzig SD-Männern unter Führung von Oskar Podlich, der nach einem Jahr abgelöst wird. Nach Wolffs Eindruck war die Invasion »sorglos« vorbereitet worden, schließlich handelte es sich um ein »nordisches Volk«.

In Norwegen arbeitet Wolff sich rasch in die »Gegnerarbeit« ein. Seine SD-Abteilung III soll die Stimmungslage beobachten, vor allem die Nasjonal Samling des Kollaborateurs Vidkun Quisling. Wolff wird verantwortlicher Redakteur der »Meldungen aus Norwegen«, also der Lageberichte an das RSHA, und gilt bald als einer der bestinformierten SD-Offiziere in Oslo. Der Arbeitsalltag in Oslo bleibt in Wolffs Memoiren eher nebulös; es wird der Eindruck einer kommoden Atmosphäre mit interessanten Informanten aus Kunst, Architektur und Kirchenwesen vermittelt. Wolff zeigt allerdings Verständnis für die verschärften Verhöre der Gestapo: »Immerhin konnte der Verzicht auf Gewalt bei der Vernehmung den Tod deutscher Soldaten auf dem Wege zur Eismeer-Front bedeuten.« Mit SS-Standartenführer Heinrich Fehlis, dem Befehlshaber der Sicherheitspolizei und des SD in Norwegen, kam der umgängliche und intelligente Wolff gut aus. Fehlis erschoss sich im Mai 1945, als ihn die Briten festnehmen wollten – er hatte Wolff seinen Selbstmord kurz zuvor angekündigt.

1940 war »das glücklichste Jahr der Deutschen, auch des Deutschen Georg Wolff«. Der erinnert sich an Motorbootfahrten auf dem Oslofjord, Badestunden an der Küste, Sonntagswanderungen in die Nordmarka, Geselligkeit: »Gemessen an den blutigen Fronten ringsum, war Norwegen ein Idyll.« Wolff bekennt sich zu seiner damaligen »Hitler-Bewunderung«, auch nach der Lektüre von Hermann Rauschnings *Gespräche mit Hitler*. Er leiht sich das Buch aus der Bibliothek des Gewerkschaftsfunktionärs Haakon Meyer aus, mit dem er auch nach 1945 Kontakt hält.

In einer längeren Passage erinnert Wolff an Ulrich Noack, den damals in Oslo lehrenden deutschen Historiker. Dieser habe 1941 wohl auf Weisung von Terboven seinen Lehrstuhl räumen müssen und sei zurück an die Universität Greifswald gegangen. Nach 1945 engagierte sich Noack zunächst in der CSU, dann zog er den seinerzeit vielbeachteten »Nauheimer Kreis« auf, der für ein neutrales Deutschland zwischen NATO und Warschauer Pakt warb. Mit dem leidenschaftlichen Bismarck-Anhänger Noack wechselte Wolff noch in den sechziger Jahren lange Briefe, in denen er Noacks außenpolitischen Illusionismus kritisierte. Irritierend wirkte Noacks junge Lebensgefährtin Marianne Buschette, eine »attraktive und ihrer erotischen Wirkung durchaus bewußte Dame«, und dem Duo Noack/Buschette widmete Wolff dann auch seinen ersten gedruckten *Spiegel*-Artikel, betitelt »Das herrliche Sibirien«, im Juni 1951.

1944 versuchen die Deutschen noch eine als illegal getarnte Presse aufzuziehen, die mit der norwegischen Furcht vor der Sowjetunion spielt. Weihnachten 1944 ist Wolff zur Geburt seiner ersten Tochter Ulrike in Wittenberge. Bruder Hans, eigentlich Landgerichtsdirektor in Köpenick, leitet die Abteilung Binnenwirtschaft beim Reichskommissar Norwegen, dann, nach einer Denunziation, eine Zweigstelle in Stavanger. Man sah sich in norwegischer Gefangenschaft wieder.

Private Verstrickungen vor 1945 deutet Wolff in seinen Erinnerungen kurz an: Hilde, die Großbauerntochter aus der Nähe von Insterburg, erhörte ihn nie; »E.« liebte ihn und bekam auch einen Sohn von ihm, wollte ihn aber nicht heiraten: »Was wurde aus ihnen, der Mutter, dem Sohn? Ich weiß es nicht.« Wolff wird dann in Oslo Hanna Mähner heiraten, eine Stenotypistin der dortigen Gestapo. Hochzeitsphotos zeigen einen schmucken SS-Offizier mit dem Totenkopf-Emblem. Der Heiratsgenehmigung des SS-Rasse- und Siedlungshauptamtes geht ein zäher Aktenkrieg voraus, weil Wolff von Norwegen aus seine Ahnentafeln nicht vollständig zusammenbringt.

Noch im Februar 1945 wird mit Werner Braune einer der härtesten Einsatzgruppenführer Wolffs Vorgesetzter. »Er redete viel und philosophierte unter Verwendung von Nietzsche-Zitaten über Gewaltanwendung.« Wolff korrespondiert noch 1951 mit ihm, als der in diesem Jahr hingerichtete Braune in Landsberg einsitzt, der aber sei für »die moralische Seite seines Falles« nicht aufgeschlossen gewesen. Wolff schreibt im Zusammenhang mit der Erinnerung an Braune: »Jeder ehemalige SD-Mann muß sich fragen und fragen lassen, wann und wie viel er vom Judenmord in Polen und Rußland erfahren hat. Meine Antwort auf diese Frage lautet nach bestem Wissen und Gewissen (...): Ich habe erst nach dem Kriege vom Judenmord erfahren. Doch gibt es Dinge, die mich gegenüber meiner Erinnerungsfähigkeit mißtrauisch machen.«

Der berühmte schwedische Kriminaldirektor Harry Södermann soll bei der Kapitulation der deutschen Besatzer in Norwegen 1945 vermitteln. Södermann schreibt über Wolff später in seinem Erinnerungsbuch, dieser sei wortkarg und bedrückt gewesen. Wolff war in den letzten Kriegswochen noch zum Chef der SD-Abteilung III beim Befehlshaber der Sicherheitspolizei Oslo befördert worden. Nach Kriegsende wurde Wolff von den Norwegern bis 1948 interniert, zunächst auf der Festung Akerhus, dann auf der Oslo vorgelagerten Insel Hovedoya. Dort bewohnte Wolff mit den gleichfalls internierten Besatzungskameraden Georg Wilhelm Müller, Carolus Otte und Herbert Noot ein »geräumiges« Zimmer.

Nach seiner Rückkehr nach Deutschland arbeitete Wolff gemeinsam mit seiner Frau an einer Tankstelle in Salzgitter-Lebenstedt, vermittelt durch seinen Bruder Hans. Bald traf ihn, wie berichtet, sein alter Studien- und SD-Kollege Horst Mahnke wieder, und über die Anstellung als »Marktforscher« beim »Verein der am Caffeehandel beteiligten Firmen« im Hamburger Freihafen kamen die beiden Ex-Geheimdienstleute 1951 zum *Spiegel*. Horst Mahnke war der strategiebegabtere und sardonischere Typ; er hatte den Kontakt zu Rudolf Augstein hergestellt und blieb als Kontaktmann zum BND-Vorläufer »Organisation Gehlen« der nachrichtendienstlichen Sphäre treu. Er schrieb nicht so gern und konspirierte dafür mehr.

Georg Wolff war in Fragen der geopolitischen Generallinie und in deutschlandpolitischen Angelegenheiten in den fünfziger Jahren neben Augstein der wegweisende Journalist beim *Spiegel*. In klarem Gegensatz zu Augstein fand er Adenauers Konzept einer engen Anbindung der Bundesrepublik an die USA und Frankreich im Großen und Ganzen richtig. Augstein nahm ihn als Sparringspartner lange Zeit ernst. Ende der sechziger Jahre steuerte Wolff dann mit gewohnter Einsatzfreude als Ressortchef »Geisteswissenschaften« die soziologische Wende des *Spiegel* hin zur Beschäftigung mit der Frankfurter Kritischen Theorie. Das war in Sachen Publikumsorientierung nicht unwichtig, weil sich um den *Spiegel* eigentlich schon seit der SDS-Gründung Ende der fünfziger Jahre die linksliberale akademische Intelligenz gruppierte.

In der *Spiegel*-Redaktion der fünfziger Jahre war Wolff auch einer der wenigen, mit denen der junge Augstein über die Westorientierung Adenauers, den entscheidenden Punkt für die Oppositionsstellung des Blattes, überhaupt kommunizieren konnte. Das verblüfft, wenn man bedenkt, dass Wolff nur ein Semester Volkswirtschaft in Kiel und zwei oder drei Semester Zeitungswissenschaft und Philosophie in Königsberg studiert hatte. Offenkundig war seine Universität das autodidaktische Literaturstudium beim SD in Königsberg und Oslo gewesen, dann auch die dreijährige Internierungshaft in Norwegen. Er schrieb gnadenlos viel, mitunter zu seinem eigenen Erstaunen; in seinen Memoiren wundert er sich selbst über seine »Leistungsfähigkeit« und »Verwegenheit«.

Als Nachfolger des bisherigen Auslandsressortleiters Wilhelm Bittorf verfasste Wolff allein in seinem Anfangsjahr 1952 zehn Titelgeschichten, über Charles de Gaulle, das britische Königshaus oder Kwame Nrkumah. Es folgten 55 *Spiegel*-Titelgeschichten von Wolff zwischen 1952 und 1958, insgesamt dürften es über achtzig sein – etwa über Billy Graham (1954), Pierre Poujade (1955), die elegante sowjetische Politbüro-Technologin Jekaterina Furzewa (1957), über die »Negerfrage«, aufgezogen »an Hand der Neger-Studentin Lucie« (1956), und John Foster Dulles (1953, 1959) bis hin zu Mathilde Ludendorff (1960). Besonders 1961/62 veröffentlichte Wolff fieberhaft, über Adenauer acht *Spiegel*-Folgen, vier über das zweite Vatikanum und 15 über den Weltkommunismus. 1961 wurde bei DuMont aus der Kommunismus-Serie »Warten auf das letzte Gefecht« auch ein Buch.

Rudolf Augstein stellte seine deutschlandpolitischen Debatten mit Wolff in einem Brief an die *Spiegel*-Leser (Heft 47/1961) offen aus – als Beleg für Meinungsdiversität beim *Spiegel*:

> Unter spannungsreicheren Umständen ist wohl selten ein biographischer Versuch publiziert worden. (…) Sieht man, wie unser Serien-Autor Georg Wolff das tut, in Adenauer einen großen Mann, so werden selbst die schlimmsten Fehler groß. Sieht man in ihm nur eine bedeutende Figur, eine Zufallserscheinung in vorgegebenem Rahmen, so

entfallen die zahlreichen Entschuldigungs- und Rechtfertigungsgründe, und das Niedrige bleibt niedrig, das Gemeine gemein, das Banale banal. In nervenzerrenden Gesprächen haben Wolff und ich den täglichen Anschauungsunterricht, den Adenauer uns in den acht Wochen frisch vom Tatort geliefert hat, miteinander diskutiert.

Da ihm der standardisierte Magazin-Stil beim *Spiegel* in den Anfängen offenbar nicht genügte, verfasste Wolff auch noch Besinnungsaufsätze in der *Zeitschrift für Geopolitik*, die seit 1953 wieder im Leske-Verlag des Neuverlegers Franz Alfred Six herauskam, ediert von dem Soziologen Karl-Heinz Pfeffer, der an der Auslandswissenschaftlichen Fakultät Six' Stellvertreter und dann dessen Nachfolger geworden war. Wolff 1953 über die Situation in Kolonialafrika: »Der Neger ist intelligent, anstellig und lernbegierig, aber er ist ›faul‹. Er hat keine Moral und kein Arbeitsethos. Meint er, genug verdient zu haben, läuft er davon, ohne sich um Maschine und Werk zu kümmern. Man kann ihm nicht einmal das Verwerfliche seiner Lässigkeit klarmachen. Es gibt keine Maßstäbe, die den Neger zum Dienst an der Maschine verpflichten.«

Wenn irgendwo, so Wolff, das Gleichnis vom Ritt über den Bodensee Geltung habe, dann in Afrika. Denn mehr denn irgendwo anders gleiche »der Weiße Mann in Afrika jenem Reiter ins Ungewisse«; mit seinen Gesundheitsmaßnahmen zeuge er »eine Millionenbevölkerung, mit seinen schulischen Einrichtungen zieht er eine entwurzelte Intelligenz heran, seine Betonmaschinen stampfen eine Industrie aus dem Boden, die einst dem Zugriff der Eingeborenenbevölkerung preisgegeben sein wird«. Die Grundfrage für Wolff war damals, »ob der Neger überhaupt eine der modernen Zivilisation angemessene Moral zu assimilieren oder zu entwickeln« vermöge.

In seinen Memoiren schildert Wolff sein Verhältnis zu Rudolf Augstein und seine Einschätzung vom Herrscher des *Spiegel*: »Die wirtschaftlich so mächtige, politisch und geistig so schwache, sich so krampfhaft an flache Vernünftigkeit klammernde Bundesrepublik hat in keinem Menschen eine solch einleuchtende Verdichtung erreicht wie in Rudolf Augstein. Er ist ihr wichtigster Repräsentant und zugleich ihr schärfster Kritiker, ein Erfolgsmensch und zugleich ein kaputter Zeuge einer kaputten Nation.« Und als Typus auch signifikant für die »aufgesetzte Lustigkeit«, die sich in der Bundesrepublik etabliert habe:

> Einzugestehen, daß man persönlich Kummer habe, daß einem Mißgeschick oder Unrecht widerfahren sei, galt in den fünfziger und sechziger Jahren als unfein und tölpelhaft. Nichts ist so erfolgreich wie der Erfolg – und so hatte man unentwegt Erfolg. Das war – jedenfalls in jenen Jahren – auch Augsteins Maxime. Er kicherte, hüpfte koboldartig umher und sprudelte Bemerkungen hervor, über die er sich schon vor der Pointe mit vielen Hihi's lachend ausschüttete. Ich habe selten eine dieser Witzeleien verstanden und glaube, daß viele andere, obwohl sie ebenso wie ich nichts mitbekommen hatten, in das Chef-Hihi mit einstimmten.

Wolff zitiert eigene Tagebuchnotizen aus den Jahren 1958/59 über den neurotischen Umgang der *Spiegel*-Führungsspitze untereinander: »Beunruhigend sind auch einige Konferenz-Protokolle, in denen Becker und Augstein unverhohlen zynisch die *Spiegel*-Strategien gegen die CDU, gegen den damaligen Innenminister Schröder und vor allem gegen Strauß durchpauken.« Über eine Redaktionskonferenz vom 23. März 1959 berichtet Wolff, Augstein habe keinen Zweifel daran gelassen, dass einer der zahllosen Artikel gegen den Verteidigungsminister Franz Josef Strauß »insgesamt beleidigend sein« solle: »Wenn es dann zu einem Prozeß kommt, soll es mir recht sein. Dafür gehe ich auch sechs Monate ins Gefängnis.« Wolff schreibt, er habe erwidert: »Wenn wir dazu kommen, einen Mann nur wegen seines Auftretens und Aussehens, nicht aber seiner Standpunkte und der Argumente, die er dafür hat, anzugreifen, so kommen wir zu einem neuen Rassismus. Stiernacken sind böse Menschen und müssen angegriffen werden. Damit zerstören wir die Demokratie.«

Allerdings werden auch Augsteins Arbeitsfreude und seine Toleranz in Streitfragen gelobt – vor allem in Sachen Adenauer. »Immer wieder gab es in den Montagskonferenzen Mäkeleien. Er plädierte für eine vorsichtige Neutralitätspolitik, mir schien die Mittellage der Bundesrepublik das *factum brutum* ihrer Existenz – und das gestattete, meiner Meinung nach, kein neutralistisches Herumgespiele.«

Es war um die Jahreswende 1959/60, als Wolff zusammen mit Johannes K. Engel zum *Spiegel*-Chefredakteur gemacht werden sollte. Abgemacht wurde das in Augsteins Haus am Hamburger Leinpfad. »Dabei waren auch unsere Frauen, also auch Augsteins damalige Frau Katharina.« Die erste Nummer des *Spiegel*-Jahrgangs 1960 erschien dann auch mit Engel und Wolff als stellvertretenden Chefredakteuren unter Becker, was allgemein als Ankündigung eines Führungswechsels von Becker zu Engel/Wolff aufgefasst wurde. »Doch daraus wurde nichts. Auf für mich unmerkliche Weise wurden die Gleise anders gestellt.« Hans Dieter Jaene kam als dritter stellvertretender Chefredakteur mit ins Impressum, danach auch noch Brawand und Conrad Ahlers, »die Zeile hatte nur noch Dekorationswert. (…) Gleichwohl akzeptierte ich es sofort. Ich war erleichtert.« Vielleicht war es, so Wolff, schlechte Performance, »oder war es so, daß den beiden Chefs nach und nach und dann sehr schnell klar wurde, wie riskant es war, einen ehemaligen SS-Offizier zum obersten Redakteur zu machen?« Mit der Berufung des neuen Chefredakteure Claus Jacobi, später lange bei Springers *Welt*, seien die Weichen für den *Spiegel* in Richtung eines weniger kämpferischen, mehr leserorientierten *Lunaparks* gestellt worden.

Danach schildert der verhinderte Chefredakteur freimütig seinen »Mißerfolg« als Deutschland-Ressortchef – die Mitarbeiter Robert Pendorf, Hermann Renner, Rolf Ringguth und Günter Gaus hätten häufiger direkten Kontakt zu Augstein gesucht und das Bonner Büro mit Ahlers und Mahnke habe über seinen Kopf hinweg eigenständig operiert. Nach der anstrengenden Zeit als Serienschreiber Anfang der sechziger Jahre (»Es war meine beste Zeit beim *Spiegel*«) gab das neue, für ihn geschaffene Ressort »Geisteswissenschaften« Wolff ab 1966 die Gelegenheit zu Interviews mit Sartre, Horkheimer, Gehlen und eben Heidegger. Die Atmosphäre im Ressort war allerdings auch spannungsgeladen; Wolff galt mehr und mehr als Fossil aus den Gründerjahren des *Spiegel*, er selbst fand, die jüngeren Mitarbeiter schrieben zu weltfremd und akademisch. Der Konflikt zwischen Wolff und dem Redakteur Ringguth nahm »zeitweilig den Charakter eines erbitterten Kampfes an«, »wahrscheinlich hat er mich gehasst«. Mit Helmut Gumnior, dem dritten »Geisteswissenschaftler« beim *Spiegel*, schrieb Wolff den allerletzten Ressorttext, eine Serie über »Gott« (1978). Mit Wolffs Pensionierung am 31. Dezember 1978 wurde das Ressort aufgelöst. Dieter Brumm, der Heidegger-Student, hatte der Abteilung von 1968 bis 1970 angehört, danach wurde er als einer der linken Frondeure gegen Augstein entlassen. Wolff hatte nichts dagegen, Brumm habe mehr diskutiert als gearbeitet – dennoch blieb ein »schlechter Geschmack zurück«, denn Brumm als Person sei ihm »sympathisch« gewesen.

Wolff hat in seinen Memoiren ganz zutreffend analysiert, dass die Jahre 1968 bis 1970 dem Ressort »Geisteswissenschaften« durch die externen akademischen Bezugsgruppen ein überraschendes Gewicht gaben, Glanz und Aufregung also für eine Orchideen-Abteilung. Den Zeiten der Revolte, die dann ja auch in den *Spiegel* selbst hineinreichte, war das Heidegger-Gespräch nur vorgelagert, zumal es erst einmal auch gar nicht publiziert werden konnte. Der Ressortchef kam in seinem Resümee zu dem Schluss, dass Heidegger, Horkheimer, Adorno, Marcuse und auch Arnold Gehlen in ihrer Kritik an Technokratie und Kulturentwicklung erstaunlich nahe beieinander lagen, bei unterschiedlicher Zuweisung von Gründen und Verantwortungen, während etwa zwischen Horkheimer und Heidegger auf der persönlich-biographischen Ebene »purer Haß« geherrscht habe. Für den philosophisch interessierten Vermittler Wolff war »diese Situation ziemlich schwierig«, immerhin stand er »mit beiden gegen Ende ihres Lebens auf vertrautem Fuß, mit Horkheimer schließlich sogar auf freundschaftlichem«.

Georg Wolff unternahm 1973, nach Horkheimers Tod, den Versuch einer »postumen Versöhnung«. Das Ansinnen scheiterte indes »kläglich« – an Heidegger. Der *Spiegel*-Mann schickte zunächst seinen Horkheimer-Nachruf und ein letztes Gespräch mit dem Frankfurter Sozialphilosophen nach Freiburg, Heidegger antwortete auch postwendend (am 16. Juli 1973), aber anders als gewünscht. Heidegger ging mit keinem Wort auf Horkheimer ein, sondern übersandte die Abschrift eines zehn Jahre alten Briefs einer Studentin, die seinerzeit auch mit Horkheimer gesprochen habe. In dem Gespräch habe die Studentin erwähnt, dass sie bis zu dem großen Luftangriff auf Freiburg 1944 bei Heidegger studierte; darauf Horkheimer: »Leider ist ihm nichts geschehen«, und nach einer Weile der Besinnung: »Es ist ihm nichts geschehen zum Leidwesen der deutschen Philosophie.«

Im Grunde lag Wolff am Ende seines Berufslebens die auf »gesamtgesellschaftliche Veränderung« zielende Frankfurter Sozialphilosophie näher als die attentistische Flucht Heideggers in das »andere Denken«. Auch teilte er die Abneigung von Adorno und Horkheimer gegen die Emotionalität der Studentenrevolte und deren praktische Blockade- und Provokationstechniken – vielleicht fühlte er sich an seine eigene aktivistische Lebensphase erinnert, obgleich er nie zu den Frontkämpfern des NS-Studentenbundes gezählt hatte. Auch Marcuses »Heidegger-Marxismus« behagte ihm nicht: »Allerdings, dieser Wirrwarr der heideggerschen, marxistischen und utopistischen Fronten in den grünen Köpfen hatte in Wirklichkeit schon bei Marcuse begonnen. Das wurde mir bei den zwei *Spiegel*-Gesprächen deutlich, die ich mit Marcuse hatte.«

In konkretem Gegensatz dazu stand Marcuses einstiger Lehrmeister Heidegger: »Als ich ihn ein Jahr vor seinem Tod in seinem neuen Reihenhaus in Freiburg zum letzten Mal besuchte, wurde er stets ungeduldig, wenn in meinen Fragen die Wendung ›Änderung der Verhältnisse‹ auftauchte: ›Veränderung der Verhältnisse‹, ›Veränderung der Verhältnisse‹, schnaubte er dann, ›darauf kommt es doch überhaupt nicht an.‹ Als ob ihm die Welt völlig egal sei.«

In dem Juden und Sozialphilosophen Max Horkheimer wollte Wolff schließlich denjenigen finden, »mit dem ich über das Thema meines Lebens sprechen könne, also über Schuld und Verhängnis, meiner eigenen und die der Deutschen als Volk«. Anfang November 1969, vor einem Treffen in Montagnola im Tessin, wo Horkheimer seinen Alterssitz hatte, offenbarte Wolff brieflich, dass er beim SD, aber niemals an einer Tötung von Menschen beteiligt gewesen sei. Er schlug Horkheimer sogar ein Gespräch über »Juden und Deutsche« vor, das »vermutlich Furore machen« werde als Gespräch zwischen einem »großen Juden« und einem SD-

Mann. Offenkundig akzeptierte Horkheimer die Beichte Wolffs, ein *Spiegel*-Gespräch über Schuld und Sühne wollte er mit ihm aber doch nicht führen, schon gar nicht als »großer Jude«. Was ihm bei Horkheimer zumindest gelang, eine Art Offenbarung, hatte sich Wolff bei dem jüdischen Londoner *Spiegel*-Korrespondenten Hans G. Alexander versagt:

> Von Beginn meiner Tätigkeit beim *Spiegel*, Herbst 1951, an kehrte ich immer wieder zum Thema »Israel« zurück. Schon meine zweite Titelgeschichte für den *Spiegel* befaßte sich mit Ben Gurion, der damaligen Zentralfigur des Juden-Staates. Sie erschien Anfang 1952. Meine Quellen waren *Le Monde*, die *New York Times* und andere ausländische Zeitungen. Dazu kamen Gespräche oder Berichte jüdischer Kollegen und Besucher und Bücher. Unter den Kollegen war Dr. Alexander, unser Korrespondent in London, der wichtigste. Seine Einstellung zu Israel, dem Staat, und dem mosaischen Glauben verbarg er hinter der Akkuratesse des Reporters. Ich vermutete dahinter viel Skepsis und Trauer. Seine Diskretion und meine Vorsicht haben es verhindert, daß wir jemals offen miteinander sprachen. Schade! Unvergesslich ist mir die zarte Liebenswürdigkeit seiner Frau. Ich habe Alexander mehrfach in London besucht.

Während Wolff an seinen Memoiren arbeitete, fand in Paris der Prozess gegen Klaus Barbie statt, den SS-Hauptsturmführer, der die Kinder von Izieu nach Auschwitz in den Tod geschickt hatte. Wolff las darüber in einer *Spiegel*-Serie, die Heinz Höhne in bewährt detailfreudiger und abgeklärter Manier lieferte. Wolff fand, Barbie war ein »Monster«: »Adornos Wort! Es ist sehr schwer, ihm angesichts Barbies zu widersprechen. Und doch war Barbie ein Mensch, ist ein Mensch. Warum redet er nicht, warum sagt er nicht, wie hilflos er sich verstrickte in die Stahlbänder der Vergangenheit und des Geschehens um ihn herum? Vorige Woche hat er erklärt, er werde ab sofort nicht mehr vor seinen Richtern erscheinen. Das ist ein trauriger Entschluß. Hätte er nur gesprochen!«

Schon bei der Abfassung seiner Memoiren hatte Wolff als Vierundsiebzigjähriger das Gefühl, diese »seien im Schatten des Todes und mit sinkenden Kräften geschrieben«, als letzter Versuch, »einem in vielen Hinsichten verfehlten, aber doch ›strebenden Leben‹ einen Anspruch auf Gehör zuzuschreiben«. Georg Wolff starb acht Jahre später 1996 in Hamburg. Gemessen an der Tatsache, dass Wolff ein wertvoller Kader der *Spiegel*-Anfänge war und ab 1959/60 sogar beinahe als Chefredakteur des Nachrichtenmagazins amtiert hätte, wurde ihm beim *Spiegel* nach seinem Ausscheiden 1978 kein besonderes Andenken zuteil. Wegen seines früheren Rangs als SS-Hauptsturmführer erinnerte man sich nur schwach und ungern an ihn.

Er bekam keinen Nachruf im *Spiegel*.

»Scharf gewürzte Bouillabaissen«
Die Vorbereitungen und Recherchen

Hannah Arendt hatte einen Verdacht. Der *Spiegel*-Artikel »Heidegger: Mitternacht einer Weltnacht« im Heft 7/1966, so schrieb sie von New York aus an Karl Jaspers, sei gewiss »von Adorno-Leuten inszeniert und organisiert«. Die »Reportage über Heidegger« wie sie es nannte, fand sie degoutant: »Ich mochte es gar nicht. Man sollte ihn in Ruh lassen.«

Ansonsten konnte Arendt in ihrem Brief berichten, dass das Jaspers-Interview mit Augstein zur Verjährungs- und Schuldfrage, das auch in den US-Zeitschriften *Commentary* und *Midstream* erschienen war, »großen Anklang gefunden« habe und dass ihr Erzfeind Michael A. Musmanno (der Richter, der im Nürnberger Einsatzgruppen-Prozess Franz Alfred Six verurteilt hatte) vom United Jewish Appeal mit extra Geld für eine negative Besprechung ihres Eichmann-Buchs in der *New York Times* honoriert worden sei: »Lustig, nicht wahr? Die Juden sind wirklich ganz verrückt, so was tut hier kein ordentlicher Mensch; wir leben doch nicht in Frankreich.« Sie bekannte kokett ihre »natürliche Anlage zum Faulsein«, war aber wie üblich in eine Vielzahl von publizistischen und organisatorischen Aktivitäten verstrickt; so schrieb sie – neben einer Gastprofessur in Chicago – eine neue Einleitung für ihr Totalitarismus-Buch und kümmerte sich um ein Rockefeller-Stipendium für den Jaspers-Assistenten Hans Saner. Vor allem sah sie sich die Hearings zum Vietnamkrieg mit Außenminister Dean Rusk im US-Fernsehen an.

Bei Freund Jaspers kam Arendt allerdings mit ihrer Forderung, Heidegger in Ruhe zu lassen, nicht an. Bei dem

Spiegel-Artikel handele es sich, so antwortete Jaspers am 9. März 1966, »in der Hauptsache wohl um das Referat eines Buches, das mir eine rechte Fragestellung zu haben scheint: Lässt sich in Heideggers Philosophie ein Grund seiner politischen Urteile und Handlungen finden?« Das Buch, Alexander Schwans überarbeitete Freiburger Dissertation *Politische Philosophie im Denken Heideggers*,[22] hatte sich Jaspers in Basel sogleich bestellt, aber »noch nicht erhalten«. Unabhängig von der Lektüre teilte er Hannah Arendt kühl mit, Heidegger sei »eine Macht«, gerade heute »wieder für alle, die ihr eigenes Nazitum entschuldigen«. Die Bedeutung von Heideggers Verhalten zu Beginn des NS-Staats schien Jaspers »für die gegenwärtige Politik in der Bundesrepublik keine Kleinigkeit«. Während Arendt ihrem ehemaligen Liebhaber Heidegger mit zunehmendem Alter jede politische Äußerung verzieh und ihn ohnehin für unfähig hielt, »politisch« zu denken, blieb Jaspers seiner Linie treu: Kommunikations- und Publikationsfreiheit für Heidegger ja, aber keinen *Cordon sanitaire*, der es dem einstigen Denker-Kollegen erlaubt hätte, in aller Ungestörtheit und mit der Gloriole des seinsgewissen Propheten sein Spätwerk zu entwickeln. Wer konnte wissen, was dabei herauskam und wie es wirken würde?

Dagegen seien die »persönlichen Dinge«, die über die bloße Rezension hinaus in dem *Spiegel*-Artikel zu finden waren, »hässlich«; der *Spiegel* falle damit, so Jaspers, »zurück in seine alten schlechten Manieren«. Heidegger habe etwa das Ehepaar Jaspers nach 1933 nicht deshalb gemieden und nicht mehr besucht, weil Ehefrau Gertrud Jüdin gewesen sei. Der Grund habe vielmehr darin gelegen, »daß sie, nach ihrer Art, geradezu und offen ihre Meinung gesagt hatte, während ich es vorsichtig und indirekt tat, mit großem Mißtrauen«. Heideggers »Verhalten zu Husserl« war für Jaspers indes eindeutig durch »Gehorsam gegenüber den Nazis« motiviert, obwohl Heidegger kein genuiner Antisemit gewesen sei: »Das gehört in den Kreis des Erlöschens jeden Rechtsbewußtseins. Ein solches besaß er wohl nie oder nur gleichsam zufällig.«

Hannah Arendt nahm in ihrem Antwortbrief das Argument vom fehlenden Antisemitismus auf:

> Aber die Angriffe gegen ihn kommen nur aus dieser Ecke und keiner anderen. Was Du sagst, davon hat niemand irgendeine Vorstellung. Außerdem: Ich kann es zwar nicht beweisen, bin aber ziemlich überzeugt, daß die eigentlichen Drahtzieher hier die Wiesengrund-Adorno-Leute in Frankfurt sind. Und das ist grotesk, umso mehr, als sich nun herausgestellt hat (die Studenten haben es entdeckt), daß Wiesengrund (Halbjude und einer der widerlichsten Menschen, die ich kenne) versucht hat, sich gleichzuschalten. Er und Horkheimer haben jahrelang jeden Menschen in Deutschland, der sich gegen sie stellte, des Antisemitismus bezichtigt oder gedroht, sie würden es tun. Wirklich eine abscheuliche Gesellschaft, dazu Wiesengrund nicht unbegabt. Ich erzählte Dir gelegentlich von ihm.

Auch Jaspers hatte mitbekommen, dass »Wiesengrund« Adorno mit seiner »Negativen Dialektik« in der Bundesrepublik »allmählich zur Autorität« wurde, überdies »hoch geachtet«. Sein Werk sei allerdings »Schwindel« und ein »Durcheinander des Beliebigen«, so Jaspers an Arendt am 29. April 1966: »Soweit ich ihn gelesen habe, auch in seinen geistreichen, unermesslich viel wissenden, alles hin- und herwendenden Schriften, die er vom Standpunkt höchster Weisheit schreibt, scheint mir nichts glaubwürdig.«

Damit hatten Arendt und Jaspers einen neuen gemeinsamen Gegner gefunden. Sie waren, paradoxerweise als intellektuell Vertriebene, auch wieder bei Heideggers Kritik des jüdischen Intellektuellentums angelangt, das ja, wie Heidegger den Studenten und Kollegen 1933/34 in seiner Rektoratsrede und allen möglichen Ansprachen klargemacht hatte, nur formal »geistreich« war, aber wesentlich zersetzend und mit »leerem Scharfsinn« ins Boden- und Uferlose führte. In dieser Hinsicht hatte Heideggers Tischrede bei der Feier zum fünfzigjährigen Bestehen des Instituts für pathologische Anatomie an der Freiburger Universität im August 1933 wenig Anlass für Missverständnisse gegeben: »Jedes Volk hat die erste Gewähr seiner Echtheit und Größe in seinem Blut, seinem Boden und seinem leiblichen Wachstum. Wenn es dieses Gutes verlustig geht oder auch nur weitgehend geschwächt wird, bleibt jede staatspolitische Anstrengung, alles wirtschaftliche und technische Können, alles geistige Wirken auf Dauer nutz- und ziellos.«

Die Zeiten dieses *Rassismus bei Gelegenheit* waren auch für Heidegger vorbei. Jetzt aber, 1966, waren die »Wiesengrund-Leute« wieder da, noch dazu wohlausgestattet mit Ordinariaten und Hausverlagen wie Suhrkamp. Im Verbund mit Linksheideggerianern wie Marcuse und den neuen Studentenführern begannen sie, im Denken wie im Jargon die intellektuell-publizistische Sphäre der Bundesrepublik zu dominieren. Wie die Demoskopin und Publizistikwissenschaftlerin Elisabeth Noelle-Neumann, die Adorno als Individuum genauso »widerlich« fand wie Hannah Arendt, später in zahlreichen »Schweigespirale«-Studien nachweisen wollte, verstummte die *silent majority*, wurde jede Form von Konservatismus – zumindest im Geistesleben, in der Wirtschaft natürlich nicht – randständig, okkupierte die von den »Frankfurtern« angeleitete Linke mit ihrer Theorie vom »Marsch durch die Institutionen« sogar staatspolitisch wichtige Schlüsselpositionen. Arendt besah sich die beginnende

Studentenrevolte 1966 mit politikwissenschaftlichem Interesse (»unangenehme Aggressivität«, »phantastische Urteilslosigkeit«, »ganz jung noch und schon ganz unfähig, irgendetwas zu lernen«) und schlug sich erst einmal auf die Seite des Typus Augstein: »Typisch für diese blinde Rebellion gegen Bonn ist auch die einmütige Ablehnung Augsteins von seiten dieser Intellektuellen. Sie trauen ihm nicht, weil er keine Ideologie zu verkaufen hat. Genau aus dem Grunde, der für ihn spricht.« (Brief an Jaspers vom 21. Mai 1966)

Gegen Adorno, der sich dann auch noch mit den blanken Brüsten von 68er-Aktivistinnen konfrontiert sah, waren die Studentenrebellen allerdings brauchbar. »Sein misslungener Gleichschaltungsversuch im Jahre 1933«, so legte Arendt in einem Schreiben an Jaspers im Juli noch einmal nach, »wurde von der Frankfurter Studentenzeitung *Diskus* aufgedeckt. Er antwortete in einem unbeschreiblich kläglichen Brief, der aber auf die Deutschen großen Eindruck gemacht hat. Die eigentliche Infamie bestand darin, daß er, halbjüdisch unter lauter Juden, diesen Schritt natürlich ohne Informierung seiner Freunde getan hat. Er hatte gehofft, mit der mütterlichen italienischen Seite (Adorno versus Wiesengrund) durchzukommen.«

Johannah Arendt hieß von 1929 bis 1937 Hannah Stern. Sie hatte nach der Liaison mit Heidegger ihren Marburger Kommilitonen Günther Stern (1902–1992) geheiratet und mit ihm in Berlin und Paris gelebt. Stern, Sohn des berühmten Hamburger Psychologen-Ehepaars Clara und William Stern, Promotion 1923 bei Husserl, wollte 1929 bei Paul Tillich in Frankfurt habilitieren; dieser musikwissenschaftlich-soziologische Versuch scheiterte unter anderem am Einspruch Adornos. Es wäre überinterpretiert, wollte man dies der von Adorno vermuteten »Heidegger-Nähe« Sterns zuschreiben – noch in den 1960er Jahren, als man noch einmal frostig korrespondierte, erkannte Stern Adornos musi-

Heidegger mit Rudolf Augstein (l.) und Georg Wolff (M.) in seinem Haus in Freiburg

„Nur noch ein Gott kann uns retten"

SPIEGEL-Gespräch mit Martin Heidegger am 23. September 1966*

1. Das »Trophäeninterview«: So präsentierte der *Spiegel* 1976, zehn Jahre nach dem Gespräch, der Öffentlichkeit das legendäre Interview.

2. Rudolf Augstein, Heinrich Wiegand Petzet und Martin Heidegger im Arbeitszimmer des Philosophen. Der Kunsthistoriker Petzet diente beim *Spiegel*-Interview als Heideggers »Sekundant«.

3. Heidegger im *Spiegel*-Interview: »Ich habe die Bücherverbrennung verboten.«

4. Heidegger hatte sich gut präpariert und Briefe seines einstigen »Kampfgenossen« Karl Jaspers bereit gelegt.

5. Elfride Heidegger, seit 1916 mit dem Philosophen liiert, organisierte das Alltagsleben ihres Mannes und ertrug seine zahlreichen außerehelichen Affären. Die überzeugte Nationalsozialistin starb 98-jährig im März 1992.

6. Heidegger und Augstein vor der »Hütte« in Todtnauberg. Das Refugium im Schwarzwald hatte Elfride Heidegger 1922 gemeinsam mit dem Zimmermann Pius Schweizer entworfen.

7. Nach dem *Spiegel*-Interview in der Schwarzwald-Hütte: Heinrich Wiegand Petzet, Martin Heidegger, Rudolf Augstein, Georg Wolff (v. l. n. r.). Wolff hatte 1943 in der »Zeitschrift für Politik« über »Norwegen und die großgermanische Gemeinschaft« publiziert.

8. und 9. Heidegger, Augstein. Der *Spiegel*-Herausgeber zeigte sich später von Heideggers Ausflüchten und Halbwahrheiten enttäuscht.

10. Rudolf Augstein mit Heidegger-Tasse in der Todtnauberger Hütte.

11. Heidegger auf dem Weg zu seiner »Hütte« im Schwarzwald.

12. 1968, zwei Jahre nach dem *Spiegel*-Interview, ließ sich Heidegger von Digne Meller Marcovicz, die auch beim *Spiegel*-Interview dabei war, als Denker mit Zipfelmütze photographieren.

kologische Überlegenheit an und erinnerte sich an Defizite seiner Habilitationsschrift. Dennoch kritisierte Stern, der sich seit geraumer Zeit Günther Anders nannte, die professorale Überwältigungsattitüde Adornos als »terroristisch«. Über Adorno wie auch über Heidegger konnte Anders treffende Anekdoten erzählen. Als er einmal Adorno in einem Telefongespräch vorgeschlagen habe, sich doch bei der Anti-Atomtodbewegung zu engagieren, habe Adorno verächtlich erwidert, er sei noch nie »hinter einer Fahne« hergelaufen. Anders empfahl ihm darauf ironisch, dann doch »vor der Fahne« zu marschieren, worauf Adorno den Hörer aufgelegt habe. Heidegger war für Stern-Anders der »total Humorlose«. Anders ging seinen eigenen Weg, seine Reflexionen zu Hiroshima und Nagasaki wie auch seine Monographie *Die Antiquiertheit des Menschen* (1956) machten Furore, wobei er in seiner Medien- und Technologiekritik nahe bei Heidegger blieb. Hannah Arendt hatte jedenfalls auch ihre biographischen Gründe, Adorno zu hassen.

Ebenso von verborgenen akademischen Animositäten, Wahlverwandtschaften, Gerüchten und deutsch-jüdischen Verwicklungen war der Weg zu Georg Wolffs *Spiegel*-Artikel »Mitternacht einer Weltnacht« gekennzeichnet. Wolff nennt den Artikel in seinen Memoiren selbstkritisch einen »schludrig gemachten Aufsatz«. Es war eine besonders für die berühmte *Spiegel*-Dokumentation peinliche Angelegenheit. Denn Wolff hatte Alexander Schwans verwickelte Heidegger-Analyse[23] im Grunde gar nicht rezensiert oder intensiver rezipiert – Schwan kam dann auch im *Spiegel*-Artikel nur am Rande vor –, sondern sich komplett auf einen Text des Freiburger Studenten Dieter Brumm verlassen. Brumm, Jahrgang 1929, hatte im Mai 1957 hoffnungsfroh einen dreißigseitigen Essay über Heideggers Wesen und Wirken an den *Spiegel* geschickt – und ihn gleich zielgenau im mokanten *Spiegel*-Stil abgefasst. Der *Spiegel* druckte die

Etüde nicht, kaufte sie aber Brumm zu dessen Überraschung zwecks Lagerung im Archiv ab. Weder Wolff noch Brumm konnten ahnen, dass Brumm, zwischenzeitlich Assistent von Wilhelm Weischedel am Philosophischen Seminar der Freien Universität Berlin, dann von 1968 an im Ressort »Geisteswissenschaften« des *Spiegel* arbeiten würde – als Mitarbeiter von Georg Wolff. Und Brumm, 1971 einer der Sprecher der IG-Druck-und-Papier-Gruppe beim *Spiegel*, trug mit anderen Kombattanten dazu bei, dass Rudolf Augstein, beeindruckt durch die vermeintliche »Weltrevolution«, die Hälfte seiner Verlagsanteile an die Mitarbeiter übertrug. Brumm wurde allerdings schon Anfang 1972 als Aufrührer entlassen und widmete sich fortan der gewerkschaftlichen Medienpolitik.

Abgesehen von einigen sachlichen Fehlern, die dann zur Erwiderung Heideggers an den *Spiegel* führten, weil Wolff und die Dokumentationsabteilung sie ohne *fact checking* übernommen hatten, war Student Brumm eine bemerkenswerte Situationsanalyse der Heidegger'schen Inszenierung von philosophischer Führung und Gefolgschaft gelungen. Er schildert eingangs eine Interpretationsübung zu Hegels Logik in den Räumen des Freiburger Philosophischen Seminars II Mitte der fünfziger Jahre, die Heidegger von einem beflissenen Assistenten mit einem »Magnetophongerät« aufzeichnen ließ:

> Schon äußere Umstände dieses Seminars waren wenig orthodox. Obgleich nämlich philosophische Übungen gewöhnlich zumindest den Philosophiestudenten offenstehen, mußte der Freiburger CDU-Stadtrat und Seminardirektor des 2. Philosophischen Seminars, Professor Dr. Max Müller, diesmal seinen Schülern sagen, er könne sie wegen Platzmangels nicht unterbringen. Er selbst ließ es sich

freilich nicht nehmen, mit dem Professor Eugen Fink und wenigen langjährigen Heidegger-Jüngern dieser Veranstaltung beizuwohnen, deren aufregend mondäner Effekt teils von dem folgsamen Pressemann Egon Vietta stammte, welcher eigens per Flugzeug aus Hamburg aneilte, teils durch die Tatsache bedingt wurde, dass ansonsten nur ausländische Studenten zugelassen wurden. Immerhin fiel der Mißgriff solcher Auswahl sogar dem Martin Heidegger auf, als er in der dritten Sitzung von einem der Ausländer befragt wurde, was denn die Metaphysica Specialis sei: brüsk ließ er durchblicken, daß die philosophische Kinderstube bei seinen Unternehmungen bereits vorausgesetzt sei. Das Magnetophongerät zeichnete indessen jedes gesprochene Wort auf.

Zu einem Vortrag von Heidegger über »Johann Peter Hebel – der Hausfreund« im Februar 1956, angekündigt von der Volkshochschule, notierte Student Brumm, kurz vor Beginn sei die Einlassorganisation zusammengebrochen; »die Neugierigen ergossen sich ungehemmt und ohne zu zahlen in die Universitäts-Aula. Auch wenn Damen der hinteren Saalhälfte auf die Stühle stiegen, um den schnurrbärtigen Philosophen zu erblicken und eine Anzahl von Besuchern mittels Operngläsern jede seiner zähen Gesten verfolgte, konnte das nur Neulinge verwundern.« Brumm ging auch auf einen offenen Brief des Heidegger-Schülers Wilhelm Kamlah an seinen einstigen Lehrer ein, in dem Kamlah sich über jene Popularisierung der Philosophie in »quasimythologischer Sprache« beschwerte, die Heidegger selbst (etwa in seiner Marburger Vorlesung »Einleitung in die Philosophie« 1928/29) noch vehement abgelehnt hatte. Brumm sagt heute, er sei mit seinen Recherchen über Heidegger »Anfänger« gewesen, vorher »nicht irgendwie journalistisch tätig«. Zudem war damals alles, was mit Heideggers Rektorat zusammenhing, »völlig unbekannt, man konnte darüber nichts finden«. Der spätere *Spiegel*-Geisteswissenschaftler, befreundet mit dem Jesuiten William J. Richardson (der dann das *Spiegel*-Gespräch ins Englische übersetzte), hörte sich um und las auch einiges – und so kamen die unbewiesenen Gerüchte in Georg Wolffs *Spiegel*-Text: Heidegger habe Husserl, »und zwar schriftlich und mit eigenhändiger Unterschrift«, nach 1933 das Betreten der Freiburger Universität verboten; der »Altmeister der deutschen Historie«, Gerhard Ritter, habe sich noch 1952 gegen einen ehrenvollen Abschied und Pensionszahlungen für Heidegger gewandt.

Aber immerhin schilderte Wolff auch, Heideggers Epoche der »ungeteilt positiven Zustimmung für Hitlers Staatswerk« habe nur von 1933 bis 1935 gedauert, danach habe der *Sein und Zeit*-Philosoph durchaus »für die damaligen Begriffe mutige Kritik am nationalsozialistischen Philosophie-Betrieb« geäußert: am »Rosenberg-Blödsinn« – der indes auch im SD verpönt war, wie Wolff ja wusste – und eben an den »trüben Gewässern der ›Werte‹ und ›Ganzheiten‹«, die mit der »inneren Wahrheit und Größe dieser Bewegung« nicht in Einklang zu bringen seien. Die Habermas-Kritik in der *FAZ* an dem von Heidegger 1953 verfügten kommentarlosen Abdruck dieser Formulierung aus dessen 1935 gehaltener Metaphysik-Vorlesung wird jetzt von Wolff dem *Spiegel*-Leser nahegebracht, ebenso wie die Heidegger-Parodien von Grass und Gabriel Marcel. Hier griff Wolff auf die bereits erschienenen Heidegger-Artikel im *Spiegel* zurück. Aus Alexander Schwans Dissertation zog Wolff den Schluss, Heidegger sei eben kein »politischer Opportunist« gewesen, sondern habe seine Aussagen »zum Nationalsozialismus, zum Kommunismus, zur christlichen Weltanschauung, zum Liberalismus und so fort« aus seinem Denken der »Seinsvergessenheit« von Platon bis Nietzsche abgeleitet. Wolff setzt dann für die *Spiegel*-Leser zu einer steilen Interpretation an:

> Mithin: Wenn Heidegger in seiner 1935 gesprochenen und 1953 gedruckten Vorlesung von der »inneren Wahrheit und Größe« des Nationalsozialismus sprach, so meinte er damit offenkundig, daß der Nationalsozialismus – und später auch der Kommunismus – die innere Leere und Nichtigkeit der Gegenwart exemplarischer, unverhohlener und schicksalhafter zum Ausdruck bringen, als Demokratie und christliche Weltanschauung es tun, und daß deswegen dem Nationalsozialismus und dem Kommunismus ein wenn auch letztlich nihilistischer Vorrang unter den konkurrierenden Weltanschauungen gebühre.

Ganz so hatte es Heidegger wohl nicht gemeint und Schwan auch nicht interpretiert. Dass Heidegger seine Beobachtungen der »trostlosen Raserei der entfesselten Technik und der bodenlosen Organisation des Normalmenschen« vor allem gegen die Demokratie als Betrieb und System wendete, war allerdings korrekt herauspräpariert. Diese Verachtung demokratischer Rituale und publizistischer Scharmützel, auch deutlich gegen Max Webers verstehende politische Soziologie gewendet, bekümmerte Alexander Schwans Doktorvater Arnold Bergstraesser, den Begründer der Freiburger »normativen Schule« der Politikwissenschaft. Denn Bergstraesser, der Frontsoldat des Ersten Weltkriegs und dann in den zwanziger Jahren Anhänger der Deutschen Demokratischen Partei, bewunderte Heidegger als Denker und Dichter zutiefst. In seinen Lebenserinnerungen schildert der ehemalige bayerische Kultusminister Hans Maier, selbst aus der Freiburger Politologen-Schule kommend, wie sich der verehrte

Bergstraesser in den fünfziger Jahren bei einem geselligen Beisammensein im eigenen Haus von Heidegger ausfragen und herumkommandieren ließ.

Auch Bergstraesser, Jahrgang 1898, habilitierter Nationalökonom, seit 1932 Inhaber der Eberhard-Gothein-Gedächtnis-Professur für Auslandskunde an der Heidelberger Universität und dort auch Geschäftsführer des Instituts für Sozial- und Staatswissenschaften, war realpolitisch zur Zeit der Weimarer Präsidialkabinette in die Nähe des »Tat«-Kreises und Kurt von Schleichers gerückt. Mehr noch: Er amtierte 1934 als Doktorvater von Franz Alfred Six und ließ dessen pamphletistische Dissertation zur »Propaganda der NSDAP im Kampf um die Macht« ohne größere Beanstandungen durchgehen. Als sich der Eindruck verfestigte, der Nationalromantiker Bergstraesser sei für hoffnungsvolle NS-Kader an der Heidelberger Universität ein dankbarer Prüfer und habe in diesem Sinne eine regelrechte »Doktorenfabrik« aufgezogen, bekam er vom Dekan der Philosophischen Fakultät zu hören, er lasse bei der Betreuung von Promovierenden »die von einem Nichtarier zu erwartende notwendige Zurückhaltung außer acht«. Bergstraesser hatte einen Großvater »israelitischer Herkunft«. Es konnte später nicht mehr geklärt werden, ob er aus Opportunismus oder Angst studentische NS-Aktivisten wie den späteren »Reichsfilmintendanten« Fritz Hippler promovierte; als er nach seiner Entlassung aus den Diensten der Heidelberger Universität 1936 über Frankreich in die USA übersiedelte, kam es in Emigrantenkreisen zu heftigeren Auseinandersetzungen um den »Edelnazi« Bergstraesser.

Nach dem Kriegseintritt der USA wurde Bergstraesser wegen dieser Vorwürfe 1942 in Kalifornien sogar für drei Monate inhaftiert, konnte aber dann wieder am kalifornischen Scripps College und in Chicago lehren. Nach 1945 kehrte er nicht wieder an die Heidelberger Universität zurück, sondern begründete von 1953 an in Freiburg die bundesdeutsche »Wissenschaft von der Politik«, als Institutionenbauer in dieser Disziplin so wichtig wie Helmut Schelsky für die Soziologie. Die Dissertation Alexander Schwans über Heideggers politische Philosophie berührte Bergstraessers eigene Lebenslinien und war nicht unheikel. In den fünfziger Jahren an der Freiburger Universität an den »Fall Heidegger« zu rühren, noch dazu im politikwissenschaftlichen Gewand, konnte nur zu weiteren Verwerfungen führen. Vielleicht lag es an diesen Sensibilitäten, dass die 1959 eingereichte Doktorarbeit erst 1965 als Buch erschien. An Bergstraesser hätte die Veröffentlichung da nicht mehr scheitern können – er war am 24. Februar 1964 in Freiburg gestorben.

Alexander Schwan, von 1969 an in zweiter Ehe mit Gesine Schwan verheiratet, der bekannten SPD-Kandidatin für das Bundespräsidentenamt, hatte seine Dissertation beschreibend und interpretierend angelegt, für seine erste Druckfassung konnte er auf die Dokumentensammlung Schneebergers zu Heideggers Verhalten im NS-Staat zurückgreifen. In der zweiten Auflage, kurz vor seinem Tod, verschärfte Schwan den Ton gegen Heidegger in einem neuen, ausführlichen Nachwort erheblich. Der Politologe, geboren 1931 in Berlin als Sohn eines Buchhändlers, wurde nach seiner Freiburger Habilitation 1965 als Professor für Geschichte der politischen Theorien an die FU Berlin berufen. Als Direktor des Otto-Suhr-Instituts (OSI) geriet er mitten in die Studentenrevolte, in deren Folge er sich vom SPD-Mitglied und Linkskatholiken (»Bensberger Kreis«) zum »Bund Freiheit der Wissenschaft« und zur CDU bewegte. Beinahe wäre er von radikalisierten Studenten aus einem Fenster des OSI geworfen worden (»Dahlemer Fenstersturz«). Später, 1978, hielt er auf einem Berliner CDU-Landesparteitag dem SPD-Wissenschaftssenator Peter Glotz vor, er fördere an den Hochschulen »kommunistische Agitation« und

»linkssozialistische Aktionsbündnisse«. Da war es mit der Dominanz von Kommunisten und Linkssozialisten an den Universitäten auch fast schon wieder vorbei – es profilierten sich nun, noch schwerer einzuschätzen, »Spontis«, »Tunix«-Propagandisten, Feministinnen und Öko-Softies. Alexander Schwan starb, erst achtundfünfzigjährig, im November 1989 in Berlin.

Heidegger schrieb in seiner kurzen Erwiderung auf den Wolff-Artikel am 22. Februar 1966 zugleich an die Chefredaktion und an Augstein persönlich. Er nutzte die nicht belegbaren Behauptungen, um formell zu retournieren: »Es ist unwahr, daß ich während meines Rektorats (Ende April 1933 bis Februar 1934) meinem Lehrer Husserl in irgendeiner Form das Betreten der Universitäten verboten habe«; »es ist unwahr, daß 1933 von meiner Seite die Beziehungen zu Husserl und Jaspers abgebrochen wurden« – und fügte vornehm als letzte Bemerkung noch an: »Ich verzichte auf eine Stellungnahme zu belangloseren unrichtigen Angaben.«

Jaspers fand den Leserbrief, wie er Hannah Arendt mitteilte, »nur ärgerlich und niveaulos«, wohl deshalb, weil Heidegger zu dem ganzen Komplex seines Verhaltens im Nationalsozialismus weiterhin keine Stellung nahm und sich auf Einzelheiten kaprizierte. Wichtiger war für Jaspers zu jener Zeit ohnehin, dass der *Spiegel* »einen langen Passus aus dem dritten Kapitel« seines Buchs *Wohin treibt die Republik?* abdrucken wollte. Damit werde »zugleich für das Buch Propaganda gemacht«. Seine Sätze, so lobte sich Jaspers selbst, hätten offenbar »den einfachen Charakter unmittelbarer Verständlichkeit« und seien »außerdem sensationell«. Er meinte seine Zustandsbeschreibung der Bundesrepublik auf dem Weg vom parlamentarischen Staat zur Parteienoligarchie, mit dem »legalen« Weg über die Notstandsgesetze und der Aufrüstung der Bundeswehr; deshalb werde es wohl,

»ohne daß die Mehrheit es plant, am Ende zum Krieg mit dem Osten« kommen.

Man darf annehmen, dass Heidegger von Freunden und Beratern wie Heinrich Wiegand Petzet oder dem Schriftsteller Erhart Kästner zur Klarstellung in Form eines Leserbriefs gedrängt worden war. Doch bald schon wollte besonders Kästner mehr und redete auf den zunächst widerstrebenden Heidegger ein, doch der Form eines ausführlichen *Spiegel*-Gesprächs zuzustimmen. Verantwortlich für das Zustandekommen des Interviews war in erster Linie Walter Busse, der erwähnte *Spiegel*-Kulturchef und spätere Leiter von Rudolf Augsteins persönlichem Büro. Busse hatte, nachdem Heideggers Leserbrief in Hamburg eingetroffen war, gleich in den berühmten »Hausmitteilungen« auf Seite 3 des Blattes reagiert. Die Replik des Philosophen wurde als »die erste öffentliche Erklärung« gerühmt, »die Heidegger zu Aktionen abgibt, in denen er Neuerungen von 1933 einige Monate lang folgenschwer verschätzt hatte«. So war Busse das »Kunststück« gelungen, wie es Wolff in seinen Memoiren belustigt schildert, »aus einer hässlichen Fehlleistung des Spiegel über Nacht eine Heldentat« zu machen.

Schon am 4. März 1966 hatte Erhart Kästner (1904–1974) dem »lieben und verehrten Herrn Professor« Heidegger geschrieben, wie froh er darüber sei, dass dieser dem *Spiegel* mit einem Leserbrief antworten wolle. Nun habe es sich außerdem so ergeben, dass er vor einigen Tagen mit seiner Frau bei einer Ausstellungseröffnung in Hannover Herbert von Buttlar getroffen habe, den Direktor der Hamburger Kunsthalle. Auch Walter Busse sei da gewesen, »den ich seit vielen Jahren kenne und der ein symphatischer und aufrichtiger Mann ist«. Kästner, ehemals Privatsekretär von Gerhart Hauptmann und 1943 im Auftrag des kommandierenden Generals im »Luftgau Südost«, Wilhelm Mayer, Autor eines schwärmerischen Griechenland-Buchs, in dem er die neue

Einheit des Deutschtums mit den antiken Griechen feierte,[24] fuhr in seinem Brief an Heidegger fort: »Nun hatte Buttlar heute in Hamburg Besuch von Herrn Busse und Herrn Wolff, welcher stellvertretender Chefredakteur (ich glaube) und jedenfalls für Literatur und Kunst im *Spiegel* zuständig ist. Beide Herren waren geradezu entzündet von dem Vorschlag, daß man jetzt in einer kritischen Darstellung endlich einmal die unsinnigen Verleumdungen vom Tisch fegen solle. Über die Form dieser Verteidigung ist noch keine Klarheit.«

Wolff und Busse waren natürlich zunächst einmal davon »entzündet«, über Kästner und von Buttlar überhaupt in persönlichen Kontakt mit Heidegger zu kommen, während Kästner gleich an Pro-Heidegger-Propaganda dachte:

> Ich wünschte mir nichts dringlicher, lieber und verehrter Herr Professor, als daß Sie es aufgäben, sich nicht zu verteidigen. Sie wissen gar nicht, wie viel Kummer Sie Ihren Freunden machen, daß Sie es bisher trotzig verschmähten. (...) Ich bin überzeugt: Sie sollten sich an den Gedanken gewöhnen, den beiden Herren vom *Spiegel*, mit denen Sie gut auskommen werden, eine Unterredung zu gewähren. Es müßte gut vorbereitet sein, Sie haben ja Briefe, Sie können disponieren, Punkt für Punkt darannehmen. Es soll keines der üblichen *Spiegel*-Gespräche sein; so könnten Sie sich zum Beispiel, da Sie dergleichen nicht gewöhnt seien, das Tonband verbitten (das aber gar nicht vorgesehen ist, wie ich glaube). (...) Irgend etwas aber müssen Sie dieses Mal tun. Ich könnte auch sagen: schlimmer als es die ganze Zeit über war, kann es nicht kommen. Oder ich könnte sagen: wenn Sie jetzt diesen guten Moment vorbei gehen lassen und das Angebot des

Spiegel zurückweisen, wird sich für Sie und Ihre Freunde nur weiter Bitternis auf Bitternis häufen.

Buttlar und er, Kästner, hätten »die Sache« jetzt so gut vorbereitet, dass alles Weitere nach Kästners Rückkehr von einem Italien-Urlaub arrangiert werden könne. Doch alles Bitten, Werben und Flehen von Seiten des philhellenischen Bruders im Geiste half erst einmal nichts. Zwar möge es »einzelne wohlmeinende oder wenigstens sachlich denkende Mitglieder in der Redaktion des Magazins« geben, so antwortete Heidegger an Kästner am 11. März 1966. Aber der *Spiegel* hätte sich, als er seine »zwiespältigen Äußerungen« an einen »flachen Bericht über die Schrift von Schwan aufzuhängen« suchte, *vorher* bei ihm erkundigen können. Und nun kam auch wieder die enge Beziehung des Hamburger Magazins zu Jaspers ins Spiel: »Wenn im *Spiegel* ein wirkliches Interesse an meinem Denken bestünde, hätte auch Herr Augstein bei Gelegenheit seines Vortrags in der hiesigen Universität während des vergangenen Wintersemesters mich besuchen können, so gut wie er im Anschluß an seinen hiesigen Vortrag Jaspers in Basel aufsuchte.«

Nein, er habe das Nötigste gesagt und lasse sich auf kein in irgendeiner Form organisiertes »*Spiegel*-Gespräch« ein. Die Methoden des *Spiegel* zeigten sich zudem an der Art, wie seine Replik zwischen die weiteren »lügenhaften Leserbriefe« zum Wolff-Artikel montiert worden sei. Tatsächlich hatte der *Spiegel* Heideggers Schreiben erst an dritter Stelle nach Leserbriefen des einstigen Freiburger korporierten Studenten Ferdinand Himpele[25] und des Publizisten Ludwig Marcuse gebracht, dazu noch unter der Überschrift »Verhaltensforschung«. Der Katholik Himpele zu Heideggers Rektoratsantritt 1933: »Die Wirkung der Heidegger'schen Rede auf uns war die einer Bedrohung.« Marcuse lobte sich als einen der Ersten, der – in der Pariser Exilzeitschrift *Das Neue Ta-*

gebuch – Heideggers Rektoratsrede unter dem Titel »Wehrdienst des Geistes« bloßgestellt habe, aber der »Prügelknabe Heidegger« solle doch bis heute »von manchem ablenken, was deutsche ›Dichter und Denker‹ in den Dreißigern verbrachen«. In einem vierten publizierten Leserbrief fragte ein nicht weiter zu identifizierender Adalbert Bernet aus London zu Heideggers 1953 publizierter Bemerkung von der »Wahrheit und Größe« der NS-Bewegung, warum darauf nicht »das gesetzliche Verbot der Gutheißung dieser Bewegung« Anwendung gefunden habe, »schon um der Wirkung willen, die solche Veröffentlichung auf die Jugend« habe.

Das alles machte Heidegger nur noch misstrauischer. Er schrieb sich nun weiter in Rage: Er besitze einen weiteren, für ihn positiven Leserbrief (»der Verfasser ist Jude«), den der *Spiegel* nicht gebracht habe; in einer Hörfunksendung habe Ulrich Sonnemann (1912–1993), der 1933 aus Deutschland geflohen war, neulich im Südwestfunk gesagt: »Wenn erst Karl Kraus zur Volkslektüre und Adorno zur Abiturientenlektüre geworden sind, kann den Deutschen wahrhaft geholfen werden«; »Zersetzung« sei für jemanden wie Sonnemann ein positiver Begriff; dagegen werde das Buch von Friedrich Wagner *Die Wissenschaft und die gefährdete Welt* offenbar totgeschwiegen – dabei sei das Werk des Kultursoziologen Wagner, im Übrigen ebenfalls ein Bergstraesser-Promovend, später auch an Six' Auslandswissenschaftlicher Fakultät und im SD tätig, »ein erstaunlicher, auf ungewöhnlicher Sachkenntnis gründender Beleg für die Herrschaft dessen, was ich das ›Ge-Stell‹ nenne«. Was aus »der Wissenschaft« inzwischen allgemein geworden sei, so Heidegger, »ist unvergleichlich ruinöser als die primitiven Auslassungen des Nationalsozialismus über die Wissenschaft«. Schließlich zitierte er noch Paul Valéry zum »mechanischen Gesetz der Beschimpfung« und die alte Frau Rat Goethe, die auch schon gewusst habe, dass man nur »weit entfernt«

stehen müsse, um von Beschimpfungen nicht getroffen zu werden – »wie meine Frau feststellte«.

Heideggers Erfahrungen mit seinem *Spiegel*-Leserbrief setzten offenbar die »Feindseligkeiten« der »Journaille« fort, die er in den Briefen an Elfride nach 1945 rituell beklagt. Auch Heinrich Wiegand Petzet stellt sie in seinem Erinnerungsbuch *Auf einen Stern zugehen* (1983) als habituelle Konfliktsituationen dar. Am liebsten, so Petzet, hätte Heidegger auch die mehr oder weniger mondänen Auftritte auf der Bühlerhöhe, bei den Darmstädter Gesprächen oder in der Münchener Akademie der Schönen Künste sein gelassen und das Sagen des Denkens »aus der üblich gewordenen Form der modernen Publizität« auf das private »Gespräch« zu zweit oder in kleinen Gruppen verlagert. Besonders entsetzt war Heidegger, als in einem Zeitungsbericht die Anekdote kolportiert wurde, der zerstreute Philosoph habe 1953 bei einer »Fernsehtagung« des Bayerischen Rundfunks einen Rundfunktechniker mit einem bekannten Autor verwechselt und diesem schöne Worte über dessen jüngstes Opus gemacht. Dabei habe Heidegger nur dem Einleitungsvortrag von Programmdirektor Clemens Münster zugehört, um sich über die technischen Usancen des kommenden Fernsehens zu informieren. Petzet: »Die Anekdote ist natürlich erfunden, ebenso die Teilnahme an dem dreitägigen Lehrgang. Jetzt komme noch der dreidimensionale Film – es werde immer furchtbarer, aber wir seien noch lange nicht am Ende dieser Dinge. (…) Bittere Worte über den Journalismus.«

Als besonders gefährliches Exemplar des Journalismus erwies sich für Heidegger der Literaturkritiker Paul Hühnerfeld (1926–1960), ein vielfältig begabter Mann aus der Flakhelfer-Generation. Hühnerfeld hatte es schon in jungen Jahren zum Feuilletonchef der *Zeit* gebracht, von 1957 an arbeitete er als freiberuflicher Autor. 1959 erschien Hühnerfelds *In Sachen Heidegger. Versuch über ein deutsches Genie*, eine erste, knappe Heidegger-Biographie, die auch als Vorbereitungslektüre für die *Spiegel*-Rechercheure diente. Heidegger am 14. April 1959 in Freiburg im Gespräch mit Petzet: »Da soll etwas ganz Schlimmes erschienen sein. Rainer Marten hat mir geschrieben, ich dürfe das keinesfalls lesen. Ich lese es auch nicht. Aber sagen Sie mir doch etwas. Es ist am besten, ich höre es von Ihnen.«

Möglichst schonend brachte Petzet dem Philosophen einige angebliche »Tatsachen« aus der Hühnerfeld-Biographie bei. Vor allem habe Hühnerfeld behauptet, die Musterungskommission im Ersten Weltkrieg habe Heidegger als »zu schwächlich für den aktiven Dienst« befunden, nur deshalb habe der Philosoph im sicheren Hinterland akademisch arbeiten können. Heidegger, empört über »diese höhnische Bemerkung«, zu Petzet: »Wissen Sie, warum ich zu schwach war? Weil ich monatelang gehungert hatte, um mich wenigstens an das Ziel der Habilitation zu bringen – monate- und monatelang! Ob Herr Hühnerfeld weiß, was Hunger ist, wenn man keinen anderen Weg hat und keiner einem hilft?«

Besonders »tief verwundet« war Heidegger, als Petzet »den schlimmsten Satz des Pamphlets« zitierte: »Armer Philosoph – nie vom Glauben berührt, nie vom Strahl des Göttlichen getroffen.« Heideggers Nachfolger auf dem Freiburger Philosophie-Lehrstuhl, Wilhelm Szilasi, wird gerüffelt, weil er ausgeplaudert hatte, dass auf Heideggers Schreibtisch in Marburg Bilder von Dostojewski und Blaise Pascal gestanden hatten. Auf Petzets Einwand, dass er so etwas Szilasi nicht zutraue, erwiderte Heidegger: »Nicht im Bösen – *daran* glaube ich auch keinen Augenblick, dass es Szilasi aus Bosheit tut. Aber er lässt sich von einem solchen Schreiberling, wenn er liebenswürdig auftritt, alles und jedes entlocken – und die Journaille verdreht es!«

»Unverborgenheit« und »Gelassenheit«, Kernbegriffe der Heidegger'schen Philosophie, waren also nicht zu gebrauchen, wenn es um lästige Kulturjournalisten ging. Hühnerfeld, so schilderte es der Philosoph, habe ihm 1953 geschrieben, dass er »im Auftrage eines guten Berliner Verlags« für eine Reihe »Köpfe des XX. Jahrhunderts« (Picasso, Strawinsky etc.) auch eine Heidegger-Darstellung liefern wollte. Ob er ihn empfangen könne? Natürlich nicht, denn es war für Heidegger endlich an der Zeit, die Leser weniger vom biographisch Interessanten zu unterrichten, »als sich endlich um die Sache zu kümmern und ihr nachzudenken, um die ich mir 40 Jahre lang Mühe gegeben habe. Mein Leben sei völlig uninteressant.«

Daraufhin habe ihm Hühnerfeld »einen proletenhaften Brief« geschrieben: Er werde sich rächen, und da sei nun »die in vier Monaten zusammengeschriebene ›Rache‹«. Der Fall Hühnerfeld hat eine traurige Pointe, denn im Jahr nach dem Erscheinen des Heidegger-Buchs war der junge Autor und Feuilletonist tot. Er hatte in Paris bei der Poetin Claire Goll über einen verwickelten Plagiatsverdacht gegen Paul Celan (»Goll-Affäre«) recherchiert und verunglückte auf der Rückreise nach Hamburg bei einem Autounfall ohne eigene Schuld tödlich. Heideggers »Denkweg«-Interpret Otto Pöggeler schilderte den Vorfall nicht ohne einen Anflug von Befriedigung: »Turbulent wurde es 1960, als Celan bei seiner Suche nach Hilfe auch zu uns ins Siebengebirge kam. Der Journalist Hühnerfeld, schon berüchtigt durch seine Attacke auf Heidegger, fuhr nach Paris, um den angeblichen Plagiator Celan zu stellen. Da die Celans schon in den Ferien waren, raste er mit dem Auto zurück zur Redaktion der Wochenzeitung *Die Zeit* und fuhr sich dabei zu Tode.«

Rudolf Walter Leonhard dagegen in einem *Zeit*-Nachruf über den ehemaligen Medizinstudenten, Fähnrich zur See und Jugendbuchautor Hühnerfeld: »Unerschütterliche persönliche Anständigkeit, streitbares Temperament, nicht unterentwickeltes Selbstbewußtsein und – viel Humor. Von literarischem Talent und umfassender Sachkenntnis zu schweigen. Ich kenne keinen seines Alters, der all dies in gleichem Maße besessen hätte wie Paul Hühnerfeld.«

Es gab neben »Hühnerfeld« eine lange Liste journalistischer Zumutungen für Heidegger, die ihn von den eigentlichen Schwingungen seines Denkens ablenkten. So war ein Gerücht, der aus seinem Freiburger Amt entfernte Philosoph habe eine Professur ausgerechnet in Buenos Aires angenommen, bis in die noble *New York Times* vorgedrungen. 1953 kam es zu den von Student »Habermaas« ausgelösten Feuilletonscharmützeln in *FAZ* und *Zeit* um den Abdruck von Heideggers »Metaphysik«-Vorlesung. In der *Neuen Zeitung* war in jenem Jahr auch ein Artikel unter der Überschrift »Heideggerdeutsch« erschienen, der Karl Löwiths Kritik an Heideggers Sprachwelt referierte, die wiederum in der *Neuen Rundschau* erschienen war. Auch hier, so Petzet, ließ die Antwort »des krank zu Bett liegenden« Heidegger seine ganze Erbitterung spüren:

> Daß ein heute 55-jähriger Mann (Löwith, L. H.), der 1919 volle neun Jahre hindurch bei mir Vorlesungen und Übungen gemacht hat (und in Marburg fast jeden zweiten Tag ins Haus zu uns rannte, um mich auszuquetschen), einiges berichten kann und beim Heer der heutigen Ahnungslosen den Anschein des Eingeweihten erwecken kann, ist nicht zu verwundern. Daß derselbe Verfasser als Emigrant unter den USA-Emigranten, über die Schweiz und Paris die übelsten Lügen gegen mich ausstreute, davon berichten N(eue) R(undschau) und N(eue) Z(eitung) nichts!

So gab es im Prinzip nur wenige »Getreue«, hinterhältige »Gegner« und die vielen »Ahnungslosen« in der »Öffentlichkeit«, so wie Heidegger sie wahrnahm. Dazu kamen die ständigen Reibereien in den gelehrten Gesellschaften wie der Hölderlin-Gesellschaft (wegen Robert Minder) oder der Berliner Akademie der Künste (wegen Günter Grass). Doch bei allen Schmerzen über die »Hetzereien« in Journalistik und »Literaturbetrieb« wollte sich Heidegger nicht gänzlich den modernen Medien entziehen. Mal ließ er gegen gutes Honorar seine »Gelassenheit«-Rede zum 175. Geburtstag des Komponisten Conradin Kreutzer im Hörfunk übertragen (»Man ist freilich auf irgendeine Art dem Gestell doch ausgeliefert«, notiert er für Elfride), und auf Anregung seines rührigen Verlegers Günther Neske las er am 23. Juli 1963 in einem Tübinger Studio Hölderlin für eine »Sprechplatte«. Bei Neskes Aktivitäten wurde Heidegger allerdings wieder skeptisch, denn auch die Stimme von »Graß«, des schrecklichen Literaten, wurde auf Tonträger festgehalten.

So schreibt Heidegger am 20. November 1963 von Meßkirch aus an sein liebes Seelchen:

> Am Sonntag war Neske da, er kam gegen 12 Uhr und fuhr nachmittags wieder zurück. (...) Die Hölderlin-Platte ist noch nicht fertig. Auf ›Graß‹ angesprochen sagte er, das sei eine Platte mit mehreren Lyrikern u. schon vor Jahren aufgenommen. Er war mit seiner Frau bei der »Gruppe 47« in Saulgau – wo auch Graß war u. Augstein – die Verhältnisse scheinen mir undurchsichtig. Dann plant er ein Gespräch mit Bloch, Hans Mayer u. Lukaz (Lukács, L. H.) über Marxismus; ob ich teilnehme; ich habe sogleich abgesagt. Ebenso für den Plan, bei der Dokumenta III in Kassel im nächsten Jahr M(anuskripte) von Autoren auszustellen – ob

ich das M(anuskript) von S(ein) u. Z(eit) zur Verfügung stellen könnte; ich sagte nein. Er macht immer mehr auf »gewollt modern«.

Dermaßen umzingelt von geschäftstüchtigen Verlegern und modernen Feinden wie Adorno, Grass und der »Gruppe 47«, griff Heidegger für den *Spiegel* besonders tief in seine alemannische Trickkiste. Denn nach der ersten brüsken Absage irgendeines *Spiegel*-Gesprächs an Kästner hatte er sich, gemeinsam mit Elfride, für die nach Selbstverteidigung drängenden Freunde und das immerhin wirkmächtige Magazin einen besonderen Clou ausgedacht: Zustimmung zum Gespräch, Publikation aber erst nach seinem Tod.

Warum sollte man Jaspers auf Dauer alle öffentliche Wirkung überlassen? Ein Canossa-Gang, eine *retractatio* würde das Gespräch ohnehin nicht werden – dazu hatte Heidegger sich zu sehr unter Kontrolle –, und lästige Reaktionen auf die *Spiegel*-Publikation würden ihn nicht mehr erreichen. Denn dann würde er eben – *tot sein*.

Von diesem ausgefuchsten Plan Heideggers wusste Georg Wolff noch nichts, als er nach der ursprünglichen Heidegger-Absage, die ihm Erhart Kästner übermittelt hatte, am 18. März 1966 eine Art Lage- und Schlachtplan für Augstein entwickelte. Kästner halte das Nein des Philosophen ohnehin nicht für endgültig, schrieb Wolff an seinen Herausgeber: »Heidegger ist – das berichtet Kästner ohne jeden Nebenton von Liebedienerei oder dergleichen, einfach als Faktum – an Ihnen lebhaft interessiert. Heidegger habe sich in einem Gespräch mit ihm, Kästner, gekränkt darüber gezeigt, daß Sie Freiburg passiert hätten, ohne ihn, Heidegger, aufzusuchen. Einem seiner Vertrauten, Herrn Heinrich Petzet, habe Heidegger – berichtet Kästner – ein Bild von Ihnen gezeigt und dazu gesagt: ›Von dem erwarte ich noch was.‹«

Wolff schlug Augstein vor, nun direkt an Heidegger zu

schreiben. Augstein sollte sich auch als der direkte »*Spiegel*-Partner«, also auch als Interviewer zu erkennen geben. Die Begegnung mit dem damals einflussreichsten politischen Publizisten der Bundesrepublik, so kalkulierte Wolff korrekt, würde Heidegger stärker locken als ein Interview mit zwei netten, aber öffentlich nicht profilierten *Spiegel*-Chargen wie ihm selbst oder Walter Busse. Wolff formulierte dann für Augstein, das Gespräch solle »zwei Partien« umfassen: zum einen die Erörterung der gegen Heidegger erhobenen Vorwurfe wegen seines Rektorats, zum andern eine Diskussion über »Heideggers gegenwärtige politische Vorstellungen«. Erhart Kästner habe bei seiner Unterstützung dieses Plans auch konkretes Interesse an einer Art Mediation:

> Kästner hat (…) den ganzen Streit in der Berliner Akademie zwischen ihm und Günter Graß im Auge. Kästner möchte eben gerne, daß Graß mit seiner Legende vom Zipfelmützenmord Heideggers an Husserl gestoppt wird. Die ganze Geschichte mit ihren komischen, teils traurigen Nebentönen – Heidegger hatte sich bei seinem letzten Aufenthalt in Berlin in Frau Heiliger verliebt (die Frau des Bildhauers Bernhard Heiliger, L. H.), die dann auch nach dem Graß-Kästner-Krach in der Akademie der Graß-Partei beim Essen den Kopf gewaschen hat; Hans Mayer läuft seither glücklich-unglücklich zwischen der Graß- und der Heideggerfront hin und her – gehört wohl zu dem Hintergrund von Kästners Drängen.

Und auch für den Fall, dass Heidegger ein Gespräch mit Augstein ausschlage, so Wolff, liege nach Meinung von Kästner »bei so vielen Leuten Material über Heidegger herum, daß es schade wäre, wenn der *Spiegel* darauf verzichte, hierüber eine dokumentierende Geschichte zu bringen« – und mit dieser Einschätzung kamen Wolff und Augstein überein. Kästner hatte auch gleich eine ganze Reihe von Informanten in Sachen Heidegger genannt, die wahrscheinlich »aussagebereit« seien – neben dem Vertrauten »Herrn W. Petzet, Freiburg, Schwarzwaldstraße 200« die Verleger Neske, Klostermann und Niemeyer, den Rechtshistoriker Erik Wolf (»über Klostermann ansprechbar«), den Romanisten Hugo Friedrich, den »1933 aus dem Amt entfernten, mit H. eng vertrauten Landgerichtsrat Bröse« und den katholischen Philosophen Max Müller, der, so Wolff, »uns schon bei der abgedruckten Geschichte als Informant diente«.

Am 21. März legte Erhart Kästner mit einem Brief an Heidegger noch einmal in eindringlichem Ton nach: »Das Zitat der Frau Rat Goethe passt nicht. Sie haben ja nun Ihr trotziges Schweigen gebrochen, es erregte Aufsehen, und es wird etwas nach sich ziehen, ob Sie es nun bewillkommnen oder nicht. Ich meine, da wäre es besser, das Steuer in die Hand zu nehmen als den Kahn treiben zu lassen.« Niemand werde den *Spiegel* und seinen Ton lieben oder gar sein Niveau überschätzen. Aber man dürfe den günstigen Wind, der im Augenblick wehe, »wo Herr Augstein seinen Zorn, seinen Hohn auf den Grass hat«, nicht unterschätzen: »Ich höre läuten, daß Herr Augstein Sie um eine Unterhaltung über ein allgemeines Thema, wie damals mit Jaspers bitten werde, und ich höre ferner, zu meiner eigenen Verwunderung, daß Abneigung gegen die moderne Wissenschaftsvergötzung, eine tiefe Skepsis, Lieblingsgedanken Herrn Augsteins seien.«

Einen Tag später schrieb der Wissenschaftsskeptiker Augstein dann selbst an den Philosophen:

Hochverehrter Herr Professor Heidegger!

Der Artikel im *Spiegel* über Sie und Ihre Antwort zeigen, daß selbst an der Oberfläche viele Tatsachen nicht Tatsachen sind, die mit Ihrer politischen Haltung im weitesten Sinne zu tun haben. Darum erlaube ich mir die Anregung, nachdem man Ihnen unziemliche Absichten schlechterdings nicht mehr unterstellen kann, selbst das Wort zu nehmen zu einer Klar- und Wahrstellung. Damit kein Rechtfertigungsartikel daraus wird, wie Sie ihn vielleicht schon bisher gescheut haben, könnte in Rede und Gegenrede der Stoff erörtert werden. Bitte, verstehen Sie das Interesse, das diesen scheinbar weitab liegenden Vorgängen heute noch zugemessen wird. Es gilt dem Denker, der eines der bedeutendsten Bücher der gegenwärtigen Philosophie geschrieben hat. Zur Erläuterung darf ich sagen, daß wir den Stoff des Zwiegesprächs vorher abgrenzen können. Jede Formulierung, die Ihnen, auf Band gesprochen, nicht gefallen würde, könnten wir aus dem zu druckenden Text eliminieren, könnten auch eine andere, durchdachtere an ihre Stelle setzen. Ich, wenn Sie erlauben, möchte Ihr Gesprächspartner auf Seiten des *Spiegel* sein (unnötig zu sagen, daß ich kein irgendwie einschlägiges »Fachgespräch« führen könnte, dazu würde ich mich gewiß nicht melden). Jedenfalls sind Sie sicher, daß Ihr Gesprächspart in denkbarer Klarheit und Vollständigkeit abgedruckt würde. Sollte er Ihnen nach Schluß des Gesprächs überhaupt nicht gefallen, so würde eben überhaupt nichts gedruckt.

Derart medienpädagogisch auf die Usancen der *Spiegel*-Gespräche hingewiesen und umschmeichelt, zudem von allen möglichen Risiken des Interviews befreit, bekundete Heidegger am 28. März 1966 in einem Brief an Augstein seine grundsätzliche Gesprächsbereitschaft. Drei Tage zuvor konnte Wolff melden, dass er von dem Heidegger-Schüler Hermann Mörchen Informationen und Materialen angeboten bekommen habe, unter der Bedingung, davon keinen »polemischen Gebrauch« zu machen. Hermann Mörchen (1906–1990) hatte 1928 bei Heidegger summa cum laude über die »Einbildungskraft bei Kant« promoviert und legte noch 1981 eine ausgedehnte Studie zur »philosophischen Kommunikationsverweigerung« zwischen Adorno und Heidegger vor. Wichtigster Beitrag Mörchens zu den *Spiegel*-Recherchen im Vorfeld des Interviews: Tagebuchaufzeichnungen über einen Besuch auf der Todtnauberger Hütte zur Jahreswende 1931/32 – schon damals habe vor allem Elfride offensiv für die nationalsozialistische Bewegung geworben. Wie wir sehen werden, fragten Augstein und Wolff im *Spiegel*-Gespräch lieber nicht danach, obwohl gerade mit diesem Hintergrundwissen Heidegger ernsthaft in Bedrängnis hätte gebracht werden können.

Im April 1966 begannen die systematischen Recherchen des Ressorts »Geisteswissenschaften« zum Fall Heidegger. Vor allem arbeitete Wolffs Mitarbeiter Rolf Ringguth daran. Wie aus den im *Spiegel*-Archiv aufbewahrten Materialien hervorgeht, stellte Ringguth ein Dossier mit Heidegger-Zitaten und Kritiken an Heidegger, unter anderem von Adorno, Toni Cassirer, Friedrich Heer, Hühnerfeld und Benedetto Croce, zusammen, wobei er wohl auf Schneebergers Dokumentensammlung und erneut auf Brumms Studententext zurückgriff. Über die Kontakte und Gespräche Busses und Wolffs mit Mörchen, dem Verleger Neske, dem Pfarrer Heinrich Buhr und dem Landgerichtsrat Bröse wurden Protokolle erstellt. So heißt es im »Mörchen-Protokoll«: »Bezeichnend: Mörchen und dessen Frau erzählten damals, daß sie gerade Trotzki ›Mein Leben‹ läsen – daraufhin Frau Heidegger: Das ist doch Zeitverschwendung. Man solle lieber Hitler ›Mein Kampf‹ lesen.«

Verleger Neske war über das *Spiegel*-Unternehmen nicht begeistert, weil er wohl selbst einen Band mit Dokumenten zu Heideggers Rektoratszeit herauszubringen gedachte. Neske empfahl den *Spiegel*-Rechercheuren deshalb, ganz von einer Unterredung über Heideggers politisches Verhalten abzusehen und lieber mit dem Philosophen über »die Technik« zu reden. »Bei dieser Konstellation war von vornherein von Neske nicht viel zu erwarten«, so steht es im »Neske-Protokoll«. Buhr erzählte vor allem von einem »Fachschaftslager« im Mai 1933[26] in der Nähe von Freiburg, an dem er als Theologiestudent teilgenommen habe. Heidegger habe, so Buhr, damals eine Rede mit »radikal anti-christlicher Tendenz« gehalten: »Buhr sprach daraufhin Heidegger an. Wochen später ließ Heidegger den Buhr durch einen Motoradfahrer auffordern, nach Freiburg zu kommen. Buhr wechselte daraufhin im Herbst die Universität. Heidegger forderte ihn auf, von der Theologie zur Philosophie zu kommen. Quintessenz: Heidegger war damals, im Jahre 1933, mit dem nationalsozialistischen Betrieb eng verbunden – und einer der Punkte, wo er sich mit dem Nationalsozialismus verbunden fühlte, war die antichristliche Einstellung.« Pfarrer Buhr wollte auch noch an seinen Freund Professor Walter Bröcker in Kiel schreiben (»hat das beste Doktor-Examen bei Heidegger gemacht«; »gilt als der Vertrauteste der Vertrauten Heideggers«). Ausgerechnet der Vertrauteste mochte aber dem *Spiegel* nicht mit Informationen weiterhelfen, wie Buhr dann am 9. Mai mitteilen musste.

Heidegger wiederum kam urlaubsbedingt erst am 17. Mai dazu, seinem Freund Erhart Kästner die frohe Kunde zu übermitteln, »daß das Gespräch mit Augstein Ende des nächsten Monats hier stattfinden wird. Seine Briefe sind erfreulich. Er wird mit meiner Zustimmung noch einen der Herren aus der Redaktion mitbringen, Wolff oder Busse, beide waren vor einiger Zeit auch hier mehrere Stunden bei Petzet.« Heidegger berichtete Kästner auch von der Kreuzfahrt, die er im Frühjahr 1966 mit Elfride nach Griechenland, in die Türkei und nach Italien unternommen hatte: »Die Seereise war schön und die Mitfahrenden auf dem Motorschiff angenehm. Griechisches nur der Apollontempel in Phigalia; bald wird seine Einsamkeit dahin sein; an der kleinasiatischen Küste ist das Griechische vom hellenischen und römischen Riesigen überdeckt. Ungeahnt gewaltig Lesbos; Istanbul fremd und kalt – die Hagia Sophia als Bauwerk großartig, wenn man die islamischen Zutaten wegdenkt.« Am 20. Mai antwortete Kästner, er höre gern, dass Freund Petzet besucht worden sei; dieser werde vielleicht den *Spiegel*-Leuten auch weitere Kontakte empfohlen haben: »Die Vorarbeiten, die sich diese Leute für ihre scharf gewürzten Bouillabaissen machen, ist enorm.« Kästner bereitete Heidegger schon einmal auf die für den Denker ungewohnte Interviewsituation vor:

> Ich zweifle nicht, daß das nicht ohne einige Säbelhiebe abgehen wird, das gehört dort zum Hauston. Aber da sollte man nicht empfindlich sein. Im Ganzen wird die Gesinnung freundlich oder sehr freundlich sein, denn ich habe den Eindruck, als ob Herr Augstein seinen Indianerkopfschmuck mit Philosophenfedern anzureichern strebt. Die Gunst, die ihm Jaspers zuwendet, hat ihm Appetit auf mehr gemacht. Wenn dabei herauskommt, daß der öffentliche Ton zu Heidegger umschlägt, sollte man in der Bilanz hochzufrieden sein.

Kästner hatte mit der Vermutung recht, dass die »Gesinnung« der *Spiegel*-Interviewer freundlich sein würde; Heidegger hatte ihm allerdings nicht verraten, dass es noch Jahre dauern würde, um irgendwelche Wirkungen des Gesprächs beobachten zu können oder »Bilanz« zu ziehen. Auch der Zeitpunkt für das Rencontre verschob sich mehrfach.

Augstein schrieb noch einige Male, zumeist nach Vorlagen von Wolff, im Beruhigungston an Heidegger (so am 13. Mai: »keine ›inquisitorischen‹ Fragen«; »Wir können also, wenn schon nicht ins Unreine, so doch gewiß ungeniert reden«). Heidegger hatte Nachfragen zu Details und dann Probleme mit seinen Zähnen, so dass ein geplanter Interviewtermin am 24. Juni ausfallen musste. Ende Juli einigte man sich dann auf den 23. September, und dabei sollte es bleiben. Petzet meldete sich am 27. August noch einmal bei Wolff und teilte mit, Heidegger habe ihn, Petzet, gebeten, bei dem Termin in Freiburg-Zähringen mit anwesend zu sein (»ich hoffe, daß dies Herrn Augstein recht sein wird«). Vorsichtshalber ließ Augstein am Vortag des Interviews noch einmal ein Telegramm schicken – mit falscher Ortsangabe: »Bestätige noch einmal unsere Absprache: Georg Wolff und ich treffen am Freitag, den 23. 9., vormittags zwischen 10 und 11 Uhr bei Ihnen in Todtnauberg ein.«

Georg Wolff ist von Heideggers Schlichtheit in Sprache und Habitus verblüfft, als er dem Philosophen an jenem Vormittag des 23. September 1966 zum ersten Mal von Angesicht zu Angesicht begegnet. Heidegger sei kein Mann, »der es gelernt hat, im Königsmantel des Weisen aufzutreten. Nichts Majestätisches ist an ihm, nichts Löwenhäuptiges. Weder Gebärde noch Gesicht präsentiert den Herrscher im Reich des Geistes«, formuliert Wolff später blumig für den Band mit Erinnerungen an Heidegger im Neske-Verlag. Petzet wiederum hatte bei seiner ersten Begegnung mit Rudolf Augstein im Freiburger Colombi-Hotel »so etwas wie einen

›fragenden Henker‹« erwartet, »der dem Meister an den Kragen wollte« – aber Augstein gewann »in Minutenschnelle« seine Sympathie, als er seine »Heiden-Angst« bekannte, dem berühmten Denker gegenüberzutreten. So waren nun alle am Rötebuckweg versammelt: der Denker und seine Frau, der Präzeptor des *Spiegel,* der Sekundant des Denkers, der Experte für Geisteswissenschaften, der Stenograph und die Photographin. Das lange vorbereitete Frage- und Antwortspiel konnte beginnen.

»Das ist schlagend, Herr Professor!«

Das Interview, die Strategien
der Gesprächspartner und
die historischen Realitäten

> »*Die größte Enttäuschung war für mich das
> Spiegel-Interview.*«
> Max Müller, 1985

Wie Hannah Arendt gehörte der katholische Philosoph Max Müller zu den Heidegger-Schülern, die ihrem Meister mit großem Herzen vieles, wenn nicht sogar alles verzeihen konnten. Am 1. Mai 1985 gab Müller (1906–1994) den beiden Freiburger Historikern Bernd Martin und Gottfried Schramm ein bemerkenswertes Interview, das in der Mischung aus persönlichem Miterleben und klarer biographisch-psychologischer Analyse zu den besten kompakten Beschreibungen von Heideggers lebensweltlichen Antriebsmotiven zählt. Die Meßkircher Heimatprägung, so Müller, habe den Denker an »Blut und Boden« festgehalten, andererseits habe Heidegger im Gefolge von Ernst Jünger die Technizität der »neuen Gesellschaft« interessiert. Müller sah es so, dass Heidegger aus diesem Zwiespalt heraus dann 1933 als philosophische Führergestalt in Freiburg die »Musteruniversität, die neue Universität« formen wollte. »Trotz allem, was vorgefallen war«, so Müller, bis 1971 Ordinarius in München und zum Zeitpunkt des Gesprächs wieder in Freiburg lebend, habe sich mit seinem Mentor nach 1945 »zum zweiten Mal eine sehr schöne Beziehung« entwickelt, aber die Erfahrung einer »gewissen Ambiguität im Charakter« Heideggers war selbst für ihn »nicht mehr auszulöschen«.

Was Max Müller hier zart mit einer »gewissen Ambiguität« im Handeln Heideggers bezeichnet, hatte ihn selbst 1937 materiell und beruflich auf das Äußerste bedroht. Müller hatte 1930 bei Martin Honecker in Freiburg promoviert (»Grundbegriffe philosophischer Wertlehre«), war publizistisch für den katholischen Bund »Neudeutschland« tätig und hatte auch einige Lexikonartikel für den »Großen Herder« verfasst, die ins Visier des klassischen Philologen und Alt-Nationalsozialisten Wolfgang Aly gerieten. Zwar konnte Müller noch 1937 an der Freiburger Philosophischen Fakultät ganz in der Heidegger-Tradition über »Sein und Geist« habilitieren. Aly setzte sich aber entschieden dafür ein, Müller aufgrund seiner katholischen Grundeinstellung keine Dozentur zu übertragen – schließlich sollte der »politische Katholizismus« gerade im akademischen Bollwerk Freiburg nicht gestärkt, sondern schrittweise eliminiert werden. Auch Heidegger wurde in dieser Angelegenheit um ein Gutachten gebeten. Müller betrachtete sich – mit Eugen Fink, Walter Bröcker oder Käthe Oltmanns, später die Ehefrau Bröckers – als einen der »Vorzugsschüler« Heideggers. Nun aber wurde Müller von dem damaligen Freiburger Prorektor, dem Juristen Theodor Maunz, eröffnet: »Sie sind verloren. Weil man Sie denunziert hat, ist Heidegger befragt worden, wie es um Ihre politische Gesinnung stehe. Der hat ein Gutachten geschrieben, in dem er Sie menschlich, pädagogisch und philosophisch lobt, aber den Satz schreibt, Sie seien diesem Staat gegenüber negativ eingestellt. Gehen Sie hin! Wenn er diesen einen Satz streicht, nachdem die Habilitation, die Probevorlesung und Ihre Teilnahme am Dozentenlager so außerordentlich gut gegangen sind, wird auch alles weitere gut gehen.«

Müller ging zu Heidegger, und der redete sich heraus. Seine Beurteilung von Müllers politischer Einstellung entspräche nun einmal der Wahrheit, er habe sie aber, so Heidegger nach der Erinnerung Müllers, »eingepackt in eine Hülle verantwortbarer guter Dinge« und überdies geäußert: »Als Katholik müßten Sie doch wissen, daß man die Wahrheit sagen muß. Infolgedessen kann ich doch den Satz nicht streichen.« Das Gutachten sei nun einmal in der Welt, »nehmen Sie es mir nicht übel«. Daraufhin Müller konsterniert: »Es dreht sich nicht ums Übelnehmen, sondern um meine Existenz.« Müller bekam die Dozentur nicht, brach einstweilen den Kontakt zu Heidegger ab und lehrte am Freiburger Erzbischöflichen Collegium Borromaeum.

Müller hätte gewarnt sein können: Schon im November 1933 hatte ihn Rektor Heidegger als Leiter der Fachschaft Philosophie abgesetzt – ausgerechnet ein Katholik als Fachschaftsleiter! –, obwohl sich Müller in der SA engagiert hatte und danach noch in Franz von Papens kurzlebiger rechtskatholischer »Arbeitsgemeinschaft Katholischer Deutscher/ Kreuz und Adler« wirkte. 1937 hatte Müller sogar seine Aufnahme in die NSDAP beantragt. 1946 erhielt er den Freiburger Konkordatslehrstuhl für Philosophie in der indirekten Nachfolge Martin Honeckers, der Verfemte war nun Heidegger. Bis zu seiner Berufung nach München 1960 arbeitete er, wie wir gesehen haben, in philosophischen Übungen und Seminaren mit dem reumütigen Heidegger zusammen.

An der Müller-Episode frappieren zwei Aspekte. Zum einen der Zeitpunkt – 1937 wähnte sich Heidegger, wie er im *Spiegel*-Interview und seiner Rechtfertigungsschrift »Das Rektorat 1933/34. Tatsachen und Gedanken« kundtat, längst im geistigen Widerstand gegen das NS-Regime, in seinen Äußerungen von SD und Gestapo überwacht und kontrolliert. Offenbar war für ihn der politische Katholizismus aber immer noch der gewichtigere Gegner. Niemand hatte ihn, den nach seinem Rektorat hochschulpolitisch Kaltgestellten, gezwungen oder auch nur von ihm erwartet, dass er über seinen »Vorzugsschüler« Müller im Jahr 1937 ein *politisches*

Urteil abgab. Er tat es ganz freiwillig, in diesem Punkt völlig auf einer Linie mit dem Parteiaktivisten Wolfgang Aly, der Heidegger einst als einer der Ersten für das Freiburger Rektorat ins Gespräch gebracht hatte. Zum anderen verwundert Müllers »Enttäuschung« über Heideggers Aussagen im *Spiegel*-Interview: »Bei dieser Gelegenheit«, so Müller, »hätte er zugeben sollen, daß er damals nicht alte Werte oder die alte Universität hatte bewahren wollen, sondern daß es darum ging, die Universität ›auf den Kopf zu stellen‹. Denn gerade das hatte er seit 1922 seinen Schülern immer wieder gesagt: Die Humboldt'sche Universität gehört ins bürgerliche Zeitalter. Sie ist großartig konzipiert, aber heute so nicht mehr möglich.«

Nun hatte Müller ja durchaus zutreffend analysiert, dass Heidegger im Sinne Ernst Jüngers die Studenten und Dozenten als antibürgerliche, bodenständige, zähe und kampfesbereite »Arbeiter« wollte und 1933 die Chance sah, im Zuge der nationalsozialistischen Revolution hochschulpolitisch gegen »Fächerzersplitterung«, »Fachschule« und verknöcherte Fakultätsbürokratie anzugehen. In *diesem* Punkt – Läuterung der plebejischen NS-Bewegung durch Verweis auf den altgriechischen Geist und gleichzeitig möglichst radikale Zertrümmerung der von zahlreichen externen Sonderinteressen lädierten bürgerlichen Universität – war Heidegger auch im *Spiegel*-Interview ganz bei sich und seinen damaligen Intentionen. Nur hatte er sich für sein umstürzlerisches Werk die falschen Verbündeten ausgesucht: die unkalkulierbaren NS-Studenten, den an »Geisteswissenschaften« völlig desinteressierten Adolf Hitler und einige intellektuell schwächere Rektorenkollegen anderer Universitäten, denen er allerdings schon früh zu verstehen gab, dass es ihnen an der Fähigkeit zu tiefer, philosophisch grundierter Führung ohnehin mangele.

Somit hatte *allein* er eine ganzheitliche Vision vom neuen Menschentypus an den Universitäten, der eben nicht durch die Adaption einer parteipolitisch gedachten »politischen Wissenschaft« oder durch rassenbiologische Auslese entstehen sollte – hier war die Entfernung der jüdischen Akademiker freilich schon einkalkuliert –, sondern mit der »Erweckung und Durchsetzung der Macht eines echten Wissensanspruches«, wie Heidegger es in seiner Rede bei der »feierlichen Immatrikulation« (»Der deutsche Student als Arbeiter«) in Freiburg am 25. November 1933 formulierte. Mehr noch als die Rektoratsrede erweist sich diese Ansprache, direkt an die rare, noch im Werden befindliche studentische Avantgarde des »Deutschen Sozialismus« gerichtet, als ekstatisches Hinausschleudern eines amalgamierten Codes, der von *Sein und Zeit* über Ernst Jünger und Carl Schmitt bis zu den verbindenden Fahnenwörtern des Ersten Weltkriegs reicht (»Langemarck«, »Schlageter«). Heidegger fragt, wie und wo sich der »Wissensanspruch« des neuen deutschen Studenten »im Werden unseres Staates« vollziehe, und gibt die Antwort: »Es kann offenbar nur dort geschehen, wo das Volk *unverbraucht* in die Wurzeln seines Daseins hinabreicht, wo es verwegen zu sich selbst drängt – bei der deutschen *Jugend*. Sie hat keine Wahl. Sie *muss*. Sie weiß – gemäß dem ihr eigenen Wesen – sich angesetzt auf das Ziel, im Werden des Staates seinen neuen Wissensanspruch durchzusetzen. *Angesetzt sein auf die Eroberung dieses Zieles – das heißen wir: Deutscher Student sein.*«

»Glücklicherweise«, so Heidegger damals, sei der neue deutsche Student »primitiv« im Sinne der Formbarkeit durch echte philosophische Führung, eben nicht bürgerlich sediert oder jüdisch-intellektuell. Und er sei weit entfernt von dem »harmlosen Fleiß der Begabten, die aus dem überladenen Gehäuse der Bücher, Apparate und des gelehrten Meinungsstreites nie herauskommen zu den Dingen selbst«. Der Student »greift uns an«, stellte Heidegger zufrieden in einer Übernahme der NS-studentischen Kampfrhetorik fest,

»der eigenbrötlerische Einzelne ebenso wie die zucht- und richtungslose Masse werden zerschlagen von der Schlagkraft dieses Schlages junger Menschen«.

Und noch einmal in Stakkato-Repetition:

> Der neue deutsche Student *ist Arbeiter*. Aber wo finden wir diesen Studenten? Vielleicht sind es an jeder Hochschule ein *halbes Dutzend*, vielleicht noch weniger und im Ganzen nicht einmal jene *Sieben*, mit denen der Führer einst *sein* Werk begann, der Führer, der heute schon weit über das Jahr 1933 und über uns alle hinaus ist und die Staaten der Erde in eine neue Bewegung setzt. Nach einem Jahrzehnt oder sei es erst nach einem Menschenalter *wird* jedoch der Schlag des neuen deutschen Studenten die Hochschule beherrschen, denn er wird dann zugleich *nach-* und *auf*gerückt sein in die deutsche Arbeitsfront der neuen Dozentenschaft.

Da wurde selbst der triviale Vorgang der Immatrikulation zur »Entscheidung«. Zumal für die Universität Freiburg, da »diese Stadt, ihr Land und ihr Volkstum (...) beherrscht und durchstimmt« seien vom Schwarzwald. Auch der Wald als solcher hat jetzt für Heidegger »unter der Befehlsgewalt der neuen deutschen Wirklichkeit für den deutschen Studenten sein Wesen *verändert*« – und ist eben nicht mehr nur »das erregende Wintersportgelände und der herrliche Bereich für Ausmärsche und Sommerfahrten«, sondern für Angehörige der Universität Freiburg *zuerst* »die Heimatberge, die Heimatwälder und die Heimattäler des Albert Leo *Schlageter*«. Somit hatten sich für den etymologischen Connaisseur Heidegger der »Schlag«, die »Schlagkraft« und »Schlageter«, der Märtyrer der völkischen Rechten, am Schluss der Rede glückhaft vereint.

Notorische Heidegger-Ansprachen wie diese waren keine Geheimreden. Nicht als sie gehalten wurden und auch nicht in den sechziger Jahren. Denn Guido Schneeberger, der Jaspers-Schüler aus der Schweiz, hatte sie alle chronologisch in seinem Dokumentenband schon 1962 versammelt, auch jene in Teilen noch wuchtigeren Reden an den Universitäten Heidelberg, Kiel und Tübingen im Sommer und Herbst 1933. Diese erwarben dem ersten Freiburger Rektor der NS-Zeit den völlig zutreffenden Ruf, einer »der stärksten nationalsozialistischen Vorkämpfer unter den deutschen Gelehrten« zu sein, so die *Tübinger Chronik* am 1. Dezember 1933; wir kommen darauf im Zusammenhang mit Heideggers »Todtnauberger Wissenschaftslager« zurück. Und Georg Wolff kannte das Buch von Schneeberger. Im Heidegger-Freundeskreis, so Wolff in seinen Memoiren, war mit dem *Spiegel*-Interview vor allem beabsichtigt, »daß Heidegger insonderheit den falschen Darstellungen des Schweizer Publizisten Schneeberger entgegentrete und überhaupt eine umfassende Beschreibung seines Verhältnisses zu Hitler, der NSDAP, dem Rassismus und so weiter öffentlich vortrage«. Schneeberger hatte allerdings fast ausschließlich Heideggers *eigene* Hervorbringungen dokumentiert, von »falschen Darstellungen« konnte also keine Rede sein – und gerade daraus hätten sich für ein *Spiegel*-Gespräch entscheidende Fragen ableiten lassen. Wie hätte sich der »neue Student« weiter entwickeln sollen? Was wäre passiert, wenn er nach einer Wissensschulung von Heideggers Gnaden irgendwann mit und nach dem »Führer« in der »Entscheidung« das Sagen gehabt hätte? Welche konkrete Gestalt hätte dieser das Abendland errettende deutsche Staat mit seiner neuen Geisteselite, nach der Auseinandersetzung mit Demokratie, Amerikanismus und Kommunismus, schließlich angenommen?

Die Form eines detailliert verabredeten Interviews, in dem Heidegger zunächst einmal Gelegenheit gegeben werden sollte, auf ausgewählte Gerüchte und Einzelheiten in seinem Sinne einzugehen, verhinderte substantielle Fragen und auch das Nachhaken im Sinne der eigenen Recherchen. Mehr noch: Zwar kamen Schneeberger oder Habermas im Interview namentlich durchaus vor, wurden aber in der redigierten Fassung – vom *Spiegel* selbst und noch vor der Übersendung an Heidegger – eliminiert. Eine ernstzunehmende Kritik an Heidegger, durch Subjekte repräsentiert, gab es in diesem Sinne gar nicht, nur die »Anpöbeleien« und falschen Tatsachenbehauptungen.

Heinrich Wiegang Petzet hatte die *Spiegel*-Leute vom Colombi-Hotel zum Rötebuckhaus gebracht. Frau Heidegger empfing dort die Gäste. Auf Elfrides Wink geleitete Petzet die kleine Gruppe nach oben, wo Heidegger aus erhöhter Perspektive die Interviewer-Gruppe samt Stenograph und Photographin an der Tür seines Arbeitszimmers erwartete. Er hatte sich nach dem längeren Hin und Her im Vorfeld, stets durch Erhart Kästner und Petzet über alles informiert, gut vorbereiten können. Für die *Spiegel*-Gäste hatte er in seinem Arbeitszimmer einiges zurechtgelegt: Briefe von Jaspers, eigene Texte, einen NS-freundlichen Aufsatz von Eduard Spranger aus jenem Revolutionsjahr 1933, eine Dedikation seiner emigrierten jüdischen Schülerin Helene Weiss aus dem Jahr 1943.
Petzet erschrak ein bisschen, als er den Philosophen ansah und merkte, »in welch übersteigerter Spannung er sich befand. Die Aufnahmen, die während dieses langen Vormittags gemacht wurden – es begann kurz nach zehn und endete erst gegen ein Uhr –, zeigen diese Hochspannung deutlich: die Adern an der Stirn und in den Schläfen mächtig geschwollen, die Augen in Erregung ein wenig hervortretend – etwas bedrohliche Anzeichen, die jedoch im Lauf des Gesprächs sich immer mehr milderten und verschwan-

den.« Die Tonbandaufnahme hat hingegen eine Länge von einer Stunde und vierzig Minuten, also deutlich weniger als drei Stunden. Petzet empfand einen »erregenden, auch die beiden Mithörer bewegenden Gang des Gesprächs zwischen Augstein und Heidegger, sein von Frage zu Frage, Antwort zu Antwort ständiges Anschwellen, das kaum verebbte«. Nun führten Augstein und Wolff das Gespräch zu etwa gleichen Teilen, Petzet mischte sich dreimal kurz ein; vor allem aber wurde Heidegger am Schluss des Gesprächs sehr müde, nachdem er das Ende der Philosophie verkündet hatte und das Interview, nach interessanten Reflexionen über Demokratie und Kybernetik, sich in Geschmacksfragen über »destruktive Literatur« und moderne Kunst ausfächerte. Heidegger wurde einsilbig, mitunter entwickelte sich eher ein Dialog unter den *Spiegel*-Leuten. Das klang dann in der Tonbandaufnahme (TA) so:

> WOLFF: Nun Herr Professor, da war ich vorhin etwas stutzig. Sie sagten von der modernen Literatur: »bloß destruktiv«. Das ist ja nicht wahr. Sehen Sie also, die moderne Malerei. Was ist das zum großen Teil? Zellenerlebnisse. Menschliche Zellenerlebnisse, die irgendjemand hat. Sicher nicht gezielt. Experimentieren, ausprobieren, da mal hintasten und da, und da mal einen Treffer erzielen und dann 99 andere Experimente machen. Sehen Sie mal, der Künstler ist ja doch in einer viel schlimmeren Lage als der Denker.
> HEIDEGGER: Vielleicht.
> WOLFF: Er muss ja. Malt er in der alten Weise, dann ist er festgelegt, nicht? Das ist ausgelaugt, das ist alles dünn. Wenn aber ein Maler, wie Picasso – ein Talent, eine Vitalität –, wenn er anfängt, etwas zu malen, und dabei erzielt er natürlich nicht tausend

Treffer, aber hin und wieder trifft er was. Und das gilt auch für unsere moderne Literatur. Das sind Versuche, aus einer menschlichen Situation heraus, in die man zwangsläufig kommt ...
HEIDEGGER: Ich lasse mich gerne belehren.
AUGSTEIN: Aus einer Vereinzelung heraus ...
WOLFF: ... aus einer Vereinzelung heraus ...
HEIDEGGER: Das ist eben die große Frage: Wo steht die Kunst? Welchen Ort hat die Kunst?
WOLFF: Ja gut, aber da verlangen Sie etwas von der Kunst, was Sie vom Denken ja auch nicht mehr verlangen.
HEIDEGGER: Ich verlange nichts von der Kunst. Ich sage Ihnen nur, es ist die Frage.
WOLFF: Ja gut, aber in dem Ausdruck »destruktiv«, da steckt ja etwas drin von ... Eine Kritik, und die finde ich unangemessen angesichts ... wenn man diese Leute liest oder kennt, nicht wahr? Ich meine, gut, natürlich ist viel Scharlatanerie dabei drin, viel Clownerie auch, zugegeben.
AUGSTEIN: Auch leeres Spiel.
WOLFF: Auch leeres Spiel natürlich. Aber das liegt ja auch daran, dass man ...
AUGSTEIN: Auch Spekulation aufs Geschäft dabei ...
WOLFF: Es geht auch ums Geschäft! Sogar bei einem Mann wie Jewtuschenko,[27] nicht wahr?
AUGSTEIN: Gerade bei dem.
WOLFF: Nicht? Diese Polarisierung, auf eine Art etwas Religiöses sehen oder auf der anderen Seite das Geschäft auch im Auge haben. Dieses Auseinanderfallen, nicht wahr ... Ein absolut moderner Mensch, dieser Jewtuschenko, aber trotzdem, das sagt ja nichts. Wie geht das, wie geht das aus dem

Heidegger'schen Denken ... – soweit es ein Mensch wie unsereiner überhaupt verstehen kann – dazu passt das meiner Ansicht nach nicht.
HEIDEGGER: Gut, streichen Sie es. (Alle lachen.)

Gestrichen und redigiert wurde in diesem zweiten Teil des Gesprächs gnädiger- und vernünftigerweise einiges, Heidegger fügte noch ein paar längere gelehrte Passagen über die Fragwürdigkeit des »Kulturbetriebs« und über das Verhältnis zwischen der Philosophie und den »Wissenschaften« ein – jedenfalls wurde das Interview in diesem zweiten Teil wesentlich stärker modelliert als in den prekären Anfangspassagen zu Heidegger im Nationalsozialismus. Nachdem man »ohne viele Präliminarien« gleich zu dieser Sache gekommen sei, befürchtete Petzet zunächst einen »Zornesausbruch des 76 Jahre alten Mannes«, jetzt, da er »nach so langer Zurückhaltung und kaum beschwichtigten Ärgernissen zum ersten Male vor Fremden zu einer Aussprache aufgefordert war«. Aber Heidegger habe »völlig seine Haltung« bewahrt.

Nur durch den grollenden Ton mancher Sätze war für Eingeweihte herauszuhören, so Petzet in seinem Erinnerungsband von 1983, »daß hier in vielen Jahren Angestautes hervorbrach«. Und je mehr die »Kleinlichkeiten politischer Art« aus den »taktvollen Fragen Augsteins« verschwunden seien und Augstein »zum Eigentlichen und Wesentlichen« vorzudringen gedachte, »desto freier wurde Heidegger in seinen Antworten und nahm unmerklich das Gespräch selbst in die Hand«. Mit dem berühmt gewordenen Satz »Nur ein Gott kann uns retten« sei die Klimax des Gesprächs erreicht worden, dann »atmete alles erleichtert auf«. Mit einem Markgräfler Wein, in alten Römern gereicht, wurde angestoßen, und Elfride Heidegger, »die in den vergangenen drei Stunden mit einigem Bangen gewartet haben mag«, wurde hereingelassen. Anschließend fuhr man – mit Elfride, was ursprünglich nicht geplant war – in Augsteins Wagen zur Todtnauberger Hütte. Augstein und Wolff waren von der »völligen Kargheit« des Arbeitsraums dort »offensichtlich etwas erschrocken«. Heidegger war »wohlgestimmt« und las in der Fensterecke des größeren Raums seinen Gästen einige Mundartgedichte Johann Peter Hebels vor. Elfride, die den Eindruck hatte, die Gäste würden das Idiom nicht verstehen, intervenierte vergeblich.

Georg Wolff ist zunächst die anfängliche Begegnung mit *Elfride* Heidegger an jenem 23. September 1966 in Erinnerung geblieben, nach dem Klingeln an der Tür des Rötebuckwegs 47: »Es öffnet die Frau des Philosophen, Elfriede (sic) Heidegger. Die Andeutung eines Handkusses läßt die Gastgeberin – ungern, wie es scheint – über sich ergehen. Sie beendet den Vorgang mit einer Handbewegung; man könnte sie mit ›Papperlapapp‹ übersetzen. Der erste, und dann auch bei längerem Zusammensein nicht schwindende Eindruck ist der eines unbedingt selbständigen Menschen. Ihr Blick ist gerade, ihre Sprache fest. Man spürt Distanz.« Diese Distanz resultierte für Wolff aus der Summe der Erfahrungen, die Elfride an der Seite des Denkers gemacht habe – Erfahrungen mit all der Verehrung, »auch der klebrigen«, mit all der Neugier, dem Hass, »all den Antworten auf ihn und sein Werk, die sie mit zu ertragen, abzuwägen oder zu honorieren hatte«. Elfride Heidegger lege offenkundig Wert darauf, so Wolff, »ihre Ehe als Dienst an dem großen Mann zu verstehen«, und es sei dabei umso überraschender, »daß sie in dieser Rolle in der unmittelbaren Nähe des Denkers so unverkennbar sie selbst bleiben konnte«.

»Enger Flur, steile Treppe, eine Tür zu Linken: Heidegger empfängt uns in seinem Arbeitszimmer.« Wolff sieht Bücher, wändehoch, Schreibtisch und Sessel, »durch jahrelangen Gebrauch eingeschliffen in Vita und Vitalität des Bewohners«. Es ist »die Faust-Stube unzähliger Bühnen«. Gegenüber breitet sich eine Siedlung von Reihenhäusern aus. »Früher war die Aussicht schöner«, sagt Heidegger zu seinen Besuchern, dem unberührten Waldblick nachtrauernd. Die Gäste nehmen Platz, Heidegger in seinem Schreibtischsessel, »den Körper zurückgelehnt«. Wolff beobachtet genau, schon ganz Zeuge einer einmaligen zeithistorischen Begegnung: »Seine Augen röten sich. Auf seiner Stirn treten zwei Adern hervor. (...) Unprätentiös ist auch seine Weise zu sprechen. Da ist kein Suchen nach dem Kostbaren, da ist nicht die geringste Anstrengung sprachlicher Prachtentfaltung, da ist kein Wille zum Überwältigen – sondern nur das demütige und hartnäckige Bestreben, so nahe wie möglich an dem zu bleiben, was im Innersten als Wahrheit empfunden wird.«

Im Gespräch lasse Heidegger immerhin Zweifel an seiner eigenen, »einst mit so viel Trotz entwickelten philosophischen Sprache durchblicken, so an dem Wort ›Ge-Stell‹, der Spott, den ihm diese Wort-Erfindung eingetragen habe, sei vielleicht nicht ganz unberechtigt, meint er heute«. Tatsächlich war dies eine der wenigen Heidegger-Reflexionen im Interview, wo der Schatten einer Selbstkritik zu erkennen war. Jede Frage, so Wolff, lasse den Philosophen

> gleichsam auf und in sich selbst zurückfallen, und es dauert eine Weile, ehe die Antworten kommen. Wenn sie da sind, sind sie eigentlich schon ihres antwortenden Charakters entkleidet und sind Aussagen, die auch ohne die auslösende Frage dastehen könnten, Gebilde eigenen Rechts. (...) Um es deutlicher zu machen: Das Gespräch mit ihm über philosophische Themen ist niemals ein Gefecht, schon gar nicht ein Florettgefecht. Seine Antworten tragen den Qualitätsstempel einer Ursprünglichkeit,

die sich durch keine Einrede darin beirren läßt, nach »innen« zu horchen. Hier wird seine Kraft deutlich, der Ursprung seines Eigensinns.

Etwas anderes sei es, wenn Daten aus Heideggers Leben zur Sprache kämen, »insbesondere Daten aus der kurzen Epoche, in der er den Nationalsozialismus als einen ›Aufbruch‹ verstand«. Sicher, auch hier sei »der Wille zur Wahrheit« zu spüren; daneben aber, in Zungenschlag und Unterton,

> auch der Versuch zu schönen. Daß dieser oder jener seiner französischen Bewunderer und Freunde (gemeint ist hier der Dichter René Char, L. H.) einst ein Widerstandskämpfer war – so belanglos das ist, er vergißt nicht, es zu erwähnen. So lehnt er, der des Fraternisierens mit den Nazis Beschuldigte, sich schutzsuchend an die Schulter der Résistance: eine eher rührende als berechnende Geste, mehr Hilflosigkeit verratend als Weltkenntnis. Daß Eduard Spranger und viele andere Gelehrte damals, als die wölfische Zeit anhub, sich ebenfalls täuschten – er will es, die Gerechtigkeit gleicher Behandlung und wohl auch Erbarmen heischend, heute festgestellt haben.

Für diese Feststellungen hatte Heidegger sich mit den *Spiegel*-Interviewern die richtigen Gesprächspartner ausgesucht, zumindest Georg Wolff hatte an zeithistorischen Feinheiten kein Interesse. Er und Augstein rollen für den so oft Beleidigten den roten Teppich aus, was die »wölfische Zeit« betrifft, und quittieren Heideggers Interventionen gleich mehrfach mit dem erleichterten Ausruf »Das ist schlagend, Herr Professor!« – im gedruckten Text vermied man natürlich solche Zustimmungsbekundungen. Wie in vielen Trophäeninterviews üblich, gibt es jede Menge Steilvorlagen, die man wieder herausredigierte. Augstein bedankt sich eingangs artig für die Gelegenheit zum Gespräch: »Dafür bin ich Ihnen besonders dankbar, und das betrachte ich auch, wenn Sie mir das erlauben, als einen gewissen Vertrauensbeweis.« (TA) Ex-SS-Führer Wolff sekundiert aus eigener Erfahrung zur verworrenen Situation am Ende der Weimarer Republik, nachdem Heidegger ein paratgelegtes Eduard-Spranger-Zitat zum »großen positiven Kern der nationalsozialistischen Bewegung« vorgelesen hatte:

> Ja sicher, Herr Professor. Ich stehe ja diesen Ereignissen rein altersmäßig auch näher als so ein junger Mensch wie Herr Augstein. (...) Die sechs Millionen Arbeitslosen, sooft es wiederholt worden ist und sooft es gesagt worden ist und sooft es heute schon fast als banal empfunden wird – aber für uns war es ja damals etwas, was wir mit eigenen Augen sahen. Zumal in meinem Alter damals, nicht wahr – ich machte Abitur und wusste, da kannste bestenfalls Postsekretär mit werden, nicht wahr? Also diese Dinge ... Es würde mich interessieren, zu erfahren, wann sind Sie sozusagen »politisiert« worden? (TA)

Heidegger wittert hier eine Falle und antwortet: »Nach meinem Rektorat. Als ich das Rektorat übernahm, blieb mir keine andere Möglichkeit.« (TA) Und nachdem Wolff noch einmal auf die Frage nach der ursprünglichen »Politisierung« insistiert hat, bleibt Heidegger erst einmal vorsichtig: »Nein, in der Zeit war ich noch ganz in meiner Sache. Interessiert war ich an der Universität, und das war eigentlich das einzige Motiv bereits zur Rektoratsübernahme.« Dann besinnt er sich doch eines Besseren und antwortet: »Ja, ich könnte sagen, dass ich ab 31/32, in der Zeit, die Politik aus der Ferne beobachtet habe« (TA) – was ja nicht ganz falsch war. Augstein kommt ihm zu Hilfe: »Verstehe ich Sie richtig, wenn ich es so sehe, jetzt nach dem, was Sie sagen: Indem Sie die Universität in das, was Sie damals als einen Aufbruch empfanden, wie viele andere auch – indem Sie die Universität da mit hineinnahmen, wollten Sie sie behaupten gegen sonst übermächtige Strömungen, die der Universität ihren Eigenwert nicht mehr gelassen hätten?« Dem kann Heidegger natürlich zustimmen, zumal nun auch noch Petzet verstärkt: »Der Anspruch war ja an uns gerichtet, denn wir waren ja damals die Generation, auf die es angekommen wäre, gegenüber dem, was zum Beispiel mit den ›Politischen Wissenschaften‹ kam und was sich dahinter verbarg, überhaupt das Erbe zu halten.«

Und als Heidegger seine Trias Arbeitsdienst – Wehrdienst – Wissensdienst für den »neuen Menschentypus« aus der Rektoratsrede noch einmal ex post erläutert hat, ganz an Hegels »Aufhebung« geschult, ist Augstein überzeugt:

> Dadurch war der Wissensdienst in eine gleichrangige Position gehoben, der er von der nationalsozialistischen Gegebenheit allein nicht gehabt hätte.
> HEIDEGGER: Ja, eben. Wenn Sie aufmerksam lesen, zwar ist der Wissensdienst da an dritter Stelle, aber dem Sinn nach an erster.
> WOLFF: Ist der herrschende, ja, ja. (TA)

Schließlich versichert Augstein dem Philosophen: »Wir sind gleich mit diesem elenden Zitieren zu Ende, ich muss hier nur noch einen Satz zitieren, wo ich mir nicht ganz vorstellen kann, dass Sie den heute noch unterschreiben würden« (gemeint ist Heideggers Studentenzeitungsaufruf vom »Führer als Gesetz«), und legt nahe, dies sei doch nur »ad usum delphini« gesprochen (vulgo: für dumme Nationalsozialisten).[28] Hier wird es aber selbst Wolff zu bunt, der auf das Motiv des tatsächlich als befreiend empfundenen nationalsozialistischen Aufbruchs hinweist. In diesem Stil geht es weiter. Augstein: »Ich möchte hier aber einige Dinge zur Sprache bringen, wo Herr Wolff und ich zwar wissen, dass sie nicht stimmen, wo aber nicht allgemein bekannt ist, dass sie nicht stimmen.« Heidegger behauptet verwegen: »In meiner Zeit war es (das Philosophische Seminar in Freiburg, L. H.) das einzige Seminar, in dem Husserls Bücher und die ganzen jüdischen Autoren standen, bis zuletzt!« Darauf Augstein: »Eben, das alles, Herr Professor Heidegger, ist eben nicht bekannt. Ich halte das doch bei einem Mann Ihres Ranges für wichtig, dass solche falschen Behauptungen nicht in der Welt herumschwirren. Das ist auf die Dauer nicht richtig.« (TA)

Mitunter ist Augstein auch ehrlich verblüfft, etwa als Heidegger von einer angeblichen »Sportpalastrede« Husserls fabuliert: »Aha. Also das ist mir völlig neu« (TA) – es stimmte ja auch nicht. Dagegen insinuierte Wolff bei der längeren, dann vollständig gestrichenen Passage über Husserls Ehefrau Malvine, die nach dem Ruhm ihres Mannes süchtig war: »Aber Frau Husserl war wohl eine stark neurotische (Gattin, L. H.)«, und gab damit eine Vorlage für Heideggers Argument, erst sein Nachfolger im Freiburger Rektorenamt, der Jurist Eduard Kern, sei ein wirklicher Nationalsozialist gewesen: »Das war ein ausgesprochenes Parteimitglied, der Nachfolger.« Woher Wolff auch immer seine Informationen über Kern bezogen haben mag, so war es eben nicht – es diente nur zur Entlastung des Interviewpartners Heidegger.

Nach dieser Einstimmung auf die Kommunikationssituation und die Tonlage des *Spiegel*-Interviews sollen nun in drei Schritten der Diskurs und der Argumentationshaushalt dieses Gipfelgesprächs analysiert werden. Zunächst werden die Themen des Gesprächs behandelt, dann die redaktionellen Verschiebungen oder Streichungen geschildert und schließlich Heideggers Talent für die geschickte Konstruktion von Halbwahrheiten und Retuschen untersucht. Vorab bleibt festzuhalten: Die Redaktion der *Spiegel*-Gespräche, die sie stilistisch und argumentatorisch in Form bringen soll, ist grundsätzlich legitime Praxis und gehört aus guten Gründen zum Gebrauch dieses Genres. Hier kann es nur um substantielle Abweichungen zwischen Behauptungen, Konstrukten und zeithistorischer Wahrhaftigkeit gehen. Dieses Vorgehen unterscheidet sich von Heideggers Wahrheitsverständnis als allgemeiner »Unverborgenheit« und wendet stattdessen die Mittel einer konkreten Kommunikationsforschung an. Wir halten uns zunächst einmal ausschließlich an die von Heidegger autorisierte, von seinem Sohn Hermann für die Gesamtausgabe legitimierte Fassung des *Spiegel*-Gesprächs.

Nach den einleitenden *Spiegel*-Ehrerbietungen und Danksagungen für das Treffen erzählt Heidegger zunächst seine Variante der Rektoratsübernahme im April 1933 als Nachfolger Wilhelm von Möllendorffs, der nach den politischen Querelen um seine Person zu ihm gekommen sei und gesagt habe: »Heidegger, jetzt müssen Sie das Rektorat übernehmen.« Dann kommen von Heideggers Seite Behauptungen zu mannhaften Akten der Resistenz gleich in den ersten Tagen und Wochen des Rektorats – sein angebliches Verbot der Bücherverbrennung und der Anbringung des antisemitischen »Judenplakats« im Rahmen der reichsweiten Aktion »Wider den undeutschen Geist«. Daraus habe sich nach Heideggers Version »gleich am zweiten Tag meiner Amtsübernahme« ein schwerer Konflikt mit dem Freiburger Studentenführer Hans von Tiesenhausen, der Reichsstudentenführung und dem »SA-Hochschulamt in der Obersten SA-Führung« ergeben (die *Spiegel*-Leute attestierten: »Das war bisher so nicht bekannt«). Das »Grundmotiv«, das Rektorenamt ohne akademische Verwaltungserfahrung zu übernehmen, ergab sich für Heidegger schon aus seiner Antrittsvorlesung (»Was ist Metaphysik?«) aus dem Sommersemester 1929: »Die Gebiete der Wissenschaften liegen weit auseinander. Die Behandlungsart ihrer Gegenstände ist grundverschieden. Diese zerfahrene Vielfältigkeit wird heute nur noch durch die technische Organisation von Universitäten und Fakultäten zusammen und durch die praktische Abzweckung der Fächer in einer Bedeutung erhalten. Dagegen ist die Verwurzelung der Wissenschaften in ihrem Wesensgrund abgestorben.«

Interessant daran ist nicht so sehr die Kritik an der Universitätsorganisation, sondern die Parallelisierung, die Heidegger auch im *Spiegel*-Interview zur »allgemeinen Verwirrung der Meinungen und der politischen Tendenzen von 32 Parteien« in der Weimarer Endphase herstellt. Damit konnten die Sehnsucht nach einer Unio mystica der Wissenschaften in einer nationalsozialistisch reformierten Universität und der Wunsch nach unbedingter völkisch-politischer Führung im »Dritten Reich« gleichgeschaltet und auch im Nachhinein legitimiert werden. Heidegger kritisiert in diesem Sinne auch den Einfluss der zahlreichen studentischen Korporationen und Altherrenverbände an den Universitäten, laviert zwischen Ablehnung der »politischen Wissenschaften« im NS-Sinne und grundsätzlicher Sympathie für den »Aufbruch« von 1933 und interpretiert seine Rektoratsrede eben als einen einzigartigen Akt des geistigen Widerstands – als »Selbstbehauptung« der deutschen Universität, die aber nur Gültigkeit hätte haben können, wenn Heideggers Großreformen durchgeführt worden wären. Dies korrespondiert exakt mit Heideggers Antwortbrief an Herbert Marcuse vom 20. Januar 1948, nachdem dieser, noch immer entgeistert, nach den Motiven für Heideggers Hinwendung zur NSDAP gefragt hatte:

> Zu 1933: Ich erwartete vom Nationalsozialismus eine geistige Erneuerung des ganzen Lebens, eine Aussöhnung sozialer Gegensätze und eine Rettung des abendländischen Denkens vor den Gefahren des Kommunismus. Diese Gedanken wurden ausgesprochen in meiner Rektoratsrede (haben Sie diese ganz gelesen?), in meinem Vortrag über »Das Wesen der Wissenschaft« und in zwei Ansprachen an die Dozenten und Studenten der hiesigen Universität. Dazu kam noch ein Wahlaufruf von ca. 25/30 Zeilen, veröffentlicht in der hiesigen Studentenzeitung. Einige Sätze sehe ich heute als Entgleisung an. Das ist alles.

Im Brief an Marcuse bedient Heidegger auch die übliche Kritik an jenen »Emigranten«, die eben keine Ahnung davon hätten haben können, was damals »im Reich« los war: »Wenn ich Ihrem Brief entnehme, daß es Ihnen ernst ist mit einer richtigen Beurteilung meiner Arbeit und meiner Person, so zeigt mir gerade Ihr Schreiben, wie schwer ein Gespräch mit Menschen ist, die seit 1933 nicht mehr in Deutschland waren und die den Beginn der nationalsozialistischen Bewegung von ihrem Ende aus beurteilen.« Allerdings hätte dieser kurze Briefwechsel mit seinem jüdischen Schüler Marcuse wohl gar nicht stattfinden können, wenn dieser *nicht* emigriert wäre, aber das kam Heidegger offenbar nicht in den Sinn. In dem einstigen SS-Hauptsturmführer Wolff hatte er zweifellos den verständnisvolleren Interpreten gefunden, was die Stimmungen, Fraktionierungen und Zwistigkeiten nach 1933 betraf.

Heidegger nutzt das *Spiegel*-Interview, um darauf zu insistieren, dass er mit dem Kollegen Jaspers noch bis 1938 freundschaftlich in Kontakt gestanden habe – er zeigt Augstein und Wolff die Jaspers-Monographie *Sein und Existenz*, die dieser ihm noch »mit herzlichem Gruß« übersandt hatte; die *Spiegel*-Interviewer sind beeindruckt: »Hier steht: ›Mit herzlichem Gruß‹. Nun, ›herzlich‹ wäre der Gruß, wenn vorher eine Trübung stattgefunden hätte, wohl nicht gewesen.« Abgesehen von den rein sachlichen Differenzen und der neurotischen Gattin Malvine war auch das Verhältnis zu Husserl vor allem von Dankbarkeit geprägt, leider habe *Frau Husserl* im Mai 1933 das Verhältnis der beiden Familien abgebrochen, nachdem ihr *Elfride* noch einen schönen Brief und einen Blumenstrauß geschickt habe. Hier ringt sich Heidegger dann aber doch eine Entschuldigung ab: »Dass ich beim Krankenlager und Tod von Husserl nicht noch einmal meinen Dank und meine Verehrung bezeugte, ist ein menschliches Versagen, um das ich später Frau Husserl in einem Brief um Entschuldigung bat.« Er wehrt sich gegen die – unter anderem ja von Hannah Arendt kolportierte – »Verleumdung«, er habe dem alten Husserl persönlich die Benutzung der Universitätsbibliothek oder der Bibliothek des Philosophischen Seminars verboten; vor allem aber habe er, »was auch nicht bekannt ist«, die beiden hervorragenden jüdischen Gelehrten Siegfried Thannhauser und Georg von Hevesy (George Charles de Hevesy) noch 1933 an der Universität Freiburg »durch Vorsprache beim Minister« gehalten. Der Mediziner Thannhauser wurde freilich auch während des Heidegger-Rektorats zum »wissenschaftlichen Hilfsarbeiter« zurückgestuft und drangsaliert. Schon 1934 emigrierte er in die USA, der Chemiker Hevesy floh zu Niels Bohr nach Kopenhagen.

Zum Ende des ersten Interiewteils erläutert Heidegger, warum er nach dem Rundum-Konflikt mit dem badischen Kultusministerium, dem Gaustudentenführer Gustav Adolf

Scheel und der Freiburger Kollegenschaft (die es ihm etwa verübelte, »dass ich die Studenten mit in die verantwortliche Verwaltung der Universität einbezog – genau wie es heute der Fall ist«) bereits im Februar 1934 seinen Rücktritt annoncierte. Zu diesen Vorgängen finden sich ausführlichere Begründungen in Heideggers Memorandum »Das Rektorat 1933/34. Tatsachen und Gedanken« aus der unmittelbaren Nachkriegszeit; demnach war der schon zermürbte »Führer-Rektor« im »Spätwinter gegen Ende des Semesters 33/34 nach Karlsruhe gebeten« worden, »wo mir Ministerialrat Fehrle im Beisein des Gaustudentenführers Scheel eröffnete, der Minister wünsche, daß ich diese Dekane, v. Möllendorff und Wolf, ihrer Posten enthebe«. Er aber habe sich geweigert und angedroht, »unter Protest gegen diese Zumutung« sein Amt niederzulegen. Dann habe Ministerialrat Fehrle klargestellt, es gehe vor allem um die Personalie Erik Wolf; es sei »auch der Wunsch der juristischen Fakultät, daß das Dekanat anders besetzt werde. Daraufhin erklärte ich, daß ich mein Amt niederlege und um eine Unterredung mit dem Minister bäte. Während meiner Erklärung ging ein Grinsen über das Gesicht des Gaustudentenführers Scheel. Man hatte auf diesem Wege erreicht, was man wollte. Es war aber eindeutig klar geworden, daß Kreise der Universität, die gegen alles, was nach Nationalsozialismus aussah, empört waren, sich nicht scheuten, mit dem Ministerium und der es bestimmenden Gruppe zu konspirieren, um mich aus dem Amt zu drängen.«

In der laut Heidegger folgenden Aussprache mit Kultusminister Otto Wacker war es nun andersherum: »In der Unterredung mit dem Minister, der meine Demission sofort annahm, wurde klar, daß ein unüberwindlicher Zwiespalt bestehe zwischen der nationalsozialistischen Auffassung von Universität und Wissenschaft und der meinigen. Der Minister erklärte, er wünsche jedoch nicht, daß dieser Gegensatz, der wohl auf der Unvereinbarkeit meiner Philosophie mit der nationalsozialistischen Weltanschauung beruhe, als ein Konflikt der Freiburger Universität mit dem Ministerium in die Öffentlichkeit gelange.« Daran hatte selbstverständlich auch Heidegger kein Interesse, dem nicht daran lag, »auf dem Wege eines Konflikts meine Person ins öffentliche Gerede zu bringen«.

Ohnehin war das »Scheitern« des Rektorats für Heidegger ein Anzeichen für metaphysische Probleme an und für sich. Der für sich »bedeutungslose Fall des Rektorats 1933/34« sei wohl ein Anzeichen für den »metaphysischen Wesenszustand der Wissenschaft, die nicht mehr durch Erneuerungsversuche bestimmt und in ihrer Wesensveränderung in reine Technik aufgehalten werden kann. Das lernte ich erst in den nächsten Jahren erkennen.« Außerdem gehe es nicht um irgendwelche Fehler in der Betriebsamkeit irgendeines unbedeutenden akademischen Amts, sondern, so schrieb es Heidegger schon in »Tatsachen und Gedanken«: »Das Wesentliche ist, daß wir mitten in der Vollendung des Nihilismus stehen, daß Gott ›todt‹ ist und jeder Zeit-Raum für die Gottheit verschüttet. Daß sich gleichwohl die Verwindung des Nihilismus ankündigt im dichtenden Denken und Singen der Deutschen, welches Dichten die Deutschen noch am wenigsten vernahmen, weil sie darauf trachten, sich nach den Maßstäben des sie umgebenden Nihilismus einzurichten und das Wesen einer geschichtlichen Selbstbehauptung zu verkennen.«

Diese Reflexionen über die Verwindung des Nihilismus und das dichtende Denken und Singen der Deutschen brachte Heidegger dann, nur leicht modifiziert, wiederum im zweiten Teil des *Spiegel*-Gesprächs unter. Nach einigen Marginalien über Reichserziehungsminister Bernhard Rust und Heideggers Rektoratsnachfolger Eduard Kern legte ihm Georg Wolff eine biographisch pikante Trumpfkarte vor:

»Ich weiß ja aus anderen Quellen, dass Sie Schwierigkeiten mit dem SD hatten und so weiter, aber ich möchte es ganz gerne, dass Sie es mal erzählen, ja, damit wir es dokumentarisch vorliegen haben.« (TA)

Da pflichtete Heidegger natürlich bei: »Ich wurde ständig überwacht« – und zwar vom SD, wie er von einem Dr. Hancke, der als Habilitand in Freiburg auf ihn angesetzt worden sei, habe erfahren müssen, im Nietzsche-Seminar des Sommersemesters 1937. Auf Kurt Hancke, einen der SD-Hoffnungsträger im Umfeld von Franz Alfred Six, kommen wir noch einmal zurück; hier zunächst zur Orientierung Heideggers detaillierter Hinweis aus »Tatsachen und Gedanken«:

> Das Kesseltreiben, das sich auf meine Vorlesungen erstreckte, hatte langsam den beabsichtigen Erfolg. Im Sommersemester 37 erschien in einem Seminar ein Dr. Hancke aus Berlin, der, sehr begabt und interessiert, bei mir mitarbeitete. Alsbald gestand er mir, er könne mir nicht länger verheimlichen, daß er im Auftrag von Dr. Scheel arbeite, der damals den SD-Hauptabschnitt Südwest leitete. Dr. Scheel habe ihn darauf aufmerksam gemacht, daß mein Rektorat der Grund sei für das nicht-nationalsozialistische Gesicht und die laue Haltung der Freiburger Universität. Ich möchte mir hier kein Verdienst zurechnen. Ich erwähne dies nur, um anzudeuten, daß die 1933 einsetzende Gegnerschaft sich durchhielt und verstärkte.

Und mehr noch:

> Derselbe Dr. Hancke sagte mir auch, daß im SD die Auffassung herrsche, daß ich mit den Jesuiten zusammenarbeite. In der Tat waren in meinen Vor-

lesungen und Übungen bis zuletzt Angehörige katholischer Orden (insbesondere Jesuiten und Franziskaner aus der Freiburger Niederlassung). Diese Herren hatten genauso die Möglichkeit der Mitarbeit und der Förderung durch meine Übungen wie andere Studierende. Eine Reihe von Semestern hindurch waren die Jesuiten-Patres Prof. Lotz, Rahner, Huidrobo Mitglieder meines Oberseminars; sie waren oft in unserem Haus. Man braucht ihre Schriften nur zu lesen, um sogleich den Einfluß meines Denkens zu erkennen, der auch nicht abgeleugnet wird. Auch später erstreckten sich die Nachforschungen der Gestapo bei mir ausschließlich auf katholische Mitglieder meines Seminars – P. Schumacher, Dr. Gegenberger, Dr. Bollinger (im Zusammenhang mit der Münchener Studentenaktion Scholl, für welche Aktion man einen Herd in Freiburg und in meinen Vorlesungen suchte).

Damit hatte sich Heidegger vom Vorkämpfer gegen den politischen Katholizismus und die »Schwarzen« von der Zentrumspartei zum Inspirator der »Weißen Rose« gewandelt – Höhepunkt der nun schon komisch wirkenden Selbststilisierung zum Inspirator eines aktiven, schließlich mit der Hinrichtung geahndeten Widerstands. Damit war auch klar, warum die für das »Dritte Reich« brandgefährlichen Heidegger-Etüden über *Platons Lehre von der Wahrheit* entweder nicht besprochen werden oder nur »in titellosem Umschlag unter dem Ladentisch« verkauft werden durften, wie er den *Spiegel*-Gästen weismachte. Als die Dozenten der Freiburger Universität 1944 zu Schanzarbeiten am Kaiserstuhl und anderen Kriegsdienstverpflichtungen eingeteilt wurden (Heidegger: »erstens Ganz-Entbehrliche; zweitens: Halb-Entbehrliche; und drittens Unentbehrliche«), sei er an erster Stelle, mit Gerhard Ritter, den »Ganz-Entbehrlichen« zugeschlagen und auch noch aufgrund seiner Résistance-Vorlesung »Dichten und Denken« als »der älteste Mann unter den einberufenen Mitgliedern des Lehrkörpers« zum Volkssturm einberufen worden. Damit reichte es auch Augstein und Wolff:

> SPIEGEL (Augstein): »Ich glaube, die Vorgänge bis zur tatsächlichen oder sagen wir bis zur rechtlichen Emeritierung, da brauchen wir doch wohl Herrn Professor Heidegger nicht zu hören. Das ist doch bekannt.
> HEIDEGGER: Bekannt sind die Vorgänge freilich nicht. Das ist eine wenig schöne Sache.
> SPIEGEL: Außer wenn Sie noch etwas dazu sagen möchten.
> HEIDEGGER: Nein.

Nachdem sich Heidegger im Interview also nicht über seine »Ausschaltung« aus dem Freiburger Universitätsbetrieb 1945 äußert – man hat den Eindruck, er hätte es doch gerne getan, wenn ihn Augstein oder Wolff danach gefragt hätten –, bildet die Habermas-Kritik an Heideggers kommentarloser Veröffentlichung seiner *Einführung in die Metaphysik* den Übergang im *Spiegel*-Gespräch von dem Ausräumen falscher NS-Verdächtigungen zu den Reflexionen über die politische Weltlage, die moderne Technik, die möglichen Wirkungen einer »praktischen Philosophie«, Hölderlin und das »andere Denken«. Augstein fasst den ersten Teil so zusammen, dass Heidegger »als ein unpolitischer Mensch im engeren Sinne, nicht im weiteren Sinne, in die Politik dieses vermeintlichen Aufbruchs« geraten sei, worauf Heidegger sofort wieder unterbrechend klarstellt: »auf dem Wege der Universität«. Augstein nimmt den Faden auf:

… auf dem Wege über die Universität in diesen vermeintlichen Aufbruch geraten. Nach etwa einem halben Jahr (sic!) haben Sie dabei die übernommene Funktion wieder aufgegeben. Aber: Sie haben 1935 in einer Vorlesung, die 1953 als »Einführung in die Metaphysik« veröffentlicht wurde, gesagt: »Was heute« – das war also 1935 – »als Philosophie des Nationalsozialismus herumgeboten wird, aber mit der inneren Wahrheit und Größe dieser Bewegung (nämlich der Begegnung der planetarisch bestimmten Technik und des neuzeitlichen Menschen) nicht das Geringste zu tun hat, das macht seine Fischzüge in diesen trüben Gewässern der ›Werte‹ und ›Ganzheiten‹.«

Wie bereits bemerkt, ist der Name des damaligen Doktoranden Habermas (der bei dem ebenfalls zeitweise stark NS-attachierten Bonner Kulturtheoretiker Erich Rothacker promovieren wird) in der Druckfassung des Interviews wieder gestrichen, aber Augstein will nun wie Habermas auch wissen, ob Heidegger die Worte in der Klammer (Begegnung der planetarisch bestimmten Technik mit dem neuzeitlichen Menschen) erst 1953 hinzugefügt habe, »etwa um dem Leser von 1953 zu erläutern, worin Sie 1935 die ›innere Wahrheit und Größe dieser Bewegung‹, also des Nationalsozialismus, gesehen haben – oder hatten Sie die erklärende Klammer auch schon 1935 drin?« Heidegger antwortet, dass die Klammerworte schon in seinem damaligen Manuskript »drin« waren und auch seinem damaligen Verständnis entsprochen hätten, aber noch nicht der späteren Auslegung des Wesens der Technik als herausforderndes »Ge-Stell«. Er habe aber die umstrittene Stelle 1935 nicht vorgetragen, so erklärt er es dann für die redigierte Fassung des *Spiegel*-Interviews, weil er ohnehin »vom rechten Verständnis« seiner Zuhörer überzeugt war; »die Dummen und Spitzel und Schnüffler verstanden es anders«.

Wer es auch immer wie verstanden haben mag, Heidegger polemisierte in seiner Vorlesung, in seiner NS-Trotzphase überhaupt, ja nur gegen die Konkurrenten von der politisch-pädagogischen Philosophenfraktion, vor allem gegen Ernst Krieck und Alfred Baeumler und andere falsche Nietzsche-Interpreten, nicht gegen die geschichtliche Legitimation der nationalsozialistischen Bewegung an sich, schon gar nicht gegen den »Führer«. Und es leuchtet auch nicht so ganz ein, warum die Begegnung von moderner, raumzeitlich transzendierender Technologie mit dem »neuzeitlichen Menschen« nun ausgerechnet für den Nationalsozialismus bezeichnend gewesen sein soll. Im *Spiegel*-Gespräch konzediert Heidegger auf Nachfrage dann auch, die »Bestimmung« durch planetarische Technik gelte auch für den Kommunismus und den US-Kapitalismus. Für ihn ist die entscheidende Frage, »wie dem heutigen technischen Zeitalter überhaupt ein – und welches – politisches System zugeordnet werden kann. Ich bin nicht überzeugt, dass es die Demokratie ist.«

Diese später häufiger diskutierte Aussage konnte nur die überraschen, die nicht vollständig realisiert hatten, dass Heidegger ja zeit seines Lebens nie Demokrat war und den politischen Betrieb mit seinen Parteien, Klüngeln, Ausschüssen und Lobbygruppen sowieso verachtete – vor 1933, nach 1945 und auch zum Zeitpunkt des *Spiegel*-Interviews, als er immerhin daran interessiert war, die Klerikalpolitiker von der CDU/CSU endlich aus der Bundesregierung fliegen zu sehen. Die interessantere Frage, ob und wie sehr technologische Konstellationen politische Systeme formen oder gar bedingen, hätte ein Modell der Technik- und Medienevolution vorausgesetzt, über das Heidegger nicht verfügte[29] – von seiner Ignoranz in Sachen Sozialwissenschaft oder »Politologie« einmal ganz abgesehen. So entfaltete der Philosoph im *Spiegel*-Interview seine intuitiv und grundsätzlich durchaus anregende, aber letztlich doch im Erstaunen und Erschrecken befangene Technikphilosophie: Die Technik »in ihrem Wesen« ist demnach etwas, das der Mensch nicht in der Hand hat; sie ist kein »Werkzeug« und hat auch nichts mehr mit Werkzeugen zu tun. »Das Walten des Ge-Stells besagt: Der Mensch ist gestellt, beansprucht und herausgefordert von einer Macht, die im Wesen der Technik offenbar wird. (…) In dem, was das Eigenste der modernen Technik ausmacht, verbirgt sich gerade die Möglichkeit der Erfahrung, des Gebrauchtseins und des Bereitseins für diese neuen Möglichkeiten. Zu dieser Einsicht zu verhelfen: mehr vermag das Denken nicht, und die Philosophie ist zu Ende.«

Damit sind die *Spiegel*-Leute nicht zufrieden, und es entwickelt sich im Dialog über moderne Technik, abstrakte Kunst und das vielleicht rettende, unzeitgemäße Dichten und Denken eine Konstellation, in der vor allem Wolff Heidegger implizit mit der neomarxistischen Frankfurter Gesellschaftstheorie im Sinne einer »gesellschaftsrelevanten« Sozialphilosophie konfrontiert, während Heidegger zum einen nicht als planer Kultur- und Technikkritiker, auch nicht als »Nihilist« auftreten will, zum anderen jede Form von »Philosophie« für erledigt erklärt. Denn die »Philosophie«, die sich disziplinär in »die Wissenschaften« und vor allem in die »Kybernetik« (Heideggers neues Zauberwort) aufgelöst hat, kann ohnehin nicht mehr praktisch wirken. Die *Spiegel*-Interviewer geben sich als pragmatische Weltbeobachter, Heidegger betont die bestenfalls »mittelbare Wirkung« des anderen Denkens im Sinne von Hölderlin und den Vorsokratikern; vielleicht führe der Weg dieses Denkens sogar zum Schweigen, »um das Denken davor zu bewahren, dass es verramscht wird innerhalb eines Jahres. Es kann gut sein, dass es 300 Jahre braucht, um zu ›wirken‹.«

Vor allem in seiner Festrede »Zur Frage nach der Sache des Denkens«, gehalten in Amriswil für den Schweizer Psychiater Ludwig Binswanger, hatte Heidegger im Oktober 1965 formuliert, die neue, »alle Wissenschaften in einem neuen Sinn von Einheit einigende« Wissenschaft heiße »Kybernetik«. Auf den Begriff war er bereits erstaunlich früh, in den fünfziger Jahren, gestoßen; Norbert Wieners begriffsprägendes Buch *Cybernetics or Control and Communication in the Animal and the Machine* (1948) erschien erst 1963 auf Deutsch unter dem Titel *Kybernetik. Regelung und Nachrichtenübertragung im Lebewesen und in der Maschine.*[30] Die in den berühmten Macy-Konferenzen von 1948 bis 1953 interdisziplinär konturierte Kybernetik, eine Mischung aus Physik, Nachrichtentheorie, Mathematik, Kommunikationsforschung und Sozialwissenschaft, schien sich in den sechziger Jahren zur hoffnungsvollen Supradisziplin zu entwickeln, bis hin zu Modellen politischer Steuerung, bevor sie dann in Computer Sciences und Informatik aufging. Noch 1968 hatten zwei deutsche Autoren, Ralf Lohberg und Theo Lutz, in einem Buchtitel formuliert: »Keiner weiß, was Kybernetik ist.«

Heidegger wusste es auch nicht so genau, aber der Kybernetik-Begriff und die damit verbundene Vorstellung umfassender Technisierung schienen ihm exakt das zu bezeichnen, was er mit dem »Ge-Stell« meinte. Die Kybernetik mit ihren Leitgedanken Information, Steuerung und Rückkopplung, so Heidegger in seiner Amriswiler Rede, bleibe »darauf eingestellt, überall die Sicht auf durchgängig steuerbare Vorgänge bereit- und herzustellen«. Die schrankenlose Macht, die »eine solche Herstellbarkeit« fordere, bestimme »das Eigentümliche der modernen Technik, entzieht sich jedoch allen Versuchen, sie selbst noch technisch vorzustellen«. Der Mensch sei nur noch »Störfaktor« in der kybernetischen Rechnung. Wer sich für eine forcierte, in der Resistenz gegen Kybernetik, quantitative Linguistik oder Soziologie entwickelte Version von Heideggers Technikphilosophie interessiert, für den kann das *Spiegel*-Interview lediglich einen ersten Hinweis auf die vorausgegangene Amriswiler Rede geben. Schon in den zwanziger Jahren hatte Heidegger die Umweltlehren Jakob von Uexkülls rezipiert, der als Vorläufer der Biokybernetik gilt (mit Begriffen wie »Rezeptor«, »Merkorgan«, »Wirkorgan«, »Effektor«). Auch der stete Kontakt mit Naturwissenschaftlern wie Werner Heisenberg (1901–1976) oder Carl Friedrich von Weizsäcker (1912–2007) wird Heideggers Interesse an der geheimnisvollen Kybernetik stimuliert haben.

Mit seinem Lob für das philosophische Schweigen – als »Sigetik« hatte er es bereits 1938 überhöht – und seinem Plädoyer für die eigensinnige bäuerlich-dichterische Menschensprache hatte Heidegger immerhin seine Schlüsse aus dem »Einsatz« für den Nationalsozialismus gezogen und zugleich gegen die gesellschaftstheoretischen »Eingriffe« Adornos oder Horkheimers Front gemacht; die Frankfurter Sozialforscher bekamen dann wiederum ihre eigenen Probleme mit praktischen Ummünzungen durch die 68er-Studentenbewegung. Der interessanteste Dialog des *Spiegel*-Gesprächs ergibt sich jedenfalls, als Georg Wolff Heideggers Überlegungen zum Wesen der Technik mit dem Einwand begegnet: »Man könnte Ihnen doch ganz naiv entgegenhalten: Was soll hier bewältigt werden? Es funktioniert ja alles. Immer neue Elektrizitätswerke werden gebaut. Es wird tüchtig produziert. Die Menschen werden im hochtechnisierten Teil der Erde gut versorgt. Wir leben im Wohlstand. Was fehlt hier eigentlich?«

Heidegger erwidert, gerade dass alles funktioniere, sei eben »das Unheimliche, dass es funktioniert und dass das Funktionieren immer weiter treibt zu einem weiteren Funktionieren und dass die Technik den Menschen immer mehr von der Erde losreißt und entwurzelt. Ich weiß nicht, ob Sie erschrocken sind, ich bin jedenfalls erschrocken, als ich jetzt die Aufnahmen vom Mond zur Erde sah. Wir brauchen gar keine Atombombe, die Entwurzelung des Menschen ist schon da. Wir haben nur noch rein technische Verhältnisse. Das ist keine Erde mehr, auf der der Mensch heute lebt.«

Nachdem Heidegger noch von einem langen Gespräch mit René Char über neue Raketenbasen in der Provence berichtet hat, schaltet sich Augstein ein und fragt: »Nun müssen wir sagen, wir sind zwar lieber hier, und zu unseren Zeiten werden wir ja wohl auch nicht mehr weg müssen; aber wer weiß, ob es die Bestimmung des Menschen ist, auf dieser Erde zu sein? Es ist denkbar, dass der Mensch überhaupt keine Bestimmung hat. Aber es könnte eine Möglichkeit des Menschen auch darin gesehen werden, dass er von dieser Erde auf andere Planeten ausgreift. Es wird sicher noch lange nicht soweit sein. Nur, wo ist geschrieben, dass er hier seinen Platz hat?«

Dies ist ein intelligentes und eigentlich naheliegendes Argument gegen Heideggers Anthropozentrismus, der auch in dem *Spiegel*-Interview immer wieder in ökologisch gewendeter Form durchscheint – obwohl der Philosoph doch ansonsten von jeder »Anthropologie« wegkommen wollte zugunsten der fragend begriffenen Seinsgeschichte. Heidegger hat sich aber seine Argumentationskette vom Menschen als »Hüter des Seins« aufgebaut und kann nur mit einer »historisch« erfahrenen Setzung antworten: »Nach unserer menschlichen Erfahrung und Geschichte, soweit ich jedenfalls orientiert bin, weiß ich, dass alles Wesentliche und Große nur daraus entstanden ist, dass der Mensch eine Heimat hatte und in einer Überlieferung verwurzelt war.« Dies führt ihn, wie wir bereits geschildert haben, zur Kritik an der »weitgehend destruktiven« heutigen Literatur.

Es zeigt sich hier aber deutlich, wie Heideggers scharfsinnige Beobachtung vom Siegeszug der »Kybernetik« ihn nicht darauf brachte, die kybernetischen Rückkopplungen im Sinne einer Ko-Evolution von Biochemie, Bewusstsein und Technologie trans- oder gar posthumanistisch zu denken, sondern sie als Bedrohungen der eigentlichen »Heimat« des Menschen auf der Erde zu verstehen. Die Philosophie begann damit erdverbunden-mediterran bei den Griechen und hörte im Schwarzwald bei Heidegger auf. Während die Kybernetik als Über-Wissenschaft der rechnenden Vernunft die praktische Weltherrschaft übernommen hat, geht es für Heidegger im Gegen-Spiel nun darum, wieder im Adventsdenken auf die mögliche Ankunft »des Gottes« oder »der Götter« zu hoffen: »Die Philosophie wird keine unmittelbare Veränderung des jetzigen Weltzustandes bewirken können. Dies gilt nicht nur von der Philosophie, sondern von allem bloß menschlichen Sinnen und Trachten. Nur noch ein Gott kann uns retten. Die einzige Möglichkeit einer Rettung sehe ich darin, im Denken und Dichten eine Bereitschaft vorzubereiten für die Erscheinung des Gottes oder für die Abwesenheit des Gottes im Untergang; dass wir nicht, grob gesagt, ›verrecken‹, sondern wenn wir untergehen, im Angesicht des abwesenden Gottes untergehen.«

Diese neoscholastische Gestimmtheitsphilosophie angesichts eines möglichen Weltuntergangs, den dann die »Wenigen« wenigstens seinsgeschichtlich stabilisiert erleben, verwirrt Wolff doch nachhaltig, so dass er noch einmal nachfragt: »Gibt es einen Zusammenhang zwischen Ihrem Denken und der Herauskunft dieses Gottes? Gibt es da, in Ihrer Sicht, einen Kausalzusammenhang? Meinen Sie, dass wir den Gott herbeidenken können?« Aber Heidegger, so leid es ihm tut, kann da nicht weiterhelfen, es sei »höchstens die Bereitschaft der Erwartung« vorzubereiten.

Wahrscheinlich zählt die vom *Spiegel* als Überschrift gewählte Sentenz »Nur noch ein Gott kann uns retten« zu den bekanntesten Stellen des Interviews, und sie mag auch denjenigen Rätsel aufgegeben haben, die Heidegger nach seinem Bruch mit dem System des Katholizismus für einen Atheisten hielten, was er aber eben nicht sein wollte, auch kein Pantheist oder Agnostiker. In den mystifizierenden, später zum zweiten Hauptwerk stilisierten Notaten *Beiträge zur Philosophie (Vom Ereignis)* heißt es dazu: »Das Seyn aber ist die Not-schaft des Gottes, in der er *sich* erst findet. Warum aber der Gott? Woher die Not-schaft? Weil Abgrund verborgen? Weil einer Über-treffung ist, deshalb die Übertroffenen als die gleichwohl Höheren. Woher die Übertreffung, Ab-grund, Grund, Sein? Worin besteht die Gottheit der Götter? Warum das Seyn? Weil die Götter? Warum die Götter? Weil das Seyn?« Nun, mit solchen paratheologischen Fragenkaskaden verschonte der Philosoph die beiden *Spiegel*-Gäste; es bleibt nur festzuhalten, dass mit dem *einen* »Gott« im *Spiegel*-Gespräch auf jeden Fall nicht der christliche Gott, in welcher theologisch-dogmatischen Auslegung auch immer, gemeint ist. Alle anderen Projektionen von »Gott« und den »Göttern« im Kontext der griechischen Mythologie sind möglich.

Wenn wir hier, in der Darstellung des zweiten Gesprächsteils, doch einmal im Vorgriff auf die Tonbandaufnahme und geänderte oder gestrichene Stellen kommen, dann deshalb, weil sich in ihr stärker verdeutlicht, dass Augstein und vor allem Wolff doch sehr verzweifelt gegen Heideggers attentistische, im psychologischen Sinn als passiv-aggressiv zu bewertende Abwehrhaltung anfragen, auch wenn Augstein der Meinung ist, dass es ohnehin »ein Missverständnis der Philosophie gewesen« sei, wenn diese »direkt mit der Philosophie ohne Transmissionsriemen die Geschichte beeinflussen« wolle. Wolff fragt jedenfalls in einer komplett gestrichenen Passage zweimal nach Hitler als »Scharlatan«, dem das Fehlen einer verbindlichen oder stärker vermittelten

Moralphilosophie überhaupt erst den politischen Raum eröffnet habe:

> Deutschland könnte also heute in einen Krieg gezogen werden. Und hinterher kann man Sieger sein oder Verlierer. Wenn man Verlierer ist, wird man verurteilt, moralisch. Man kann auch als Sieger moralisch verurteilt werden. In solchen Situationen geht man doch zum Denker, zum Weisen. Und fragt ihn: »Was soll ich tun?« Und das ist ja eine ernsthafte Frage. Und weil aus der Philosophie, ja man kann es so sagen, zumeist heute keine Antwort kommt, wird die Antwort von Scharlatanen übernommen. Von denen Adolf Hitler einer war. Und das ist die Situation, und ich weiß nicht, ob man darauf antworten kann, indem man sagt: »Na, in 300 Jahren.« Das ist wohl zu einfach. (TA)

Nachdem Heidegger kurz und erratisch geantwortet hat: »Ja, das heißt für mich, dass ich aufhöre zu denken«, hakt Wolff noch einmal nach – und hier werden die Verbindungen zu seiner eigenen SS-Biographie besonders deutlich:

> Also, ich glaube, Hitler – ich weiß, was ich schon immer von ihm gedacht habe, aber es wäre mal interessant zu hören, was Herr Heidegger dazu sagt – als die Figur, die in einem Vakuum steht. Die Menschheit ... die Deutschen haben nicht gewusst, wohin die Bahn geht. Keiner hat ihnen eine vernünftige Antwort gegeben, und daher kommt's zu einem Vakuum. Gut, ich meine, diese Mythen gibt es in England, gibt es in Frankreich, die gibt es überall und haben also auch Ursachen ... die mit der christlichen Religion zusammenhängen und

so fort und so fort. Aber dass in Deutschland der Antisemitismus zu einer solchen fürchterlichen Wirkung führt, dass sechs Millionen Menschen vernichtet werden, dafür muss es doch Erklärungen geben. Und ich glaube, das liegt nicht zuletzt daran – und das kann man, sehen die Philosophen anders –, dass sie kein Moralgebäude für Deutschland gebaut haben extra, nicht wahr, für unsere Bedürfnisse, damit wir nicht also in diese Gasse hineingelaufen sind mit den Juden. Aber ich glaube, diese Situation, die wir jetzt hier haben, wo Professor Heidegger sagt: »Ich weiß es auch nicht« – dass da diese Vakuumsituation ... das, was Sie nicht nennen ... und in der kann in kritischen Situationen alles passieren. (TA)

Heidegger aber will zu »Hitler« nichts einfallen, nicht einmal ein Wort, nicht ein Attribut, und so biegt er die Fragen wieder zum technikphilosophischen Diskurs um, den er gar nicht so pessimistisch verstanden haben möchte. Schon viel wäre gewonnen, wenn nur erst einmal der Mensch ein Verhältnis zur Technik gewönne; der Nationalsozialismus sei »zwar in die Richtung gegangen«, diese Leute, also die Nationalsozialisten »aber waren viel zu unbedarft im Denken, um ein wirklich explizites Verhältnis zu dem zu gewinnen, was heute geschieht und seit drei Jahrhunderten unterwegs ist« – so verschwommen konnten es dann auch die *Spiegel*-Leser rezipieren. Adolf Hitler und auch Himmler, Goebbels, Göring, Speer oder Heydrich blieben im Jahr 1966 komplett außen vor.

Nachdem Augstein zu Heideggers Verdruss darum gebeten hat, in dem kleinen Arbeitszimmer rauchen zu dürfen – der Philosoph lässt es dann grummelnd zu –, und nach den Fragen zum Destruktiven in der Kunst möchte Heidegger eine Pause (»ich wusste nicht, dass es so lange dauern wird«). Augstein erlöst ihn:

> Ich glaube, Herr Professor Heidegger, wir haben für unsere Zwecke jetzt den dienstlichen Teil hinter uns gebracht.
> WOLFF: Nein, ich meine, wir müssen noch den einen Satz sagen.
> AUGSTEIN: Ja?
> WOLFF: Wir danken für das Gespräch!

Was wurde nun bei diesem Gespräch in dem komplizierten Prozess des Redigierens von beiden Seiten für die Druckfassung gestrichen, ergänzt oder umformuliert? Im Folgenden soll es um die wesentlichen Punkte gehen, nicht um philologische Kleinigkeiten oder stilistische Glättungen. Heidegger strich aus seinen Antworten einen Angriff auf die studentischen Korps und Burschenschaften, die in der Weimarer Republik »ja gar kein Verhältnis zur Universität mehr hatten«. Dieses hatte er mit der Geschichte eines herumirrenden Studenten belegt, der von einem Dozenten ein Testat haben wollte, ohne je in dessen Kolleg gewesen zu sein. Hier hatte ihm Adjutant Heinrich Wiegand Petzet lebhaft zugestimmt: »Darf ich dazu sagen: Das habe ich damals stark miterlebt! Ich hatte eine ganze Reihe von Freunden auch aus der Schule, die in Korporationen eintraten – von denen hatte überhaupt keiner überhaupt irgendein wirklich echtes Verhältnis zu dem, was auf dieser ja nun geistig sehr anspruchsvollen Universität geschah. Die wussten ja auch von Ihnen (Heidegger, L. H.) gar nichts!«

Nun musste Heidegger dann ja miterleben, dass in der Transformation von den klerikalen oder waffenstudentischen Korporationen zum SA-Dienst oder den NS-Kameradschaftshäusern auch kein Heil lag. Gestrichen wurde der

Wortlaut des längeren Zitats von Eduard Spranger aus dessen Zeitschrift *Die Erziehung*, mit dem Heidegger (»Soll ich Ihnen was vorlesen? Hab's hier nämlich schon bereitgelegt«) nachweisen wollte, dass sein Intimfeind Spranger 1933 ebenfalls den Aufbruch der NS-Bewegung begrüßt hatte. Spranger hatte in seinem Artikel unter anderem in dem »Willen zur Volkswerdung« einen »großen positiven Kern der nationalsozialistischen Bewegung« ausgemacht, allerdings hatte er auch schon im Dezember 1932 an seine Freundin Käthe Hadlich geschrieben: »Kommt in Preußen eine rein nationalsozialistische Regierung, so bedeutet das für mich den Rückzug ins Privatleben. Fraglich ist dabei nur, ob man mich aktiv entfernen oder ob man mich moralisch nötigen wird, zu gehen. Diese Bewegung verträgt keine Menschen mit eigenem Kurs, wie es ja selbstverständlich ist.«

Entfernt wurde von Heidegger ein Hinweis auf den unglücklichen Reichskanzler und General Kurt von Schleicher, für dessen Querfrontkonzeption der »Tat«-Kreis um Zehrer und Wirsing publizistisch geworben hatte. Diese Streichung ist durchaus signifikant, weil sich hier bestätigt, wo sich Heidegger 1932 politisch verortete. Deshalb sei die Schleicher-Referenz hier noch einmal im umfassenderen Kontext (TA) wiedergegeben:

> AUGSTEIN: Verstehe ich Sie richtig, wenn ich es so sehe (...): Indem Sie die Universität in das, was Sie damals als einen Aufbruch empfanden, wie viele andere auch, indem Sie die Universität da mit hineinnahmen, wollten Sie sie behaupten gegen sonst vielleicht übermächtige Strömungen, die der Universität ihren Eigenwert nicht mehr gelassen hätten?
>
> HEIDEGGER: Ja! Und gleichzeitig positiv gegenüber dem Verfall, den ich hier schon angedeutet habe,

die Zersplitterung, die bloß technische Organisation der Universitäten. Ich wollte vom Inhalt her wieder der Universität eine Aufgabe geben.
PETZET: Der Anspruch war ja an uns gerichtet, denn wir waren ja damals die Generation, auf die es angekommen wäre gegenüber dem, was zum Beispiel mit den »politischen Wissenschaften« kam und was sich dahinter verbarg, das Erbe zu halten.
HEIDEGGER: Hmm. (zustimmend)
PETZET: Das war der Anspruch an uns!
WOLFF: Soll ich es so verstehen, Sie meinten damals, eine Gesundung der Universität mit den Nationalsozialisten zusammen machen zu können, das heißt ...
HEIDEGGER: Das ist falsch ausgedrückt.
WOLFF: Ja? Dann Verzeihung, ich wollte es nämlich klar haben, ja?
HEIDEGGER: Nein, nicht mit den Nationalsozialisten zusammen, sondern die Universität selber aus sich heraus wieder erneuern und dadurch eine feste Position gegenüber zu finden. Und positive Kräfte zu bilden, um noch eingreifen zu können. Ich habe damals eben noch geglaubt, es wäre möglich, die Sache aufzufangen. So wie zum Beispiel Schleicher oder so, in dem Sinn.
AUGSTEIN: Und deswegen auch eben diese drei Säulen, die ja aus dem Zusammenhang gerissen etwas merkwürdig klingen: Arbeitsdienst, Wehrdienst, Wissensdienst.
HEIDEGGER: Ja!

Heidegger stellte nun seinen eigenen Kontext her, indem er den Bezug zu »Schleicher« durch eine nebulösere »Besinnung auf die Überlieferung des abendländisch-europäischen

Denkens« ersetzte, an anderer Stelle auch durch seine Hoffnung auf eine »nationale und vor allem soziale Einstellung«, »etwa im Sinne des Versuchs von Friedrich Naumann«. Damit war Heideggers nationaler Sozialismus auf einmal in der Nähe des Nationalliberalen Naumann gelandet. Zudem wurden von Heidegger wieder entfernt: eine Anekdote zu Frau von Möllendorff, die Heidegger nach 1945 auf seine »Stulpenstiefel« und seine angebliche »SS-Uniform« angesprochen hatte, die er bei Vorlesungen getragen habe; das Zitat von Paul Valéry (»Wenn man das Denken nicht angreifen kann, greift man den Denker an«); eine Passage zur Schlageter-Feier, die von dem damaligen Freiburger Rektor Hans Spemann schon 1923 viel pompöser aufzogen worden sei als seine eigene bescheidene Ansprache 1933; die Invektiven zu Malvine Husserl (»sie hatte eine etwas laute, krähenhafte Stimme«); die These, dass auch Naturwissenschaftler von Rang wie Carl Friedrich von Weizsäcker sich über die Substanz ihrer Disziplinen nicht verständigen könnten (»Die sind absolut im Unklaren, was das ist, die Physik«); ein schwer zu decodierender Hinweis drauf, dass er, Heidegger, beim großen alliierten Luftangriff Ende 1944 beinahe noch in Freiburg umgekommen wäre. Auch eine Passage über eine große neue japanische Publikation erschien ihm im Nachhinein wohl doch zu werblich:

> HEIDEGGER: Ich meine, in Japan ist jetzt eine große Publikation geplant von bedeutenden Zen-Meistern in sechs Bänden. Und, entschuldigen Sie, wenn ich das sage, als Einzige vom Westen sind eingeladen mitzuwirken an dieser Publikation: Gropius, Heidegger und Gundert. (...) Also, Sie dürfen mich nicht falsch verstehen, erstens kein Pessimismus ...
> WOLFF: Das ist sehr wichtig, was Sie jetzt sagen ...
> HEIDEGGER: ... erstens kein Pessimismus und

zweitens kein Abseitsstehen, sondern mein Gedanke zielt ja gerade auf die Auseinandersetzung mit der technischen Welt. Aber ich stehe allein.
WOLFF: Weiß ich nicht, das weiß ich nicht.
HEIDEGGER: Sie sehen die Übermacht der heutigen Wissenschaften und das Vordringen der Soziologie und alle diese Dinge, nicht? Wir werden ja vollständig versoziologisiert!

Auch dieser neue Angriff auf Adorno & Co. entfiel. Der von Víctor Farías und anderen gehegte Verdacht, Heidegger habe im Dialog mit Wolff und Augstein Gefährliches oder Überraschendes über sein NS-Engagement verraten, das dann eventuell wieder herausredigiert worden sei, lässt sich nach der Analyse der Tonbandabschrift textkritisch nicht halten. Dies trifft weitgehend auch für Heideggers *Einfügungen* zu, mit denen er im ersten Teil des Gesprächs seine Aussagen mit seiner Rechtfertigungsschrift »Tatsachen und Gedanken« harmonisiert oder im zweiten Teil eigene Schriften wie *Was heißt Denken?* (1954) referiert, etwa mit dieser neuen Schlusspassage vor dem rituellen »Wir danken Ihnen für das Gespräch«:

> Nimmt man als Rahmen für die Zuordnung von Kunst und Dichtung und Philosophie den »Kulturbetrieb«, dann besteht die Gleichstellung zu Recht. Wird aber nicht nur der Betrieb fragwürdig, sondern auch das, was »Kultur« heißt, dann fällt auch die Besinnung auf dieses Fragwürdige in den Aufgabenbereich des Denkens, dessen Notlage kaum auszudenken ist. Aber die größte Not des Denkens besteht darin, dass heute, soweit ich sehen kann, noch kein Denkender spricht, der »groß« genug wäre, das Denken unmittelbar und in geprägter

Gestalt vor seine Sache und damit auf den Weg zu bringen. Für uns Heutige ist das Große des zu Denkenden zu groß. Wir können uns vielleicht daran abmühen, an schmalen und wenig weit reichenden Stegen eines Übergangs zu bauen.

So elaboriert konnte es auch Heidegger im direkten Gespräch nicht formulieren. Die interessanteste nachträgliche Einfügung ist wohl, dass Heidegger seine Rektoratsrede noch einmal antisoziologisch rechtfertigt. Er würde demnach »heute noch und heute entschiedener denn je die Rede von der ›Selbstbehauptung der deutschen Universität‹ wiederholen, freilich ohne Bezugnahme auf den Nationalismus. An die Stelle des ›Volkes‹ ist die Gesellschaft getreten. Indes wäre die Rede heute ebenso in den Wind gesprochen wie damals.« Und was das *Spiegel*-Bonbon des Redens »ad usum delphini« betrifft, weist Heidegger diese Verniedlichung in einer Einfügung selbst markant zurück: »Aber ich muss betonen, dass die Wendung ›ad usum delphini‹ zu wenig besagt. Ich war damals des Glaubens, dass in der Auseinandersetzung mit dem Nationalsozialismus ein neuer und der allein noch mögliche Weg zu einer Erneuerung sich öffnen könnte.« Es gab also auch in diesem Gespräch bei Heidegger kein Zurückweichen, auch keine verblüffenden Reflexionen, sondern nur den Rückgriff auf die vorfabrizierten zeithistorisch-biographischen Verortungen.

Was die Erstredaktion des Gesprächs durch den *Spiegel* betrifft, so wurde hier von Wolff vor allem der leicht servile Ton durch ein etwas kräftigeres, insistierendes Fragen ersetzt; zudem strich er natürlich mögliche Hinweise auf seine eigene SD-Vergangenheit, etwa auf jene mysteriösen »Quellen«, durch die er von der SD-Überwachung Heideggers erfahren haben wollte. Rudolf Augstein mochte einen Seitenhieb auf Carl Schmitt, mit dem er in den fünfziger Jahren noch presserechtlich zu kooperieren versucht hatte, nicht in der Druckfassung stehen lassen: »Ich nehme beispielsweise Carl Schmitt diesen Punkt einfach übel, dass der sich in den allgemeinen Trend seiner Universitätskollegen, von denen er doch wissen muss, dass sie zum Teil einen hohen Rang hatten, eingeordnet hat. Das nehme ich einem Mann wie Carl Schmitt persönlich übel. Das ist einer der Punkte, wo ich sage, man durfte sich eben nicht einordnen, nicht?« Heidegger sagt dazu lieber gar nichts, so wie er sich auch an Jürgen Habermas' Kritik und seine unmittelbare erregte Reaktion gegenüber Elfride nicht erinnern will:

>WOLFF: Aber Sie wissen ja, Sie sind ja auch von Jürgen Habermas da mal attackiert worden, an dieser Stelle, nicht wahr?
>HEIDEGGER: Das weiß ich nicht.
>WOLFF: Das wissen Sie nicht, nein, nein. Sie können ja auch nicht alles lesen. Aber darüber hat es ja einen Streit gegeben.
>HEIDEGGER: Wann?
>WOLFF: Hmm, über das, wie das gemeint gewesen ist ... (also der von Habermas thematisierte Klammersatz aus *Einführung in die Metaphysik*, L. H.)

In Sachen Husserl-Beerdigung ließ Augstein lieber sein an Heidegger gewendetes Bekenntnis weg: »Jeder Mensch auf der Welt hat das Recht, zu jedem Begräbnis auf der Welt nicht hinzugehen.« Heidegger fügt da noch hinzu: »Aber wenn ich hingegangen wäre, hätte man mich aus dem Friedhof verwiesen« – wohl wegen des schlechten Verhältnisses zu Malvine, denn mit Husserl stand er, bei allen fachphilosophischen Differenzen, »bis zum Ende reizend« (TA). Der alte Husserl wird das anders gesehen haben.

Für Heideggers Linie in Sachen Vergangenheitspolitik sind nicht so sehr die Streichungen oder irgendwelche gravierenden redaktionellen Eingriffe in das *Spiegel*-Interview signifikant, sondern eine seit 1945 konsequent durchgehaltene Strategie der Realitätskonstruktion durch Beschönigungen und Retuschen. Hier gilt durchgängig: Für Heideggers Akte der Resistenz oder des »geistigen Widerstands« gibt es kaum Belege, etwa in Form von Archivdokumenten oder Erinnerungen von Zeitzeugen, ausgenommen die Angriffe auf die falschen, weil konkurrierenden und zeitweise mächtigeren Um-Interpreten des wahren Nationalsozialismus und ein allgemeiner Widerwille gegen die »Machenschaften« von Propaganda und moderner Technik. Dem stehen seine denunziatorischen Gutachten und die wilden Reden in den »Lagern« oder universitären Veranstaltungen gegenüber, die *sehr gut* dokumentiert sind.

Mit dem *Spiegel*-Interview perpetuiert Heidegger also seinen Grundtenor der Behauptungen und Narrative über sein Wirken in den Jahren 1933/34, die sich zumindest 1966 nicht direkt als Lügen widerlegen ließen, weil Heidegger hier durchaus geschickt reale Universitätskonflikte und undurchsichtige hochschulpolitische Entwicklungen mit rein subjektiver, entlastender Erinnerungsarbeit mischt. Man kann auch davon ausgehen, dass er an seine Konstruktionen glaubte, je öfter er sie wiederholte und mit neuen Details anreicherte. Dies beginnt schon eingangs des *Spiegel*-Gesprächs mit der treuherzigen Versicherung, er sei im Frühjahr 1933 gleichsam von seiner Hütte herabgestiegen und unvorbereitet ins Rektorat lanciert worden, auf Bitten Möllendorffs, Josef Sauers und der »jungen Leute, ich will die Namen aller jetzt nicht nennen, die mich bearbeiteten, Schadewaldt und alle, und ich sagte, ich mache es nur im Interesse der Universität« (TA). Nun wissen wir heute von Heideggers Kontakten zu dem kampfbereiten NS-Pädagogen Ernst Krieck im März

1933 oder von dem Brief des NS-Vorkämpfers Wolfgang Aly an den badischen Hochschulreferenten Eugen Fehrle vom 9. April 1933: »Er (Heidegger, L. H.) besitzt unser vollstes Vertrauen, so daß wir bitten, ihn einstweilen als unsern Vertrauensmann an der Universität Freiburg zu betrachten. Herr Kollege Heidegger ist nicht Parteimitglied und hält es im Augenblick auch nicht für praktisch dies zu werden, um den anderen Kollegen gegenüber, deren Stellung noch ungeklärt oder gar feindlich ist, freiere Hand zu haben.« Heideggers Behauptung, »niemand wusste, wie ich zu den Dingen stehe, ich war nicht in der Partei und nichts« (TA), hätte aber auch von Augstein und Wolff in Zweifel gezogen werden können, wenn sie in Schneebergers Dokumentenband den Artikel der Tageszeitung *Der Alemanne*, dem »Kampfblatt der Nationalsozialisten Oberbadens«, gelesen hätten:

> Am Tage der deutschen Arbeit, am Tage der Volksgemeinschaft, vollzog der Rektor der Freiburger Universität Professor Dr. Martin Heidegger seinen offiziellen Eintritt in die NSDAP. Wir Freiburger Nationalsozialisten sehen in diesem Akt mehr als eine äußerliche Anerkennung der vollzogenen Umwälzung und der bestehenden Machtverhältnisse. Wir wissen, daß Martin Heidegger in seinem hohen Verantwortungsbewußtsein, in seiner Sorge um das Schicksal und die Zukunft des deutschen Menschen mitten im Herzen unserer herrlichen Bewegung stand, wir wissen auch, daß er aus seiner deutschen Gesinnung niemals ein Hehl machte und daß er seit Jahren die Partei Adolf Hitlers in ihrem schweren Ringen um Sein und Macht aufs wirksamste unterstützte, daß er stets bereit war, für Deutschlands heiligste Sache Opfer zu bringen, und daß ein Nationalsozialist niemals vergebens bei ihm anpochte.

So ähnlich hatten Heideggers politische Gesinnung ja auch Hermann Mörchen in seiner Tagebuch-Erinnerung an Silvester 1931, der elsässische Schriftsteller René Schickele in seinen »blauen Heften« 1932, der Soziologe Fedur Stepun anlässlich einer Dresdner Heidegger-Rede im selben Jahr und Kollege Aly in dem Brief an das badische Kultusministerium geschildert. Der Artikel in *Der Alemanne* beweist in Sachen Heidegger bis in die Wortwahl hinein erstaunliches Einfühlungsvermögen und auch eine für das »Kampfblatt« eher unübliche Gelehrsamkeit, so dass man nicht fehlgeht, wenn man zumindest als Quelle den mit NS-Girlanden umkränzten Rektor selbst sieht: »Wir Freiburger sind stolz darauf, daß dieser überragende Denker an unserer Hohen Schule wirkt, und daß er sich, indem er einen ehrenvollen Ruf abwies, bereit erklärt hat, dauernd mit unserer schönen Heimat, die auch die seine ist, verbunden zu bleiben. Eine unendlich höhere Genugtuung empfinden wir jedoch als Nationalsozialisten, daß dieser große Mann in unseren Reihen, in den Reihen Adolf Hitlers steht.«

Es fehlt in dieser mit »H. E.« gezeichneten volltönenden Eloge des *Alemannen* auch nicht der Hinweis auf die »nie verleugnete Verbundenheit mit der bäuerlichen Heimat«, die Heidegger jene Kraft verliehen habe, aus der Phänomenologie Edmund Husserls »durch den Radikalismus seiner Fragestellung eine völlig neue Situation in der Philosophie« zu schaffen; *Sein und Zeit* sei nur »mit dem Einbruch der Kantischen Philosophie in das abendländische Denken« zu vergleichen; Heidegger habe »den entarteten Gegensatz von Idealismus und Realismus durch den Tiefgang seiner Problematik gegenstandslos« werden lassen. Zudem sei seine Philosophie weit davon entfernt, »Aristoteles gegen Kant auszuspielen; indem sie die alte Ontologie wieder erschließt, vermag sie auch die metaphysischen Motive der Kantischen Philosophie aufzudecken und den großen deutschen Denker nicht nur von der vollendeten Theorie, sondern von den lebendigen Quellen, den geheimen Ursprüngen seines Philosophierens her zu begreifen.«

Der brave NS-Durchschnittsleser wird davon nichts begriffen haben; Heidegger hingegen nahm wahrscheinlich sein Selbstbild als »radikaler« Denker und als eine Art Meta-Kantianer wohlig zu Kenntnis. War er doch, so schloss der Text des *Alemannen*, überhaupt »der geistige Führer des zeitgenössischen Denkens«, und mehr noch: So wie einst Fichte seine geistige Kraft und Autorität der Volkserhebung von 1813 nicht versagt habe, so habe auch Heidegger »die Größe unserer Zeit richtig erkannt und erfüllt«. Eben daraus hätten sich Augstein und Wolff eine schöne Frage bauen können. Helmut Heiber machte sich noch 1992 über den Pressewirbel um die Farías-Enthüllungen lustig, auch was Heideggers Zeit nach 1934 anbelangte. Dabei war er ansonsten eher Kritiker der Methode Schneeberger und hatte moniert, der Alemanne Schneeberger sei wie Heidegger »Inquisitor voll Sendungsbewusstsein« gewesen, »nur aus dem politischen Naturschutzgebiet südlich des Oberrheins stammend und deshalb der Empörung des Gerechten voll über die Fehltritte des halben Landsmanns«. So oder so war für Heiber längst klar, dass der Philosoph doch nicht so geläutert gewesen war und so radikal mit dem Nationalsozialismus gebrochen hatte, »wie es überlieferte Äußerungen und die von ihm selbst gehäkelte Saga aus den Nachkriegsjahren insbesondere die französischen Verehrer des Philosophen hatten hoffen und stillschweigend annehmen lassen«, denn schon »seit anno Schneeberger« hätte man eigentlich Bescheid wissen müssen, »daß es sich bei diesem Rektorat nicht um einen Irrtum, ein Intermezzo, eine Episode gehandelt hat«.

Auch seinen angeblichen Widerstand gegen das Aufhängen des »Judenplakats« in der Freiburger Universität hat

Heidegger in der redigierten Gesprächsfassung noch einmal
kräftig aufgeladen:

> Am zweiten Tag nach meiner Amtsübernahme
> erschien der »Studentenführer« (Tiesenhausen,
> L. H.) mit zwei Begleitern auf dem Rektorat und
> verlangte erneut das Aushängen des »Judenplakats«. Ich lehnte ab. Die drei Studenten entfernten
> sich mit der Bemerkung, das Verbot werde an die
> Reichsstudentenführung gemeldet. Nach einigen
> Tagen kam ein fernmündlicher Anruf des SA-
> Hochschulamtes in der Obersten SA-Führung von
> SA-Gruppenführer Dr. Baumann. Er verlangte die
> Aushängung des genannten Plakates, das bereits
> in anderen Universitäten angebracht sei. Im Weigerungsfall hätte ich mit meiner Absetzung, wenn
> nicht gar mit der Schließung der Universität zu
> rechnen. Ich lehnte ab und versuchte, die Unterstützung des badischen Kultusministers für mein
> Verbot zu gewinnen. Dieser erklärte, er könne
> gegen die SA nichts unternehmen. Dennoch nahm
> ich mein Verbot nicht zurück.

Leider hat sich auch nach intensiven Recherchen kein »SA-Gruppenführer Dr. Baumann« beim Reichs-SA-Hochschulamt, das von dem späteren SA-Historiker Heinrich Bennecke geleitet wurde, finden lassen, auch nicht in der gesamten SA-Führung. In Constantin von Dietzes Protokoll vom Dezember 1945 über Heideggers Einlassungen in seinem »Bereinigungsverfahren« heißt es dazu: »Das Plakat, das etwa den Satz enthielt ›Wenn der Jude deutsch spricht, dann lügt er‹, ist von Herrn v. Moellendorff als Rektor zur Anbringung in der Freiburger Universität abgelehnt worden. Zwei Tage nachdem Herr Heidegger Rektor geworden war, hat – wie er dem Ausschuss mitgeteilt hat – der Studentenführer v. Tiesenhausen bei ihm von neuem die Anbringung des Plakats verlangt, später ist dasselbe Verlangen aus dem Propagandaministerium telefonisch erfolgt, mit der Drohung, die Universität zu schließen. Beides hat Herr Heidegger abgelehnt.« So war aus dem »Propagandaministerium« dann der mysteriöse »SA-Gruppenführer Dr. Baumann« geworden. Es erscheint auch nicht besonders glaubwürdig, dass der Studentenführer, nachdem man den »Demokraten« Möllendorff losgeworden war, nun sofort wegen des »Judenplakats« wieder einen Grundsatzkonflikt mit dem Hoffnungsträger Heidegger gesucht haben soll.

Eindeutig falsch ist Heideggers Behauptung über sein Verhältnis zu den verbliebenen jüdischen Studenten: »Meine Haltung blieb nach 1933 unverändert« – was er mit der einen Buchwidmung der nach Schottland emigrierten Helene Weiss (»eine meiner ältesten und begabtesten Schülerinnen«) aus dem Jahr 1948 zu belegen versucht. Im Verfahren des Bereinigungsausschusses 1945 hatte Heidegger selbst betont, »daß er nur aus taktischen Erwägungen als Rektor sich von Juden zurückgehalten habe«. Der Logik entbehrt auch Heideggers Schilderung über seine Rücktrittsankündigung im Februar 1934, weil Ministerialrat Fehrle und Gaustudentenführer Scheel verlangt hätten, »die Dekane der Juristischen und Medizinischen Fakultät durch andere Kollegen zu ersetzen, die der Partei genehm wären«. Dies hätte vielleicht für Möllendorff gegolten, den Heidegger zum Dekan der Mediziner ernannt hatte, nicht aber für den damals noch glühend nationalsozialistischen und Heidegger treu ergebenen Rechtslehrer Erik Wolf.

Für Heideggers Behauptung, erst sein Nachfolger Eduard Kern sei vom *Alemannen* mit der »Balkenüberschrift« »Der erste nationalsozialistische Rektor der Universität« gefeiert worden, gibt es gleichfalls keinen Beleg, jedenfalls konnte ein solcher Artikel bis heute nicht gefunden werden. Heidegger ärgerte sich wohl vor allem, dass Eduard Kern nach 1945 offenbar ohne Probleme in Tübingen, wohin er schon 1936 gewechselt war, weiterlehren durfte. Der nationalliberale Offizierssohn Kern, geboren 1887 in Stuttgart, 1912 in Tübingen summa cum laude zum Dr. jur. promoviert, war 1933 nacheinander dem »Stahlhelm« und der NSDAP beigetreten; er galt dem Freiburger Professorenkollegium nach der wilden Amtszeit Heideggers aber als gemäßigt-konservative Erholung. Im Oktober 1935 nahm er dann den Ruf nach Tübingen an. Der Historiker Gerhard Ritter, Heidegger später nicht feindlich gesinnt, hatte am 19. Mai 1934 an seine Eltern geschrieben: »Inzwischen ist auf der Universität alles sehr friedlich geworden. Heidegger hat als Rektor abgedankt, ebenso alle von ihm ernannten Dekane. Ein braver Stahlhelmer ist sein Nachfolger geworden, in unserer Fakultät einer meiner Freunde Dekan. Die Ära der ewigen Aufregungen und verrückten Experimente ist vorüber.«

Kern hat dann im April 1935 den Vorschlag des Reichserziehungsministeriums entschieden abgelehnt, ausgerechnet wieder Heidegger zum Dekan der Philosophischen Fakultät zu berufen; dieser habe während seiner Amtszeit als Rektor das Vertrauen vieler Kollegen verloren und sich mit dem badischen Kultusministerium zerstritten, auch für ihn selbst sei »persönlich eine vertrauensvolle Zusammenarbeit mit Prof. Heidegger vollkommen ausgeschlossen«, da ihn Heidegger als Dekan unvermittelt durch den jungen Radikalen Erik Wolf ersetzt habe. Auch dass Heideggers Rektoratsrede nach 1934 »alsbald auf Veranlassung der Partei aus dem Handel zurückgezogen« werden musste, ist eine Erfindung des Philosophen (»Sie durfte nur noch in den NS-Dozentenlagern besprochen werden als Gegenstand parteipolitischer Polemik«).

Martin Heidegger hatte nicht vor, im Angesicht von Rudolf Augstein und Georg Wolff irgendeine Beichte abzulegen. Das Protokoll des »Bereinigungsausschusses« vom Dezember 1945, Heideggers Schrift »Das Rektorat 1933/34 – Tatsachen und Gedanken«, diverse Heidegger-Briefe an Jaspers oder Marcuse und das *Spiegel*-Interview bilden damit einen geschlossenen Block der Selbstbehauptung des deutschen Philosophen Heidegger. Er erweist sich dabei als ausgesprochenes Talent für Halbwahrheiten und härteste kognitive Konsonanz. Allerdings haben die zahlreichen Widersprüche en gros und en détail wie auch die strategisch von Heidegger und seinen Anhängern betriebene Verzögerungsstrategie bei der Publikation von Texten und Dokumenten dazu beigetragen, dass das Urteil über sein NS-Engagement bis hin zur Publikation von Emmanuel Faye von 2005 zunehmend harscher ausfiel, bis wieder eine gewisse zeithistoriographische Normalisierung einsetzte. Im langen *Spiegel*-Interview gibt Heidegger gerade einmal an zwei Stellen Fehler zu: Er würde nicht mehr schreiben, dass »der Führer selbst und allein die heutige und künftige Wirklichkeit und ihr Gesetz« für die deutschen Studenten sei, und die Nicht-Teilnahme an Husserls Beerdigung sei »menschliches Versagen« gewesen. Allerdings war Heidegger an dem Tag krank, und der Führer-als-Gesetz-Aufruf stand nicht in der Rektoratsrede, »sondern nur in der lokalen Freiburger Studentenzeitung«, wie Heidegger nicht vergisst zu erwähnen.

Indem Heidegger das *Spiegel*-Interview nutzt, das System der NS-Herrschaft auf »Technik« zu reduzieren und es mit dem ihm eigenen Geschick auch noch mit der sich selbst steuernden »Kybernetik« zu synchronisieren, wird der Nationalsozialismus vollständig entindividualisiert. Jede Form moralischer Reflexion lehnt Heidegger konsequent ab. Auf die schüchternen und fast gestammelten Fragen Georg Wolffs, der auch eine Art persönlicher Erlösung sucht, nach

»Hitler« und dem Massenmord an den Juden will der Philosoph nicht antworten. Er verweist lieber auf Hölderlin. In seinen Bremer Vorträgen 1949, auf Einladung von Heinrich Wiegand Petzet, war Heidegger doch einmal auf die anderen »Lager« zu sprechen gekommen, nicht auf die der völkisch-wissenschaftlichen Erbauung, sondern die des massenhaften Todes: »Hunderttausende sterben in Massen. Sterben sie? Sie kommen um. Sie werden umgelegt. Sterben sie? Sie werden Bestandstücke eines Bestandes der Fabrikation von Leichen. Sterben sie? Sie werden in Vernichtungslagern unauffällig liquidiert. Und auch ohne Solches – Millionen verelenden jetzt in China durch den Hunger in ein Verenden. Sterben aber heißt, den Tod in seinem Wesen austragen. Sterben können heißt, diesen Austrag vermögen. Wir vermögen es nur, wenn unser Wesen das Wesen des Todes mag.«

Heidegger wusste gut, warum er diesen Vortrag (»Die Gefahr«) bis zum Jahr 1994 nicht drucken ließ – im Gegensatz zu den drei anderen Bremer Texten (»Das Ding«, »Das Ge-Stell«, »Die Kehre«). Sterben konnten die, die mit Heideggers seynsgeschichtlichen Sakramenten versehen waren, vielleicht auch noch die Bauern und Handwerker des Schwarzwalds. Die Juden, die in den Jahren 1933 bis 1945 in den Vernichtungslagern getötet wurden, waren lediglich »umgelegt« und »liquidiert« worden, aber nicht gestorben – weil sie den Tod in seinem Wesen nicht austragen konnten. Solche Zuweisungen, wie auch Heideggers These, die »motorisierte Ernährungsindustrie« sei »im Wesen dasselbe wie die Fabrikation von Leichen in Gaskammern und Vernichtungslagern«, sind vor allem von Faye 2005 skandalisiert worden. Aber es war schlicht die Substanz von Heideggers Technikphilosophie, dass das unerkannte Wesen des Technischen den Dingen, »Zeugen« und Maschinen vorausläuft, seien es nun Mähdrescher, Gaskammern oder Roboter. Die Herausgeber der Heidegger-Gesamtausgabe beschwerten sich jedenfalls darüber, dass aus »im Umlauf befindlichen Nachschriften dieses Vortrags in der Sekundärliteratur mehrfach ohne Genehmigung zitiert« worden sei. Augstein und Wolff kannten den Text offenbar nicht. Es wäre interessant gewesen, mit ihnen darüber sprechen zu können, ob sie dann andere Fragen gestellt hätten.

Die Gegner

Ernst Krieck, das »Todtnauberger Lager« und die Studentenführer

Bloß schemenhaft sind Heideggers Hinweise im *Spiegel*-Interview auf die ideologischen Konflikte mit dem anfänglichen Bündnispartner Ernst Krieck und mit den »Heidelbergern« um den späteren Reichsstudentenführer Gustav Adolf Scheel. Aber hier stößt man zum Eigentlichen von Heideggers macht- und geistespolitischem Scheitern im NS-Staat vor. Wir wollen uns diesem Komplex deshalb noch einmal intensiver widmen.

Ernst Krieck (1882–1947) war neben dem »politischen Pädagogen« Alfred Baeumler einer der Stars der NS-Erziehungswissenschaft, für die sich aber – daran sei erinnert – außer dem wirren Rosenberg niemand aus der engeren NS-Führungsriege interessierte. Schon im Juni 1932 hatte Heidegger über Krieck an Elfride geschrieben, dieser sei »ein von Ressentiment geladener emporgekommener Volksschullehrer«. Auch der im Sinne Heideggers profunder gebildete Baeumler hat ihn damals in Dresden »insofern enttäuscht, als er doch philos. ziemlich schwach ist – gut als Historiker – ausgezeichnet informiert in den neuesten Bewegungen. Die Nazi sind nach seinen genauen Kenntnissen noch sehr borniert in allen kulturellen – geistigen Dingen – Fachschule u. Charakterschule – diese Formel soll alles lösen u. ist natürlich der Ruin.« Nun, da konnte und wollte Heidegger 1933 ja mit kämpferischem Rückgriff auf das ursprüngliche Griechentum aushelfen. Zunächst standen ihm dabei Baeumler und der »Emporkömmling« Krieck zur Seite, der sich nach der NS-Machtübernahme darangemacht hatte, als neuer Rektor die rote Frankfurter Universität samt Institut für Sozialforschung auszuräuchern (gemeinsam übrigens mit dem SA-Studentenführer Georg Wilhelm Müller, der dann im Goebbels-Ministerium und als Propagandachef in Norwegen landete; 1945 gehörte er zusammen mit Georg Wolff zu den dort Internierten).

Im März 1933, noch unentschieden über seinen künftigen konkreten »Einsatz«, engagiert sich Heidegger mit Krieck und Baeumler in der »Kulturpolitischen Arbeitsgemeinschaft deutscher Hochschullehrer«, schreibt aber anlässlich einer ersten Frankfurter Tagung dieses völkischen Akademikervereins ernüchtert an Elfride: »Über Krieck – den Jasp. seit 1920 kennt u. dem er 1924 den Ehrendoktor der Hdbg. (Heidelberger, L. H.) philos. Fakultät verschafft hat, bin ich doch entsetzt – so sehr ein echter Instinkt da ist.« Heidegger weiß nicht so recht, wo und wie er eingreifen soll:

> In den letzten Wochen u. bes. gelegentlich der Frankfurter Tagung habe ich mich immer wieder drauf besonnen, ob u. wie weit ein augenblickliches Eingreifen Sinn u. Wert hat. Ich habe eine innerste Abneigung gegen die falsche Aktualität, zu der auch Jasp. neigt – er möchte mich zu einer Broschüre über die Universität drängen –; diese Abneigung gründet in der Scheu, heute schon das preiszugeben, was ich als eigentliche schöpferische Aufgabe immer klarer in diesen Urlaubsmonaten erkannt habe. Ich glaube jetzt erst die eigenste geistige Form gefunden zu haben – u. über die großen Dinge muß man möglichst lange schweigen.

Lange dauerte dieses Schweigen ja nicht mehr – nur noch ein paar Wochen bis zur großen programmatischen Rektoratsrede. Hitlers Gloriole strahlte besonders nach dem »Tag von Potsdam« immer heller, und Heidegger dämmerte, dass man es hier nicht mit einem weiteren kurzlebigen Präsidialkabinett à la Weimar zu tun hatte. Weiter zu zaudern hätte bedeuten können, mitsamt seiner Säkularkirche »Universität« hoffnungslos abgehängt zu werden, als »Ontologe«, »Existenzphilosoph« oder Spezialist für das Vorsokratische. Heidegger entschloss sich also, als sich im April die konkrete Gelegenheit zur Rektoratsübernahme in Freiburg ergab, seine große Fusionsidee aus völkischem Sozialismus und radikaler Universitätsreform im Wortsinne »preiszugeben«, mithin auf dem unübersichtlichen Markt der nationalsozialistischen Geistespolitik feilzubieten. Helmut Heiber hat 1992 in allen Details geschildert, wie die Rektoren-»Viererbande« Heidegger, Krieck, Friedrich Neumann (Göttingen) und Lothar Wolf (Kiel) dann gegen die althergebrachten Institutionen »Rektorenkonferenz« und »Hochschulverband« konspirierte und immerhin noch im September 1933 gemeinsam formulierte »Leitsätze über Studentenschaftsangelegenheiten« zustande brachte, in der Absicht, die doch lästig renitenten NS-Studenten wieder der »Führung« der Rektoren zu unterstellen.

Die intellektuellen Differenzen zwischen Heidegger und Krieck, der bald zu seinem schärfsten NS-Widersacher wurde, waren gewaltig. Aber Krieck war eben lange vor dem Januar 1933 zum pädagogischen Märtyrer der »Bewegung« geworden, weil er nach seinem Ausspruch »Es lebe das Dritte Reich!« bei einer Sonnenwendfeier schon 1931 an die Pädagogische Akademie Dortmund strafversetzt worden war. Vor allem war es von Heidegger sehr naiv zu glauben, Krieck würde nicht mitbekommen, dass er ihn, den »Pädagogen«, für einen philosophischen Kretin hielt. Im Winter 1933 war der Machtkampf zwischen dem Freiburger Rektor und dem noch verbisseneren, aber realpolitisch geschickteren Krieck entschieden. Krieck hatte mit seiner neuen Zeitschrift *Volk im Werden* inzwischen eine eigene völkisch-propagandistische Plattform, er schloss ein enges Bündnis mit dem noch mächtigeren Heidelberger Studentenführer Scheel und seinen Unterführern (die sich Kriecks Monographie *Nationalpolitische Erziehung* von 1932 zum Führungsbrevier erkoren) und kam über Scheel, Werner Best und Reinhard Höhn mit dem SD in Kontakt, der nach der Ausschaltung von Röhms SA auch wissenschaftspolitisch durchstartete.

Zwar hat es der herrische Heidegger in seinem Rektoratsjahr fertiggebracht, sich mit allen und jedem zu verzanken – mit dem Leiter des örtlichen SA-Hochschulamtes, mit den Freiburger Juristen und Nationalökonomen, mit seinem indirekten Rektoren-Vorgänger Prälat Josef Sauer, mit dem Reichsstudentenführer Oskar Stäbel (der dann selbst der SA-Säuberung zum Opfer fiel; er überlebte immerhin und wurde auf einen Leitungsposten beim Verband Deutscher Ingenieure abgeschoben), mit »gemäßigteren« Rektorenkollegen im Reich. Aber zu Fall gebracht hat ihn eigentlich die Querfront aus Krieck, Heidelberger Studentenführung und SD. Schon im Januar 1934 hatte sich herumgesprochen, dass Krieck aus dem ungemütlichen Frankfurt wohl ins vertrautere Heidelberg wechseln würde, ausgerechnet auf den ehrwürdigen Rickert'schen philosophischen Lehrstuhl. Krieck hat dann noch Heideggers Marburger Ex-Kollegen, den Rassenpsychologen und Wahrnehmungstheoretiker Erich Jaensch, eingespannt, um mit dem berühmten überdrehten Jaensch-Gutachten bei Frick, Rust oder Rosenberg in Berlin noch Schlimmeres zu verhindern, etwa dass Heidegger womöglich noch als Chef einer »Reichsdozentenschule« üblen Einfluss auf den nationalsozialistischen Nachwuchs ausüben würde. Aber dies und auch Kriecks offene Frontalangriffe 1934 in *Volk im Werden* gegen den »Sprachbastler« Heidegger, über die sich dieser noch im *Spiegel*-Interview bitter beklagt, waren schon Nachspiele.

Heute liest man mit einer gewissen Schadenfreude, wie Jaensch aus Heideggers »talmudisch-rabulistischen« Texten logisch herausdestilliert, warum Heidegger so viele begeisterte jüdische Schüler hatte. Ebenso amüsiert Kriecks verächtliche Referenz auf Heideggers Interpretation des »Zeigzeugs«, also des Weisers am Kraftwagen in *Sein und Zeit*: »Dieses Zeichen ist innerweltlich zuhanden im Ganzen des Zeugzusammenhangs von Verkehrsmitteln und Verkehrsregeln« – ging es bei alldem doch nur um Abrechnungsrituale zwischen damals überzeugten Nationalsozialisten im Kampf um die rechte Führerschulung. Krieck hat es in seinem Blatt *Volk im Werden* 1934 so auf den Punkt gebracht: »Der weltanschauliche Grundton der Lehre Heideggers ist bestimmt durch die Begriffe der Sorge und der Angst, die beide auf das Nichts hinzielen. Der Sinn dieser Philosophie ist ausgesprochener Atheismus und metaphysischer Nihilismus, wie er sonst vornehmlich von jüdischen Literaten bei uns vertreten worden ist, also ein Ferment der Zersetzung und Auflösung für das deutsche Volk. In ›Sein und Zeit‹ philosophiert Heidegger bewußt und absichtlich um die ›Alltäglichkeit‹ – nichts darin von Volk und Staat, von Rasse und allen Werten unseres nationalsozialistischen Weltbildes.« Nach 1945 las Heidegger so etwas nicht ungern, denn es taugte für seine Argumentation, »die Nationalsozialisten« hätten mit seiner philosophischen Grundhaltung von vornherein nichts anfangen können.

Es waren aber nur der von Heidegger herabgewürdigte Krieck und der machtbewusste Gustav Adolf Scheel mit seiner gut eingenordeten Truppe, außerdem der akademische SD und willkommene Heidegger-Feinde wie die Jaensch-Brüder, die den Freiburger Rektor als Ex-Scholastiker, Husserl-Schüler, Lehrer vieler jüdischer Emigranten und Philosoph von »Sorge« und »Langeweile« genau da verorteten, wo er nach Hitlers Machtübernahme nicht mehr sein wollte. Im

1934 etablierten Reichsministerium für Erziehung, Wissenschaft und Volksbildung (REM) waren dann international renommierte Fachkönner mit Grundsympathien für Bewegung und Führer durchaus wieder geschätzt, und Heidegger hätte durchaus in der einen oder anderen Form wieder mitmachen können. Und selbst beim SD wurden die Heidegger-Beurteilungen Ende der dreißiger Jahre wieder freundlicher. Aber nun, wo man ihn in den Anfängen des »Dritten Reichs« beleidigt und »angepöbelt« hatte, wollte er nicht mehr.

Heidegger hat, abgesehen von den Freiburger Querelen mit den Juristen und Nationalökonomen, in den »Heidelbergern« den eigentlichen »Gegner« sehr genau identifiziert, vor allem in seiner Rechtfertigungsschrift »Tatsachen und Gedanken«. In den Vorgängen bei jenem »Todtnauberger Lager« Anfang Oktober 1933, von dem die *Spiegel*-Leute bei ihren Recherchen durch den damaligen Theologiestudenten Heinrich Buhr erfahren hatten, sah Heidegger »ein eigentümliches Vorzeichen« für seinen Sturz. Das Ferienlager mit Studenten, Assistenten und jüngeren Dozenten in der Todtnauberger Jugendherberge war als Exempel für Heideggers nationalsozialistische Universitätsidee gedacht – eine Mischung aus Appell, Frühsport, uniformiertem Wandern an der frischen Luft und »scharfen« Debatten über Idee und Organisationsform der künftigen höchsten Stätten der deutschen Führerbildung – jenseits der alten Humboldt'schen Humanitätsduselei und der »Zersplitterung« in Einzelwissenschaften. Anzutreten war im Fußmarsch von Freiburg aus in »SA- oder SS-Dienstanzug, eventuell Stahlhelmuniform mit Armbinde«, geweckt wurde um sechs Uhr morgens. Die eigentliche Lagerarbeit gelte, so Heidegger in einer Ankündigung am 22. September 1933, der Besinnung »auf die Wege und Mittel zur Erkämpfung der zukünftigen hohen Schule des deutschen Geistes«. Hier wollte Heidegger ganz bei sich sein, in der Nähe der »Hütte«, mit jungen Talenten, selbst mit Theologen wie Heinrich Buhr, die zu überzeugen waren.

Über den merkwürdigen Verlauf dieses Lagers gibt es mehrere Darstellungen, vor allem einen ausführlichen Bericht vom damaligen »Ältesten und Vertrauensmann der Kieler Studentenschaft«, dem späteren *Spiegel*-Autor Paul Karl Schmidt. Aber wenden wir uns zunächst Heideggers Schilderung in »Tatsachen und Gedanken« über das für ihn schmerzlich gescheiterte Lager zu. Nachdem »in Karlsruhe«, also wohl im badischen Kultusministerium, der Plan für das Ferienlager bekannt geworden sei, habe man »in Heidelberg« den Wunsch geäußert, auch einige Teilnehmer schicken zu dürfen; »insgleichen verständigte sich Heidelberg mit Kiel«. Nun wird der Kontakt gerade »mit Kiel« wohl über Heidegger selbst und den Rektorenkollegen Lothar Wolf gelaufen sein. Wichtiger aber ist Heideggers Darstellung der Stimmungseskalation im Lager, die dazu führte, dass der Philosoph, hier ganz entschlossener »Führer-Rektor«, wie auf einer missglückten Klassenfahrt rund dreißig der studentischen Lagerteilnehmer und den größten Teil der Dozenten wieder nach Hause schickte:

> Durch einen Vortrag über Universität und Wissenschaft versuchte ich das Kernstück der Rektoratsrede zu klären und die Aufgabe der Universität mit Rücksicht auf die vorgenannten Gefahren eindringlicher darzustellen. Es ergaben sich sogleich fruchtbare Gespräche in den einzelnen Gruppen über Wissen und Wissenschaft, Wissen und Glauben, Glauben und Weltanschauung. Am Morgen des zweiten Tages erschienen plötzlich unangemeldet im Auto der Gaustudentenführer Scheel und Dr. Stein und unterhielten sich eifrig mit den Heidelberger Teilnehmern des Lagers, deren »Funktion«

langsam deutlich wurde. Dr. Stein bat, selbst einen Vortrag halten zu dürfen. Er sprach über Rasse und Rassenprinzip. Der Vortrag wurde von den Lagerteilnehmern zur Kenntnis genommen, aber nicht weiter erörtert. Die Heidelberger Gruppe hatte den Auftrag, das Lager zu sprengen. Aber in Wahrheit handelte es sich nicht um das Lager, sondern um die Freiburger Universität, deren Fakultäten nicht durch Parteigenossen geleitet werden sollten. Es kam zu unerfreulichen Vorgängen z. T. schmerzlicher Art, die ich aber hinnehmen mußte, wenn ich nicht das ganze bevorstehende Wintersemester im Vorhinein scheitern lassen wollte. Vielleicht wäre es richtiger gewesen, jetzt schon das Amt niederzulegen. Aber ich hatte damals noch nicht mit dem gerechnet, was alsbald an den Tag kam. Das war die Verschärfung der Gegnerschaft sowohl von Seiten des Ministers und der ihn bestimmenden Heidelberger Gruppe, als auch von der Kollegenschaft.

Der Bericht von Paul Karl Schmidt, in frischer Erinnerung einen Tag nach dem Lager-Ende (11. Oktober) verfasst, erwähnt die »Heidelberger« überhaupt nicht, dafür andere Querelen, etwa um einen Vortrag des »Kreisamtsleiters der Arbeitsdienst- und Kameradschaftshäuser, Pahlmann«. Dieser sei »in einer Diskussion, die die katholische Richtung zunächst ganz ablehnte, die Prof. Heidegger aber verlangte, niedergeknüppelt« worden. Besonders unqualifiziert zur Frage von Arbeitsdienst und Kameradschaftshaus habe sich der Freiburger Ökonom Privatdozent Josef Back geäußert, woraufhin Schmidt selbst, »aufgefordert von Prof. Heidegger«, in einer eigenen Rede betonte, Arbeitsdienst und Kameradschaftshaus seien »zwei unzertrennliche Faktoren auf dem Wege zur Schaffung einer neuen studentischen

Geisteshaltung«. Die Mentalität des SA-Studenten der vergangenen Jahre, »für den Gott die Welt, die Macht das Recht und der Erfolg das Gewissen« dargestellt hätten, müsse auch weiterhin richtunggebend sein, so dass im Arbeitsdienstlager »nur der zu lehren und nur der zu erziehen habe, der die Sprache des Lagers spreche und die Arbeit des Tages kenne«. Als auch gegen seine eigenen Ausführungen »wieder eine üble Kritik versucht wurde«, so Schmidt, habe Heidegger »den Wortführer«, Privatdozent Stadelmann, aus der Lagergemeinschaft ausgeschlossen und die Diskussion beendet. Und schießlich: »Nach persönlicher Rücksprache entschloß sich Prof. Heidegger nach neuen Vorkommnissen, die sich vor allem gegen uns Kieler richteten, das Lager aufzulösen und nur mit echten und aufrechten Nationalsozialisten zu Ende zu führen.«

Seinem perplexen »Unterführer«, dem zu dieser Zeit in Freiburg lehrenden Historiker und Gerhard-Ritter-Schüler Rudolf Stadelmann, hat Heidegger dann am 11. Oktober noch eine kryptische Entschuldigung für den plötzlichen Hinauswurf hinterhergeschickt: »Das Lager war für jeden eine gefährliche Luft. Es wurde für alle, die blieben, und für die, die gingen, gleichermaßen eine Probe. Wir müssen lernen, harte Dinge zusammenzudenken – z. B. dieses: daß ich Ihnen riet, am anderen Morgen zu gehen, wo Sie gerade für diesen Tag eine besondere Aufgabe hatten, und daß ich Ihnen doch mein Vertrauen zusicherte. Ich weiß, das sind Zumutungen. Aber wir dürfen solchen Lagern nicht ausweichen; im Gegenteil, wenn sie nicht ständig wiederkehrten, müßten wir sie suchen und schaffen. Langsam hart werden!« Und aus einem weiteren Heidegger-Brief an den schwer getroffenen Stadelmann vom 23. Oktober – Heidegger war gerade erst weder aus einem neuen Lager in Bebenhausen zurückgekehrt – wird auch klar, dass eher die härteren nationalsozialistischen Wortführer wie der Freiburger Radiologe

Otto Risse und eben Johannes Stein für eine Fortführung des Todtnauberger Lagers plädiert hatten (»gerade mit Rücksicht auf die Auswärtigen, die ohne Leitung seien«), während Heidegger klargeworden war, dass das Lager »in seiner Zusammensetzung nicht weiter bestehen konnte«. Stadelmann hatte sich am 16. Oktober bei Heidegger beschwert, zwar gehöre er »ins Lager der Revolution«, werde auch »Disziplin halten«, hätte aber »an die Möglichkeit der Gefolgschaft geglaubt. Darum hat mich dieser Ausgang so betrübt und erschüttert.« Im Tohuwabohu der Weltanschauungen und Debattenbeiträge war Stadelmann nur ein Kollateralschaden (Hugo Ott: »Opferlamm«), deshalb schloss Heidegger reuig seinen Antwortbrief: »Und ich weiß, daß ich mir Ihre Gefolgschaft, die mir ungemindert wesentlich ist, nun erst wieder erwerben muß.« Das klingt dann schon verdächtig wie die vielen zerknirschten Depeschen an Elfride.

Wenn wir noch einmal auf Paul Karl Schmidts bislang wenig beachteten Bericht[31] zurückkommen, dann deshalb, weil Heidegger in dieser »gefährlichen« und offenbar auf Zuspitzung angelegten Todtnauberger Zusammenkunft ziemlich unverblümt verkündete, wie sich für ihn im zehnten Monat des NS-Staats die Lage darstellte und wo er hinwollte. Schmidt referiert Heidegger so – und es gibt wenig Grund daran zu zweifeln, dass dieser sich tatsächlich genau so oder ähnlich geäußert hat:

> Die nationalsozialistische Revolution ist an der Hochschule nicht nur nicht zu Ende, sondern sie hat überhaupt noch nicht begonnen. Und wenn man Revolutionäre erziehen will und revolutionär sein will, dann muß man zum Ersten ein Wissen haben, ein Wissen von den Dingen und ein Wissen um die Dinge. (…) Der Angriff von Seiten der Studentenschaft auf den alten Wissenschaftsbegriff

und auf den Liberalismus der Dozenten ist auf der ganzen Linie gescheitert. Man rühmt sich der wiedergefundenen Ruhe. Und nicht zuletzt rühmen die Dozenten die Ruhe der Studenten. Grund für den Fehlschlag des Angriffs ist, daß der Gegner bereits im eigenen Lager sitzt. Kirche, Altherrenverbände und reaktionäre Privatleute haben den Nationalsozialismus verharmlost. Und trotz alledem reden die nationalsozialistischen Studenten vom neuen politischen Wissenschaftsbegriff, der im Wesentlichen der verkommenste Wissenschaftsbegriff des 19. Jahrhunderts ist. Wenn der derzeitige Führer der Deutschen Studentenschaft, Dr. Stäbel, in seiner Definition der Wissenschaft »Wissenschaft gleich Spezialismus« setzt, so ist das der reinste Kommunismus. Wissenschaft ist auch keine formale Disziplin zur Schulung des Denkens, wie es Baeumler darstellt, und der Wissenschaftsbegriff Kriecks ist mit seiner Behelfsmäßigkeit der reinste Dilettantismus.

Nachdem er also den Reichsstudentenführer, dann Krieck und Baeumler in einem Atemzug abgekanzelt hatte, ging er ins Geopolitische über zu »einer Schilderung und Darlegung des eigentlichen politischen Sinnes des Nationalsozialismus«. Hier stellte »H. heraus, daß der Nationalsozialismus eine Bewegung ist und bleiben muß, die die ganze Erde umspannt. Das Dritte Reich der Deutschen, die große Unbekannte ist das Ziel. Eine Unbekannte, vor der die Welt erzittert und von der auch der Faschismus weiß, daß sie größer ist als er. Der Nationalsozialismus hat bereits den Geist der Welt erschüttert. Das arisch-germanische Erwachen weist der Welt neue Formgebung.« Dann sprach sich Heidegger immerhin gegen den genetisch begründeten »Mythos der Rasse« aus: »Es gibt nicht nur eine Rasse, die man blutlich mitbringt, sondern es gibt vor allem auch eine Rasse, die man sich schafft, die man sich erzieht, so wie sich Preußen einst seinen preußischen Offizier und seinen preußischen Beamten erzogen hat.« Das hat Rainer Marten zu Recht als »geistigen Rassismus« im Vergleich zum *nur* biologischen benannt.

Überall lauerten jetzt für Heidegger Gefahren der Scheinsicherheit, vor allem durch die katholische Kirche, die »unsere gewaltige Bewegung vorzeitig auffangen wolle«, »während wir noch mitten im Bewegungskriege sein sollten und sein müssen«. Zur Schaffung des Dritten Reiches der Deutschen gehöre »die Schaffung eines neuen Menschentyps«. Dazu brauche es eine neue Antwort auf die Frage, was Nationalsozialismus eigentlich sei, worauf Heidegger selbstverständlich eine bündige Definition parat hatte: »Nationalismus ist das heldisches Führertum begründende Zusichselbstkommen eines Volkes, wobei wir im Führer das unmittelbare Bild vom Sinne unseres Daseins haben müssen. Und Sozialismus ist die auf unbedingte Gefolgschaft gegründete Gemeinschaft eines Volkes in allen seinen das Leben gliedernden Ständen und Schichten.«

Dann wurde es doch noch einmal konkreter (Dozentenschule, Kameradschaftshaus etc.), und Heidegger betonte organisationstheoretisch, in der »Gliederung der Fakultäten« müsse sich »der neue Mensch zeigen«: »Die Hauptfakultät soll die philosophische Fakultät sein, mit ihrer besonderen Untergliederung in die philologisch-philosophische Abteilung und die historisch-naturwissenschaftliche Abteilung. Anschließend an diese Hauptfakultät und zwar an Seite der philologisch-philosophischen, die juristische Fakultät und an der Seite der naturwissenschaftlichen die medizinische Fakultät.«

So ähnlich würde Heideggers Reformplan einer altgriechisch-nationalsozialistischen Hochschule mit philosophischer »Überfakultät« wohl ausgesehen haben. Jedenfalls wurde in Gruppen zu je zwanzig Teilnehmern über seine umstürzende Rede diskutiert, wobei sich, so jedenfalls Paul Karl Schmidt, bald herausstellte, dass zwei grundlegende Richtungen im Lager vertreten waren, »nämlich eine ausgesprochen katholisch-zentrumsmäßige Richtung und eine revolutionär-nationalsozialistische Richtung«. Und offenbar hatten zunächst die »Kieler« und die »Heidelberger« den noch immer klerikal verhafteten Studenten aus Freiburg kräftig eingeheizt, bis Heidegger – so viel »Diskussion« sollte nun doch nicht sein – die Reißleine zog. Und es mag auch sein, dass Scheel und Johannes Stein das Todtnauberger Chaos anschließend nutzten, um den Renegaten Heidegger in Karlsruhe bei Minister Wacker und seinem Hochschulreferenten Fehrle, auch der ein »Heidelberger«, in dem Sinne anzuschwärzen, dass er die alten »schwarzen« Tendenzen der Freiburger Universität nicht in den Griff bekommen habe, bei aller persönlichen Überheblichkeit.

Während es über Gustav Adolf Scheel – Führer der Heidelberger Studentenschaft seit 1931 (!), badischer Gaustudentenführer, Kreisführer Süddeutschland der Deutschen Studentenschaft (DSt.), Chef des SD-Oberabschnitts Südwest, Reichsstudentenführer (vom 6. November 1936 an), Befehlshaber der Sipo und des SD im Elsass (1940), Höherer SS- und Polizeiführer Alpenland (1941), Gauleiter in Salzburg, Reichsdozentenführer (Ende Juni 1944) und in Hitlers Testament letzter, eher virtueller Reichserziehungsminister des »Dritten Reichs« –, während es also über die Biographie dieses recht dominanten badischen NS-Führers zumindest einige ausführlichere Aufsätze gibt, taucht *Johannes Stein* in den bisherigen Analysen zur NS-Wissenschaftspolitik und auch im Heidegger-Kontext kaum auf.

Der 1896 in Orsoy/Kreis Moers geborene Sohn eines protestantischen Pfarrers arbeitete nach einem Studium der

Medizin in Münster und Bonn, nach Staatsexamen, Approbation und Promotion seit 1922 als Assistenzarzt am Klinikum der Universität Heidelberg und habilitierte sich 1926 in Nervenheilkunde bei Viktor von Weizsäcker. Im Gegensatz zu Heidegger mit seiner »Frontwetterwarte« hatte der junge Stein im Ersten Weltkrieg tatsächlich an allen Fronten gekämpft – Winterschlacht in der Champagne 1915, Stellungskämpfe an der Beresina 1916, Stellungskämpfe auch an der Ostgrenze der Bukowina 1917, schließlich im April 1918 in der Schlacht um den Kemmelberg im belgisch-französischen Heuvelland, zuletzt als Leutnant der Reserve. Am 19. April 1918 kam er infolge einer Verwundung in ein Lazarett. Am 1. Mai 1933 trat er in die SS ein, in die NSDAP erst vier Jahre später. Noch als Privatdozent wurde Stein von Rektor Wilhelm Groh zum Kanzler der Universität Heidelberg ernannt, gleichzeitig übernahm er das Amt des örtlichen Dozentenführers. Im November 1933 wurde Stein, der Vater des später als Leiter des »Kleinen Fernsehspiels« beim ZDF international renommierten Eckart Stein, auch Leiter des neuen Psychologischen Instituts der Ruperto-Carola.

Im April 1934 avancierte Stein zum Ordinarius für Innere Medizin und Direktor der Universitätsklinik, der überzeugte Rassentheoretiker arbeitete hier eng mit dem Eugeniker, Schizophrenieforscher und späteren »Euthanasie«-Täter Carl Schneider zusammen. Beim Heidelberger Universitätsjubiläum 1936 hielt Stein eine Rede – weitere Redner waren Goebbels und Rust – über »Medizin und Volk«. Bei Gründung der »Reichsuniversität Straßburg« 1940 wurde Stein mit dem Dekanat der Medizinischen Fakultät belohnt, und es kann als sicher gelten, dass er als Dekan von den zum Teil DFG-geförderten tödlichen Medizinexperimenten der Straßburger Kollegen August Hirt, Eugen Haagen und Otto Bickenbach im Konzentrationslager Natzweiler-Struthof Kenntnis hatte. 1941 hatte Stein den offiziellen Prachtband *Zur Geschichte der Deutschen Universität Straßburg* mit herausgegeben. Als im Dezember 1944 die Straßburger Universität kriegsbedingt nach Freiburg verlegt werden sollte, schaffte es Stein nicht mehr über den Rhein und wurde interniert. Seit den fünfziger Jahren wieder Klinikdirektor in Bonn, starb er dort am 23. März 1967.

Der Medizinprofessor Johannes Stein ist Teil der SS-Seilschaft an der Universität Heidelberg, die als wissenschaftspolitischer Machtvektor wesentlich stärker wirkt als die im Grunde solitäre nationalsozialistische Emphase Heideggers. Dazu gehören der bald nach Berlin ins Zentrum der Macht transferierte Staatsrechtler und Himmler-Konfident Reinhard Höhn, der 1935 Franz Alfred Six für die Presse- und »Lebensgebietsarbeit« ins SD-Hauptamt nachziehen wird, Gustav Adolf Scheel samt seiner Stellvertreterkorona mit dem Sozialpolitiker Heinz Franz, dem Kopernikus-Herausgeber Fritz Kubach und auch Hanns Martin Schleyer, der schon 1933 der SS beitritt. Paradoxerweise wird die Heidelberger Dominanz dadurch gefestigt, dass an der Ruperto-Carola zunächst mit Willy Andreas der nationalliberale Rektor aus der Weimarer Endphase im Amt bleibt, bis im Oktober 1933, schon von Kultusminister Wacker als »Führer-Rektor« installiert, mit dem Arbeitsrechtler Wilhelm Groh der neue Geist einzieht. Bis zum Oktober 1933 also haben sich die studentischen Kader des NSDStB in Heidelberg gegen den alten Rektor stabilisieren können, während die neue Lichtgestalt Heidegger in Freiburg mit eher schwachen Studentenführern operiert.

Wilhelm Groh beruft gleich einen neuen fünfköpfigen »Führerstab« für die Heidelberger Universität, in dem Scheel, Stein und Krieck amtieren. Krieck hatte im September 1937, damals selbst noch einmal Heidelberger Rektor, bevor auch er im Zuge innervölkischer Zwistigkeiten erledigt wurde, über Johannes Stein gegutachtet, dieser sei »charakterlich und politisch durchaus zuverlässig« und stehe »in nahem Vertrauensverhältnis zum Reichsärzteführer Wagner und zum Leiter des NS-Dozentenbundes Schultze, außerdem als SS-Untersturmführer auch im persönlichen Vertrauensverhältnis zum Reichsführer SS. Stein lebt in gutgeordneten bürgerlichen Verhältnisse und ist Vater von 5 Kindern (…). Ich kann für Stein jede Gewähr übernehmen.«

Sehen wir uns auch einmal die drei *Freiburger* Studentenführer näher an, mit denen es Heidegger zu tun hatte – sie sind in der bisherigen Heidegger-Forschung nur schemenhaft aufgetaucht. Der erste, Hans-Heinrich Freiherr von Delwig-Tiesenhausen, geboren am 11. März 1908 in Riga und aus altem baltischen Adel stammend, ist noch daran beteiligt, Heidegger als Rektor zu inthronisieren, wie Bernd Grün für seine Freiburger Rektoren-Historiographie recherchiert hat. Der Landesführer Baden-Pfalz des NSDStB, Robert Wimmer, schreibt am 23. April 1933 an Tiesenhausen, er sei »wie zwischen uns ausgemacht auf dem Ministerium gewesen und habe dort die Verhältnisse ausführlich dargelegt«. Daraufhin sei Möllendorff vom badischen Kultusministerium angerufen worden und habe begriffen, dass dort »seine Person als Rektor nicht besonders angenehm war«. Tiesenhausen findet es in seiner Antwort zwar in Ordnung, »daß der Rektor umgewählt worden« sei, ist aber ansonsten nicht besonders gut informiert: »Ich bitte Dich festzustellen, ob von Karlsruhe aus jemand die Initiative ergriffen hat, denn bis jetzt ist uns nicht klar, worauf diese plötzliche Entsagung beruht.« Tiesenhausen, den Prälat Sauer in seinen Tagebüchern als »gemäßigt und zugänglich«, »auch nicht radikal antisemitisch« einstuft, wird von dem damaligen Reichsstudentenführer Stäbel schon Anfang Mai 1933 zum Bezirksführer Baden-Süd des NSDStB ernannt und widmet sich danach im Umkreis von Otto Abetz der kulturpolitischen Frankreich-Arbeit. 1940/41 wirkt er in der Propaganda-Abteilung Frankreich, als Sonderführer zuständig für separatistische Publizistik im bretonischen Quimper, dann in Rennes. Im April 1944 fällt Tiesenhausen in Russland, wie viele andere Studentenführer; seine Frau Marie-Stephanie stirbt fast hundertjährig 2006 in Freudenstadt/Schwarzwald.

Ermin Künzel,[32] der Medizinstudent und Tiesenhausen-Nachfolger als Freiburger Studentenführer, tritt sein Amt am 9. Mai 1933 mit dem üblichen rhetorischen Tamtam an: »Als Nationalsozialist sehe ich in Adolf Hitler den großen Führer aus Deutschlands Not und Schmach. (...) Zur Lösung der großen Aufgabe der Studentenschaft, Wehrsport und Arbeitsdienst, verlange ich von allen deutschen Studenten unserer Hochschule bedingungslosen Einsatz.« Zusammen mit Oskar Stäbel ersucht Künzel kurz nach seiner Amtsübernahme das badische Kultusministerium und die Fakultäten, Vorlesungen auf den »Lehrgebieten 1.) Rassenfragen und 2.) Arbeitslager und Arbeitsdienst« einzurichten. Das Ministerium entspricht dem Wunsch »im Einverständnis mit den zuständigen Fakultäten«, also wohl auch mit Heidegger, indem Dr. Heinz Riedel, Assistent an der psychiatrischen Klinik, mit einer »rassenbiologischen Vorlesung« und Dr. Helmuth Haubold, Assistent am radiologischen Institut, mit der Vorlesung zum Arbeitsdienst beauftragt werden. Für die Mitglieder des NS-Studentenbundes war die Teilnahme an diesen weltanschaulich-praktischen Vorlesungen verpflichtend.

Künzel, geboren am 20. März 1908 in Bad Elster im Vogtland, war einer von ihm inspirierten Eloge in der *Freiburger Studentenzeitung* zufolge schon während des Besuchs der Oberrealschule in Plauen »als Fünfzehnjähriger« dabei, eine nationalsozialistische Jugendgruppe aufzuziehen, danach, mal getarnt, mal offen, beim »Großdeutschen Jugendbund« und in der ersten Hitler-Jugend des Reichführers Gruber aktiv: »Im Jahre 1924 machte er die erste Saalschlacht in Olmütz mit. Damals standen noch 30 Nationalsozialisten gegen 1500 Kommunisten.« 1928 dann Eintritt in die SA, Aufnahme des Studiums in Freiburg, Burschenschaft Saxo-Silesia und »zunächst einziges nationalsozialistisches Mitglied des AStA«. Überall war gegen »größte Schwierigkeiten zu kämpfen« an der »reaktionär-katholischen« Freiburger Universität, aber schon »bei der Führertagung des NSDStB in Nürnberg konnte Künzel melden, dass die Gruppe Freiburg 110 Mann stark sei und damit allen anderen Universitäten voranmarschierte«. 1930 wurde Künzel der »achte SS-Mann in Freiburg«, wechselte dann an die Universität Erlangen, wo er »in den rötesten Vierteln der Stadt« NS-Propaganda machte, einen neuen SS-Sturm gründete und am 9. November 1932 »auf dem Hause der SPD in Erlangen die Hakenkreuzfahne« hisste; diese Tat und manche andere »hatten ihm die Roten nicht vergessen, überfielen ihn und verletzten ihn erheblich«. Nach der »Revolution« besetzte Künzel mit seinem SS-Sturm noch Gewerkschaftshaus und SPD-Zentrale in Nürnberg, bevor der altbewährte Studentenkämpfer im April 1933 wieder nach Freiburg zurückkehrte und die Führung von SS und Studentenschaft übernahm. Dank Künzel geht es, so die *Freiburger Studentenzeitung*, auf allen relevanten Gebieten (»Organisation des Wehrsports, des Arbeitsdienstes, der Fachschaften usw.«) »mit Riesenschritten vorwärts«, und man könne hoffen, »daß die Universität Freiburg bald zu einer Musterhochschule im Geiste des nationalsozialistischen Reiches wird«.

Einen Tag nach seiner Amtsübernahme hatte Künzel am 9. Mai 1933 gleich den Kampf gegen die kleine jüdische Studentenverbindung »Neo-Friburgia« aufgenommen und nach der Durchsuchung des Verbindunghauses eine ständige Wache von fünf Mann organisiert sowie den Hausmeister noch am 31. Mai in »Schutzhaft« nehmen lassen, konnte dann aber doch nicht verhindern, »daß am selben Tag dem Vertreter der Neo-Friburgia, einem jüdischen Rechtsanwalt, die Schlüssel zum Verbindungshaus von der Polizei wieder ausgehändigt wurden«. Heidegger, so heißt es im Dietze-Protokoll des Freiburger Bereinigungsausschusses 1945 dazu, »war der Auffassung, daß ein Vorgehen gegen die an der Vergewaltigung der Neo-Friburgia Beteiligten keine Aussicht auf Erfolg haben würde, eben weil es sich um keine lokale Angelegenheit handelte«. Heidegger hatte hier wieder einmal ohne Beleg behauptet, er habe sich Künzel kommen lassen, der das Vorgehen gegen die »Neo-Friburgia« verurteilt und auf die Verantwortlichen in Gaustudentenführung und Kreisleitung verwiesen habe.

Ansonsten kümmerte sich Künzel ziemlich autonom um die nationalsozialistische Infiltrierung der Freiburger Corps und Burschenschaften, um Wehrsport und Arbeitsdienstorganisation; in einem im Bundesarchiv erhaltenen Arbeitsbericht Künzels vom 2. Juni 1933 kommt Rektor Heidegger gar nicht vor. Nach einem Semester mit Künzel-Aktivitäten ernannte Reichsführer Stäbel mit Heinrich von zur Mühlen schon wieder einen neuen Freiburger Studentenführer. Der Mediziner Dr. Ermin Künzel macht später Karriere beim Rasse- und Siedlungshauptamt der SS (RuSHA), 1941 wird er aktenkundig »als Sachbearbeiter für die rassenkundlichen Erhebungen beim tschechischen Volk«. Für diesen Posten und für Künzel hat sich der Chef des RuSHA Otto Hofmann beim Reichsführer Himmler persönlich stark gemacht. Sturmbannführer Künzel soll nach rassenkundlichen Untersuchungen in den Schulen unter anderem eine Statistik erstellen, »aus der sowohl die prozentualen Rassenanteile der tschechischen Bevölkerung hervorgehen wie auch die Verteilung dieser Rassenanteile im böhmisch-mährischen Raum«.

Von den drei Studentenführern der Heidegger-Ära stand der dritte, Heinz von zur Mühlen also, dem Rektor sicherlich am nächsten; Heidegger setzte sich beim Reichsstudentenführer sogar für eine materielle Unterstützung von zur Mühlens ein. Dieser hat zudem die wunderlichste Biographie. Heinrich Max Friedrich Bernhard von zur Mühlen, auch er von baltischem Adel, wurde am 27. Januar 1908 in Charlottenhof/Estland als Sohn eines Sparkassendirektors geboren, macht 1927 am Deutschen Privatgymnasium in Dorpat Abitur, wird Mitglied der illegalen »NS-Erneuerungsbewegung der Deutschen Volksgruppe in Estland« und beginnt an der dortigen Universität auch ein Studium, bevor er in Freiburg die Fächer Geschichte, Rechtsgeschichte und Soziologie belegt. Von zur Mühlen tritt schon am 1. Mai 1932 in die Ortsgruppe Freiburg der NSDAP ein, fast gleichzeitig in die SA, wo er als »Sturmbannadjutant und Sturmführer« in der studentischen SA-Truppe und beim NSDStB aktiv ist. Er wechselt dann – vielleicht unter dem Einfluss Künzels – vom Juni 1933 bis Anfang Januar 1934 zur SS, bevor er sich wieder in der SA engagiert und nach Heideggers Abgang vom 15. April 1934 bis zum 1. September 1934 sogar als Referent im danach aufgelösten SA-Hochschulamt Freiburg firmiert.

Mit von zur Mühlen ist jene berühmte, von Hugo Ott in den Einzelheiten geschilderte und für Heidegger so schmähliche Affäre Anfang Februar 1934 um die wieder aufgehobene Suspension der katholischen Cartellverband-Verbindung »Ripuaria« verknüpft, in deren Verlauf sich Heidegger und sein Studentenführer vom Reichsführer Stäbel im Stich gelassen und an die Lobbyisten der »Schwarzen« verraten sahen. Der deutschnationale CV-Führer Edmund Forschbach war noch Ende Januar nach Freiburg geeilt, um für seinen bedrohten Verband und dessen Einzelverbindungen Stimmung zu machen, und hatte auf dem gemeinsamen CV-Abend mit Heidegger und von zur Mühlen deklamiert: »Der

CV. war schon seit seiner Gründung immer großdeutsch. (...) Weiterhin hält er heute noch die Bindung zu den schwer um ihr Deutschtum ringenden Bluts- und Glaubensbrüdern im Westen und Südosten Europas. Hier liegt heute die ganz besondere Aufgabe des CV. Er hat die großdeutschen Beziehungen zu aktivieren. Erfüllt er diese Aufgabe, dann kann ihm niemand mehr einen Ehrenplatz in der deutschen Studentenschaft bestreiten.«

Das mit der »Bluts- und Glaubensbrüderschaft« wird Heidegger nicht gern gehört haben, und so retournierte er dunkel nach dem gemeinsamen Absingen von Deutschland- und Horst-Wessel-Lied: »Den geistig-politischen Kampf in der Südwestmark des Reiches können wir erst führen, wenn die Jungmannschaft begreift, daß es gilt, einen *lebendigen Staatswillen* in das Volkstum unseres alemannischen Landes zu pflanzen« – so berichtete es jedenfalls die *Freiburger Zeitung*. Oskar Stäbel war aus übergeordneten Interessen heraus in Sachen »Ripuaria« gegenüber Forschbach konzilianter – der CV und die Katholische Burschenschaft gaben für eine fragwürdige Überlebensgarantie die »konfessionelle Begrenzung« ihrer Mitgliedschaft auf –, und so beschwerte sich Heidegger, nachdem ihm erst durch die Presse bekannt geworden war, dass die Suspension der CV-Verbindung wieder aufgehoben sei, handschriftlich bei Stäbel: »Der Führer der hiesigen Studentenschaft, Herr v. z. Mühlen, *mußte* daraufhin zurücktreten. Dieser öffentliche Sieg des Katholizismus gerade hier darf in keinem Falle bleiben. Es ist dies eine Schädigung der ganzen Arbeit, wie sie zur Zeit *größer nicht gedacht werden kann* ... Ich werde daher das Vorgehen des Studentenführers *unbedingt decken*. Ich bitte Sie dringend, v. z. Mühlen wieder in sein Amt einzusetzen. Über die Aufhebung des konfessionellen Prinzips lässt sich verschieden denken. Man kennt die katholische Taktik *immer noch nicht*. Und eines Tages wird sich das schwer rächen.« Hugo Ott, selbst Mitglied der katholischen Verbindung »Hercynia«, hat in diesem Brief, den allerdings auch schon Schneeberger 1962 (ohne Quellenangabe) öffentlich gemacht hatte, einen schönen Beleg für die »traumatische Antihaltung« Heideggers gegen den Katholizismus gefunden.

Offenbar kam Heinrich von zur Mühlen, dem Heidegger die ganze Last der »Ripuaria«-Aktion aufgebürdet hatte, tatsächlich noch einmal für zwei Monate in sein Studentenführer-Amt zurück. Wie aus einem im Bundesarchiv verwahrten Schreiben von zur Mühlens an die Karlsruher Kreisführung von NSDStB und DSt. vom 9. April 1934 hervorgeht, war er gerade dabei, wegen seiner »stark in Mitleidenschaft gezogenen Gesundheit« in die Schweiz zur Erholung zu fahren, und hatte auch Anfang April dem Kameraden Fritz Sellmeyer die Geschäfte der Studentenschaft und der Hochschulgruppe übergeben. Denn er sah sich nicht mehr in der Lage, nach seiner Rückkehr aus der Schweiz die Führung der Freiburger Studentenschaft wieder in die Hand zu nehmen, da sein »Herzleiden sich während der letzten 4 Semester politischer Arbeit soweit verschlechtert habe«, dass er nunmehr um die Genehmigung seines Rücktritts bitte. Als Nachfolger schlug er seinen bisherigen Stellvertreter Fritz Sellmeyer vor, der allerdings zur Promotion nach Heidelberg wechseln sollte und später als einer der profilierteren NS-Auslandskorrespondenten in Tokio arbeitete. Neuer Studentenführer wurde der weiter nicht auffällige Geograph Fritz Schulte-Mäter, mit ihm hatte Heidegger aber auch nichts mehr zu tun.

Nach seiner Zeit im SA-Hochschulamt Freiburg – das »Herzleiden« war wohl mehr politischer Natur – wechselte von zur Mühlen als Adjutant ins Amt Ribbentrop nach Berlin, beschäftigte sich dort mit der Volkstumsarbeit, promovierte 1936 in Leipzig zum Dr. phil., gab das *Handbuch der Kurländischen Ritterschaft* heraus und landete nach einer Assistentenzeit an Haushofers geopolitischem Institut schließlich im August 1940 beim Auswärtigen Amt. Am 16. November 1940 wurde sein Sohn Erik aus der Ehe mit Erika, geborene Rogge, geboren. Manche Quellen situieren ihn als Mitarbeiter des Amtes Abwehr in Brüssel, mit Sicherheit war von zur Mühlen als eine Art Volkstumsbeobachter des Auswärtigen Amtes 1943 bei der 4. Panzerarmee in der Ukraine und wohl auch zusammen mit Friedrich-Wilhelm Heinz bei der »Division Brandenburg« des Amtes Abwehr. Mit Heinz zieht er nach seiner Entlassung aus britischer Kriegsgefangenschaft 1946 auch einen Nachrichtenhandel für die Briten auf und zählt dann unter dem Decknamen »Dr. Hoffmann« zu den Mitbegründern der West-Berliner »Kampfgruppe gegen Unmenschlichkeit« (KgU), die mit CIA-Finanzierung Sabotageaktionen gegen die »SBZ« plant. Noch bevor es zum Schlimmsten kommt – mehrere unvorsichtige KgU-Aktivisten werden in der DDR hingerichtet –, wird von zur Mühlen bei der KgU entmachtet und profiliert sich als Spezialist für die Analyse politischer Verhältnisse und Verfolgungen in der DDR, unter anderem mit Publikationen bei Kiepenheuer & Witsch. Seine letzte Lebensstellung findet Heinrich von zur Mühlen als angesehener Ministerialrat im Bundesministerium für gesamtdeutsche Fragen.

Der im *Spiegel*-Interview genannte »Dr. Hancke«, Kurt Hancke also, der sich, durch die Nietzsche-Vorlesungen geläutert, Heidegger gegenüber 1937 als SD-Mann geoutet hatte (die einzige Quelle dafür ist allerdings wieder Heidegger selbst), war ein anderes Kaliber, geschätzt von bürgerlichen Publizisten wie Margret Boveri und Karl Korn, ein germanistisch qualifizierter Mitarbeiter an Zeitschriften wie *Die Literatur* oder *Geistige Arbeit*, ein intellektuell hochgestimmter Seiltänzer zwischen fachkundiger Literaturkritik und ganz praktischer Gegnerforschung im Reichssicherheitshauptamt. Franz Alfred Six, der ihn sehr schätzte, machte ihn zuletzt noch zu seinem Chefassistenten an der Auslandswissenschaftlichen Fakultät in Berlin. Im Vorwort des postum herausgegebenen Hancke-Werks *Beiträge zur Entstehungsgeschichte des europäischen Liberalismus* (1942) schreibt Six, dass sein gebildeter Lieblingsassistent in der SS »eine persönliche Heimat und den Ausgangspunkt seiner geisteswissenschaftlichen Studien gefunden« habe; das Buch werde »ein Gedenkstein sein für die Persönlichkeit Kurt Hanckes, der als Hauptsturmführer der SS, Leutnant der deutschen Wehrmacht und Chefassistent des Deutschen Auslandswissenschaftlichen Instituts stets der gleiche war: Ein suchender Kämpfer.« Nun war die Persönlichkeit des »suchenden Kämpfers« ebenso rätselhaft wie seine Begegnung mit Heidegger. Angesichts der Hancke-Erzählung *Zwielicht* (1938) hat der Literaturwissenschaftler Horst Denkler noch 2006 geurteilt: »Offensichtlich wollte Hancke den Literaten bei der SS und den SS- und SD-Funktionär in der Literaturszene verschweigen.« Vielleicht passte damals aber auch mehr zusammen, als wir heute annehmen.

Kurt Hancke, geboren am 31. Juli 1911 als Sohn des Ingenieurs oder, je nach Quelle, Heizungsmonteurs Otto Hancke und seiner Frau Maria in Hagen/Westfalen, hatte in Tübingen, München und Berlin Germanistik und Geschichte studiert und 1934 in Berlin über *Die Auffassung des Schicksals im deutschen Irrationalismus des 18. Jahrhunderts* promoviert. Schon 1934 hatte der junge Doktorand Hancke in der *Geistigen Arbeit* über den Prager Philosophenkongress und im November jenes Jahres eben über die Philosophie Martin Heideggers geschrieben, und das ziemlich sachlich: Heidegger sei nicht nur Adept von Kierkegaard, Husserl, Dilthey oder Nietzsche – all diese Referenzen könnten »nicht gesammelt und gebündelt als Substanz des Werkes genommen werden. Als Ganzes und im Wesen steht es vielmehr für sich da, blockhaft geschlossen, steil, schroff und unzugänglich.«

Auch eine Art Rezensionsbericht aus der Feder Hanckes für die *Geistige Arbeit* im März 1935 registriert eher nüchtern die Heidegger-Rezeption von (A-)Dolf Sternberger, Kurt Riezler oder Herbert Marcuse – hier schreibt jedenfalls kein Heidegger-Gegner à la Krieck über einen gerade verfemten Philosophen. 1935 verliert Hancke beide Eltern bei einem Unfall, dient als Freiwilliger bis zum Oktober 1936 im Kavallerie-Regiment 14 in Ludwigslust und geht dann nach Freiburg, mit dem Ziel einer Habilitation. Dieser Plan zerschlägt sich; im Oktober 1937 wird Hancke in Berlin Mitglied der SS und Abteilungsleiter im SD-Hauptamt unter Six.

1938 ist Hancke an der Berliner Universität in einen weiteren heftigen Zwischenfall verwickelt, als es wegen der Dissertation seines engen Studienfreundes Hans-Achim Ploetz zu einem Zwist zwischen Eduard Spranger, Alfred Baeumler und dem Dekan der Philosophischen Fakultät, dem Germanisten Franz Koch kommt. Ploetz will Assistent bei Spranger werden, der notorische Negativgutachter Baeumler findet die Ploetz-Dissertation aus dem Jahr 1935 aber zu judenfreundlich. Den zwischen die Fronten geratenen Dekan Koch lässt Ploetz, bald schon einer der Adjutanten Reinhard Heydrichs, zum Duell fordern. Der Überbringer dieser Forderung ist kein anderer als Kurt Hancke. Und so wird es auch nicht Gustav Adolf Scheel, sondern Ploetz gewesen sein, der Hancke als Referent im SD-Hauptamt unterbrachte. In dem Beförderungsvorschlag für Hancke zum SS-Untersturmführer testiert Six, Hancke sei »in der Abteilung Wissenschaften ein besonders wertvoller Mitarbeiter wegen seines umfassenden Wissens auf geistesgeschichtlichem Gebiet und seiner besonderen Begabung, schwierige Sachverhalte darzustellen«.

So beschäftigt sich Hancke in der SD-Gegnerforschung mit dem Obskuranten Julius Evola oder der katholischen Görres-Gesellschaft, 1939 ist er für einige Zeit in Wien zur

»Bücherauswertung«, sprich: zum Kulturraub von Büchern aus dem Besitz von Juden und Oppositionellen. 1940 erscheint Hanckes Buch *Deutscher Aufstand gegen den Westen. Eine geistesgeschichtliche Auseinandersetzung*. Drei Tage nach dem deutschen Angriff auf die Sowjetunion fällt Hancke, seit Dezember 1939 bei der Wehrmacht, als Leutnant bei einem Spähtruppunternehmen. Drei Jahre später kommt auch Ploetz, der es noch bis zum Leiter der Attachégruppe des Reichssicherheitshauptamts bei den Botschaften der Achsenmächte gebracht hat, an der Ostfront ums Leben.

In seinem Lebenslauf für den Einritt in SS und SD vom Oktober 1937 hat Hancke nicht erwähnt, dass er im vorangegangenen Sommersemester in Freiburg zwecks Heidegger-Ausforschung als Informant für Scheels Oberabschnitt Südwest tätig war. Trotzdem ist es nicht unwahrscheinlich, dass Hancke an Heidegger die Information weitergab, dieser stehe auf einer »schwarzen Liste« von Scheel. Allerdings überwachte der SD mehr oder weniger folgenreich so ziemlich jeden profilierten Geistesarbeiter im Dritten Reich, und wie man an den Fällen Krieck oder Höhn sehen kann, schützte mitunter sogar die prominente Mitarbeit beim SD nicht vor einem tiefen Fall. Aus Heideggers Brief an Jaspers vom 8. April 1950 (in dem er bekannte, wenngleich nur für wenige Monate, 1933 in einen »Machtrausch« geraten zu sein, »wie meine Frau sagte«) geht hervor, dass Heidegger von Hanckes Soldatentod im Grundsatz wusste. Ihm war also klar, dass dieser als Zeitzeuge nicht mehr zu befragen war: »Dr. H. meldete sich bei Kriegsausbruch beim S.D. ab und ist im Frankreichfeldzug gefallen.« Auch diese Geschichte war eine echte Heidegger-Erzählung: Nach seiner »Offenbarung« bei Heidegger verlässt Hancke den SD und stirbt den Heldentod an der Westfront. So war es eben nicht: Noch im November 1939 wird Hancke zum SS-Hauptsturmführer befördert. Martin Heideggers Nietzsche-

Vorlesungen hatten ihn nicht geläutert, im Gegenteil: er radikalisierte sich unter dem Einfluss von Six im Sinne der SD-Gegnerarbeit. Georg Wolff und Horst Mahnke werden davon gewusst haben.

»Er war fair zu mir. Ich bin fair zu ihm.«
Nachspiele und Interpretationen

Digne Meller Marcovicz fuhr noch einmal nach Freiburg und zur Hütte in Todtnauberg. Nachdem sie im September 1966 das *Ereignis* des *Spiegel*-Gesprächs dokumentiert hatte, machte sie am 17./18. Juni 1968 weitere Bilder von dem Philosophen und seiner Frau. Heidegger fand die junge Lichtbildnerin sympathisch und attraktiv, und so posierte er, umgeben von Holzbalken, Schindeln und Büchern, als Denker, Wortartist und Besorger des schlichten Hüttenlebens. Mal lächelt er verschmitzt in die Kamera, mal blickt er erwartbar heideggerisch finster. Auf den Bildern mit Elfride zeigt Meller Marcovicz ein entspanntes altes Paar – es könnten auch Weinbauern oder pensionierte Studienräte sein. Heidegger wandert für die Photographin gemeinsam mit seiner Frau durch den Wald, beide mit zünftigen Spazierstöcken, sie ruhen sich im Liegestuhl aus; Heidegger schöpft Wasser aus der Tränke am Brunnen. Ein Photo zeigt den Philosophen im Gegenlicht in der Hütte mit Zipfelmütze wie einen Oberschlumpf, auf einem anderen nuckelt er, draußen neben Elfride stehend, schelmisch am Griff des Spazierstocks. Meller Marcovicz gelangen hier seltene Eindrücke vom *spitzbübischen* Heidegger. Sie inszenierte ihn respektvoll und behutsam, er ließ sich gern inszenieren, aber mit helldunkler Distanz. Das lästige Ge-Stell des Photoapparats spielte hier offenbar keine Rolle mehr und auch nicht die prophetischen Warnungen des Freundes Friedrich Georg Jünger aus dem Jahr 1939: »Zu einer Welt, die vollkommen photographierbar geworden ist, läßt sich das Eigentum schwer hinzudenken.«

Am 19. Oktober 1966 schreibt Heidegger an Elfride: »Die Abschrift des Sp(iegel)-Textes wird jetzt fertig; ich bringe sie Dir mit. Ich bin jetzt beim Heraklit u. dem, was dazugehört.« Im Wintersemester 1966/67 gibt er zusammen mit Eugen Fink ein Seminar über Heraklit in Freiburg, nimmt im Januar 1967 in Hamburg auf Einladung Carl Friedrich von Weizsäckers (der allerdings noch nicht »das Geschickhafte einer Zerstörung der Menschlichkeit des Menschen durch die Biophysik« sehe) an Übungen zum physikalischen Weltbild teil; am 18. März 1967 feiern Elfride und Martin Heidegger Goldene Hochzeit im Familien- und Freundeskreis in Freiburg. Im April 1967 fliegt Heidegger nach Athen und hält dort den Vortrag »Die Herkunft der Kunst und die Bestimmung des Denkens«; sein Eindruck in einem Schreiben an Elfride: »Der Vortrag hat eingeschlagen. Nachher persönliche Vorstellung aller Akademiemitglieder. Als wir aus der Akademie heraustraten – ein Riesen Volksauflauf der Kommunisten vor der Universität gegen die neue Regierung. Der König scheint zu wackeln.« Er lehrt mit dem Schweizer Psychologen Medard Boss *Daseinsanalyse* in Zollikon (»Die Bewirtung mit Wein ist jetzt abgeschafft, was auch der Aufmerksamkeit zugute kommt«),[33] als am 19. April 1967 in Rhöndorf Altkanzler Konrad Adenauer stirbt. Trauer kommt bei Heidegger nicht auf: »Nun ließ sich der Sterbezustand von A(denauer) offenbar nicht länger hinauszögern. Hier sieht niemand, was er hinsichtlich der ›Wiedervereinigung‹ verschuldet hat. Man ist so ausschließlich vom westlichen d.h. amerikanischen ›Denken‹ benommen, daß kein Gespräch über die Weltsituation möglich ist.« Heidegger registriert Ostern 1968 eher beiläufig die Ausläufer der Studentenrevolte in Freiburg (»Daß die jungen Leute bei mir auftauchen, hängt vielleicht damit zusammen, daß ihr ›Chefideologe‹ Marcuse Schüler von mir war«), fährt im Herbst zum Seminar nach Le Thor in die Provence mit René Char, Jean Beaufret und François Fédier.

Im April 1970, nach einer letzten außerehelichen Extratour, erleidet der achtzigjährige Heidegger einen Schlaganfall, Elfride notiert auf einem »letzten Brief« Heideggers: »Der Zusammenbruch dort brachte endgültig alles ans Licht – seitdem waren wir nie wieder getrennt.«

Der Emeritus Heidegger ist also in vielerlei Hinsicht aktiv, reisend, dozierend und denkerisch, und dies war ja auch sein Argument in Sachen Publikationszeitpunkt des *Spiegel*-Interviews gewesen, durch öffentliche Vergangenheitsdebatten nicht in seinem Spätwerk gestört zu werden. Schon am 29. September 1966 hat Georg Wolff in einem längeren Schreiben an Erhart Kästner nach Wolfenbüttel über den Verlauf des Gesprächs berichtet, auch über die »einschränkende Klausel« der Absprache: »Herr Heidegger verlangte – und Herr Augstein stimmte schließlich zu –, daß das Gespräch erst nach seinem, Heideggers, Tod veröffentlicht werden soll.« Wolff bekennt gegenüber Kästner ohne Umschweife, dass der erste Teil des Gesprächs zu den »leidigen NS-Themen« im Großen und Ganzen nichts erbracht habe, »was Ihnen neu sein könnte. Tatsächlich kam es hier ja auch nur darauf an, die Sachverhalte in Heideggers eigenen Worten zu fixieren. Aus diesem Grunde haben wir bewußt auch Vorwürfe vorgebracht, die im Grunde keiner Klärung mehr bedürfen.« Augstein habe nach dem Gespräch zu diesem Teil festgestellt, »Heidegger sei durch und durch aufrichtig gewesen«. Was den zweiten Teil über »Philosophie und praktische Lebensgestaltung hier und heute« angehe, glaubte Wolff schon, dass Antworten, »wenn auch nur in schärferer Herausarbeitung schon vorher geäußerter Ansichten«, auch Neues enthielten. Man habe sich gemeinsam bemüht, »die spezifisch Heidegger'sche Sprache zu vermeiden.« »Dr. Petzet, der ihm (Heidegger, L. H.) ja laufend in allen möglichen Angelegenheiten des täglichen Lebens beiseitesteht, meinte hinterher, daß Heidegger über das Gespräch befriedigt sei«, dieser habe sich »hier einen Stein von der Brust gewälzt. Irgend so etwas hatten Sie, wenn ich mich recht erinnere, ja auch von diesem Gespräch erwartet.«

Nachdem sich der *Spiegel* im Sinne Kästners und Petzets als gesprächstherapeutische Instanz bewährt hatte, ging es für Wolff nun darum, doch noch einen Sinneswandel des Philosophen zu erwirken, vielleicht auch nach einer »gemeinsamen Redaktionskonferenz« mit ihm und Heidegger. Vielleicht könne Heidegger, so Wolff an Kästner, doch dazu bewegt werden, auf die »Nach-dem-Tode-Klausel« zu verzichten, dann wäre eventuell an »eine Veröffentlichung um die Jahreswende« zu denken. Kästner schrieb dann am 3. Oktober 1966 an Heidegger:

> Der Brief des Herrn Wolff ist lang und frohgemut und erfüllt uns mit Freude. Aus ihm geht hervor, daß neulich in Freiburg und Todtnauberg alles gut und nach Wunsch ging. Und dabei hatte ich monatelang schon gedacht, die Sache sei aufgegeben und aus diesen oder jenen Gründen zerronnen. Nur neulich, als Walter Jens hier war und erzählte, Herr Augstein liege in Kampen der Lektüre ihres NIETZSCHE ob, sah es so aus, als stehe doch noch etwas bevor. Und nun also der Brief. Er schildert ausführlich, daß die Stunden bei Ihnen unter guten Sternen standen. Ich sehe, Sie haben die Herren völlig gewonnen, sie schwärmen. Allein der Umstand, daß Sie allesamt nachher auf die Hütte fuhren, bezeugt bei mir das allgemeine gute Gefühl.

Kästner versuchte dann, Heidegger subkutan auf die Vorteile einer Publikation hinzuweisen; er überschätze Vorgänge solcher Art nicht, aber er schätze sie auch nicht zu gering ein. Er wünsche sich sehr, »es träte jetzt eine Wendung im öffentlichen Gerede ein. Das scheint mir jetzt gesichert.« Auch Heidegger war sich, wie aus seiner Antwort an Kästner drei Wochen später hervorgeht, nicht mehr ganz so sicher, was nun passieren sollte: »Die Begegnung mit Augstein und G. Wolff war ganz erfreulich. Ob etwas von dem Gespräch veröffentlicht werden soll – das überlege ich noch. Die ›Öffentlichkeit‹ ist doch das Fragwürdigste im Bezirk der heutigen ›Gesellschaft‹.« Andererseits konnte sich Heidegger bewusst sein, dass es an der Universität Freiburg noch genügend Leute gab, die in dem *Spiegel*-Gespräch nur die Erweiterung und Verfestigung seines vergangenheitspolitischen Gewebes sehen würden. Der beiderseitige Redaktionsprozess zog sich jedenfalls erst einmal über ein halbes Jahr hin, Wolff schickte am 2. März 1967 schließlich eine Fassung des Gesprächs, »die eine Komposition Ihrer und unserer Kürzungen und Korrekturen am Originaltext darstellt«. Am 28. März signierte der Philosoph nach einigen weiteren stilistischen Korrekturen am 65-seitigen Manuskript mit »einverstanden, Heidegger«. Augstein hatte Heidegger zuvor am 2. November 1966 noch geschrieben: »Aus handwerklich-journalistischer Erfahrung (darin, wenigstens, sind wir Ihnen über) möchte ich Sie aber bitten, bei allem Was und Wie Ihrer Antworten das diskursive Element zu bewahren, den Ton der Rede und Auskunft, die so ein Gespräch vorantreibt.«

Daran hielt sich Heidegger auch, in Sachen Veröffentlichungszeitpunkt hatte er sich allerdings für die »Nach-dem-Tod-Strategie« entschieden, wie er mit Schreiben vom 17. Dezember 1966 an Augstein klarmachte. Auch Wolffs verblüffenden Vorschlag, nur den zweiten Teil des Gesprächs zu drucken und das NS-Thema zu vermeiden, lehnte Heidegger ab. Augstein versuchte ihn vier Tage später noch einmal mit einem von Wolff herausgesuchten Heraklit-Fragment zu einer früheren Freigabe zu motivieren: »Das Wort des Denkens ruht in der Ernüchterung zu dem, was es sagt.

Gleichwohl verändert das Denken die Welt.« Außerdem sei doch klar: »Daß Heraklit vor Rudolf Augstein rangiert, daß das Seminar dem Gespräch vorangeht – kein Wort darüber!« Heidegger hingegen bestand mit einem ausführlichen Brief vom 14. Januar 1967 auf der Verschiebung der Publikation:

> Es ist weder Stolz noch Eigensinn, sondern allein die Sorge für meine Arbeit. Deren Aufgabe ist mit den Jahren immer einfacher, und das heißt im Felde des Denkens: immer schwerer geworden. (...) Das unum necessarium für das Denken bleibt: Rückzug aus der Öffentlichkeit, Vorbereitung der Wege zu einer Bereitschaft des Wartens, das sich freigibt für die Möglichkeit, daß der Mensch dieser Jahrhunderte von einem geschicklichen Anspruch dessen getroffen wird, was er selbst nicht ist und selbst nie herzustellen vermag. Die Aufgabe des so verstandenen Denkens steht in einem äußersten Gegensatz zu dem in gleicher Weise notwendigen Auftrag des *Spiegel*. Aber so geartete Gegensätze gehören in der heutigen Welt zusammen. Weil sie zusammengehören, müssen sie ihre Gegensätzlichkeit klar vor Augen haben und in ihrer Grundsätzlichkeit anerkennen.

Augstein wird somit vorsokratisch belehrt und nebenbei auch noch auf Schwächen der *Spiegel*-Geschichte über die »Futurologie« hingewiesen. In dem Begleitbrief zur Abnahme der Interview-Schlussfassung an Wolff (in dem Heidegger darum gebeten hatte, die »Missgeburt« des Originaltransskripts verschwinden zu lassen), bietet der Denker immerhin Augstein und Wolff persönlich an, »außerhalb ihrer sonstigen Arbeit mitzufragen« im nichtöffentlichen Gespräch. Augstein setzt, nun allerdings schon resigniert, am 18. April 1967 ein letztes Mal nach: Mit dem Interview sei aus den gemeinsamen Anstrengungen »eines jener Stücke der Beruhigung entstanden, derer wir in Deutschland so dringend bedürfen«. Freilich sei er gerade aus dieser Überzeugung heraus »auch ein wenig unglücklich«: »Wie schade, daß wir den Text nicht schon heute drucken können!« Augstein leuchtet Heideggers Argumentation nicht so ganz ein: »Spricht es nicht für eine Sache, daß man sie nutzen kann, sie ›unmittelbar‹ nutzen kann? Wie auch immer, Sie sind anderer Meinung, und sind es mit Gründen, denen ich meinen Respekt nicht versagen darf. Umso glücklicher bin ich, Ihrem Brief entnehmen zu können, daß Sie bei allem Gegensatz der Aufgaben ›Zeichen der möglichen Einheit‹ nicht ausschließen. Bitte, wollen Sie Ihrer Frau meinen herzlichen Dank für die Einladung auf die Hütte ausrichten? Es könnte schon sein, daß ich einmal einer solchen Umgebung bedarf.« Zum denkerischen Erholen Augsteins auf der Todtnauberger Hütte wird es dann aber nicht mehr kommen, der Verleger zieht dann doch das lockere Strandleben in Kampen vor. Und so ganz hat Augstein Heideggers Sprache auch nicht begriffen; »Nutzen«, und dies auch noch »unmittelbar«, konnotiert dieser üblicherweise mit dem »Vernutzen« der Dinge und des Denkens.

Der *Spiegel* hat nun sein philosophisches Interviewjuwel, kann es aber nicht öffentlich ausstellen – wie ein privater Kunstsammler, der auf verschlungenen Wegen ein Gemälde unklarer Provenienz gekauft hat. Augstein und Wolff können nur auf das Ableben des Philosophen warten. Und sie müssen darauf vertrauen, dass er Wort hält und sich nicht an anderer Stelle biographisch einlässt. Zudem muss der *Spiegel* zu Lebzeiten Heideggers vorsichtig mit ihm umgehen; er hätte ansonsten die Vereinbarung zur Post-mortem-Publikation überhaupt widerrufen können. Doch ein Ziel Heideggers war es ja, sich mit dem *Spiegel*-Gespräch andere lästige Anfragen vom Hals halten zu können – dies wird ganz deutlich in dem einzigen Fernseh-Interview seines Lebens, das vom noch jungen Zweiten Deutschen Fernsehen am 24. September 1969 ausgestrahlt wird. Das ZDF, eine Gegen-Gründung der westdeutschen Bundesländer – auch des CDU-regierten Sitzlandes Rheinland-Pfalz – angesichts der forcierten Privatfernseh-Pläne Konrad Adenauers, hatte mit Richard Wisser einen durchaus geeigneten, fachphilosophisch profund ausgebildeten Mann nach Freiburg geschickt.

Wisser, geboren 1927 in Worms, verbrachte sein ganzes akademisches Leben an der Mainzer Universität und promovierte dort 1954 über Leibniz und Giambattista Vico; er beriet den ZDF-Gründungsintendanten Karl Holzamer und auch dessen Nachfolger Dieter Stolte in geisteswissenschaftlichen Grundsatzfragen. Das katholisch geprägte ZDF verstand sich damals ausdrücklich als volkspädagogische Anstalt, mit stetem Kontakt zur geisteswissenschaftlichen Sphäre. ZDF-Gründungsintendant Holzamer, der 2007 als Hundertjähriger starb, war nach 1945 in Mainz Professor für scholastische Philosophie und Pädagogik geworden. Richard Wisser, nach seiner Assistentenzeit 1966 habilitiert, publizierte unter anderem über *Sinn und Sein* (1960) und *Die Verantwortung des Menschen für sich und seinesgleichen* (1966, mit Holzamer), aber auch über *Politik als Gedanke und Tat*. In einem Artikel für die *FAZ* hat Wisser schon 1958 Heideggers Sprechplatte, zu der ihn Verleger Neske überredet hatte, dafür gelobt, dass Heideggers Stimme eine Interpretationshilfe von beachtlicher Wirkung darstelle, für das Gedachte und Gesagte. Heidegger war davon offenbar berührt und hatte einen Dankesbrief an Wisser geschrieben: »Sie haben etwas ans Licht gehoben, was ich bisher einfach vollzog, ohne es zu wissen.«

Bei seinem Interview aus Anlass des 80. Geburtstags Heideggers ist der Mainzer Professor vor dem Technik-Team des ZDF da, das sich auf der Autobahn verspätet hat; auch er vermerkt den Hausspruch über der Eingangstür am Rötebuck (»Behüte dein Herz mit allem Fleiß, denn daraus geht das Leben«, Sprüche Salomos 4,23). Heidegger öffnet dieses Mal selbst die Tür, »klein, überraschend klein – daß Größe so klein sein kann – wartend, abwartend, ein alter Mann, doch nur kalendarisch achtzigjährig«. Im Arbeitszimmer holt Heidegger »ein Tablett mit Cinzanoflasche und zwei Likörgläschen« herbei; Wisser fragt sich: »Wie mag sich der Pariser Jean-Paul Sartre hier gefühlt haben, als er 1953 Heidegger besuchte?« Durch die Verspätung des Teams bleibt einige Zeit, die Fragen durchzugehen. Heidegger hat sich für die Sendung, die auch Zeitzeugenaussagen von Ernst Jünger, Carl Friedrich von Weizsäcker, Dolf Sternberger und Karl Rahner enthalten soll, nur zu einem kurzen Interview – es werden dann gerade einmal zwanzig Minuten – bereit erklärt.

Richard Wisser will in seinen wohlvorbereiteten, sehr ziselierten Fragen vor allem, wie im Grunde ja auch Georg Wolff zwei Jahre zuvor, etwas zur »gesellschaftlichen Verantwortung« der Philosophie hören, im Sinne seiner Eingangsfrage: »In unserer Zeit werden immer mehr Stimmen laut, und es werden diese Stimmen immer lauter, die in einer Veränderung der gesellschaftlichen Verhältnisse die entscheidende Aufgabe in der Gegenwart propagieren und den einzig erfolgversprechenden Weg für die Zukunft sehen. Wie stehen Sie, Herr Professor Heidegger, zu solcher Ausrichtung des sogenannten Zeitgeistes?« Heidegger ist, wie Wisser in seiner stimmigen Wiedergabe seiner Freiburger Begegnung im Neske-Band *Erinnerung an Martin Heidegger* beschreibt, eher indigniert (»Das ist sehr allgemein. Was soll ich dazu sagen?«), wittert hinter »gesellschaftliche Verhältnisse« und »Zeitgeist« natürlich Neomarxismus, Adorno und Horkheimer, Studentenrevolte. Er lässt die Frage immerhin zu und beantwortet sie unter anderem damit, Marx' Diktum von den Philosophen, die bislang die Welt immer nur verschieden interpretiert hätten, während es darauf ankomme, sie zu verändern, werde im philosophischen Sinne nicht tief genug ausgelegt – schließlich gehe der Weltveränderung in jedem Fall das interpretierende Denken voraus.

Aber auch konkretere Fragen, etwa nach Jaspers und dessen »Weg in die Öffentlichkeit«, behagen dem alten Mann nicht; Wisser: »Heidegger spricht den Namen Jaspers nicht aus. Ich bemerke, daß ihm die Fragen lästig werden.« Auch Wisser hat eine Frage dazu, dass Heidegger einmal in seinem Leben »dem politischen Engagement, wie man das heute nennt, nicht aus dem Wege gegangen« sei. Heidegger will dazu nichts sagen, »allerdings wieder kein diktatorisches, kein zurücksetzendes Nein, sondern das Nein eines Mannes, dem alles das weh tut, der Last verspürt, bei fast zarten Handbewegungen, die wegwischen, entfernen, was drückt«. Wisser will wenigstens »ein ›Wort‹ zu dieser Sache«, aber da fällt ihm Heidegger ins Wort: »Sie meinen es so gut, lieber Herr Wisser. Aber ich kann darüber nicht reden. Nicht jetzt! Im Vertrauen, der *Spiegel* hat eine Erklärung von mir, die zu gegebener Zeit veröffentlicht wird ... Nach meinem Tod ... Ein erklärendes Gespräch ... Soweit das möglich ist ... Da habe ich manches von dem gesagt, was Sie jetzt von mir haben wollen. Das kann ich jetzt nicht sagen.«

Professor Wisser kennt den Inhalt des *Spiegel*-Gesprächs nicht, aber er weiß, dass es das Interview aus dem Jahr 1966 gibt. Der *Spiegel* selbst hatte ihn darüber informiert und aus Furcht vor unzeitigen Heidegger-Enthüllungen unverfroren angeboten, dass ein *Spiegel*-Redakteur Wisser zu seiner TV-Begegnung auf den Rötebuck begleiten solle – um mitzuhören und die Rechte des *Spiegel* zu wahren. Wisser lehnte dieses Ansinnen ab, wollte aber Heidegger über den ganzen Vorgang nichts verraten: »Ich sage nichts, da ich Vertraulichkeit zugesichert habe. Sage nichts, obwohl Heidegger sichtlich an der Wirkung interessiert ist, die diese Preisgabe auf mich macht. Wäre mir der Vorgang nicht bekannt gewesen, hätte ich bestimmt gefragt: Warum der *Spiegel*? Heidegger sucht in meinen Gedanken zu lesen, sagt von sich aus: ›Er war fair zu mir. Ich bin fair zu ihm.‹«

Heidegger bleibt auf weiteres Drängen Wissers hin resistent, erläutert seinem Besucher im Vorgespräch ein ums andere Mal: »Die wenigsten verstehen, was mein Denken ist. Sie erreichen das nicht.« Auf einmal erklärt er mit Bestimmtheit: »Aber über die Sprache kann ich nicht sprechen.« Schließlich werden von fünf vorbereiteten Fragen drei gestrichen, und Wisser hat mehrfach den Eindruck: »Das Interview ist ernsthaft gefährdet.« Es geht dann aber trotz Kabelsalat, blendender Leuchten und technischer Kalamitäten ganz gut, zumindest nach dem, was übrig geblieben ist. Heidegger zeigt Wisser die dritte Reinschrift von *Sein und Zeit* (»So ist das Manuskript zum Setzer gegangen«), Wisser ist beeindruckt, denn das Manuskript wirkt »bei aller Härte, ja an Zorn grenzender Aggressivität, die im Gespräch an einigen Stellen durchbrach, so zart, so behutsam in seinen Bewegungen, seine schöne deutsche Sütterlin-Schrift, klar, ohne Verschreibungen, die Seiten gegliedert, ein Genuß die Schrift dieses Denkers«. Man versteht bei derartiger Bewunderung, warum Heidegger schon den Gebrauch einer mechanischen Schreibmaschine dem Verfall des aussagenden Denkens zuordnete. Es kommt noch zu Irritationen, weil auch der abtrünnige Karl Löwith als Gratulant für die ZDF-Hommage vorgesehen ist (»Löwith? Macht der auch mit? Das haben Sie mir nicht geschrieben«), und im Smalltalk über Adornos Einfluss auf die rebellierenden Studenten fragt Heidegger abrupt: »Bei wem hat Adorno denn studiert?« –

somit auf das Grundverständnis der Meister-Schüler-Universität verweisend, auch gegen den damit *wurzellosen* jüdisch-marxistischen »Soziologen« gewendet. »Man hat es mir nicht schön gemacht!«, nörgelt Heidegger zudem über sein Verhältnis zur Universität. Von Adorno habe er »nichts« gelesen, obwohl »der Hermann Mörchen« versucht habe, ihn dazu zu überreden. Aber als Adorno nach 1945 aus den USA zurückgekehrt sei, habe er geäußert: »In fünf Jahren habe ich Heidegger klein.« Im Grunde hörte Heidegger Gerüchte über solche tatsächlichen oder vermeintlichen akademischen Kampfansagen ganz gern; er war sich ziemlich sicher, wer den längeren Atem haben würde.

Schon kurz nach dem ZDF-Interview kam auf den *Spiegel* in Sachen Heidegger unvermutet eine neue Bedrohung zu, als das Pariser Politikmagazin *L'Express* im Oktober 1969 ein Gespräch mit Heidegger publizierte (»das Gespräch, das Martin Heidegger unserem Mitarbeiter gerne gewährt hat«). Heidegger sah nun seine Vertrauenswürdigkeit angegriffen und fürchtete wohl auch, der *Spiegel* werde bald mit der Publikation seines Interviews nachlegen. Vom *Spiegel* animiert, schrieb Heidegger an das französische Magazin am 29. Oktober 1969 mit einer, so wiederum der *Spiegel* in einer Hausmitteilung, »für jeden seiner Leser wünschenswerter Bestimmtheit«: »Das Gespräch kann nicht auf Fragen Ihrer Mitarbeiter beruhen. Ich habe solche nie empfangen.« In einem weiteren Schreiben an Wolff tags darauf stellte Heidegger klar, nachdem er ein Exemplar der fraglichen *L'Express*-Nummer »durch Luftpost und Eilboten« bestellt hatte, er sei entsetzt »über diese Machenschaften« des französischen Blattes.

Nach Heideggers Darstellung hatte Frédéric de Towarnicki, sein französischer Entdecker des Jahres 1945, ursprünglich um ein Interview gebeten, »das ich auf das Entschiedenste ablehnte«. Einen allgemeinen »Bericht« über Heideggers jüngstes Schaffen habe Towarnicki »nur unter eigener Verantwortung bringen« dürfen, »wie das allenthalben unter Presseleuten geschehe«. Eine Tonbandaufnahme der Unterhaltung habe er, Heidegger, »strikt verboten; ob dies heimlich geschah, weiß ich nicht«. Das nunmehr veröffentlichte »Interview« sei eine Gemeinschaftsarbeit von Towarnicki, Kostas Axelos und Jean-Michel Palmier »unter Verwendung gelegentlich sich über Jahre erstreckender Gespräche mit mir«. Wenn *L'Express* jetzt behaupte, dass er die Veröffentlichung dieses »Gesprächs« in Deutschland verboten, sonst aber freigegeben hätte, sei das völlig aus der Luft gegriffen. Palmier habe ihm überdies eröffnet, er wolle sein Buch *Les écrits politiques de Heidegger* auf Deutsch herausbringen, wovon er ihm abgeraten habe. Außerdem wisse er nicht, so der Philosoph, inwieweit »ganz privat aufgenommene Photos«, auf denen auch Elfride zu sehen war, ohne Erlaubnis veröffentlicht werden dürften.

Mit einem »Es tut mir leid, daß Sie auch noch Ärger und Mühe haben« schloss Heidegger seine Demarche, musste aber schon einen Tag später nachlegen, weil ihn ein aufgeregter Anruf von Frau de Towarnicki errreicht hatte: Diese war in größter Angst, ihr Mann würde als Mitarbeiter von *L'Express* entlassen oder nicht mehr beschäftigt, »wenn jetzt die Sache aufgerollt würde und dann wäre das für sie eine schreckliche Sache«. Es sei eben so, wie er schon vermutet habe: »Tow. brauchte dringend Geld und mit ›Heidegger‹ ist das ja zu machen. Dasselbe trifft wohl auf die beiden anderen Teilnehmer Palmier und Axelos zu. Bitte gehen Sie gnädig mit ihnen um, soweit nicht Ihre eigenen Interessen berührt werden. Wenn ich all den Ärger, den mir die ›Öffentlichkeit‹ bereitet, nicht glücklicherweise schnell vergäße, käme ich nicht zu meinen Arbeiten.«

Schließlich einigten sich Heidegger und Wolff auf den

Modus der *Spiegel*-Hausmitteilung; Heidegger fand das, »wie die Mathematiker von der Gleichung sagen, eine ›elegante Lösung‹«. So brachte die *Spiegel*-Hausmitteilung die Information, der Philosoph habe ein französisches Interview vor allem auch deshalb abgelehnt, »weil im *Spiegel* bereits ein ausführliches Gespräch sekretiert sei und erst nach meinem Tod gedruckt werden solle«. Auf diesem Weg erfuhr eine interessierte Öffentlichkeit eher en passant am 3. November 1969, dass es ein *Spiegel*-Interview mit Heidegger gab. Das Titelblatt dieser *Spiegel*-Ausgabe ist den »Studenten vor Gericht: Aufruhr und Landfriedensbruch« gewidmet, die innenpolitischen Verhältnisse verschärften sich kurz vor Gründung der »Roten Armee Fraktion« deutlich, in der Bundesrepublik noch mehr als in Frankreich. Wo er aber nun einmal bei der Sache war, setzte Heidegger in seinem Brief an Wolff vom 3. November noch hinzu, eine so unablässige, »gesammelte und von einer ungewöhnlichen Achtung vor dem ›Geist‹ (nicht vor einer beamteten oder propagandistisch hochgespielten Autorität)« wie bei der »Gruppe älterer und jüngerer Franzosen unter Anleitung von Jean Beaufret« sei in Deutschland nicht zu finden. So heftig er den französischen Geist des Cartesianischen ablehnte, so erfreut war Heidegger doch, wenn sein »Geist«, mit dem sich ja auch sein Interpret Jacques Derrida abmühte, über französische Bewunderer und Dekonstrukteure gekommen war.

Le Thor, so spezifizierte er es noch einmal für Wolff, »ist eine kleine Stadt östlich von Avignon, 5 km westlich vom Wohnsitz des Dichters René Char, bei dem sich an den Nachmittagen der engere Kreis versammelte. Die Seminare fanden vormittags in einem kleinen Hotel in Le Thor statt. Die drei, die das Gespräch in ›Express‹ zusammenbrauten, sind die dritte Generation (Garnitur) des genannten Kreises.« Bei dieser Gelegenheit wollte Heidegger auch noch einmal eine

Bemerkung verdeutlichen, »die der *Spiegel* schon mehrfach zitierte«, nämlich die auf Aristoteles abzielende Sentenz »Er wurde geboren, arbeitete und starb«. Dies sei nicht im Hinblick auf *seine* Abneigung gegen das Biographische gesprochen, »sondern gegen die bis zum Beginn meiner Lehrtätigkeit übliche Art, *über* die Philosophie und *über* ihre Schriften zu reden, ohne daß die Hörer in ein unmittelbares Verhältnis zu deren Wort und deren Sprache« kämen. Zwar verweist auch Heidegger in diesem Zusammenhang auf die »inzwischen« gängig gewordene »Mode« der textimmanenten Interpretation, aber auch diese war für ihn »schon wieder im Absterben und durch das soziologisch-philosophische Gerede ersetzt«. Wahrscheinlich hatte Heidegger mitbekommen, wie sehr im *Spiegel* inzwischen die Frankfurter Schule hofiert wurde. Und just am 20. Oktober 1969 hatte der *Spiegel* ein Interview seiner Geisteswissenschaftler Dieter Brumm und Helmut Gumnior mit Heideggers abgefallenem Schüler Karl Löwith gebracht, in dem dieser zwar Heideggers originäre philosophische Wirksamkeit in den zwanziger Jahren lobte, sich aber ansonsten mehr Common Sense und nüchterne Skepsis im angelsächsischen Sinn wünschte:

> SPIEGEL: Sie haben den Deutschen vorgehalten, »in besonderer Weise für Pathos und Führung empfänglich und unempfänglich für nüchterne Skepsis, geistigen Leicht-Sinn und common sense« zu sein. Zeigt sich das auch bei den deutschen Philosophen?
> LÖWITH: Zum Glück heute etwas weniger als zu meiner Jugend, als noch der Kreis um Stefan George florierte, als man Heideggers »Sein und Zeit« las und Jaspers' »Existenzerhellung«. Und ich glaube, in keinem anderen Land wäre es möglich gewesen, aus der Verehrung für Dichter wie Höl-

derlin und Rilke eine Art Heiligenkult zu machen. Heute hat die Wiener und die Oxforder Schule nachträglich auch bei uns eine große Ernüchterung gebracht; ich kenne eine ganze Reihe jüngerer Leute, die von diesen sprachkritischen Studien sehr beeindruckt sind. Aber auch die vielen Erörterungen über Gesellschaftstheorie sind ja an sich sehr nüchterne Angelegenheiten. Was ich erschreckend finde, ist, daß trotz dieser Ernüchterung unter den führenden Leuten der außerparlamentarischen Opposition, den SDS-Studenten etwa, mit einem doktrinären und dogmatischen Pathos Reden gehalten werden, wie ich sie aus der Nazi-Zeit kannte.

Nachdem der *Spiegel* mit juristischen Schritten gedroht und Françoise Giroud als Chefredakteurin des *L'Express* am 7. November 1969 noch einmal hart gegen das Hamburger Magazin gekartet hatte – »Erlauben Sie mir, mich dafür zu beglückwünschen, dass unsere Methoden (von *Spiegel* und *L'Express*, L. H.) sich streng voneinander unterscheiden« –, bedankte sich Heidegger bei Wolff am 13. November für die »Abschlussmeldung über diese Expressaffaire«, nicht ohne auf eine Beobachtung des Philosophenkollegen Max Müller hinzuweisen: »Ihre und Ihrer Gattin Bilder im ›Express‹ sind so schön, daß bei dem dummen Text, von dem jeder weiß, daß er *so nicht* von Ihnen sein kann, kein Schaden entsteht.« Wolff bleibt mit Heidegger bis zu dessen Tod in Kontakt; wie wir gesehen haben, versucht er ihm vergeblich eine Äußerung zu Horkheimer zu entlocken. Noch im Mai 1976 übersendet Heidegger an Wolff seine Schrift *Neuzeitliche Naturwissenschaft und moderne Technik*; Wolff lässt ein Faksimile der Widmung »Eine noch nicht bedachte Frage – für Georg Wolff – herzlich dankend – grüßend« stolz in die Hausmitteilung des *Spiegel*-Heftes 36/1976 einrücken. In dieser Hausmitteilung verkündet das Magazin auch, der Süddeutsche Rundfunk hätte gerne die Tonbandaufnahme des Heidegger-Gesprächs gesendet; diesen Wunsch habe man aufgrund der verbindlichen Verabredungen mit dem Philosophen nicht erfüllen können. Es gebe aber kaum einen Staat, in dem der *Spiegel* frei vertrieben werden könne, »dessen Zeitungen nicht aus dem Gespräch mit Heidegger zitiert haben. Die Übersetzungsrechte sind erbeten aus und erteilt worden nach den Vereinigten Staaten, Kanada, Frankreich, England, Spanien, Italien, Holland und Mexiko.«

Martin Heidegger starb am 26. Mai 1976 im Fillibachhaus. Seine Enkelin Gertrud stellte seinen Tod fest; Elfride Heidegger hatte zunächst geglaubt, ihr Gatte sei nur bewusstlos. Die erste Nacht nach dem Tod ihres Gatten verbrachte Efride im Ehebett neben dem Leichnam. Bei der Beisetzung von Heidegger am 28. Mai 1976 sprach der katholische Theologe Bernhard Welte, auch er in Meßkirch geboren, in schönem Heideggerdeutsch: »Der Tod, das Gebirge des Seins, hat Martin Heidegger in sein Geheimnis der verborgenen Fülle entrückt.« Er fragte auch: »Ist es der Sache angemessen, Martin Heidegger christlich zu beerdigen? Ist es der Botschaft des Christentums angemessen, ist es dem Denkweg Heideggers angemessen? Er jedenfalls hat es gewünscht.« Der *Spiegel* verlor mit der Publikation seines Interviews mit dem »vielleicht größten Suchenden dieses Jahrhunderts«, so Welte bei der Beerdigung, keine Zeit – es erschien am 31. Mai 1976. Titelthema der *Spiegel*-Ausgabe: »Schulangst«. Auf das Interview wurde mit einer Banderole aufmerksam gemacht: »SPIEGEL-Gespräch mit Martin Heidegger: Der Philosoph und das Dritte Reich«. In der Hausmitteilung auf Seite 3 wurde dem Leser offenbart, dieses Gespräch habe »nach dem strikten Wunsch des Philosophen erst nach seinem Tod ans Licht« gedurft. Heidegger wird als einer der »ohne Zweifel in Deutschland, erst recht international wichtigsten Existentialisten« präsentiert – genau das hatte er aber nie sein wollen; außerdem war diese Mode so ziemlich vorbei.

Im darauffolgenden *Spiegel*-Heft interviewen Rudolf Augstein und Johannes K. Engel den Ersten Sekretär der Polnischen Vereinigten Arbeiterpartei, Edward Gierek (»das ausführlichste Gespräch, das Polens erster Mann mit Journalisten je hatte«), und Georg Wolff bespricht das Buch *Mythos Philosophie*, in dem der Autor Willy Hochkeppel ziemlich unverblümt dazu rate, »die philosophischen Lehrstühle an den deutschen Universitäten ohne viel Federlesens einzuziehen«. Damit und mit anderen Argumenten war Hochkeppel für Wolff nicht allzu weit von dem Philosophen entfernt, »den er in seinem Buch am abschätzigsten behandelt: Heidegger, den Philosophen der Gelassenheit, des Schweigens und des Wartens auf einen ›neuen Gott‹«.

Diejenigen, die Heidegger, seine situativen Konstruktionen und seine Argumentationskette zum NS-Engagement kannten, waren vom Gehalt des *Spiegel*-Gesprächs durchweg enttäuscht. Warum sollte etwas »sekretiert« werden, wenn es gar nichts Neues enthielt – und damit war nicht einmal ein Schuldbekenntnis gemeint, sondern eine starke Aussage jenseits der abgezirkelten Verteidigungslinien. Otto Pöggeler, der wie Jürgen Habermas und Karl-Otto Apel in Bonn bei Rothacker studiert hatte und nach seiner Promotion 1957 nach Paris gegangen war (»Dort war es so, dass man nirgendwo mitreden konnte, wenn man nicht Heidegger kannte«), dem Heidegger auch schon 1961 zum »Aufbruch« 1933 offenbart hatte: »Da habe ich mich fürchterlich geirrt«, fasst es für sich so zusammen: »Schlimm in diesem Zusammenhang war das Spiegel-Gespräch. Er hat dabei zurückgegriffen auf Dinge, die er vor dem Entnazifizierungsausschuss gesagt hat. Es ist mir unverständlich, wie er das hat machen können. Man muss aber auch sehen: Heidegger hatte in den 60er Jahren eine lebensgefährliche Lebererkrankung und 1970 einen

Schlaganfall, sodass er lange Zeit einen Arm nur beschränkt bewegen konnte. Mit einem Wort: Er war 1966 beim *Spiegel*-Gespräch ein alter kranker Mann von 77 Jahren, von dem man verlangte: Sagen Sie hierzu etwas, sagen Sie dazu etwas.«[34] So krank war Heidegger 1966 allerdings nicht, und er hatte auch lange Zeit gehabt, sich vorzubereiten.

Carl Friedrich von Weizsäcker, der in seinem Aufsatz für den Neske-Band »jedes der Motive für diesen Irrtum (Heideggers Verhalten 1933/34, L. H.) in mir nachvollziehen« konnte und selbst »dem Irrtum nicht mit der Klarheit widerstanden (hatte), wie ich es mir wünschen würde«, sprach mit Heidegger nach 1945 nie über Hitler, die Juden und die »Bewegung«, las aber dann das *Spiegel*-Gespräch:

> Er verteidigt sich darin, ohne Zweifel zu Recht, gegen Vorwürfe, die ihm eine billige Komplizenschaft mit dem Regime unterstellen. Aber es hat mir leidgetan, daß er nicht fähig war, das Gespräch in einer stärkeren Weise zu führen, zu der er das Recht gehabt hätte. Durch ein bewußtes und massives Bekenntnis des eigenen Irrtums hätte er mit einem Schlag die Überlegenheit über das gesamte Niveau der Fragen erreicht, die man ihm hier stellte. Er hätte, vielleicht nicht den ihn befragenden Journalisten, aber manchem spürenden Leser die Augen öffnen können für seine Diagnose unserer Zeit, ohne die sein Irrtum ja niemals begreiflich werden kann.

Ernesto Grassi, der italienische Humanismusforscher, Lektor für Italienisch und Lehrbeauftragter für Philosophie an der Freiburger Universität bis 1938, schrieb am 17. Juni 1976 an den befreundeten Romanisten Hugo Friedrich: »Heidegger ist tot, eine ganze Welt, eine Epoche, die wir gemeinsam erlebt hatten, ist endgültig abgeschlossen! Der Artikel, welcher im *Spiegel* erschienen ist, wirkt auf mich in seinem Anfangsteil sehr doppeldeutig: Er spricht von Helene Weiss, aber nicht von den beiden Szilasi. Die *Zeit* wollte von mir einen Beitrag, aber ich habe abgelehnt. Ich hätte persönlich werden müssen, was Willy (Szilasi) absolut nicht wollte. Die Tatsache, daß Heidegger trotz seiner Verachtung für die Journalisten ihnen diese Ausführungen post-mortem anvertraut hat, ist schon sehr seltsam.« Frank-Rutger Hausmann, der diesen Grassi-Brief für das *Heidegger-Jahrbuch* 4 (2009) aus dem Italienischen übersetzt hat, präsentiert dazu den Auszug aus einem Gespräch Grassis mit der RAI (»Ricordi di Husserl ed Heidegger«): »Einen Menschen, der ihm ganz und gar ergeben war (Sizlasi, L. H.), auf diese Weise, ganz plötzlich, aus politischen Gründen des Augenblicks, fallenzulassen, macht mich ratlos. (...) Und dennoch weigerte sich Willi Szilasi, im Unterschied zu Löwith oder Adorno, sich an der Polemik gegen Heidegger zu beteiligen, die in den Folgejahren recht bedeutsam wurde.«

Wilhelm Szilasi, der mittelbare Nachfolger Heideggers auf dem Freiburger nicht-konfessionsgebundenen Philosophie-Lehrstuhl nach 1945, hatte Deutschland schon 1932 verlassen und sich in Brissago im Tessin als Unternehmensberater betätigt. Hinter dem Bruch Heideggers mit dem ihm sehr vertrauten Ehepaar Szilasi verbirgt sich womöglich eine düstere Geschichte: Wie sich Heideggers Enkelin Gertrud erinnert, hatte sich Elfride Heidegger in ihren letzten Lebensjahren darüber geäußert, dass Frau Szilasi, ein Jüdin, von Heidegger schwanger gewesen sei und er von ihr verlangt habe, das Kind abzutreiben. Andererseits könne dies, so Gertrud Heidegger, auch eine Wahnvorstellung ihrer alten Großmutter gewesen sein. So oder so, das Verhältnis zu den Szilasis bleibt ein weiterer dunkler Punkt in der Heidegger-Biographie; dass er sich ausgerechnet darüber im

Spiegel-Interview nicht äußern wollte, ist aus seiner Sicht verständlich.

Über einen gewichtigen Teilaspekt des *Spiegel*-Gesprächs hat der in Utrecht forschende Husserl-Spezialist Karl Schuhmann schon 1978 in der *Zeitschrift für philosophische Forschung* einen kompletten wissenschaftlichen Aufsatz publiziert: über Heideggers Aussagen zu Husserl. Die kritische Tendenz des Artikels wäre wohl noch deutlicher ausgefallen, wenn Schuhmann das Originaltransskript gekannt hätte. Schuhmann wies vor allem mit Belegen aus der privaten Briefkorrespondenz Husserls darauf hin, wie sich die sachlichen und persönlichen Differenzen zwischen dem phänomenologischen Lehrer und seinem respektlosen Assistenten bis 1931 entwickelt hatten. Während Heidegger all dies im *Spiegel*-Gespräch auf Husserls angebliche »Sportpalastrede« zugespitzt hatte, in der Husserl die »öffentliche Abrechnung mit Max Scheler und mir« vollzogen habe, belegt Schuhmann einen spürbaren Abgrenzungsprozess seitens Heideggers seit 1919/20, eine weitere Entfremdung nach der Publikation von *Sein und Zeit* und schließlich »eine entscheidende Verschärfung der Differenzen« im Jahr 1929, als Heidegger sich in Freiburg als Ordinarius und Husserl-Nachfolger eingerichtet hatte. Schuhmann zitiert dazu den Brief Husserls an Alexander Pfänder vom 6. Januar 1931: »Unser Verkehr nach Antritt seiner Stelle dauerte etwa zwei Monate lang, dann war's, in ›aller Freundlichkeit‹, vorbei. Er entzog sich eben auf einfachste Weise jeder Möglichkeit wissenschaftlicher Aussprache.« Nun sind Abnabelungsprozesse von Schülern im Verhältnis zu ihren Lehrern *in academicis* völlig normal und legitim, aber all dies bekommt in Sachen Heidegger/Husserl durch die Ereignisse nach 1933 einen anderen Grundton. Schuhmann verweist schon in seinem Aufsatz auf die Notwendigkeit näherer Untersuchungen zu Heideggers »frühem Antisemitismus«, über Toni Cassirers immer wieder zitierte Erinnerungen an »Davos« hinaus, und gibt den wertvollen Wink, dass »eine Untersuchung von Heideggers Verhalten gegenüber jüdischen Persönlichkeiten wie dem Phänomenologen und Freund Husserls Wilhelm Szilasi sowie seiner Frau« erhellender wäre, doch fehle »auch dafür hinreichendes Material«.

Im Kapitel seiner politischen Heidegger-Biographie zum *Spiegel*-Interview und Heideggers »Schweigen zu Auschwitz« arbeitete sich 1992 Ernst Nolte im Wesentlichen an sich selbst ab. Nolte, als Sohn eines Volksschulrektors 1923 in Witten geboren, hatte nach seinem Abitur 1941 auch bei Heidegger in Freiburg studiert und nach 1945 auf eine Promotion bei diesem gehofft. Heidegger stand als Doktorvater aber nicht zur Verfügung, und so promovierte Nolte 1952 bei Eugen Fink über *Selbstverwirklichung und Dialektik im deutschen Idealismus und bei Marx*. Mit seinem Buch *Der Faschismus in seiner Epoche* profilierte sich Nolte als zunächst bei Rechten wie Linken anerkannter Zeithistoriker mit Drang zu vergleichend-philosophischer Einordnung. Mit einem *FAZ*-Artikel über das »logische und faktische Prius« der bolschewistischen Straflager vor »Auschwitz« geriet Nolte 1986 in den deutschen »Historikerstreit«, aus dem er nicht wieder herausfinden sollte. Er galt nun als jemand, der die rassenbiologisch motivierte industrielle Vernichtung der Juden durch das NS-Regime vor allem als präventive Abwehrreaktion auf den ansonsten vielleicht übermächtigen jüdisch-marxistischen Komplex in Russland definierte. In seinem Buch *Der europäische Bürgerkrieg 1917–1945*, das er 1987 vorlegte, wurden seine Kausalketten noch waghalsiger. Der »Historikerstreit« und seine Nachwirkungen trieben den hageren Provokateur Nolte beständig nach rechts, so dass er schließlich bei Verlagen wie Herbig oder der Edition Antaios in Schnellroda landete – wir kommen im Schlusskapitel darauf zurück.

Mit seinen komparativen Aberrationen wurde Ernst Nolte zum bevorzugten Prügelknaben des Nationalisten Rudolf Augstein, der hier seine Strategie der öffentlichen »Abgrenzung nach rechts« an einem damals prominenten Einzelfall durchexerzieren konnte – bis hin zu einem *Spiegel*-Interview 1994, in dem Nolte von Augstein als offen rechtsradikaler Spintisierer vorgeführt wurde. In seiner Besprechung zu Noltes Bürgerkriegsbuch schrieb Augstein (*Spiegel* 1/1988), es widerfahre einem Rezensenten schon einmal, »daß er mutlos den Kugelschreiber sinken lasse, weil ein anderer ihm um eine kleine Länge zuvorgekommen ist. Und außerdem fällt einem zu dem Historiker Ernst Nolte nun wirklich nichts mehr ein. Heinrich August Winkler bespricht dessen 616 Seiten dickes Buch (...) in der *Zeit* derart, dass man redlicherweise auf die Konkurrenz verweisen könnte, wenn der *Spiegel* nicht mehr Auflage hätte«. Dann fiel Augstein aber doch noch ziemlich viel ein oder auf: In Noltes früher durchaus renommierter Statur sei das philosophische Denken »unterdes mit unwissend-wissenschaftlicher Historie zu einem abscheulichen Wechselbalg verkommen«; Tatsachen würden »absichtsvoll nicht gewußt, nicht erfahren, verdrängt, wie man kürzlich im Falle des Nolte-Lehrers Martin Heidegger« habe sehen können; so spreche »ein Stammtisch-Stratege, aber kein Historiker. Man muß den künftigen Nolte wohl in der historischen Besenkammer abstellen.« Und zum Schluss, mit gespielter Verzweiflung: »O Nolte, warum hast Du uns das angetan!«

So kann man Noltes Kapitel über das *Spiegel*-Gespräch von 1992 als isolierte Reflexion der Dreiecksbeziehung Nolte – Heidegger – Augstein lesen.

Nolte hielt schon das Zustandekommen des Treffens für eine der »paradoxen Handlungsweisen Heideggers, denn er schätzte das Magazin Rudolf Augsteins gar nicht« – wie wir zeigen konnten, war es nun gerade andersherum, aber die konkrete Recherche von Nützlichkeitssituationen war nie die Stärke Noltes gewesen. Auch Nolte konnte nicht umhin, die »Ausflüchte« und den selbst ausgestellten »Persilschein« Heideggers zu kritisieren wie auch »einige zusätzliche und teilweise fragwürdige Details« in Heideggers »Tatsachen und Gedanken« wie die Geschwister-Scholl-Geschichte. Diese Tatsache spricht für Nolte weit mehr gegen den Heidegger von 1966 als gegen den von 1945; »sie spricht freilich auch gegen eine intellektuelle Atmosphäre, in der 1966 noch die gleichen Beschwichtigungen und Ausflüchte sogar im Munde eines Philosophen notwendig oder doch naheliegend waren wie im Jahr 1945«.

Nolte arbeitet sich dann an dem Vorwurf ab, das eigentlich Rätselhafte und Tadelnswerte sei nicht Heideggers Verhalten 1933 gewesen, »sondern das tiefe Schweigen nach 1945 zum Judenmord und die hartnäckige Weigerung, hier ein Schuldgeständnis abzulegen«. Hier gelingt Nolte wieder einer der für ihn typischen Vergleichssätze: »Dieser Briefwechsel zweier Philosophen war in hohem Grade politisch, und die Argumente hätten in jedem Streitgespräch zwischen einem erbitterten Juden und einem zur Gegenwehr entschlossenen Deutschen einen Platz finden können.« Marcuse hat somit in Noltes Sicht seinen Status als »deutscher Jude« verloren. Schließlich dreht und wendet Nolte, traumatisiert durch den mit Moralsprengstoff vollgepackten »Historikerstreit«, die Frage nach der »Singularität« der Judenvernichtung hin und her, indem er auf zahlreiche argumentationslogische »Gefahren« verweist, sich ausschließlich auf die »Einzigartigkeit« der NS-Verbrechen zu kaprizieren: »Es besteht die Gefahr, daß ›Einzigartigkeit‹ als ›Einzigkeit‹ verstanden wird, so daß die Aufmerksamkeit von den zahlreichen anderen Vorgängen abgelenkt wird, die ebenfalls dem Begriff ›Massenverbrechen‹ zu subsumieren oder als ›Verfehlung gegen das Leben‹ zu kennzeichnen sind und die vielleicht noch

›massenhafteren‹ Charakter tragen.« Und natürlich bestand die Gefahr, jedem Anhänger der »nationalen Bewegung« vor 1933 das Wissen zuzuschreiben, »das erst dem Rückblick entwachsen kann, und Verknüpfungen vorzunehmen, die unberechtigt sind, z. B. jeden ›Angehörigen der Hitlerwehrmacht‹ zum ›Verteidiger von Auschwitz‹ zu machen«. Alles in allem genommen, hatte Heidegger für Nolte richtig gehandelt, als er im *Spiegel*-Gespräch ein »Schuldbekenntnis« verweigerte, »das so viele von ihm erwarteten«. Dass er im Sinne von Marcuse oder Steiner oder Paul Celans Gedicht *Todtnauberg* schuldig geworden sei, »brauchte er sich nicht sagen, als er jene Schwelle überschritt, hinter der für jeden Menschen nur noch ›die letzten Lebensjahre und der Tod‹ liegen« könnten. Es bleibt allerdings – wie so vieles bei Nolte – unklar, was das Lebensalter und das moralische Eingeständnis des Versagens miteinander zu tun haben sollen.

Die härteste Kritik am Inhalt des *Spiegel*-Gesprächs kam 1987 von Rudolf Augstein, in Gestalt einer Rezension von Farías' *Heidegger et le nazisme* im *Spiegel* selbst (Heft 48/1987). Es handelt sich dabei um die weitgehend textidentische Version des Augstein-Vortrags für die Universidad Complutense in Madrid (Augstein fuhr dann doch nicht hin, schickte aber den Rezensionsaufsatz). Nicht die Gesprächsführung des Interviews, das Augstein jetzt selbst als »legendär« bezeichnet, wird kritisiert, wohl aber die Ausflüchte Heideggers, den Augstein jetzt als »Mystagogen« und »Begriffe-Klöppeler ersten Ranges« klassifiziert. Vor allem die von Augstein ungeliebten Franzosen werden für ihre Heidegger-Leichtgläubigkeit abgestraft: »Lacan, Foucault, Derrida – sie alle glaubten, entscheidende Anregungen von Heidegger empfangen zu haben. Nun müssen sie sich fragen, ob sie einem gigantischen Missverständnis, einer Fehleinschätzung sondergleichen oder gar falschen Übersetzungen zum Opfer gefallen sind. Man schmückt sich mit Heidegger, aber sein

Hauptwerk ›Sein und Zeit‹ ist in Frankreich erstmals 1984 in einem Raubdruck erschienen.«

Augstein referiert sehr lang Heideggers Antworten im *Spiegel*-Interview, lobt Pierre Bourdieus Studie *Die politische Ontologie Martin Heideggers* außerordentlich und erläutert dann selbstbewusst wie immer:

> Spätestens aufgrund dieser Studie und des Gesprächs hätten die deutschen und französischen Heidegger-Kultivateure merken können, dass sie einem deutschtümelnden Priesterpropheten aufgesessen waren, der mit Hilfe ebenso mühseliger wie risikoloser verbaler Spielereien seinen legitimen Schwindel betreibt, nicht um Verstehen bemüht, sondern um Glauben; einem Übersetzungsvergewaltiger gerade der von ihm monopolisierten griechischen Philosophen; einem Dichter und Denker, der auch Hölderlin, gleichsam als germanischen Widerpart zu dem korrumpierenden französischen Großstädter Baudelaire, ungebeten in seinen Dienst genommen hat, kurz, einem Wort-Schamanen.

Der gemeine Verstand, so schrieb sich Augstein in Rage, empöre sich doch »über den Mischmasch aus kruden Nazi-Parolen und elitärem Geschwätz«. Pierre Bourdieu habe trefflich dargelegt, »wie Heideggers Ausgrenzungs- und Definierungsmanie, von Dementi zu Dementi, von Verneinung zu Wieder-Verneinung, von der Distanzierung (gegenüber Husserl, Jaspers, Sartre) bis zur Überwindung aller Bestimmungen und Benennungen« von der positiven politischen zur negativen politischen Theologie führe. Auch mit Bourdieus Definition, Heideggers Werk verkörpere eine philosophische Variante des »revolutionären Konservatismus«, dessen andere Möglichkeit eben der Nazismus gewesen sei, kann Augstein gut leben. Das Farías-Buch biete immerhin »viel Einblick in den NS-Wissenschaftsbetrieb«, auch wenn Farías »ohne Belege« den Heidegger des Jahres 1934 den SA-Leuten um Ernst Röhm zuordne. Augsteins Hauptgegner ist jetzt ohnehin nicht der tote Heidegger, sondern dessen Schüler Ernst Nolte (»wie immer, wenn es um die Entlastung eines ehemaligen Nationalsozialisten geht, darf der bekannte Faschismus-Theoretiker Ernst Nolte nicht fehlen«), und mit Genuss zitiert Augstein diese Nolte-Sätze: »Ich glaube, dass Heideggers Engagement von 1933 und die Einsicht von 1934 in seinen Irrtum philosophischer waren als die Richtigkeit der unverändert distanzierten und überaus achtenswerten Haltung Nicolai Hartmanns.«

Eine Volte ganz eigener Art bekommt aber auch Augstein hin: Nachdem er in seiner Farías-Rezension betont hat, es gebe »höchstens hundert Leute, die mit Heideggers skurrilem Denk- und Sprachsystem umgehen« könnten und wollten, weist er darauf hin, das *Spiegel*-Gespräch sei wichtig »durch das, was es nicht enthält«. Heidegger sei immer gezwungen gewesen, »sich verständlich, für einen gemeinen Verstand verständlich zu artikulieren. ›Nur noch ein Gott kann uns retten‹ ist seine Auskunft, nicht menschliches Sinnen und Trachten.« Somit hatte das *Spiegel*-Gespräch doch noch einen tieferen Sinn: die Entkleidung Heideggers von seiner pseudo-philosophischen Eigensprache und der dadurch erzielte Verweis auf seine nackte negative politische Theologie. Pierre Bourdieu hatte demnach nur die wissenschaftssoziologische Feinanalyse nachgeliefert.

Am 9. November 1976 übertrug Rudolf Augstein dem Heidegger-Sohn Hermann im Namen des *Spiegel*-Verlags »ohne Präjudiz für die Sach- und Rechtslage die Rechte an dem *Spiegel*-Gespräch mit Martin Heidegger« – um »eine wenig erfreuliche Angelegenheit zum Abschluss zu bringen«, wie Augstein dem Heidegger-Sohn frostig mitteilte. Als der *Spiegel* das Interview 1997 in seinem Heft zum vierzigjährigen Jubiläum auszugsweise noch einmal nachdruckt, muss das Blatt dafür 5000 D-Mark an Hermann Heidegger zahlen. Es ist bis heute das einzige *Spiegel*-Gespräch, an dem das Nachrichtenmagazin selbst nicht die Rechte hält.

Familienverhältnisse

Im November 2001 veröffentlichte das Wochenblatt *Junge Freiheit* ein längeres Gespräch mit Hermann Heidegger, Dr. phil., »Sohn des großen Philosophen, über seinen Vater, dessen Nachlass und den Kampf gegen Skandal- und Sensationshistoriker«. Auf die Frage, warum Heideggers Nachlass, im Deutschen Literaturarchiv Marbach deponiert, bis heute gesperrt sei, antwortete der Sohn: »Mein Vater wollte nicht, dass sich eine neugierige Journaille auf den unveröffentlichten Nachlass stürzt und, ohne auf Zusammenhänge zu achten, herauszieht, was ihr gerade passt.« Nun hielt sich das Interesse der »Journaille« (ein von Karl Kraus geprägter Kampfbegriff, der dann von Goebbels gegen die »jüdische Systempresse« gewendet worden war) an Heidegger-Einzelheiten seit jeher in Grenzen, von den Feuilletons der Intelligenzblätter einmal abgesehen, aber in seinem Misstrauen gegen mitunter tatsächlich lästige Formen demokratischer Öffentlichkeit, gegen die »Journalistik« überhaupt, blieb Hermann Heidegger, Jahrgang 1920, ganz in der Spur seines Vaters.

2005 erregte dann ausgerechnet ein Buch aus dem Kreise der Familie zumindest das Interesse des gehobenen Journalismus. Hermann Heidegger, der oberste *gatekeeper*, hätte die Publikation gerne verhindert. Unter dem Titel »*Mein liebes Seelchen!*« brachte Hermann Heideggers Nichte Gertrud, Jahrgang 1955, als Taschenbuch bei der Deutschen Verlags-Anstalt eine Auswahl von Briefen Martin Heideggers an seine Frau heraus. Als »Seelchen«, mitunter auch »M.lb.S.«

abgekürzt, firmierte Elfride Heidegger; der Philosoph nannte sich »das Möhrchen« (wegen seines Teints) oder auch »der kleine Mann«. Gertrud, eine ausgebildete Krankenpflegerin, Tochter des ältesten Heidegger-Sohnes Jörg und dessen Ehefrau Hedi, nach eigener Darstellung zunächst »ein zurückhaltendes, verträumtes Mädchen mit schwarzen Zöpfen«, hatte im Januar 1977 von der betagten Großmutter einen alten Schlüssel zu einer Holzkiste erhalten. Darin hatte Elfride zahlreiche Briefe von Martin Heidegger aufbewahrt, die er bei räumlichen Trennungen an sie geschrieben hatte. An dem Schlüssel hatte Elfride mit einem Seidenbändchen einen handgeschriebenen Anhänger befestigt: »Dieser Schlüssel gehört nach m(einem) Tod ausschließlich meiner Enkelin Gertrud Heidegger.«

Bis zum Jahr 1989, so Elfrides Weisung, also bis zu Martin Heideggers hundertstem Geburtstag, sollten die Briefe unter Verschluss gehalten werden. Ansonsten könne die Enkelin die Briefe in der Weise veröffentlichen, wie sie es für richtig halte, sie dürfe sie auch verbrennen. »Durch ihre Erfahrungen in Notzeiten und da meine Großeltern mit dem Verkauf des Manuskripts von ›Sein und Zeit‹ ihren Alterssitz finanziert hatten, schloss sie ebenso die Möglichkeit einer Veräußerung nicht aus«, so Enkelin Gertrud im Vorwort der DVA-Edition. Nach dem neunzigsten Geburtstag von Elfride, die am 21. März 1992 dann im Alter von 98 Jahren starb, hätten die körperlichen und geistigen Kräfte der Großmutter nachgelassen. Diese habe aber 1988 noch einmal gebeten, die Briefe bis zum Jahr 2000 nicht zu veröffentlichen.

Um die Jahrtausendwende, so Gertrud, hatte es ihr die familiäre und berufliche Situation erlaubt, sich »intensiv mit dem Vermächtnis der Briefe auseinanderzusetzen, und ich empfand eine starke Verpflichtung, dem Vertrauen, das meine Großmutter in mich gelegt hatte, gerecht zu werden«. Gertrud las sich mit Hilfe ihres Vaters Jörg in die komplexe

Handschrift von Martin Heidegger ein, studierte weitere Briefwechsel und Biographien ihres Großvaters und stellte mit Erstaunen fest, »dass meine Großmutter darin so gut wie nie erwähnt wird. Es kristallisierte sich für mich immer deutlicher heraus, dass eine Veröffentlichung auf großes Interesse stoßen würde, da über die Ehe meiner Großeltern noch kaum etwas bekannt ist.« Es lag Gertrud Heidegger am Herzen, die Rolle ihrer Großmutter als »intelligente und für ihre Zeit ausgesprochen emanzipierte Frau« stärker hervorzuheben. Andererseits hielt Gertrud im Vorwort über Elfride nüchtern fest: »Es ist charakteristisch für sie, dass sie die nichtdeutsche Namengebung unserer Kinder beanstandete; sie war von ihrer nationalistischen und antisemitischen Einstellung bis an ihr Lebensende nicht abgerückt.«

Aus über tausend Briefen und Karten, die Heidegger zwischen 1915 und 1970 an seine Ehefrau schrieb, wählte Gertrud rund ein Siebtel für ein »handliches Buch« aus, schrieb einfühlsame Zwischenkommentare und Erläuterungen, nahm auch, »um Spekulationen vorzubeugen«, alle ihr vorliegenden Briefe aus den Jahren 1933 bis 1938 in das Buch auf. »Andererseits«, relativierte sie, »weiß ich, dass mein Großvater 1933, in der Zeit seines Rektorates, häufig auf Reisen war. Da trotzdem nur ein Brief vorhanden ist, muss ich annehmen, dass in der Sammlung, die ich in der Kiste vorfand, Briefe fehlen.« Sicher sei zudem, dass Elfride alle Briefe, bevor sie diese in die Kiste legte, noch einmal durchgelesen, geordnet und teilweise mit Bemerkungen versehen habe. Abgedruckt ist auch nur ein einziger (nicht abgeschickter) Brief von Elfride an Martin Heidegger, in dem sie sich bitter über dessen wiederholte Ehebrüche beklagt. Heidegger hingegen gelingt es mühelos, seinen philosophischen Jargon mit pragmatischer Ermunterung kurzzuschließen, wenn er etwa um Verständnis für seine länger andauernde Beziehung zu Sophie-Dorothee Gräfin von Podewils bittet:

Haarsee, 26. III. 53. Liebe Elfride! Diese wenigen Worte möchten Dir sagen, daß ich stündlich Deine Winke bedenke u. zu Dir hindenke, durch alles Schmerzvolle hindurch, das ich Dir bereite. Aber wisse dies, daß die Heimat, die sich durch unsere Ehe gründete, das bleibt, worauf alles im guten und bösen Sinn bezogen ist. Und wisse dies, daß in den drei Tagen hier alles still und, nicht nur willentlich durch Sorgfalt und Vorsicht, sondern aus einer gewonnenen Bescheidung in den Grenzen geblieben ist. (…) Ich weiß, Du mißtraust meiner Sprache und Ausdrucksfähigkeit. Aber diese liebende Freundschaft kann jede Probe jetzt bestehen u. wird nichts Ungutes mehr stiften können.

Die Publikation des Buches im Jahr 2005 ging dann etwas im intellektuellen und akademischen Getöse um Emmanuel Fayes im selben Jahr veröffentlichte Extremthese unter, Heidegger sei als immer noch brandgefährlicher Über-Nationalsozialist zu werten, dessen Bücher in Bibliotheken nicht unter »Philosophie«, sondern unter »NS-Literatur« einzuordnen seien, damit sie nicht weiter geistesgeschichtlich unheilvoll wirken könnten. Dabei sind die von Gertrud Heidegger edierten Briefe nicht nur in der Beschreibung eines zähen Ehedramas – darauf konzentrierten sich dann die Rezensionen –, sondern auch für Heideggers Egozentrik und Selbststilisierung als einsam-radikaler Denker, seine Fesselung an die universitäre Sphäre und seine publizistischen Strategien außerordentlich aufschlussreich. Liest man die Edition im Kontext mit anderen Briefwechseln Heideggers, etwa mit Karl Jaspers, Hannah Arendt, Elisabeth Blochmann oder Kurt Bauch, wird auch seine politische Positionierung in der Endphase der Weimarer Republik im konkreten zeithistorischen Ablauf viel klarer – ganz im Sinn seiner aus dem *Spiegel*-Gespräch herausredigierten Passage, er habe zunächst der »Querfront«-Konzeption des Generals Schleicher einiges abgewinnen können.

Solchen Feinheiten schenkten Alain Badiou und Barbara Cassin (die noch an Heidegger-Seminaren im südfranzösischen Le Thor teilgenommen hatte) kaum Aufmerksamkeit, als sie 2010 aus Anlass von Gertrud Heideggers Edition noch einmal die in Frankreich besonders scharf vertretenen Positionen in den Heidegger-Schlachten referierten: »die der demokratischen Zensoren, für die Heidegger, weil er Nazi war, als Philosoph untragbar ist und aus den Bibliotheken verschwinden muss, damit er nicht die Jugend verdirbt, und an die der frommen Heideggerianer, für die er, weil er ein großer Philosoph war, kein wirklicher Nazi gewesen sein kann«. Dieser Kampf, repräsentiert durch die Namen Faye und Fédier, könne nach der Lektüre der Briefe des Philosophen an seine Frau kaum entschieden werden, vielmehr werfe »das Leben des Paars, das diese Briefe uns zeigen«, folgende Frage auf: »Heidegger ist ganz bestimmt ein großer Philosoph, der gleichzeitig ein gewöhnlicher Nazi war. Das ist eben so. Soll sich die Philosophie damit herumschlagen! Sie kann sich dem weder durch Leugnung der Fakten noch durch die Exkommunikation entziehen.«

Für Badiou und Cassin waren dies die »dialektischen Ränder, die man als existenzielle bezeichnen könnte, der Größe des Denkens und der Kleinheit der Überzeugung, der schöpferischen Potenz von universalem Rang und der borniertenen Partikularität eines Provinzgelehrten«. Auch Badiou und Cassin war im Sinne Bourdieus aufgefallen, dass universitäre Intrigen, die erhabene Absetzung vom akademischen Mittelmaß, aber auch »die Teilhabe an der kleinbürgerlichen Mischung von Konformismus und Animosität« in den Briefen »außerordentlich viel Platz« beanspruchen. Ich gehe aber auf den kleinen, 2011 auch in deutscher Übersetzung erschienenen Band der beiden französischen Heidegger-Kenner ein, weil es sich bei dem an sich harmlosen, ausgewogenen und mit amüsanten Reflexionen über deutsche und französische Paare (Heidegger/Elfride, Sartre/de Beauvoir) endenden Text ursprünglich um das Vorwort zur französischen Edition von »*Mein liebes Seelchen*« handelt, die Cassin und Badiou 2007 in den Édition du Seuil publiziert hatten. Nach »diversen Rechtsstreitigkeiten« wurde die Publikation des Vorworts allerdings »auf Verlangen der Heidegger-Erben« untersagt; die noch nicht abgesetzten Bände des Briefwechsels, die es enthielten, wurden eingestampft. Cassin und Badiou sprachen von »Zensur«, die gerade angesichts von Heideggers Beharren auf einem offenen »Denkweg« nicht akzeptiert werden könne, »weder von Seiten der einen oder anderen etablierten Position noch seitens der traditionellen Allianz von Familie und Eigentum«. In diesem Fall war es Gertrud Heidegger gewesen, die nicht hinnehmen wollte, dass ihre Briefedition durch ein Vorwort zweier französischer Theoretiker verfremdet würde.

Die Familienallianz, die Heideggers geistige Überlieferung zur philosophiegeschichtlichen *cosa nostra* macht, wird vor allem durch Hermann Heidegger repräsentiert, wenn nötig auch innerfamiliär wie gegen das Projekt von Nichte Gertrud. Hermann Heidegger, Abitur 1938, studierte als beurlaubter Fahnenjunker zwei Semester Philosophie, Rechts- und Forstwirtschaft und Geschichte, hörte Vorlesungen seines Vaters, wurde im Zweiten Weltkrieg als Infanterieoffizier mehrfach verwundet. 1945 war er Oberleutnant und Bataillonsführer in einer Volksgrenadier-Division, dann 31 Monate Kriegsgefangenschaft in der Sowjetunion; 1948 bis 1952 noch einmal, wieder in Freiburg, Studium der Geschichte und Pädagogik. Bei Gerhard Ritter promovierte er zum Thema *Die deutsche Sozialdemokratie und der nationale*

Staat (1953), arbeitete zunächst als Volksschullehrer, dann ab 1955 im Rang eines Hauptmanns bei der neuen Bundeswehr. Er edierte dort unter anderem die Monatsschrift *Information für die Truppe*, 1979 wurde er als Oberst verabschiedet. Für Hermann Heidegger, der im testamentarischen Auftrag des Vaters die strategisch verworrene und labyrinthische, auf 102 Bände angelegte *Gesamtausgabe* des Philosophen verantwortet, war die DVA-Edition seiner Nichte eine publizistische und editionstechnische Katastrophe. Es war ihm aber nicht gelungen, Gertrud von ihrem Alleingang abzubringen. Es sollte vom Ruhm des tiefsten Denkers gekündet werden – nun aber: eine Taschenbuchausgabe ohne Fußnoten, mit den melancholisch-mitfühlenden Texten der Nichte (»Mitte April fährt Martin nach Meßkirch, um seinen Hebel-Vortrag auszuarbeiten, während Elfride in Birkach Erika und ihre Familie besucht. Elfride ist sehr unglücklich über Martins andauernde Beziehung zu Marielene Putscher«), dazu noch alles ungeschützt den Hyänen im Journalismus zur ungehemmten Ausschlachtung preisgegeben. Die Schilderung von Ehestreitigkeiten und Exkulpationen, gemischt mit kleinteiligen Berichten von Berufungsverhandlungen und allgemeinpolitischen Wertungen, lag nicht im Interesse einer abgeschotteten, sorgsam gesicherten und kontrollierten Heidegger-Herausgeberschaft, die sich seit 1976 in den grauen Bänden des Vittorio-Klostermann-Verlags materialisiert. Selbstverständlich kam auf Geheiß von Martin Heidegger nicht zuerst Band 1 heraus (*Frühe Schriften 1912 – 1916*), auch nicht das Hauptwerk *Sein und Zeit* (Band 2 der Gesamtausgabe), sondern Band 24, die Marburger Vorlesung *Die Grundprobleme der Phänomenologie*. Als Einzelherausgeber dieses Bandes hatte Martin Heidegger noch selbst seinen Privatassistenten Friedrich-Wilhelm von Herrmann bestimmt, der passgenau über die »Selbstinterpretation Martin Heideggers« promoviert hatte. Chronologien spielen nur innerhalb der einzelnen Bände eine Rolle; Vorträge, Reden und Briefe werden bunt zugeordnet (stete Begründung: es handele sich schließlich um eine »Ausgabe letzter Hand«, also orchestriert von Heidegger selbst) – andersherum wird jede mitunter schwer entzifferbare Anmerkung des Meisterdenkers heiliggesprochen.

Die mystische Überlieferung der Suche nach dem Sinn des Seyns, organisiert durch den Sohn als Nachlassverwalter und wenige getreue Kollaborateure, gekoppelt mit der Sperrung des Heidegger-Nachlasses im Deutschen Literaturarchiv Marbach, hat wiederholt heftige Kritik von besorgten Heidegger-Forschern hervorgerufen. Von einem »internationalen Wissenschaftsskandal« sprach der renommierte US-Heidegger-Spezialist und Übersetzer Theodore Kisiel; »*caveat lector*« empfahl sein Kollege Thomas Sheehan schon 1980 in der *New York Review of Books* und kritisierte »*facelifts*« und »*transplants*« in der Editionsarbeit. Mit milder Ironie weist Reinhard Mehring in seiner Studie zur Heidegger'schen Selbstinszenierung 1992 darauf hin, schon Nietzsche habe contra Wagner bemerkt, dass Wagner für sein Bayreuth Wagnerianer und vor allem Wagnerianerinnen gebraucht habe. In diesem Sinne habe Heidegger vor allem ergebene Heideggerianer gebraucht: »Das Geheiß des Meisters auf Gehorsam und die willfährigen Devotionen der Gesellen sind unüberhörbar.« 2005 hat Mehring im renovierten *Heidegger-Jahrbuch*, nach Lektüre von »*Mein liebes Seelchen!*« und insbesondere der Briefe von Martin an Elfride aus den Jahren 1944/45, seine Thesen noch einmal verschärft; die Gesamtausgabe sei »die größte politische Tat, die Heidegger gelang: die Organisation eines Gemeinschaftswerkes in der Absicht auf Gemeinschaftsstiftung«. Wenn das stimmt, und es gibt plausible Gründe für diese Annahme, dann verdient diese subtile Form der politischen Paratheologie im Sinne von »Metapolitik« größere Aufmerksamkeit als Heideggers Führerbegeisterung in den dreißiger Jahren.

Es war Hermann Heidegger, der von seinem zunächst zögerlichen Vater die Zustimmung für eine Gesamtausgabe erbat, vorgebracht vom alten Verleger Vittorio E. Klostermann, der sich hier gegen die potentiell konkurrierenden Heidegger-Verlage Neske und Niemeyer durchsetzen wollte. Dies gelang ihm nach eigener Aussage Mitte September 1973 im Fillibachhaus in Freiburg-Zähringen unter anderem mit dem Argument, bei einer Verwüstung Europas durch einen Atomkrieg seien Heideggers bis dahin unveröffentlichte Manuskripte unwiederbringlich verloren. Hermann Heidegger: »In den letzten Jahren vor seinem Tod hat mein Vater, unterstützt durch seinen Schüler, Prof. Dr. Walter Biemel, und durch seinen damaligen Privatassistenten, Dr. Friedrich-Wilhelm von Herrmann, den Plan für die Gesamtausgabe aufgestellt, für die Abteilungen I und II weitgehend festgelegt und die ersten sechs Mitarbeiter und Mitarbeiterinnen selbst noch ausgesucht.« Für die ersten beiden erschienenen Bände gab Heidegger noch selbst das Imprimatur; im Dezember 1975 legte er dann schriftlich fest, dass Sohn Hermann bevollmächtigter »Betreuer der Gesamtausgabe« sei. Von nun an behütete Hermann Heidegger zusammen mit dem verschworenen Kreis der Eleven das geistige Vermächtnis des Vaters mit äußerster Strenge; neu entdeckte Heideggeriana sollten möglichst nur mit Einverständnis und nach Prüfung durch den Nachlassverwalter publiziert werden. Bei biographischen Versuchen, von denen Hermann Wind bekam, bot er zunächst umarmende Hilfe an; wer diese verschmähte, wurde mit Salven von Einzelkorrekturen bedeckt. Die Kritik traf sogar die »alte Mutter« Elfride, die bis 1979 »ohne zu prüfen, das ›Imprimatur‹ für weitere acht Bände« der Gesamtausgabe gegeben habe; in einigen Bänden seien deshalb »missliche Fehler«

stehengeblieben, die mittlerweile allerdings in den zweiten Auflagen beseitigt seien.

In jenem Jahr 1979, nach seiner Pensionierung als Bundeswehr-Oberst, nahm Hermann dann die Sache im Hauptamt in die Hand und widmete sich nur noch »der Arbeit am Fortgang der Gesamtausgabe«, nach eigenen Angaben bis zu zehn Stunden am Tag. Vor allem im zeithistoriographisch zentralen, erst im Jahr 2000 veröffentlichten Band 16 (Heideggers *Reden und andere Zeugnisse eines Lebensweges*), der überwiegend Dokumente zum NS-Engagement des Vaters enthält, wurden mit Ingrimm Guido Schneeberger und der Freiburger Historiker Hugo Ott angegangen. Zu einem von Ott 1984 publizierten Heidegger-Lebenslauf von 1915 bemerkt Sohn Hermann: »Ohne mein Wissen zuerst von Hugo Ott veröffentlicht im Freiburger Diözesan-Archiv.« Hugo Otts Abdruck des Heidegger-Schreibens vom Februar 1934 in Sachen des Chemikers Staudinger (»Im Januar 1917, also in höchster Notzeit des Vaterlandes, bewarb sich Staudinger ums schweizerische Bürgerrecht, ohne dass eine berufliche oder andere Notwendigkeit vorlag«) weise »acht Übertragungsfehler, zwei nicht gekennzeichnete Auslassungen (fünf Worte) und ein zusätzliches Wort auf«. Ein Heidegger-Brief an den Reichsführer der Deutschen Studentenschaft vom 5. Februar 1934 sei von Guido Schneeberger »mit vier Fehlern und ohne Quellenangabe, die mir auch auf Nachfrage vom Herausgeber verweigert wurde«, 1962 in dessen Dokumentensammlung *Nachlese zu Heidegger* veröffentlicht worden.

Nun kann man die Verteidigungshaltung des Sohnes angesichts der aufreibenden Arbeit an der voluminösen Gesamtausgabe und auch aufgrund der vielen durch bloßes Hörensagen begründeten Verdachtsmomente gegen den NS-Rektor Heidegger verstehen, indes verhinderte die Taktik der lehrerhaften Mikrointervention eher eine vernünftige

Auseinandersetzung um das völkische und hochschulpolitische Engagement des Vaters zu Beginn des »Dritten Reichs«. Verdeckt wurde damit auch, dass von Martin Heidegger oder/und seiner Frau offenbar planmäßig belastende Briefe vernichtet wurden, etwa Schreiben von Hannah Arendt an Martin Heidegger aus den Jahren 1932/33. Auch Briefe Heideggers an Elisabeth Blochmann vom Herbst 1933 bis Herbst 1934 sind »verlorengegangen«. Für die Gesamtausgabe sind ohnehin nur zwei Briefbände »mit ausgewählten Briefen philosophischen Gehalts« vorgesehen, ansonsten erscheinen Briefwechsel mit Heidegger »grundsätzlich außerhalb der Gesamtausgabe«, so der Nachlasswalter. Eine Ausnahme wird im erwähnten Band 16 gemacht, weil »einige außerhalb der Gesamtausgabe bereits veröffentlichte Briefe an Hannah Arendt, an Elisabeth Blochmann und an Karl Jaspers (...) Heideggers damalige innere Einstellung und äußere Handlungsweise deutlich aufzeigen«. Diese selektive und unsystematische Editionspraxis hat die Vorbehalte gegen die familiäre Kontrolltätigkeit eher verstärkt.

Das spezifische Herangehen an die Gesamtausgabe war auch ein Mittel der zeitlichen Verzögerung und ein vergebliches Plädoyer für ein einstweiliges Schweigen in Sachen Heidegger und gleichzeitig ein Werben dafür, nur Martin Heidegger selbst durch Text und Sprache sprechen zu lassen: »Den gesamten denkerischen Weg Martin Heideggers zu überblicken«, so Hermann im Nachwort zu Band 16, »ist heute noch nicht möglich. Eine umfassende Darstellung des Denkweges meines Vaters kann daher erst geschrieben werden, wenn die Gesamtausgabe vollständig vorliegt. Noch 36 Bände der Gesamtausgabe werden unveröffentlichte Gedanken Martin Heideggers enthalten. Eine zureichende Würdigung seiner Persönlichkeit wird auch erst dann möglich sein, wenn die vielen noch unbekannten Briefwechsel und Briefe veröffentlicht vorliegen.«

Der umfangreichste Kommentar des Heidegger-Sohnes im Band 16 richtet sich auf das *Spiegel*-Gespräch. Im Anmerkungsteil finden sich komplizierte »Feststellungen des Nachlassverwalters Dr. Hermann Heidegger zur Edition des *Spiegel*-Gesprächs vom 31. Mai 1976«. Hermann Heidegger moniert in der für ihn typischen Diktion, der *Spiegel* habe seine im Gespräch gestellten Fragen, »deren mündliche Beantwortung Heidegger schriftlich bearbeitet und verbessert hatte, erst nach dieser Bearbeitung und Verbesserung z. T. umformuliert, z. T. anders gestellt, z. T. neue Fragen eingeschoben. Diese las Heidegger erst in der ›2. Spiegelfassung‹. Aber auch in den bearbeiteten Text griff der *Spiegel* redigierend ein, ohne aber diese Stellen bei der Vorlage der ›2. Spiegelfassung‹ für Martin Heidegger sichtbar zu machen.« Es sei ungewiss, ob Martin Heidegger in der »2. Spiegelfassung« die geänderten Stellen seines Textes erkannt habe.

Jedenfalls sei es so, dass »selbst in der von Heidegger unterschriebenen Fassung mehrfach seine Antworten auf nicht mehr abgedruckte Fragen wiedergegeben wurden, weil er sich offensichtlich bei der letzten Durchsicht auf seinen Text konzentriert« habe und gar nicht auf den Gedanken gekommen sei, »daß der *Spiegel*, trotz dessen abgeschlossener Hauptredaktion, Fragen änderte und neue Fragen nachschob«. Außerdem habe das Nachrichtenmagazin eigenmächtig Zwischenüberschriften eingefügt und das Interview ohne Wissen Martin Heideggers – er war ja zum Zeitpunkt des Erscheinens nun einmal tot – bebildert.

Die Korrekturen des *Spiegel* nach der von Heidegger unterschriebenen Fassung waren kosmetisch und änderten kaum etwas an Sinn und Gehalt des Interviews. Für die Letztversion in der Gesamtausgabe jedenfalls revidierte Hermann Heidegger im Sinne seines Vaters nun einiges wieder und griff auch selbst ein, seinen Vater korrigierend, als es um Husserls »Sportpalastrede« ging, von der angeblich Erich

Mühsam im *Berliner Tageblatt* berichtet hatte. Hermann Heidegger machte daraus, korrekterweise, die »Sportpalaststimmung«, die dem Journalisten Dr. Heinrich Mühsam aufgefallen war. All dem konnte der *Spiegel* gelassen zusehen; weitaus ärgerlicher war, dass sich Heidegger alle Rechte an dem Gesamtinterview vorbehalten hatte – und diese nach seinem Tod auf den Nachlassverwalter übergingen. Deshalb ist das berühmteste aller *Spiegel*-Gespräche in deutscher Sprache bis heute auch nicht online verfügbar, etwa in der Web-Präsenz des *Spiegel*, sondern nur in den englischen Übersetzungen.

Während Hermann Heidegger bei seiner Kritik der *Spiegel*-Redaktionspraxis auf einzelne Textstellen gar nicht eingegangen war, bekamen mit Hugo Ott und Rüdiger Safranski die beiden deutschen Heidegger-Biographen mit ganzer Wucht die Detailfreude des Wächters über die Biographie des Genies aus Meßkirch zu spüren. Hugo Ott, Jahrgang 1931, bekennender Anhänger der katholischen Kirche und gelernter Wirtschafts- und Sozialhistoriker, hatte 1988 – nach zahlreichen Aufsätzen zum Thema, beginnend 1979 – die erste integrierte, wissenschaftliche Biographie über Heidegger veröffentlicht. Otts wesentliche These: Heideggers Abfall von der katholischen Lehre seiner Herkunft und seine Wendung hin zum a-theistischen Seinsdenken habe seine Verfallenheit an das nationalsozialistische Regime wenn nicht bewirkt, so doch zumindest begünstigt. In den Augen der Freiburger Heideggerianer (Studentenblätter sprachen vom »Denver-Clan in Freiburg«), besonders aber des Nachlassverwalters, hatte Ott, Ehrenmitglied in der Katholischen Studentenvereinigung »Hercynia Freiburg im C. V.«, sich eines dreifachen Sakrilegs schuldig gemacht: Zunächst brach er zur Unzeit die Freiburger Schweigekonvention über Heidegger, dann war er kein akademischer Philosoph, sondern eben nur Geschichtswissenschaftler (eine Disziplin, die Heidegger selbst nicht ernst genommen hatte, der deutlich bloße »Historie« von tieferer »Geschichte« unterschied), und schließlich erblickten die Heideggerianer in Otts nachhaltiger Wühlarbeit einen verspäteten und perfiden Angriff des katholischen Milieus, das Heideggers Gehen in die »Irre« der NS-Bewegung lediglich für eigene Zwecke vergröbern und ausbeuten wollte.

Hugo Ott, so Hermann Heidegger 1997 in einem Generalangriff in den *Heidegger-Studien*, habe zwar »seit vielen Jahren mit großem Fleiß ergebnisreiche Forschungsarbeit über Martin Heidegger geleistet«, aber leider »vielfach wissenschaftlich unsorgfältig gearbeitet«. Dies und »eine enge katholische Sicht« hätten ihn »manchmal zu Vorurteilen, Fehlurteilen, Verdächtigungen, Ungerechtigkeiten und unzutreffenden Darstellungen« verführt. Bei Ott tauchten »oft Fremdworte auf, für die es gute deutsche Worte gibt«, und mehr noch: Einige »in der Tonart mit wenig Taktgefühl geschriebene, sehr salopp ausgeführte Aussagen über meinen Vater werden dessen Persönlichkeit nicht gerecht.« Anders »ausgeführt«: Über Heidegger war in dieser Sichtweise nur äußerst ernsthaft, die Grundfragen von Leben und Tod bedenkend, also im Heidegger-Jargon zu reden. Er habe, schrieb Hermann Heidegger, über Otts viele Zeitschriften- und Jahrbuchaufsätze, »weil ich mit der Arbeit für die Gesamtausgabe Wichtigeres zu tun hatte, und aus Gründen rotarischer Freundschaft, 17 Jahre lang in der Öffentlichkeit geschwiegen, was mir vielfach zum Vorwurf gemacht wurde«. Hugo Ott habe aber fortlaufend gegen das Urheberrecht verstoßen, die Benutzungsbedingungen des Deutschen Literaturarchivs »vorsätzlich« verletzt, das Verhältnis Husserl/Heidegger falsch dargestellt und über die Rektoratszeit Heideggers »unzureichend« informiert. Zudem sei ein letzter durch einen Freund gemachter Vermittlungsversuch gescheitert.

So sah sich Hermann Heidegger, jetzt »auch aus Selbstachtung, gezwungen, meinen Vater öffentlich zu verteidigen und in diesem wissenschaftlichen Jahrbuch öffentlich gegen Hugo Ott Stellung zu nehmen«. Es folgten über 150 Korrekturen zur Ott-Biographie, manche sachlich und faktisch berechtigt, viele allerdings aus Motiven emotionaler und familiärer Berührtheit. Auch Hermann Heideggers Korrekturnotizen zu Rüdiger Safranski, der leider alle möglichen Fehler bei Ott abgeschrieben habe, sind häufig skurril (»Die ›kurzen Hosen‹ waren Kniebundhosen«; »›der metaphysische Stoßtruppführer‹ – solche reißerischen journalistischen Formulierungen sollten nicht so gehäuft in Ihrem ernsthaften Buch stehen!«). Ein Höhepunkt des Korrekturverlangens an Ott und Safranski ist Hermann Heideggers Perspektive auf den von Karl Löwith prominent erinnerten Rom-Besuch des Ehepaars Heidegger im Jahr 1936. Der Philosoph, angeblich von »den Nationalsozialisten« kaltgestellt und von der NS-Bewegung entfremdet, habe in Rom immerhin noch das NS-Parteiabzeichen getragen, wie Löwith in seinem Erinnerungsbericht geschrieben hatte. Löwiths Schilderung gilt seither als immer wieder zitierter Beleg für Heideggers Lügen in Sachen frühzeitiger Abkehr vom NS-Regime. Der Sohn dazu: »Nach meiner Erinnerung trug mein Vater das Parteiabzeichen in Rom *nicht* – ich kenne auch kein Bild aus Deutschland, auf dem mein Vater mit Parteiabzeichen zu sehen wäre. 1933/34 trug er als Rektor das kleine Hoheitszeichen, den kleinen silbernen Adler mit Hakenkreuz. Auf Bitten des Botschafters von Hassel trug meine Mutter in Rom das Parteiabzeichen, um in ihrem englischen Kostüm als Deutsche erkannt zu werden.«

Da war sie wieder: Elfride, die Nationalsozialistin, hatte das Parteiabzeichen getragen, um nicht für eine Engländerin gehalten zu werden – wenn auch nur auf Bitten des unverdächtigen, nach dem 20. Juli 1944 hingerichteten Ulrich von Hassell –, aber nicht Martin, der sich längst in die Hölderlinwelt, die Sprache und Sphäre des »deutschesten aller deutschen« Dichter, geflüchtet hatte. Die energische Elfride hatte den zögerlichen, »politisch naiven« und nur von der notwendigen Universitätsreform beseelten Heidegger zu seiner Liaison mit den NS-Machthabern animiert – so legten es sich die Freiburger Heideggerianer zurecht. Selbst eher besonnene, aber wohlwollende Interpreten von Heideggers politischen Bewusstseinslagen wurden belehrt und von der rechten Lehre umrahmt, gleichsam überheideggert. 2005 hatte Henning Ritter in einem längeren *FAZ*-Artikel gegen Fayes Totalinterpretation von Heidegger als *philosophischem Nationalsozialisten sui generis* Stellung genommen, unter anderem mit dem Argument, »an jedem einzelnen« der berühmt gewordenen Heidegger-Schüler ließe sich aufweisen, dass diese von Heidegger entscheidend inspiriert worden seien, ohne jemals Sympathien für das NS-Regime gezeigt zu haben – also an Gadamer, Löwith, Jonas, Anders, Arendt oder Herbert Marcuse. Faye unterlasse zudem jede die Oberfläche durchstoßende Reflexion der Epoche, in der *Sein und Zeit* erschienen sei und »eine ungewöhnliche Resonanz als Gegenwartsanalyse« gefunden habe. Aber Ritter, Sohn des selbst schulbildenden Münsteraner Philosophen Joachim Ritter, lobte Karl Löwith auch dafür, dass er »schon früh den nihilistischen Kern der Philosophie Heideggers erkannt« und dessen »innere Affinität zum Nationalsozialismus gewittert« habe. Zudem müsse man anders als Faye Heidegger da nicht unbedingt ernst nehmen, wo er mit politischen Analysen ins unfreiwillig Komische abgleite, etwa mit Sentenzen wie: »Der ›Kommunismus‹ ist die Durchmachtung des Seienden als solchem mit der Ermächtigung der Macht zur Machenschaft als dem unbedingten Sicheinrichten der Macht auf die vorgerichtete Machsamkeit alles Seienden.«

Dr. phil. Hermann Heidegger schrieb aus Stegen-Wittental einen Leserbrief und legte noch einmal »Tatsachen« dar, die »immer wieder in Veröffentlichungen zu 1933 über meinen Vater verschwiegen werden«. Schon 1919, »als es die NSDAP noch nicht gab und Hitler noch weitgehend unbekannt war«, habe Martin Heidegger seine Universitätsreformgedanken vorgetragen (es hatte allerdings auch niemand behauptet, Heidegger sei von der NSDAP oder gar von Adolf Hitler zu seinen ursprünglichen Reformideen angeregt worden). Bei der Reichstagswahl am 31. Juli 1932 wählte Martin Heidegger noch »die Partei der württembergischen Weinbauern«; erst am 6. November 1932 wählte er die NSDAP, selbstverständlich »unter dem Einfluss seiner Frau«. (Gemeint ist wohl der völkische »Württembergische Bauern- und Weingärtnerbund«. Warum allerdings der in Baden ansässige Philosoph für die württembergischen Bauern optiert haben soll, müssen Regionalhistoriker klären.) Und: Heideggers Vorlesungen und Seminare während des Dritten Reiches wurden von der Gestapo überwacht (wie wir gesehen haben, war die Gestapo dafür nicht zuständig). Der Clou des Leserbriefs: Seinen politischen Irrtum habe Heidegger bereits im April 1934 in einer Niederschrift bekannt, »die im Band 94 der GA veröffentlicht werden wird«. Damit wurde der Spannungsgehalt für Zeithistoriker und die Heidegger-Gemeinde noch einmal erhöht, denn Band 94 der Gesamtausgabe (*Überlegungen A*) ist bis heute nicht erschienen.

2005 war für Hermann Heidegger zweifelsohne ein schwieriges Jahr, mit dem Erscheinen von Fayes radikaler Anti-Heidegger-Monographie, die auf internationale Deutungshoheit abzielte, und der von Nichte Gertrud herausgegebenen pikanten Briefedition. Die an intime Verletztheiten rührenden Briefe von Martin an Elfride betrafen die Herkunft des ältesten Sohnes ganz konkret, man konnte darin Martin Heideggers kühle und äußerlich gelassene

Reaktion auf das Liebesverhältnis seiner Frau mit ihrem Jugendfreund, dem Arzt Dr. Friedel Cäsar, nachlesen. Und Martin Heidegger nutzte diese frühe außereheliche Liaison seines »lieben Seelchens« zum Gegenangriff, wenn diese sich wieder einmal über seine Amouren mit Studentinnen oder Prinzessinnen beschwerte. Als alle Bitten um Unterlassung und die Winke mit möglichen juristischen Konsequenzen nichts halfen, platzierte Nachlassverwalter Hermann im DVA-Band seiner Nichte ein melodramatisches Coming-out. Jahrzehntelang habe er geschwiegen, nun aber sei er seiner Nichte dankbar, dass er sich von einer ihn »71 Jahre lang bedrückenden und quälenden Last« befreien könne – nicht Martin Heidegger, sondern Friedel Cäsar sei sein leiblicher Vater. Dies habe ihm seine Mutter bereits offenbart, als er knapp 14 Jahre alt gewesen sei.

Diese Herkunftsgeschichte verstärkte offenbar in hohem Alter noch die bedingungslose Hingabe an die geistige Überlieferung des Ziehvaters. 2009 hatten Jeffrey van Davis (»Filmmaker, Writer, Jazz Drummer«) und seine Frau Barbara Rubel (sie starb 2010) einen abendfüllenden Dokumentarfilm über Martin Heideggers politisches Engagement fertiggestellt, der im Titel direkt auf das *Spiegel*-Gespräch Bezug nimmt: »Only A God Can Save Us«. Van Davis, hauptberuflich Lehrer am Elite-Internat Salem/Bodensee, ließ noch einmal Freund und Feind zu Wort kommen, besonders aus der Freiburger Universitätssphäre (Hugo Ott, Bernd Martin, Rainer Marten), und hatte auch seine Prämisse deutlich dem Gehalt des *Spiegel*-Gesprächs entnommen:

> Im Interview von 1976 mit dem *Spiegel* bestätigte Heidegger seinen Widerwillen gegen die demokratische Gesellschaft, seine Abneigung gegen alles Moderne, seine Klagen über Beschwernisse, unter denen er gelitten hatte, und doch konnte er

in seiner Freiburger Villa von 1945 bis zu seinem Tod 1976 friedlich und bequem leben, unter dem Schutz des neuen, demokratischen Deutschland. Schon der Gedanke an die Millionen Opfer des Zweiten Weltkriegs, den das von Heidegger offen unterstützte Nazi-Regime verursacht hatte, lässt die Geduld mit seinen Launen schwinden. Seine hoffnungslosen Abschlussworte im *Spiegel*-Interview zeigen deutlich, dass er kein Vertrauen in die Demokratie oder jegliche liberale Staatlichkeit hatte. Die einzige Hoffnung? Es gibt keine. »Nur ein Gott kann uns retten.«

Der Film, eine lange Kompilation von Interviews, wurde auf verschiedenen Festivals gezeigt, im Sommer 2009 bei erheblichem Publikumszuspruch auch in der Aula der Freiburger Universität, angereichert mit einer Podiumsdiskussion, an der die Wissenschaftshistorikerin Silke Seemann und die Heidegger-Spezialisten Hugo Ott, Bernd Martin, Rainer Marten und Tom Rockmore teilnahmen. Auch der beinahe neunzigjährige Hermann Heidegger sei nebst Familienangehörigen erschienen, so schilderte es jedenfalls van Davis, und der bekannte Internet-Theoretiker David Weinberger popularisierte diese Darstellung in seinem Blog. Hermann Heidegger habe die Filmprojektion mit Ausrufen wie »Lüge, alles Lüge!« oder »Nicht wahr!« gestört. Als Heidegger darauf insistierte, an der Podiumsdiskussion teilzunehmen, habe man ihm dies gestattet. Hermann Heidegger kritisierte dann den Film, in dem auch Emmanuel Faye zu Wort kommt, als einseitig und griff auf dem Podium die versammelten Freiburger Heidegger-Rechercheure an. Im Gegenzug musste er sich aus dem Publikum »Nazi«-Rufe anhören. Filmemacher van Davis resümierte die Freiburger Heidegger-Verhältnisse:

Wut, Abscheu, Schuld und Scham waren bei vielen in Freiburg höchst lebendig. Gut sechzig Jahre nach dem Ende des Zweiten Weltkriegs zeigten die Vorführung meines Films und die anschließende Diskussion an der Universität Freiburg nur zu deutlich, wie dicht unter der Oberfläche diese Gefühle noch immer brodeln. Ich war überrascht von den rachsüchtigen, zornigen und manchmal außer Kontrolle geratenen verbalen Angriffen zwischen den verschiedenen Lagern unter den mehr als 400 Menschen. Ein Mann geriet so in Wut, dass er schreiend die Aula verließ, unter dem Applaus der Anwesenden. Ich habe an vielen akademischen Konferenzen, Filmvorführungen und Ähnlichem teilgenommen, aber so etwas wie in Freiburg hatte ich noch nicht erlebt. Das Echo war so stark, dass man mich zu einer weiteren Aufführung am 21. Oktober einlud. Hermann brachte noch mehr Freunde und Verbündete mit und die Diskussion war genauso lebhaft wie die erste.

Hermann Heideggers Geisteshaltung blieb die eines konservativen deutschnationalen Soldaten, der mit der Verteidigung seines Vaters zugleich die Beschwörung abendländischer Werte wie Ehre, Treue und Heimat verband. Wie sein Vater blieb er in der badischen Provinz und wirkte von dort aus mit Unterstützung der Getreuen und des formal durchaus imposanten Nachlasswerks Martin Heideggers in die Welt hinein, gegen Globalisierung, Medienherrschaft und Multikulturalismus.

Am 16. August 2001 entließ der Amtchef des Personalamtes der Bundeswehr, Generalmajor Michael von Scotti, den Oberleutnant der Reserve Götz Kubitschek aus einer laufenden Wehrübung. Kubitschek, Jahrgang 1970, wurde zum einen seine Stellung als »verantwortlicher Redakteur des Ressorts Sicherheit und Militär der Publikation JUNGE FREIHEIT« von 1995 bis 1997 zur Last gelegt. Auch danach habe er in der *Jungen Freiheit* publiziert und sich »somit an rechtsextremistischen Bestrebungen beteiligt«. Bedenkliche Gedanken fänden sich auch in dem von Kubitschek mitverfassten Buch *Raki am Igman* (Kubitschek war als Leutnant der Reserve in Sarajewo stationiert). Die *Junge Freiheit*, das einzige nennenswerte rechtskonservative Wochenblatt in Deutschland, sprang ihrem Mitarbeiter bei: In einem Appell wurde dagegen protestiert, aus der Autorschaft für die *Junge Freiheit* einen Beleg für »rechtsextremistische Bestrebungen« zu konstruieren. Die Bundeswehr solle sich bei Götz Kubitschek entschuldigen und ihre Entscheidung zurücknehmen. Die Unterzeichnerliste des Appells belegte eher, was vom deutschen Konservatismus jenseits der CDU/CSU übrig geblieben war: Neben Erstunterzeichnern wie dem Verleger Herbert Fleissner, dem Berliner Ex-Innensenator Heinrich Lummer, dem Historiker Karlheinz Weißmann und dem *Junge Freiheit*-Gründer Dieter Stein kamen im Wesentlichen ehemalige Konteradmiräle, Fregattenkapitäne und Majore zusammen, dazu einige wenige Universitätsprofessoren von rechts wie Klaus Hornung, Herfried Amon oder Günter Zehm, immerhin auch Horst Möller vom Institut für Zeitgeschichte. Und Hermann Heidegger, »Historiker und Oberst a. D.«. Tatsächlich musste die Bundeswehr den Entlassungsbescheid für Kubitschek revozieren, nicht wegen der Durchschlagskraft des *Junge Freiheit*-Appells, sondern weil sich die Entscheidung sachlich und juristisch nicht halten ließ. Ähnlichen Schiffbruch erlitt der Verfassungsschutz von Nordrhein-Westfalen: 2005 untersagte das Bundesverfassungsgericht mit Verweis auf die Pressefreiheit die Erwähnung der *Jungen Freiheit* (die in dem Verfahren von dem ehemaligen Generalbundesanwalt Alexander von Stahl vertreten wurde) im NRW-Verfassungsschutzbericht.

Die *JF*, verkaufte Auflage rund 21000 Exemplare, Tendenz leicht steigend, macht aber mehr als beliebtes Untersuchungsobjekt von Extremismusforschern von sich reden, als dass sie jemals konstitutiven oder substantiellen Einfluss auf ein rechtskonservatives Milieu gehabt hätte. Mitunter kommt es zu Aufwallungen, wenn etwa mit Egon Bahr ein Willy-Brandt-Vertrauter oder der Satiriker Eckhard Henscheid der *JF* Interviews geben. Letztlich dominiert in dem Blatt aber der inverse und retrograde Reflexionstonfall über eine Neubelebung des »heroischen Realismus« im Sinne Ernst Jüngers, Hans Freyers oder Carl Schmitts. Dies ist in der bundesdeutschen Wohlstandsgesellschaft mit einer starken sozialdemokratisierten CDU/CSU nicht leicht zu vermitteln, zumal der bolschewistische Hauptgegner weggefallen ist und als intellektuelle Angriffspunkte nur noch der verwestlichte Konsumismus und multikulturelle Integrationsbestrebungen übrig geblieben sind. Selbst in Frankreich wurde zuletzt intensiver gegen die Legalisierung der gleichgeschlechtlichen Ehe demonstriert als in der Bundesrepublik. Der Publizist Heribert Seifert hatte recht, als er 2008 in der *Neuen Zürcher Zeitung* schrieb, zwar berichte das Blatt »mit Sympathie über Treffen der deutschen Vertriebenenverbände und der Burschenschaften« und pflege ein »manchmal aufdringliches Gedenken an Lichtgestalten der deutschen Kultur- und Politikgeschichte« sowie die »kulturkritische Zeitgeistanalyse als Kampfmittel gegen die Erben von 1968«. Aber was die angebliche »Scharnierfunktion« der Zeitschrift zwischen Konservatismus und Rechtsextremismus angehe, endeten »die volltönenden Ankündigungen einer investigativen Enttarnung des Blattes in der Regel nur mit der Berufung auf Experten, können aber wenig Belastendes aus dem Inhalt vorlegen«.

Jenseits der Spekulationen über Verbindungen von möglicher rechtsextremer »Tat« und den publizistischen »Aktivitäten im nationalkonservativen vorpolitischen Raum« (Dieter Stein) ist es aber ideengeschichtlich interessant, wo der Denkweg zur *Jungen Freiheit* begann: in Freiburg, und eigentlich im Hause Hermann Heideggers. In einem eher melancholischen, selbstbezüglichen Gespräch zwischen Dieter Stein und Karlheinz Weißmann, geführt von Götz Kubitschek und publiziert 2009 in dem Internetforum »Sezession im Netz« (man interviewt sich gerne selbst), ging es um die Schlagkraft des Begriffs »Neue Rechte«, den *JF*-Chefredakteur Stein als »unbrauchbar« ablehnte. Bei allen Bezügen zu Alain de Benoists französischer »Nouvelle Droite« sei das Label »Neue Rechte« vor allem ein Kampfbegriff von Verfassungsschützern und linken Politologen im Sinne jener Strategie, »einen legitimen konservativen, demokratisch-rechten Faktor aus dem öffentlichen Diskurs und der Demokratie auszuschließen«. Weißmann, Jahrgang 1959 und Autor von Schriften wie *Druiden, Goden, weise Frauen, Der nationale Sozialismus* oder *Männerbund*, wollte hingegen im Rekurs auf Carl Schmitts polemische Begriffe des Politischen an der »Hilfsbezeichnung« »Neue Rechte« festhalten: »Ein ›Linker‹ zu sein, war in der frühen Bundesrepublik ganz und gar kein Spaß, aber als ich jung war, gab es unter den Jungen praktisch nur noch Linke. Wenn ich also die Möglichkeit eines Umschlags nicht für denkbar hielte, würde ich Dieter zustimmen; da ich aber an dieser Möglichkeit festhalte, bin ich fürs Standhalten, und wenn es keine andere Fahne gibt, dann eben die, auf der ›Neue Rechte‹ steht.«

Dieter Stein kam auf seine Freiburger Sozialisation zu sprechen. In seinem Elternhaus – sein Vater war Berufssoldat – habe er konservative Werte wie Nationalbewusstsein und Dienst am Vaterland kennengelernt und sich zunächst bei der Jungen Union engagiert. Nach 1982 sei er dann enttäuscht worden, als die von Kanzler Helmut Kohl angekündigte »geistig-moralische Wende« ausgeblieben sei. Stein weiter: »Ein Freund und Klassenkamerad war ein Heidegger-Enkel, mit dem ich viel politisierte. Bei Hausbesuchen lernte ich durch den Vater, Hermann Heidegger, von ihm bezogene konservative Zeitschriften wie *Mut, Criticón* oder *Deutschland-Magazin* kennen. Ich war elektrisiert, dass es eine teils parteiunabhängige, mehr oder weniger kritische Publizistik ›von rechts‹ gab – und so tastete ich mich voran.« Nach diesen von Hermann Heidegger inspirierten Lektüren im nationalkonservativen publizistischen Milieu – Bannerträger waren hier Ernst Jüngers ehemaliger persönlicher Sekretär Armin Mohler, der ehemalige NS-Poet Kurt Ziesel und ZDF-*Magazin*-Moderator Gerhard Löwenthal – engagierte sich Stein 1984/85 bei Franz Schönhubers kurzzeitig erfolgreichen Republikanern. Seit 1986 erschien dann die *Junge Freiheit* zunächst zweimonatlich in enger Verbindung zur Freiburger burschenschaftlichen Sphäre. Von der NPD suchte sich Stein dabei stets abzugrenzen: »Mir ist immer ein rechtsradikales Milieu fremd gewesen, das sich aus Traditionsbezügen zum Nationalsozialismus nicht lösen konnte. Die NPD ist selbstverständlich bis heute Kristallisationspunkt dieses Milieus geblieben.« Stein stellte sich eher eine neue konservative »Querfront« unter Einbeziehung national gesinnter Sozialdemokraten wie Peter Brandt oder Tilman Fichter vor.

Zur Jahrtausendwende gründeten Karlheinz Weißmann und Götz Kubitschek das »Institut für Staatsforschung«, angesiedelt auf dem sachsen-anhaltinischen Rittergut Schnellroda (Gemeinde Steigra), irgendwo in der Saale-Unstrut-Region. Attachiert sind die Zeitschrift *Sezession* (nebst *Sezession im Netz*) und der Verlag Edition Antaios. Dort werden Autoren wie »Fjordman«, Martin Lichtmesz, Bernard Willms, Ernst Nolte und Ellen Kositza, die Ehefrau von Götz Kubitschek und achtfache Mutter, verlegt. Neben Büchern und Aufklebern kann man auch das »Polohemd Eminent Division Antaios Schwarz« bestellen, eine Art farbentragende Verbindungsmode mit Jünger- und Heidegger-Touch. Nach den Osloer Attentaten von Anders Breivik kamen Reporter der 3sat-Sendung *Kulturzeit* nach Schnellroda, um »gefährliche Denker« aufzuspüren. Die *Junge Freiheit* spottete anschließend über die »saturierten, rotweinschlürfenden Linksliberalen mittleren Alters« vom öffentlich-rechtlichen Fernsehen. Kubitschek ist ein gutaussehender, erdverbundener Freikorps-Typ, der auch dadurch auffiel, dass er mit seiner »konservativ-subversiven Aktion« ein paar Mal Veranstaltungen mit Günter Grass, Egon Krenz oder Daniel Cohn-Bendit störte.

Diese Szenerie nationalbewusster, an die »Konservative Revolution« der zwanziger Jahre Anschluss suchender und solitär-heroisch gegen den liberal-bürgerlichen Mainstream denkender Mahner und Künder kam dem alten Hermann Heidegger gelegen, und so entschloss er sich 2007, in der Reihe »kaplaken« der Edition Antaios sein Buch *Heimkehr 47* mit Tagebuch-Auszügen aus der sowjetischen Kriegsgefangenschaft herauszugeben. Die Aufzeichnungen seien dabei »absichtlich weder sprachlich geformt, noch sachlich geändert worden. Nichts sollte beschönigt, nichts schlimmer gemacht werden; alles sollte so stehen bleiben, wie der Verfasser es sah und empfand, als er es erleben und erleiden musste.« Heidegger schildert im Landserjargon den »Endkampf« 1945, seine Gefangennahme durch die Russen und den zweifelsohne üblen Weg durch Lager und Lazarette. Die Notate beginnen so: »6.2. (1945) Morgens griff der Russe stark an, ich hatte nur 3 Werfer mit 20 Schuß; der Russe brach in Sollau ein, ich wurde beim Heraustreten aus dem Btl.-Gefechtsstand angeschossen, legte noch einen um.«

In Ostpreußen denkt Bataillonsführer Heidegger zwei Tage später über die Grenze zwischen soldatischem Gehorsam und ungehorsamer Verantwortlichkeit nach angesichts von »unsinnigen Befehlen und unsinnigen Verlusten«. Doch der harte seelische Konflikt könne doch nur »zu weiterer soldatischer Pflichterfüllung des Frontoffiziers« führen. Solange noch Verbindungen mit vorgesetzten Dienststellen da seien, dürfe »der kleine unbekannte Einheitsführer auf dem Gefechtsfeld nicht die soldatischen Werte von Gehorsam, Treue und Ehre umstoßen«. Eine Woche später wird Heideggers Einheit in einer Scheune des Guts Naukritten von der Roten Armee gefangen genommen.

Zunächst begegnet Hermann Heidegger einem patenten russischen Hauptmann, »jung, gut aussehend, die Brust voller Orden – ein Frontoffizier«. Dann aber: »Regimentsstab. Wir werden einzeln verhört. Ein Jude dolmetscht, aber zynisch. Eine Ordonnanz bringt uns Brot und einen Klumpen Butter, gut 150g., was wir mit Heißhunger verzehren.« Die Einschätzung des russischen Gegners, der nun gesiegt hatte: »Der russ. Mensch gemütvoll, kameradschaftlich, dann wieder brutal und unberechenbar. Viele Weiber ziehen bei der Truppe mit. Uniformierte (Feldscherinnen, Telefonistinnen, Polizistinnen) und Berufsnutten.« Nach ziemlich unangenehmen Begegnungen mit »Schicksen«, »Asiaten« und »Bestien«, Aufenthalten in wechselnden Lagern, Fieber, Krankheiten, Erfrierungen sieht es Heidegger als seine Aufgabe an, die jungen, anständigen Leute unter den Gefangenen »immer wieder darauf hinzuweisen, was mit uns in Wahrheit getrieben wird, sie vor der antifaschistischen, in Wirklichkeit rein bolschewistischen Propaganda zu warnen, ihnen die Lügen aufzuzeigen. Beeinflusse sie, anständige Menschen, aufrechte Deutsche zu bleiben.«

Besonders aufrecht und tapfer hielten sich nach der Beobachtung Heideggers in den russischen Lagern »die ganz jungen 17jährigen SS-Buben«: »Sie stehlen nicht, betrügen nicht, halten Ordnung und sich sauber, arbeiten und lassen sich nichts mehr vormachen, nachdem sie durchschaut haben, wozu sie im letzten Kriegsjahr missbraucht wurden. Die SS holte sich schon die Besten aus dem Volk.« Während sich also die Waffen-SS die hoffnungsvollsten Talente attachiert hatte (und damit auch vorgezeichnet war, wo Deutschlands Zukunft nach 1945 lag), bekennt Heidegger am 2. Juli 1946 im Verhör über Bolschewismus und Nationalsozialismus durch eine NKWD-Kommission, mit »junger, hübscher, blonder Dolmetscherin«, »daß z. B. bei uns auf sozialem Gebiet Enormes geleistet wurde, wo der Bolschewismus noch in den Kinderschuhen stecke, daß unsere Judenaktion falsch gewesen sei, daß der Aufbau der Roten Armee beachtlich sei, ebenso die sowjetische Schulreform, daß aber in unserem Reich der Mensch freier gelebt habe, als hier, usw.« Auf dem Heimtransport, begleitet von allerlei geopolitischen Reflexionen (»Dollar und Pfund machen sich wieder auf dem Balkan breit, Juden kehren zurück«), trifft Heidegger auf zweifelhafte Polizisten (»ekelhafte Typen, Snobs und die meisten Vorbestrafte und Berufsverbrecher. Schiebung und Korruption wie noch nie zuvor. – Ritterkreuzträger verpfiffen und spurlos abgeholt«). Das war nun durchaus mit der fast zeitgleich publizierten, von SS-Offizieren verantworteten *Spiegel*-Berichterstattung über die Polizeiverhältnisse im Nachkriegsdeutschland kompatibel.

Hermann Heideggers Aufzeichnungen aus den Jahren 1945/46 sind im Jargon wie in der politischen Einstellung zweifelsohne ehrlich und ungeschminkt. Sie bezeugen die Erlebniswelt eines im völkisch-deutschromantischen Milieu aufgewachsenen Mannes des Jahrgangs 1920. Diese »Gestimmtheit«, um im Jargon des Vaters zu bleiben, änderte sich weder in seiner Zeit als Historiker bei der Bundeswehr noch in der Phase als Herausgeber der Heidegger-Gesamtausgabe seit 1976. Dass er seine Tagebuch-Notate aus der sowjetischen Gefangenschaft als Siebenundachtzigjähriger in der Edition Antaios erscheinen ließ, war ein bewusster Akt: Die Nähe zum Rechtsintellektualismus Schnellrodaer Prägung sollte öffentlich gemacht werden. Die Hauszeitschrift der Kubitschek, Weißmann & Co., *Sezession*, hat denn auch, neben Ernst Jünger, Carl Schmitt und Armin Mohler, dem Vater Heidegger durch mehrere ehrende Beiträge eine huldvolle und von weihevoller Ernsthaftigkeit durchzogene Reverenz erwiesen. Ein Aufsatz von Harald Seubert aus dem Jahr 2005 untersucht »Heideggers Denkbewegungen« gegen Ende des Zweiten Weltkriegs und beginnt mit dem dritten der »Feldweg«-Gespräche zwischen einem Älteren und einem Jüngeren in einem Kriegsgefangenenlager in Russland, verfasst im Mai 1945 im Forsthaus Hausen (»Es ist zugleich das Andenken Heideggers an seine beiden in jener Zeit vermissten Söhne«). An dem »bewegenden« Gespräch wird die »Schärfe des diagnostischen Blickes« gelobt, weil das besiegte deutsche Volk als »wartendes Volk« und »Walter des Abendlandes« definiert werde. Gegen bloße »Vernunft« und das »Projekt der Aufklärung«, also dem »amerikanischen Utilitätskalkül, zumindest in seiner fanatischen, von umerzogenen deutschen Adepten verbreiteten Gestalt« wird vom *Sezession*-Autor durchaus gelehrt und kenntnisreich »Heideggers Tiefenwirkung« hochgehalten. Botho Strauß, Stefan George und das »geheime Deutschland« dürfen nicht fehlen, wo mit dem Rekurs auf Heidegger gegen heutige deutsche Mittelmäßigkeit und einen »opportunen Fellachenumschlagplatz der Moden und Bildungsmiseren« angeschrieben wird.

In ähnlicher Absicht verteidigt die *Sezession* 2009 Heidegger gegen seinen frühen Kritiker Habermas. Dieser habe »selbst die frühen Zweifel an der Tragfähigkeit seiner Vernunft-Modelle nie argumentativ, sondern stets nur medien-

und personalpolitisch aus der Welt räumen können«. Es folgt 2011 noch einmal Harald Seubert, inzwischen Professor an der Theologischen Hochschule Basel und seit 2011 Präsident des Studienzentrums Weikersheim, mit einem Text über »Heideggers Revolution«. Die Berührung Heideggers mit der Konservativen Revolution zeitigt nach Seubert ein »irritierendes, aber zwingend zu notierendes Resultat«: Heidegger habe »gegen die Realitäten des NS-Staates« polemisiert, »eben weil sie die Dimension des planetarischen Geschicks verfehlten und damit nicht radikal genug waren«. Heidegger habe der Konservativen Revolution jedenfalls »ihre philosophische Kraft, gleichsam ihre Jahrtausendperspektive« gegeben.

Eine auf familiäre Beziehungen gezielte *guilt by association* ist so unsinnig wie jede andere, die Bewusstseinsübertragung von Vätern auf Söhne ist limitiert, und für die Eingemeindung von philosophischen Entwürfen durch politische Strömungen sind die Urheber nur bedingt haftbar zu machen. Carl Schmitts Dezisionismus fand begierige Aufnahme von links bis rechts. Heideggers vaterländische Esoterik gibt allerdings eine Richtung vor. Sie ist ihr eigener Vektor. So gesehen sind die kreisenden Denkbewegungen und unübersichtlichen Wegmarken der Gesamtausgabe, in der Zurichtung durch den beauftragten Sohn, auch metapolitische Hinweise für die zukünftigen Deutschen, die sie verstehen wollen. Denn seine Überzeugung, dass die Deutschen, ungeachtet aller nationalsozialistischen Exzesse, weiterhin die Hüter der abendländischen Sendung der Vorsokratiker sein können und sollen, hat Martin Heidegger nie verloren – und diese These im Gespräch mit dem *Spiegel* eher noch verschärft:

SPIEGEL: Sie messen speziell den Deutschen eine besondere Aufgabe zu?

HEIDEGGER: Ja, in dem Sinne, im Gespräch mit Hölderlin.

SPIEGEL: Glauben Sie, daß die Deutschen eine spezifische Qualifikation für diese Umkehr haben?

HEIDEGGER: Ich denke an die besondere innere Verwandtschaft der deutschen Sprache mit der Sprache der Griechen und deren Denken. Das bestätigen mir heute immer wieder die Franzosen. Wenn sie zu denken anfangen, sprechen sie deutsch; sie versichern, sie kämen mit ihrer Sprache nicht durch.

Eine Antwort auch auf diese gesteigerte Form von Sprachnationalismus wollte Heidegger dann nicht mehr hören, als er das *Spiegel*-Gespräch bis zu seinem Tod sekretierte.

Quellen und Literatur

1. Quellen

Die Materialien zum *Spiegel*-Gespräch mit Martin Heidegger befinden sich in drei Leitzordnern im *Spiegel*-Hausarchiv in Hamburg. Eine Kopie der unveröffentlichten Memoiren von Georg Wolff wurde von mir 2012 dem *Spiegel*-Archiv zur Verfügung gestellt. Personenbezogene Unterlagen zu Redakteuren in der Frühphase des *Spiegel* und zu den Freiburger Studentenführern wurden im Bundesarchiv in Berlin und Freiburg (Militärarchiv) recherchiert, weitere Materialien im Bestand NS 38 (Reichsstudentenführung) des Bundesarchivs Berlin sowie im Badischen Generallandesarchiv (GLA). Ein längeres Schreiben von Georg Wolff an Erhart Kästner stammt aus dem Kästner-Archiv der Herzog-August-Bibliothek in Wolfenbüttel. Der Bericht von Paul Karl Schmidt über Heideggers »Wissenschaftliches Schulungslager« vom Oktober 1933 liegt im Landesarchiv Schleswig-Holstein. Auskünfte und Dokumente wurden nach dem »Freedom of Information Act« (FOIA) zur Affäre Hirschfeld/Barbie in den National Archives (NARA), Washington D.C., den Archiven der Central Intelligence Agency (CIA) und des United States Army and Security Command (INSCOM) in Fort Meade eingesehen, Carl Schmitts Marginalien zum *Spiegel*-Interview mit Heidegger im Nachlass Schmitt, Hauptstaatsarchiv Düsseldorf. Kopien dieser und weiterer recherchierter Archivalien befinden sich zur Einsicht im Bestand Heidegger/*Spiegel* (2009–13) des Instituts für Medien- und Kommunikationspolitik, Berlin.

2. Literatur

Adorno, Theodor W.: *Eingriffe. Neun kritische Modelle*, Frankfurt/M. 1963

Adorno, Theodor W.: *Jargon der Eigentlichkeit*, Frankfurt/M. 1964

Alford, Kenneth D./Savas, Theodore P.: *Nazi Millionaires. The Allied Search for Hidden SS Gold*, Philadelphia und Newbury 2002

Allemann, Beda: *Hölderlin und Heidegger*, Zürich/Freiburg i. Br. 1954

Altwegg, Jürg (Hg.): *Die Heidegger-Kontroverse*, Frankfurt/M. 1988

Altwegg, Jürg: *Die langen Schatten von Vichy. Frankreich, Deutschland und die Rückkehr des Verdrängten*, München/Wien 1998

Anders, Günther: *Über Heidegger*, München 2001

Arendt, Hannah/Blücher, Heinrich: *Briefe 1936-1968*, herausgegeben von Lotte Köhler, 2. Aufl., München/Zürich 1996

Arendt, Hannah/Heidegger, Martin: *Briefe 1925-1975*, herausgegeben von Ursula Ludz, 3. Aufl., Frankfurt/M. 2002 (1998)

Arendt, Hannah/Jaspers, Karl: *Briefwechsel 1926-1969*, herausgegeben von Lotte Köhler und Hans Saner, 3. Aufl., München 1993

Bachmann, Ingeborg: *Die kritische Aufnahme der Existential-Philosophie Martin Heideggers*, München 1985

Badiou, Alain/Cassin, Barbara: *Heidegger. Der Nationalsozialismus, die Frauen, die Philosophie*, Zürich 2011 (2010)

Baudrillard, Jean: *Warum ist nicht alles schon verschwunden?*, 2. Aufl., Berlin 2012 (2007)

Beauvoir, Simone de: *Kriegstagebuch September 1939 - Januar 1941*, Reinbek 1994 (1990)

Bernhard, Thomas: *Alte Meister. Komödie*, Frankfurt am Main 1985

Blomert, Reinhard: *Intellektuelle im Aufbruch. Karl Mannheim, Alfred Weber, Norbert Elias und die Heidelberger Sozialwissenschaften der Zwischenkriegszeit*, München/Wien 1999

Bolz, Norbert (Hg.): *Wer hat Angst vor Philosophie? Eine Einführung in die Philosophie*, München 2012

Bourdieu, Pierre: Die *politische Ontologie Martin Heideggers*, Frankfurt/M. 1988 (1975)

Braun, Luzia: »Da-Da-Da-Dasein. Fritz Heidegger: Holzwege zur Sprache, quasi una Philosophia«, in: *Die Zeit* vom 22. September 1989

Brawand, Leo: *Der SPIEGEL – ein Besatzungskind. Wie die Pressefreiheit nach Deutschland kam*, Hamburg 2007

Brawand, Leo: *Die SPIEGEL-Story. Wie alles anfing*, Düsseldorf 1987

Brawand, Leo: *Rudolf Augstein*, Düsseldorf 1995

Buchheim, Thomas: *Die Vorsokratiker. Ein philosophisches Porträt.* München 1994

Büchin, Elsbeth/Denker, Alfred: *Martin Heidegger und seine Heimat*, Stuttgart 2005

Buchna, Kristian: *Nationale Sammlung an Rhein und Ruhr. Friedrich Middelhauve und die nordrhein-westfälische FDP 1945–1953*, München 2010

Bultmann, Rudolf/Heidegger, Martin: *Briefwechsel 1925–1975*, herausgegeben von Andreas Großmann und Christof Landmesser, Tübingen/Frankfurt/M. 2009

Burkhardt, Kai (Hg.): *Carl Schmitt und die Öffentlichkeit. Briefwechsel mit Journalisten, Publizisten und Verlegern aus den Jahren 1923 bis 1983*, Berlin 2013

Busche, Jürgen: *Zwischen Kriegskunst und Philosophie. Oberst Dr. phil. Heidegger, die Liebe zum Soldatenberuf und der Nachlass des Philosophenvaters*, http://www.cicero.de/salon/zwischen-kriegskunst-und-philosophie/38027

Busse, Walter: *… wir danken Ihnen für dieses Gespräch. 24 ›Spiegel‹-Gespräche*, München 1970

Casale, Rita: *Heideggers Nietzsche. Geschichte einer Obsession*, Bielefeld 2010 (2005)

Cavell, Stanley: *Die andere Stimme. Philosophie und Autobiographie*, Berlin 2002

Denker, Alfred/Zaborowski, Holger: *Heidegger-Jahrbuch 5. Heidegger und der Nationasozialismus. I. Dokumente*, Freiburg/München 2009

Denker, Alfred/Zaborowski, Holger: *Heidegger-Jahrbuch 5. Heidegger und der Nationalsozialismus. II. Interpretationen*, Freiburg/München 2009

Denker, Alfred: *Unterwegs in Sein und Zeit. Einführung in Leben und Denken von Martin Heidegger*, Stuttgart 2011
Doerry, Martin/Janssen, Hauke (Hg.): *Die SPIEGEL-Affäre. Ein Skandal und seine Folgen*, München 2013
Ernst, Fritz: *Im Schatten des Diktators. Rückblick eines Heidelberger Historikers auf die NS-Zeit*, Heidelberg 1996
Ettinger, Elzbieta: *Hannah Arendt – Martin Heidegger. Eine Geschichte*, München/Zürich 1995
Farías, Víctor: *Heidegger und der Nationalsozialismus. Mit einem Vorwort von Jürgen Habermas*, München 1989 (1987)
Faye, Emmanuel: *Heidegger. Die Einführung des Nationalsozialismus in die Philosophie. Im Umkreis der unveröffentlichten Seminare zwischen 1933 und 1935*, Berlin 2009 (2007)
Feenberg, Andrew: *Heidegger and Marcuse. The Catastrophe and Redemption of History*, London 2004
Feuersänger, Marianne: *Im Vorzimmer der Macht. Aufzeichnungen aus dem Wehrmachtführungsstab und Führerhauptquartier 1940–1945. Mit einem Vorwort von Kurt Sontheimer*, München 1999
Fischer, Anton M.: *Martin Heidegger. Der gottlose Priester – Psychogramm eines Denkers*, Zürich 2008
Garff, Joakim: *Sören Kierkegaard. Biographie*, München/Wien 2004
Gethmann-Siefert, Annemarie/Pöggeler, Otto (Hg.): *Heidegger und die praktische Philosophie*, Frankfurt/M. 1988
Giroud, Francoise: *Histoire d'une femme libre*, Paris 2013
Gröber, Conrad: *Der Altkatholizismus in Meßkirch*, Freiburg 1934
Grosser, Florian: *Revolution denken. Heidegger und das Politische 1919 bis 1969*, München 2011
Grün, Bernd: *Der Rektor als Führer. Die Universität Freiburg i. Br. von 1933–1945*, Freiburg 2010
Grunenberg, Antonia: *Hannah Arendt und Martin Heidegger. Geschichte einer Liebe*, München 2006
Grüttner, Michael: *Studenten im Dritten Reich*, Paderborn 1995
Haase, Christian/Schildt, Axel (Hg.): *»Die ZEIT« und die Bonner Republik. Eine meinungsbildende Wochenzeitung zwischen Wiederbewaffnung und Wiedervereinigung*, Göttingen 2008

Hachmeister, Lutz/Siering, Friedemann (Hg.): *Die Herren Journalisten. Die Elite der deutschen Presse nach 1945*, München 2002

Hachmeister, Lutz: *Der Gegnerforscher. Die Karriere des SS-Führers Franz Alfred Six*, München 1998

Hachmeister, Lutz: *Nervöse Zone. Politik und Journalismus in der Berliner Republik*, München 2007

Hachmeister, Lutz: *Schleyer. Eine deutsche Geschichte*, München 2004

Han, Byung-Chul: *Transparenzgesellschaft*, Berlin 2012

Hartlaub, Felix: *Kriegsaufzeichnungen aus Paris. Mit einem Nachwort von Durs Grünbein*, Berlin 2011 (2002)

Heiber, Helmut: *Universität unterm Hakenkreuz*, 2 Bände, München u. a. 1992

Heidegger, Gertrud (Hg.): *»Mein liebes Seelchen!« Briefe Martin Heideggers an seine Frau Elfride 1915–1970*, München 2005

Heidegger, Heinrich/Stagi, Pierfancesco: *Martin Heidegger. Ein Privatporträt zwischen Politik und Religion*, Meßkirch 2012

Heidegger, Hermann: *Heimkehr 1947. Tagebuch-Auszüge aus der sowjetischen Gefangenschaft*, Schnellroda 2007

Heidegger, Martin/Bauch, Kurt: *Briefwechsel 1932–1975*, herausgegeben von Almuth Heidegger, Freiburg im Breisgau 2009

Heidegger, Martin/Blochmann, Elisabeth: *Briefwechsel 1918–1969*, herausgegeben von Joachim W. Storck, Marbach am Neckar 1979

Heidegger, Martin/Jaspers, Karl: *Briefwechsel 1920–1963*, herausgegeben von Walter Biemel und Hans Saner, Frankfurt/M./München 1992

Heidegger, Martin/Kästner, Erhart: *Briefwechsel 1953–1974*, herausgegeben von Heinrich Wiegand Petzet, Frankfurt/M. 1986

Heidegger, Martin: *Aus der Erfahrung des Denkens*, 2. Aufl., Frankfurt/M. 2002 (1983, GA 13)

Heidegger, Martin: *Beiträge zur Philosophie (Vom Ereignis)*, 3. Aufl., Frankfurt/M. 2003 (1989, GA 65)

Heidegger, Martin: *Besinnung*, Frankfurt/M. 1997 (GA 66)

Heidegger, Martin: *Bremer und Freiburger Vorträge*, 2. Aufl., Frankfurt/M. 2005 (1994, GA 79)

Heidegger, Martin: *»Die Armut«*, in: *Heidegger-Studien* 10 (1994), S. 5–14

Heidegger, Martin: *Die Grundbegriffe der Metaphysik. Welt – Endlichkeit – Einsamkeit*, 3. Aufl., Frankfurt/M. 2004 (1989, GA 29/30)
Heidegger, Martin: *Die Technik und die Kehre*, Stuttgart 1962
Heidegger, Martin: *Einführung in die Metaphysik*, 6. Aufl., Tübingen 1998 (1953)
Heidegger, Martin: *Einleitung in die Philosophie*, 2. Aufl., Frankfurt/M. 2001 (1996, GA 27)
Heidegger, Martin: *Gedachtes*, Frankfurt/M. 2007 (GA 81)
Heidegger, Martin: *Identität und Differenz*, Stuttgart 1957
Heidegger, Martin: *Nietzsche*, 2 Bände, Frankfurt/M. 1996 (1961, GA 6.1/2)
Heidegger, Martin: *Reden und andere Zeugnisse eines Lebensweges*, Frankfurt/M. 2000 (GA 16)
Heidegger, Martin: *Sein und Zeit*, 9. Aufl., Tübingen 1972
Heidegger, Martin: *Über den Humanismus*, 10. Aufl., Frankfurt/M. 2000 (1949)
Heidegger, Martin: *Vom Wesen der Wahrheit*, 8. Aufl., Frankfurt/M. 1997 (1943)
Heidegger, Martin: *Vorträge und Aufsätze*, Frankfurt/M. 2000 (GA 7)
Heidegger, Martin: *Was ist Metaphysik*, 16. Aufl., Frankfurt/M. 2007 (1943)
Heidegger, Martin: *Wegmarken*, 3. Aufl., Frankfurt/M. 2004 (1976, GA 9)
Heidegger, Martin; *Zu Ernst Jünger*, Frankfurt/M. 2004 (GA 90)
Heim, Michael: *The metaphysics of Virtual Reality*, Oxford/New York 1983
Heinz, Marion/Gretic, Goran (Hg.): *Philosophie und Zeitgeist im Nationalsozialismus*, Würzburg 2006
Hodenberg, Christina: *Konsens und Krise. Eine Geschichte der westdeutschen Medienöffentlichkeit 1945–1973*, Göttingen 2006
Hoeges, Dirk: *Kontroverse am Abgrund: Ernst Robert Curtius und Karl Mannheim. Intellektuelle und »freischwebende Intelligenz« in der Weimarer Republik*, Frankfurt/M. 1994
Hörl, Erich (Hg.): *Die technologische Bedingung. Beiträge zur Beschreibung der technischen Welt*, Frankfurt/M. 2011

Hühnerfeld, Paul: *In Sachen Heidegger. Versuch über ein deutsches Genie*, Hamburg 1959

Jacobsen, Hans-Adolf: *Nationalsozialistische Außenpolitik 1933–1938*, Frankfurt/M./Berlin 1968

Jaene, Hans Dieter: *Der SPIEGEL. Ein deutsches Nachrichten-Magazin*, Frankfurt/M./Hamburg 1968

Janicaud, Dominique: *Heidegger en France I. Récit*, Paris 2001

Janicaud, Dominique: *Heidegger en France II. Entretiens*, Paris 2001

Jaspers, Karl: *Die geistige Situation der Zeit*, 5. Aufl., Berlin 1932 (1931)

Jaspers, Karl: *Notizen zu Martin Heidegger*, 3. Aufl., München/Zürich 1989 (1978)

Jaspers, Karl: *Notizen zu Martin Heidegger*, München 1978

Jaspers, Karl: *Wohin treibt die Bundesrepublik?*, München 1966

Jokisch, Rodrigo (Hg.): *Technik-Soziologie*, Frankfurt/M. 1982

Jonas, Hans: *Erinnerungen. Nach Gesprächen mit Rachel Salamander*, Frankfurt/M. 2005 (2003)

Jünger, Ernst/Heidegger, Martin: *Briefe 1949–1975*, herausgegeben von Simone Maier, Stuttgart 2008

Jünger, Ernst: *Der Arbeiter*, 3. Aufl., Hamburg 1932

Jünger, Friedrich Georg: *Die Perfektion der Technik*, 8. Aufl., Frankfurt/M. 2008 (1946)

Kästner, Erhart: *Griechenland. Ein Buch aus dem Kriege*, Berlin 1943

Kästner, Erhart: *Leben und Werk in Daten und Bildern*, herausgegeben von Anita Kästner und Reingart Kästner, Frankfurt/M. 1980

Kiesel, Helmuth: *Ernst Jünger. Die Biographie*, München 2009

Kisiel, Theodor/Sheehan, Thomas (Hg.): *Becoming Heidegger. On the Trail of His Early Occasional Writings, 1910–1927*, Seattle 2011 (2007)

Kisiel, Theodor: »Heidegger's Gesamtausgabe: An International Scandal of Scholarship«, in: *Philosophy Today* 39 (1995), S. 3–15

Kisiel, Theodor: *The Genesis of Heidegger's Being and Time*, Berkeley 1995

Kittler, Friedrich: *Eine Kulturgeschichte der Kulturwissenschaft*, 2. Aufl., München 2001

Kleinberg, Ethan: *Generation Existential. Heidegger's Philosophy in France, 1927–1961*, Ithaca/New York 2006

Knudsen, Sven-Eric: *Luhmann und Husserl. Systemtheorie im Verhältnis zur Phänomenologie*, Würzburg 2006

Köhler, Otto: *Rudolf Augstein. Ein Leben für Deutschland*, München 2002

Köhler, Otto: *Unheimliche Publizisten. Die verdrängte Vergangenheit der Medienmacher*, München 1995

Krieck, Ernst: *Nationalpolitische Erziehung*, Berlin 1933

Lamblin, Bianca: *Memoiren eines getäuschten Mädchens*, Hamburg 1994

Lange, Hartmut: *Positiver Nihilismus. Meine Auseinandersetzung mit Heidegger*, Berlin 2012

Lau, Jörg: *Hans Magnus Enzensberger. Ein öffentliches Leben*, Berlin 1999

Leaman, George: *Heidegger im Kontext. Gesamtüberblick zum NS-Engagement der Philosophen*, Hamburg/Berlin 1993

Lévy, Bernard-Henri: *Sartre. Der Philosoph des 20. Jahrhunderts*, München/Wien 2002 (2000)

Lommatzsch, Erik: *Hans Globke (1898–1973). Beamter im Dritten Reich und Staatssekretär Adenauers*, Frankfurt/M./New York 2009

Löwith, Karl: *Heidegger. Denker in dürftiger Zeit*, Göttingen 1960 (1953)

Löwith, Karl: *Mein Leben in Deutschland vor und nach 1933*, neu herausgegeben von Frank-Rutger Hausmann, Stuttgart 2007 (1986)

Lukács, Georg: *Die Zerstörung der Vernunft. Der Weg des Irrationalismus von Schelling zu Hitler*, Berlin/Weimar 1953

Lyotard, Jean-François: *Heidegger und »die Juden«*, 2. Aufl., Wien 2005 (1988)

Maher jr., Paul: *One Big Soul. An Oral History of Terrence Malick*, o. O. 2014

Maier, Hans: *Böse Jahre, gute Jahre. Ein Leben 1931 ff.*, München 2011

Marcuse, Herbert: *Heideggerian Marxism*, herausgegeben von Richard Wolin und John Abromeit, Nebraska 2005

Marcuse, Herbert: »Konkrete Philosophie«, in: *Archiv für Sozialwissenschaft und Sozialpolitik* 62 (1929), S. 111–128

Marquard, Odo: *Skepsis in der Moderne*, Stuttgart 2007

Marten, Rainer: »Edith Stein und Martin Heidegger«, in: Hermann Schäfer (Hg.): Annäherungen an Martin Heidegger, Frankfurt/M. 1996, S. 233–248

Martin, Bernd (Hg.): *Martin Heidegger und das »Dritte Reich«. Ein Kompendium*, Darmstadt 1989

Mattelard, Armand: *The Invention of Communication*, Minneapolis 1996 (1994)

Mehring, Reinhard: »9. September 1933 im Kaiserhof? Martin Heidegger und Carl Schmitt in Berlin – nach neuer Quellenlage«, in: *Merkur* 769 (2013), S. 73–77

Mehring, Reinhard: *Carl Schmitt. Aufstieg und Fall*, München 2009

Mehring, Reinhard: *Heideggers Überlieferungsgeschick. Eine dionysische Selbstinszenierung*, Würzburg 1992

Menninghaus, Winfried: *Wozu Kunst? Ästhetik nach Darwin*. Berlin 2011

Merseburger, Peter: *Rudolf Augstein. Biographie*, Müchen 2007

Minder, Robert: *Dichter in der Gesellschaft. Erfahrungen mit deutscher und französischer Literatur*, Frankfurt/M. 1982

Morat, Daniel: *Von der Tat zur Gelassenheit. Konservatives Denken bei Martin Heidegger, Ernst Jünger und Friedrich Georg Jünger 1920–1960*, Göttingen 2007

Mörchen, Hermann: *Adorno und Heidegger. Untersuchung einer philosophischen Kommunikationsverweigerung*, Stuttgart 1981

Müller, André: »*Sie sind ja wirkliche eine verdammte Krähe«. Letzte Gespräche und Begegnungen. Mit einem Vorwort von Elfriede Jelinek*, München 2001

Nebel, Gerhard: *Alles Gefühl ist leiblich. Ein Stück Autobiographie*, Marbach 2003

Neske, Günther (Hg.): *Erinnerung an Martin Heidegger*, Pfullingen 1977

Neske, Günther/Kettering, Emil (Hg.): *Antwort. Martin Heidegger im Gespräch*, Pfullingen 1988

Nolte, Ernst: *Heidegger. Politik und Geschichte im Leben und Denken*, Berlin/Frankfurt/M. 1992

Ott, Hugo: »›In der kleinen Skihütte zusammen philosophieren‹. Martin Heidegger begrüßt Jean-Paul Sartre als Weggenossen und Wegbereiter«, in: *FAZ* vom 19. Januar 1994

Ott, Hugo: *Martin Heidegger. Unterwegs zu seiner Biographie*, Frankfurt/M./New York 1988

Oven, Wilfred von: *Ein »Nazi« in Argentinien*, Gladbeck 1993

Papke, Gerhard: *Liberale Ordnungskraft, nationale Sammlungsbewegung oder Mittelstandspartei? Die FDP-Landtagsfraktion in Nordrhein-Westfalen 1946–1966*, Düsseldorf 1998

Petterson, Hannah (Hg.): *The cinema of Terrence Malick. Poetic Visions of America*, London 2003

Petzet, Heinrich Wiegand: *Auf einen Stern zugehen. Begegnungen mit Martin Heidegger 1929–1976*, Frankfurt/M. 1983

Pias, Claus (Hg.): *Cybernetics – Kybernetik. The Macy-Conferences 1946–1953*, 2 Bände, Zürich 2003/2004

Plöger, Christian: *Von Ribbentrop zu Springer: Zu Leben und Wirken von Paul Karl Schmidt alias Paul Carell*, Marburg 2009

Pöggeler, Otto: *Heidegger in seiner Zeit*, München 1999

Pöggeler, Otto: *Wege in schwieriger Zeit. Ein Lebensbericht*, München 2010

Raddatz, Fritz J.: *Unruhestifter. Erinnerungen*, München 2003

Rentsch, Thomas: *Heidegger und Wittgenstein. Existential- und Sprachanalysen zu den Grundlagen philosophischer Anthropologie*, Stuttgart 2003

Richardson, William J.: »›Only a God Can Save Us‹«, in: Thomas Sheehan (Hg.): *Heidegger. The Man and the Thinker*, Chicago 1981, S. 45–67

Sackarndt, Paul: *Der SPIEGEL – entzaubert. Analyse eines deutschen Nachrichtenmagazins*, Essen 1963

Safranski, Rüdiger: *Ein Meister aus Deutschland. Heidegger und seine Zeit*, München/Wien 1994

Salamun, Kurt: *Karl Jaspers*, 2. Aufl., Würzburg 2006

Sandkühler, Hans Jörg (Hg.): *Philosophie im Nationalsozialismus*, Hamburg 2009

Sartre, Jean-Paul: *Das Sein und das Nichts*, Hamburg 1962 (1943)

Sartre, Jean-Paul: *Drei Essays. Mit einem Nachwort von Walter Schmiele*, Zürich 1979

Sartre, Jean-Paul: *Tagebücher. Les carnets de la drôle de guerre*, September 1939–März 1940, Reinbek 1996 (1983)
Schelsky, Helmut: *Auf der Suche nach der Wirklichkeit. Gesammelte Aufsätze zur Soziologie der Bundesrepublik*, München 1979
Schirrmacher, Frank: »Der Zivilisationsredakteur – 100 Jahre Karl Korn«, in: *FAZ* vom 17. Mai 2008
Schneeberger, Guido: *Nachlese zu Heidegger. Dokumente zu seinem Leben und Denken*, Bern 1962
Schöttker, Detlev/Wizisla, Erdmut (Hg.): *Arendt und Benjamin. Texte, Briefe, Dokumente*, Frankfurt/M. 2006
Schröder, Dieter: *Augstein*, München 2004
Schuhmann, Karl: »Zu Heideggers Spiegel-Gespräch über Husserl«, in: *Zeitschrift für Philosophische Forschung* 32 (1978), S. 591–612
Schütz, Erhard/Hohendahl, Peter (Hg.): *Solitäre und Netzwerker. Akteure des kulturpolitischen Konservatismus nach 1945 in den Westzonen Deutschlands*, Essen 2009
Schwan, Alexander: *Politische Philosophie im Denken Heideggers, 2., um den »Nachtrag 1988: Um einen Heidegger von innen bittend«, erweiterte Auflage*, Opladen 1989
Seemann, Silke: *Die politischen Säuberungen des Lehrkörpers der Freiburger Universität nach dem Ende des Zweiten Weltkriegs (1945–1947)*, Freiburg 2002
Seubert, Harald: *1945 – Heideggers Denkbewegungen*, http://www.sezession.de/6933/1945-heideggers-denkbewegungen.html
Seubert, Harald: *Heideggers Revolution*, http://www.sezession.de/wp-content/uploads/2012/12/Sez44-Heideggers-Revolution.pdf
Sieg, Ulrich: *Geist und Gewalt. Deutsche Philosophen zwischen Kaiserreich und Nationalsozialismus*, München 2012
Simmel, Georg: *Die Großstädte und das Geistesleben*. Frankfurt/M. 2006
Sloterdijk, Peter: *Nicht gerettet. Versuche nach Heidegger*, Frankfurt/M. 2001
Sluga, Hans: *Heidegger's Crisis. Philosophy and Politics in Nazi Germany*, Boston 1993

Spranger, Eduard: *Briefe 1901–1963*, herausgegeben von Hans Walter Bähr, Tübingen 1978
Steiner, George: *Martin Heidegger. Eine Einführung*, München 1989 (1978)
Strohmeyer, Arn: *Dichter im Waffenrock. Erhart Kästner in Griechenland und auf Kreta 1941–1945*, Mähringen 2006
Stroomann, Gerhard: *Aus meinem roten Notizbuch. Ein Leben als Arzt auf Bühlerhöhe*, 2. Aufl., Frankfurt/M. 1960
Thomä, Dieter (Hg.): *Heidegger-Handbuch. Leben – Werk – Wirkung*, 2., überarbeitete Aufl., Stuttgart 2013
Tilitzki, Christian: *Die deutsche Universitätsphilosophie in der Weimarer Republik und im Dritten Reich*, 2 Bände, Berlin 2002
Tiqqun: *Grundbausteine zu einer Theorie des Jungen-Mädchens*, Berlin 2009 (1999)
Tiqqun: *Kybernetik und Revolte*, Zürich/Berlin 2007 (2001)
Towarnicki, Frédéric de: *A la rencontre de Heidegger. Souvenirs d'un messager de la Foret-Noire*, Paris 1993
Towarnicki, Frédéric de: *Martin Heidegger. Souvenirs et chroniques*, Paris 2002
Ullrich, Wolfgang (Hg.): *Verwindungen. Arbeit an Heidegger*, Frankfurt/M. 2003
Unsichtbares Komitee: *Der kommende Aufstand*, Hamburg 2009 (2007)
Vagt, Christina: *Geschickte Sprünge. Physik und Medium bei Martin Heidegger*, Zürich 2012
Van Laak, Dirk: *Gespräche in der Sicherheit des Schweigens. Carl Schmitt in der politischen Geistesgeschichte der frühen Bundesrepublik*, Berlin 1993
Vietta, Egon: »Martin Heidegger und die Situation der Jugend«, in: *Die Neue Rundschau* 42 (1931), S. 501–511
Vietta, Silvio: *Heideggers Kritik am Nationalsozialismus und an der Technik*, Tübingen 1989
Wagner, Friedrich: *Die Wissenschaft und die gefährdete Welt*, München 1964
Wagner, Friedrich: *Menschenzüchtung. Das Problem der genetischen Manipulierung des Menschen*, München 1969

Wallbaum, Klaus: *Der Überläufer. Rudolf Diels (1900–1957). Der erste Gestapo-Chef des Hitler-Regimes*, Frankfurt/M. 2010

Watson, Peter: *The German Genius. Europe's Third Renaissance, the Second Scientific Revolution and the Twentieth Century*, London 2010

Weidmann, Bernd (Hg.): *Existenz in Kommunikation. Zur philosophischen Ethik von Karl Jaspers*, Würzburg 2004

Werntgen, Cai: *Kehren. Martin Heidegger und Gotthard Günther. Europäisches Denken zwischen Orient und Okzident*, München 2006

Wildt, Michael: *Generation des Unbedingten. Das Führungskorps des Reichssicherheitshauptamtes*, Hamburg 2002

Wolff, Georg: »Afrika darf nicht fallen«, in: *Zeitschrift für Geopolitik* 24 (1953), S. 599–604

Wolff, Georg: »McCarthy oder die Grenzen der USA«, in: *Zeitschrift für Geopolitik* 26 (1955), S. 396–404

Wolin, Richard: *Heidegger's Children. Hannah Arendt, Karl Löwith, Hans Jonas and Herbert Marcuse*, Princeton 2002

Wolin, Richard: »Introduction to Herbert Marcuse and Martin Heidegger. An Exchange of Letters«, in: *New German Critique* 53 (1991), S. 19–27

Young-Bruehl, Elisabeth: *Hannah Arendt. For the Love of the World*, New Haven 1982

Zaborowski, Holger: »*Eine Frage von Irre und Schuld?*« Martin Heidegger und der Nationalsozialismus, Frankfurt/M. 2010

Ziesel, Kurt: *Das verlorene Gewissen. Hinter den Kulissen der Presse, der Literatur und ihrer Machtträger von heute*, 4. Aufl., München 1958

Zimmermann, Ekkehard: *Staub soll er fressen. Die Internierungslager in den Westzonen Deutschlands 1945–1949*, Frankfurt/M. 2007

Zimmermann, Hans Dieter: *Martin und Fritz Heidegger. Philosophie und Fastnacht*, München 2005

Zimmermann, Michael E.: *Heidegger's Confrontation with Modernity. Technology, Politics, and Art*, Bloomington/Indianapolis 1990

Danksagung

Für die Bereitschaft zu längeren Gesprächen danke ich herzlich Gertrud Heidegger, Digne Meller Marcovicz, Maria Rank und Dieter Brumm. Besten Dank auch für weitere Hinweise und Auskünfte an Jakob Augstein, Klaus Wiegrefe, Wigbert Benz, Alfred Denker, Arnold Stadler, Luzia Braun, Hans-Ulrich Sieber, Anton Hügli, Giovanni di Lorenzo, Sabine Gülerman, Gerd Giesler, Gerd Simon, Michael Wildt, Heiko Wegmann, Stefan Aust, Andreas Schreitmüller, Matthias Kremin, Sabine Sasse, Dieter Anschlag, Nils Minkmar, Helwig Schmidt-Glintzer und Ekkehard Zimmermann. Besonderen Dank an Jasmin Siri für eine erste kritische Lektüre einzelner Kapitel dieses Buches. Die Mitarbeiterinnen und Mitarbeiter am Institut für Medien- und Kommunikationspolitik in Berlin und Köln haben in den Jahren 2009 bis 2013 uneigennützig bei den Recherchen und der Besorgung von Literatur sehr geholfen: Kai Burkhardt, Edda Humprecht, Ramona Heeke, Orkan Torun, Julius Jasso, Sabina Rolle, Uwe Lehr, Christopher Albrodt, Till Wäscher und Mara Kohler. Georg Mascolo und Mathias Müller von Blumencron haben in ihrer Amtszeit als *Spiegel*-Chefredakteure mit einer schnellen Entscheidung die Nutzung des *Spiegel*-Archivs für dieses Projekt ermöglicht. Vielen Dank auch für das Verständnis und die Betreuung im *Spiegel*-Archiv durch Heinz Egleder, Hauke Janssen und Jill Sörensen. Hanna Leitgeb, Christian Seeger, Jan Martin Ogiermann und Tanja Ruzicska haben die Entstehung dieses Buches umsichtig betreut, vor allem dafür mein herzlicher Dank.

Anmerkungen

1 Walter Steinbrecher, geboren 1913 als Landratssohn in Brünn, war von 1948 bis 1964 Leiter des Nachrichtendiensts beim *Hamburger Echo*. Im Oktober 1964 kam er als Presse-Stenograph zum *Spiegel*. »Zur Kontrolle der stenographischen Führung«, so schrieb er in einem Biogramm 1971, wurde bei den *Spiegel*-Interviews jeweils auch eine Tonbandaufnahme gemacht. So war es auch beim Heidegger-Gespräch. Steinbrecher starb 1996 in Hamburg. Der zweite *Spiegel*-Stenograph Heinz Daenicke war vor 1945 »Ia-Schreiber« bei Alfred Jodl im Führerhauptquartier.

2 Mit der Ausnahme seiner Vorträge in Meßkirch zu Jubiläen oder heimatlichen Fragen, in denen er – ohne größere Anbiederung an seine Landsleute – interessanterweise den richtigen Ton trifft.

3 Der *Guardian* publizierte 2007 eine Liste mit den wichtigsten Interviews des 20. Jahrhunderts, allerdings nur für den englischsprachigen Raum. Hier rangiert die später von Ron Howard als Spielfilm inszenierte Begegnung von Richard Nixon und David Frost an erster Stelle, vor einem Interview von Martin Bashir mit Lady Diana Spencer. Für den deutschen Sprachraum wären die Interviews von André Müller zu nennen, die zumeist in der *Zeit* gedruckt wurden, sowie die Fernsehgespräche von Günter Gaus in den sechziger Jahren, unter anderem mit Hannah Arendt und Gustaf Gründgens. Das weitgehend entintellektualisierte öffentlich-rechtliche Fernsehen hat daran nicht mehr anknüpfen können und gibt heute als »Gespräche« eine Kaskade ritualisierter Talkshows aus – von seltenen Ausnahmen abgesehen.

4 Mit diesem Buch werden zudem Arbeiten des Verfassers zur Radikalisierung der nationalsozialistischen Avantgarde an den südwestdeutschen Universitäten am Ende der Weimarer Republik und im NS-Staat fortgesetzt, bis hin zu den sozialpsychologischen Wirkungen auf die Konstitution der Bundesrepublik, vgl. Lutz Hachmeister: *Der Gegnerforscher* (über den SS-General Franz Alfred Six, 1998) und

Schleyer (über den von der »Roten Armee Fraktion« ermordeten Verbandsfunktionär und Manager, 2004). In dem Buch über Six finden sich auch erste Forschungen zum SS/SD-Komplex im frühen *Spiegel*, die nun im Wesentlichen abgeschlossen werden können.

5 Mit den »Interviews« meinte Arendt wohl Berichte französischer Intellektueller, die über Heidegger und seine Lebenssituation in der unmittelbaren Nachkriegszeit in der Pariser Presse erschienen.

6 Als kinematographisches Gegenbild zu Heidegger könnte man den elsässischen Juden Jean Pierre Grumbach nehmen, der sich den Namen »Melville« zulegte, amerikanische Gangsterfilme bewunderte, nachts in Paris in US-Straßenkreuzern auf der Suche nach düsteren Schauplätzen für »Der eiskalte Engel« oder »Vier im roten Kreis« herumfuhr und vor allem die einsame Tat-Bereitschaft von Résistance-Helden feierte.

7 Diese Kulturphilosophen ordnet Heidegger herabstufend dem zu, »was im weiteren die höhere Journalistik unseres Zeitalters durchdrängt« – also dem Feuilleton.

8 Die gesonderte Edition von Heidegger-Briefen, außerhalb der offiziellen Gesamtausgabe betreut von Alfred Denker und Holger Zaborowski, ist auf rund dreißig Bände angelegt. Davon sind bislang nur zwei erschienen.

9 Vgl. etwa Heideggers Beobachtung in dem Artikel »Zeichen« für die *Neue Zürcher Zeitung* am 21. September 1969: »Ob man die radikale Unmenschlichkeit der jetzt bestaunten Wissenschaft einmal einsieht und noch rechtzeitig zugibt? Die Übermacht des rechnenden Denkens schlägt täglich entschieden auf den Menschen selbst zurück und entwürdigt ihn zum bestellbaren Bestandstück eines maßlosen ›operationalen‹ Modelldenkens.« Siehe auch John Naughton: »Cyberwarfare takes Heidegger's ideas to their logical end«, in: *The Observer* vom 1. April 2012.

10 Zu den Vorgängen um die Bücherverbrennung in Freiburg siehe jetzt Heiko Wegmann: Auch in Freiburg wurden Bücher verbrannt, in: Badische Zeitung vom 13. August 2013.

11 Fawzi al-Qawuqdschi (1890–1977), Befehlshaber der Arabischen Befreiungsarmee im Palästina-Krieg 1947–49.

12 Im März 1946 traf es dann unerwartet Adolf Lampe, Jahrgang 1897, als Leutnant im Ersten Weltkrieg mit EK II und EK I ausgezeichnet, später Freikorps-Mann, seit 1926 Professor an der Freiburger Universität:

Er wurde von Franzosen wegen seiner umstrittenen »Allgemeinen Wehrwirtschaftslehre« (1938) verhaftet, als Hochschullehrer entlassen und drei Monate im Internierungslager Betzenhausen gefangen gehalten. Von September 1944 bis April 1945 war er wegen seiner vermuteten Kontakte zu Karl Goerdeler in einem Gestapo-Gefängnis und im Konzentrationslager Ravensbrück arretiert worden. Lampe, der »unermüdliche Motor der Freiburger Kreise« (Walter Eucken), starb, rehabilitiert, plötzlich im Februar 1948.

13 Alain Resnais, Jahrgang 1922, war später u. a. Autor des Dokumentarfilms »Nuit et brouillard« (»Nacht und Nebel«) über NS-Konzentrationslager, der 1956 nach einer Intervention der deutschen Bundesregierung zunächst aus dem Programm der Filmfestspiele in Cannes gestrichen wurde, was wiederum internationale Proteste auslöste. Danach Regisseur von Avantgarde-Klassikern wie »Hiroshima, mon amour« (1959) und »Letztes Jahr in Marienbad« (1961).

14 Der *Spiegel* berichtet hier nicht ohne Stolz, dass Armin Mohler, Jüngers damaliger Privatsekretär, jeden Donnerstag das neue *Spiegel*-Heft in die Lesemappe des Meisters lege.

15 Vgl. zur Rolle von Karl Korn, der den jungen Habermas gegen Heidegger verteidigt hatte (»Warum schweigt Heidegger?«), Frank Schirrmachers Artikel »Der Zivilisationsredakteur«, in: *FAZ* vom 17. Mai 2008.

16 Vgl. den Brief von Karl Jaspers an seine Eltern vom 28. August 1933: »Jetzt ist eine neue Universitätsverfassung herangekommen nach dem Führerprinzip: Der Rektor wird vom Ministerium ernannt, die Dekane vom Rektor. Gewählt wird nicht mehr. Die Körperschaften, soweit sie noch bestehen bleiben, erhalten einen nur beratenden Charakter, abgestimmt wird nicht mehr. Die frühere Gelehrten›republik‹ ist zu Ende. Nach meinen Erfahrungen von ihr ist mir das ganz recht, besonders wenn ich selber Rektor werden könnte oder ein Name, dem ich dasselbe Vertrauen schenke wie mir! Enschuldigt den Übermut!«, in: Suzanne Kirkbright: *Karl Jaspers. Navigations in Truth. A Biography*, New Haven/London 2004, S. 261. Das könnte man auch als sarkastischen Abgesang werten, aber die Enttäuschung über die frühere »Gelehrtenrepublik« ist sicher ernst gemeint.

17 Vgl. »CIC-Headquarters Region I, 970th Counter Intelligence Corps Detachment, European Command, Memorandum for the Officer in Charge, 20 March 1947«, im Dokumentenband von Allan A. Ryan, Jr.:

Klaus Barbie and the United States Government. A report to the Attorney General of the United States, Washington 1983, S. 142 (TAB 9).

18 Kenneth D. Alford, Theodore P. Savas: *Nazi Millionaires. The Allied Search for Hidden SS Gold*, Havertown 2011 (zuerst 2002), S. 217 f.

19 Augstein über »Archivsekretärin« Maria Rank im *Spiegel* 1951, anlässlich des Verlags-Umzugs von Hannover nach Hamburg: »Diese Maria, 26, wegen ihrer Affenliebe zu der Musik Paul Hindemiths ›Zupfgeigengretl‹ genannt, ist einer jener seltenen Glücksfälle im Leben einer Zeitung. Das Archiv ist das Herz der Redaktion, das zwar nicht pulst, sondern knistert, und Maria Rank ist unsere Herz-Dame. Anzuschauen wie eine resolute Rotationselfe, zaubert sie mit der ›Rank-Organisation‹ die extravagantesten Auskünfte herbei.«

20 Anfragen bei den US National Archives (NARA) gemäß dem »Freedom of Information Act« (FOIA) in dieser Angelegenheit führten zu einiger Verwirrung. Zunächst wurde mitgeteilt, dass es gar keine Akten zu Walter Hirschfelds Aktivitäten für das CIC gebe; dann wurden doch Dokumente mit Hinweis auf ein weiteres, umfangreicheres Dossier gefunden – dieses aber gehöre zu den »less than 5%-Files«, die leider nach der Digitalisierung vom Mikrofilm aus technischen Gründen »irretrievable« seien. Immerhin sind die bei Ryan abgedruckten Dokumente aussagekräftig genug. Alford und Savas beziehen sich gleichfalls auf NARA-Bestände, geben aber den genauen Fundort nicht an.

21 1982 bekommen Augstein und der *Spiegel* dann doch noch ein Jünger-Interview. Ein Vergleich mit dem Heidegger-Gespräch ist reizvoll; Jünger zeigt hier jene ironisch-gelassene Angriffslust, die im defensiven Gesprächsmodus Heideggers fehlt; allerdings war Jünger auch nicht durch ein direktes NS-Engagement belastet.

22 Der ursprüngliche Titel von Schwans Dissertation lautete: »Der Ort der Gegenwart in der Eschatologie des Seins. Studie zur Ortsbestimmung der Gegenwart im ›neuen Denken‹ Heideggers«.

23 Schwan hatte Heideggers Abhandlung »Der Ursprung des Kunstwerks« als »Leitfaden« für seine Frage nach »dem Werk der Politik als Repräsentation der Wahrheit im Sinne Heideggers« genommen. Daraus ergab sich für Schwan die Frage, »was für Heidegger denn das spezifische Werk der Politik, das Staats-Werk, das Werk politischer Ordnung, ausmacht und welche Struktur oder zumindest welche Merkmale es bestimmen«. Die Suche nach einer spezifischen

Politikkonzeption Heideggers blieb weitgehend fruchtlos; immerhin kritisiert Schwan schon damals deutlich »die Vermischung Heidegger'schen Denkens mit NS-Parolen«. (Alexander Schwan: *Politische Philosophie im Denkens Heideggers*, Köln/Opladen 1965, S. 183).

24 »Der Deutsche wohnt ohnehin halb in Hellas, solang er in Deutschland ist; kommt er aber nach Griechenland, so ist ihm Deutsches überall um den Weg. Das Tempeltal unter uns mutet höchst heimatlich an, nicht von der arkadischen Aue, die man sich vorstellen mochte. Enge Felswände, der winterlich brausende Peneios neben der Bahnlinie, die dichten Kastanien und Platanen, herbstlich braune Blätter. Wie ähnlich scheint das dem oberen Donautal.« Erhart Kästner, *Griechenland. Ein Buch aus dem Kriege*, Berlin 1943, S. 268. So ähnlich hätte es Heidegger auch schreiben können.

25 Dr. Ferdinand Himpele, zeitungswissenschaftliche Promotion über »Satire im Elsaß« 1937 in München, nach 1945 Redakteur u. a. bei den *Hamburger Nachrichten*, der *FAZ* und der *Welt*, Vorsitzender der Bundespressekonferenz, in den fünfziger Jahren Mitorganisator der legendären Bundespresseballe in Bad Neuenahr.

26 Wahrscheinlich eine Verwechslung mit dem »Todtnauberger Lager« im Herbst 1933, von dem Buhr dann später in dem Heidegger-Erinnerungsband aus Neskes Verlag erzählt.

27 Jewgeni Alexandrowitsch Jewtuschenko, Jahrgang 1932, Lyriker und Schriftsteller, galt als russischer »Dichterrebell« der sechziger Jahre.

28 William J. Richardson ist über diese Redewendung in seiner englischen Übersetzung des Interviews verwirrt (»Only a God Can Save Us«: The Spiegel Interview (1966), z. B. in Thomas Sheehan (Hrsg.): *Heidegger. The Man and the Thinker*, Chicago 1981, S. 45–62). In einer Anmerkung heißt es dazu: »The allusion is obscure. Perhaps the interviewer means: ›after the manner of the oracle at Delphi‹«; Augstein meinte aber »zum Gebrauch des Dauphins« (Kronprinzen), also im Sinne einer vereinfachten und kindgerechten Rede.

29 In Ansätzen erkennbar in Heideggers Vortrag »Die onto-theo-logische Verfassung der Metaphysik« (Todtnauberg, 24. Februar 1957): »Was jetzt *ist*, wird durch die Herrschaft des Wesens der modernen Technik geprägt, welche Herrschaft sich bereits auf allen Gebieten des Lebens durch vielfältig benennbare Züge wie Funktionalisierung, Perfektion, Automatisation, Bürokratisierung, Information darstellt. So wie wir die Vorstellung vom Lebendigen Biologie nennen, kann

die Darstellung und Ausformung des vom Wesen der Technik durchherrschten Seienden Technologie heißen. Der Ausdruck darf als Bezeichnung für die Metaphysik des Atomzeitalters dienen.« Dies wird aber wieder mit dem »Schritt zurück« in das »erst zu denkende *Wesen* der modernen Technik« kombiniert. Gedruckt in Martin Heidegger: *Identität und Differenz*, Stuttgart 2008, 13. Aufl., S. 42.

30 Die erste deutsche Übersetzung eines Wiener-Aufsatzes zur Kybernetik erschien 1949 in der Zeitschrift *Physikalische Blätter*. Seit 1961 gab es eine eigene Zeitschrift *Kybernetik* in Deutschland, mit einem internationalen Herausgebergremium, vertreten waren darin u. a. Norbert Wiener, Karl Steinbuch (Karlsruhe), Walter A. Rosenblith (Cambridge, Mass.), Bernhard Hassenstein (Freiburg) und Karl Küpfmüller (Darmstadt), ein erster Kybernetikkongress fand gleichfalls 1961 in Karlsruhe statt, die Idee für ein »kybernetisches Institut« an der Universität Göttingen (Max-Planck-Institut) wurde bereits 1957 entwickelt.

31 Nach kurzen Referenzen bei Helmut Heiber (1992), soweit ich sehe, nur bei Christian Plöger in seiner Dissertation über die Karriere von Paul Karl Schmidt alias Paul Carell ausgewertet (*Von Ribbentrop zu Springer*, 2009).

32 Mitunter figuriert er in Akten auch als Ernim oder Erwin Künzel; Ermin ist aber wohl der korrekte Vorname.

33 Die folgenden Zitate stammen aus Briefen an Elfride Heidegger.

34 Otto Pöggeler in einem Erinnerungsinterview: http://www.information-philosophie.de/?a=1&t=2945&n=2&y=1&c=3.

Personenregister

Abetz, Otto 65, 272
Achelis, Johann Daniel 39
Achenbach, Ernst 122
Acheson, Dean 121
Achilles, Vera 131
Adenauer, Konrad 9, 16, 88, 103, 105, 109, 116, 118, 120, 123–126, 141, 147, 152, 162 ff., 166, 284, 290
Adorno, Theodor W. 16, 23, 168 ff., 172, 174–177, 188, 194, 198, 233, 243, 292 ff., 302
Ahlers, Conrad 166 f.
Alexander, Hans G. 170
Alford, Kenneth 138
Allgeier, Arthur 76
Altwegg, Jürg 24
Aly, Wolfgang 204, 206, 247 f.
Amon, Herfried 331
Anaximander 54
Anders (eigentl.: Stern), Günther 27, 29, 49, 176 f., 326
Anders, Wladyslaw 137
Andreas, Willy 270
Apel, Karl-Otto 300
Arendt, Hannah 14, 24–27, 29, 43, 55, 91–94, 111 f., 172–177, 184, 223, 314, 321, 326
Aristoteles 36, 45, 248, 296
Arnold, Karl 141
Aron, Raymond 67, 82
Arp, Hans 49
Augsburg, Emil 127, 136–139
Augstein, Franziska 144
Augstein, Friedrich 101
Augstein, Gertrud 101
Augstein, Josef 112
Augstein, Katharina 166
Augstein, Rudolf 8 f., 12–16, 19, 24, 49, 59 ff., 78, 88 f., 93 f., 96–105, 107, 109, 112 f., 115–118, 120–125, 128 ff., 134, 138 f., 141–147, 152, 158, 162 f., 165 ff.,

172, 176, 178, 184 f., 187, 193–196, 198, 200 ff., 211–214, 216–219, 223, 228 f., 234, 236, 238–241, 243 ff., 247, 249, 253, 255, 285–289, 300, 305, 307–310
Augustinus 36
Aust, Stefan 128
Axelos, Kostas 295

Bachmann, Ingeborg 88
Back, Josef 263
Badiou, Alain 315 f.
Baeumler, Alfred 49, 230, 256 f., 266, 280
Bahr, Egon 332
Barbie, Klaus 132, 135 f., 138 f., 170 f.
Barsch, Gerhard R. 99 f., 105
Barth, Heinrich 48
Bauch, Kurt 69, 314
Baudelaire, Charles 308
Baudrillard, Jean 23
Baumeister, Franz 131
Baumeister, Paul 131
Baumgarten, Eduard 77
Beaufret, Jean 61, 74, 79 f., 284, 296
Beauvoir, Simone de 79, 82, 84, 316
Beck-Broichsitter, Helmut 141
Beckenbauer, Franz 59
Becker, Hans Detlev 104 f., 107, 139, 142, 146, 158, 165
Ben Gurion, David 170
Benn, Gottfried 13, 22, 115
Bennecke, Heinrich 250
Benoist, Alain de 333
Berg, Hans Walter 106
Berger, Max 132
Bergson, Henri 33, 44, 54
Bergstraesser, Arnold 181 ff., 188
Berndorff, Hans Rudolf 130
Bernet, Adalbert 188
Best, Werner 108, 259
Bickenbach, Otto 269
Biemel, Walter 90, 319

Binswanger, Ludwig 232
Bismarck, Otto von 93, 102, 146, 160
Bittorf, Wilhelm 163
Blanchot, Maurice 49
Blauhorn, Kurt 114 f.
Bloch, Ernst 95, 193
Blochmann, Elisabeth 49 f., 314, 321
Blome, Hermann 106
Blücher, Heinrich 91
Blum, Léon 66
Bodmersdorf, Imma von 64
Böhm, Franz 76
Böhme, Jakob 70
Bohr, Niels 223
Bohrer, Harry 98 ff., 102, 106, 142 f.
Bollinger, Heinz 227
Bonaventura 36
Bontjes van Beek, Cato 7, 18
Bontjes van Beek, Jan 18, 20
Bontjes van Beek, Rahel-Maria 18
Boss, Medard 10, 284
Bourdieu, Pierre 32 f., 308 f., 315
Boveri, Margret 278
Braig, Carl 36
Brandt, Peter 334
Brandt, Willy 10, 103, 123, 141, 332
Braun, Eva 133 f.
Braune, Werner 161
Brawand, Leo 97 ff., 103 f., 106, 166
Bréhier, Émile 25, 67 f., 75
Breivik, Anders 335
Brentano, Franz 36
Bröcker, Walter 199, 204
Bröse, Siegfried 196, 198
Brumm, Dieter 167, 177 ff., 198, 297
Buhr, Heinrich 198 f., 261 f.
Bultmann, Rudolf 38
Burke, Edmund 15
Buschette, Marianne 160
Busse, Walter 158, 185 f., 195, 198, 200
Buttlar, Herbert von 185 ff.

Camus, Albert 75, 111
Carell, Paul (eigentl.: Schmidt, Paul Karl) 107, 128, 262–265, 268
Cäsar, Friedel 328
Cassin, Barbara 315 f.
Cassirer, Toni 198, 303
Cazalis, Marie 84
Celan, Paul 49, 191, 307
Céline, Louis-Ferdinand 65
Chaloner, John Seymour 98–102, 105, 142

Char, René 216, 234, 284, 296
Christensen, Theodor 112
Cohn-Bendit, Daniel 335
Conrad, Franz 134
Corbin, Henry 82 f.
Croce, Benedetto 198

Darchinger, Jupp 17
Darwin, Charles 40
De Gaulle, Charles 163
De Lattre de Tassigny, Jean 65
Delwig-Tiesenhausen, Hans-Heinrich von s. Tiesenhausen, Hans von
Denkler, Horst 279
Derrida, Jacques 23, 296, 307
Descartes, René 15, 66 ff.
Dibelius, Otto 121
Diels, Rudolf 107, 141
Dietze, Constantin von 76, 250, 274
Diewerge, Wolfgang 122
Dilthey, Wilhelm 33, 54, 279
Döring, Wolfgang 122, 124, 141
Dörsam, Fritz 131
Dostojewski, Fjodor M. 190
Douglas, Robert Graf 63
Driesch, Hans 45
Dulles, John Foster 163

Eichmann, Adolf 108
Eisenhower, Dwight D. 122
Ellersiek, Kurt 135
Elze, Walter 20 f.
Engel, Johannes K. 166, 300
Erhard, Ludwig 12, 106, 151
Ertel, Dieter 106
Eucken, Walter 72, 76
Evola, Julius 280

Farías, Víctor 11, 24, 47, 49, 243, 249, 307, 309
Fassbinder, Rainer Werner 17
Faye, Emmanuel 23 f., 47, 253 f., 314 f., 326 f., 329
Faye, Jean-Pierre 24
Fédier, François 284, 315
Fegelein, Hermann 134
Fehlis, Heinrich 159
Fehmer, Siegfried 150
Fehrle, Eugen 224, 247, 251, 268
Fichte, Johann Gottlieb 8, 79, 249
Fichter, Tilman 334
Fink, Eugen 30, 179, 204, 284, 304

Finke, Heinrich 37
Fjordman 334
Fleissner, Herbert 331
Fleurquin, Capitaine 74
Flick, Friedrich 109
Fontane, Theodor 152
Forschbach, Edmund 118, 275 f.
Foucault, Michel 23, 307
Fouchet, Max-Pol 75
Franke-Gricksch, Alfred 141
Franz, Heinz 270
Freyer, Hans 332
Frick, Wilhelm 259
Fried, Ferdinand 115
Friedrich der Große 102
Friedrich, Hugo 66, 196, 301
Furzewa, Jekaterina 163

Gabriel, Sigmar 145
Gadamer, Hans-Georg 29, 44, 326
Gandillac, Maurice de 79
Gaus, Günter 123, 125, 167
Gebsattel, Viktor von 78
Gegenberger, Dr. 227
Gehlen, Arnold 13, 157, 167 f.
Gehlen, Reinhard 116, 125–128, 136, 141, 162
George, Stefan 297, 338
Gerberding, Willi 106
Germani, Hans 106
Gierek, Edward 300
Gies, Karlwerner 105
Giroud, Françoise 298
Globke, Hans 103, 125 f.
Glotz, Peter 183
Goebbels, Joseph 56, 117, 122, 128, 238, 257, 269, 311
Goebel, Dr. 131
Goethe, Catharina Elisabeth 188, 196
Goll, Claire 191
Göring, Hermann 18, 69, 107, 238
Graham, Billy 163
Grass, Günter 95, 180, 193–196, 335
Grassi, Ernesto 301 f.
Grimme, Adolf 39
Gritschke, Kurt 156
Gröber, Conrad 36, 78
Gröber, Maria 78
Groh, Wilhelm 269 f.
Gropius, Walter 242
Grosse, Karl Friedrich 106
Gruber, Kurt 272

Grün, Bernd 271
Gründer, Karlfried 30
Gudenschwager, Hannes 152
Gumnior, Helmut 167, 297
Gundert, Wilhelm 242
Günther, Maria 106
Gutierrez, Robert A. 133

Haagen, Eugen 269
Habermas, Jürgen 59, 88, 180, 192, 210, 228 f., 245, 300, 338
Hadlich, Käthe 240
Hammerschmidt, Peter 136
Han, Byun-Chul 31
Hancke, Kurt 226, 278–281
Hancke, Maria 279
Hancke, Otto 279
Harden, Maximilian 115
Hartmann, Nicolai 90, 309
Hassell, Ulrich von 325 f.
Haubold, Helmuth 272
Hauptmann, Gerhart 185
Hausmann, Frank-Rutger 302
Hebel, Johann Peter 95, 179, 214, 317
Heer, Friedrich 198
Hegel, Georg Wilhelm Friedrich 15, 47, 61, 67, 70, 74, 79, 81, 83, 178, 218
Heiber, Helmut 249, 258
Heidegger, Elfride (geb. Petri) 9, 35, 37 f., 43, 50, 59, 64 ff., 72 ff., 78, 91 f., 189, 193 f., 198 ff., 210, 213 f., 223, 245, 265, 283 ff., 295, 299, 302, 311–314, 316–319, 325–328
Heidegger, Friedrich 36
Heidegger, Fritz 10, 19, 63, 65
Heidegger, Gertrud 9, 50, 299, 302, 311–317, 327 f.
Heidegger, Hedi 312
Heidegger, Hermann 38, 220, 309 ff., 316 f., 319–331, 333–338
Heidegger, Johanna 36
Heidegger, Jörg 38, 326
Heidegger, Martin 8 u. passim
Heiliger, Bernhard 195
Heiliger, Ruth Maria 195
Heinz, Friedrich-Wilhelm 278
Heisenberg, Werner 39, 233
Hellingrath, Norbert von 64
Helms, Hans G. 95
Hemingway, Ernest 84
Hempel, Hans-Peter 47
Henscheid, Eckhard 332

Hentig, Otto von 119
Heraklit 10, 39, 284, 287 f.
Herrmann, Friedrich-Wilhelm von 317, 319
Hevesy, George Charles de (Georg von) 223
Heydrich, Reinhard 69, 97, 107 f., 154, 238, 280
Heyse, Hans 68
Himmler, Heinrich 97, 107, 238, 270, 274
Himpele, Ferdinand 187
Hippler, Fritz 182
Hirschfeld, Josephine 140
Hirschfeld, Walter 110, 132 ff., 136–140
Hirt, August 269
Hitler, Adolf 7, 18, 23 f., 28, 33, 45, 48, 50, 67, 69, 79, 91, 101 f., 107, 131, 134, 148, 155, 159, 180, 199, 206, 209, 236 ff., 247 f., 254, 257, 260, 268, 272, 301, 327
Hobbes, Thomas 15
Hochkeppel, Willy 300
Hoffmann, Wilhelm 65
Hofmann, Heinrich 139
Hofmann, Otto 274
Höhn, Reinhard 108, 259, 270, 281
Höhne, Heinz 111, 170
Hölderlin, Friedrich 8, 15, 28, 40, 44, 47, 62–65, 67, 69–72, 74, 81, 95, 193, 228, 231, 254, 297, 308, 326, 340
Hollaender, Ulrich s. Thomas, Michael
Holzamer, Karl 290
Honecker, Martin 204 f.
Hooper, John 143
Hörisch, Jochen 32
Horkheimer, Max 16, 167–170, 174, 233, 292, 298
Hornung, Klaus 331
Höttl, Wilhelm 117
Hühne, Werner 105 f.
Hühnerfeld, Paul 40, 88, 189–192, 198
Huidrobo, Ferdinand de 227
Humboldt, Wilhelm von 8, 206, 261
Hume, David 15
Husserl, Edmund 23, 25, 33, 35 f., 38 f., 43 f., 54, 61, 67, 82 ff., 173, 176, 180, 184, 195, 219, 223, 245, 248, 253, 256 f., 260, 279, 302 ff., 308, 322, 324
Husserl, Malvine 219, 223, 242, 245

Jacobi, Claus 167
Jacobssohn, Heinz Ludwig s. Ormond, Henry

Jaene, Hans Dieter 105, 166
Jaensch, Erich 259 f.
Jahr, John 100 f.
Janicaud, Dominique 87
Janssen, Sigurd 72
Jaspers, Gertrud 173
Jaspers, Karl 25, 45–49, 54, 57, 61, 76 f., 88–94, 96, 172 ff., 176, 184, 187, 194, 196, 200, 209 f., 223, 253, 257, 281, 292, 297, 308, 314, 321
Jens, Walter 286
Jesus von Nazareth 102
Jewtuschenko, Jewgeni Alexandrowitsch 212
Jodl, Alfred 65
John, Otto 126
Jonas, Hans 14, 27, 29, 326
Jordan 19
Julius II. 154
Jünger, Ernst 13, 41, 85, 152 f., 203, 206 f., 291, 332, 334 f., 338
Jünger, Friedrich Georg 85, 283

Kafka, Franz 111
Kamlah, Wilhelm 179
Kant, Immanuel 39, 47 f., 66, 198, 248
Kästner, Erhart 19, 185 ff., 194 ff., 199 ff., 210, 285 ff.
Keller, Max 73
Kennedy, John F. 172
Kerber, Franz 48, 66, 73
Kern, Eduard 219, 225, 251 f.
Kierkegaard, Søren 33, 40, 54, 57, 61, 84, 279
Kiesinger, Kurt Georg 9
Kinski, Klaus 17
Kisiel, Theodore 318
Kittler, Friedrich 32
Klages, Ludwig 45
Kleinberg, Ethan 79
Klemm, Barbara 17
Klempa, Istvan 18
Klibansky, Joseph 112 f.
Klostermann, Vittorio E. 86, 196, 317, 319
Koch, Erich 156
Koch, Franz 280
Koch, Karl Otto 131
Koch, Thilo 92
Kohl, Helmut 334
Köhler, Fritz 111
Kojève, Alexandre 67
Kopernikus, Nikolaus 270

Kopkow, Horst 131
Korn, Karl 88, 278
Koselleck, Reinhart 28
Kositza, Ellen 334
Koyré, Alexandre 67
Kraus, Karl 115, 188, 311
Krenz, Egon 335
Kreutzer, Conradin 193
Krieck, Ernst 147, 153, 230, 246, 256–260, 266, 270, 280 f.
Kubach, Fritz 270
Kubitschek, Götz 330 f., 333 ff., 338
Künzel, Ermin 272–275

Lacan, Jacques 307
Lampe, Adolf 72, 76
Lassalle, Ferdinand 149
Lebeck, Robert 17
Leibniz, Gottfried Wilhelm 290
Lenin, Wladimir I. 148
Lenssen, Claudia 17
Lenz, Otto 125 ff.
Leonhard, Rudolf Walter 191
Levinas, Emmanuel 67, 82
Lévy, Bernard-Henri 24
Lewalter, Christian E. 88
Ley, Robert 108
Lichtmesz, Martin 334
Liebeneiner, Wolfgang 85
Locke, John 15
Lohberg, Ralf 232
Lotz, Johannes Baptist 36, 226
Lotze, Hermann 36
Löwenthal, Gerhard 334
Löwith, Karl 14, 27 ff., 44, 49, 79, 88, 192, 293, 297, 302, 325 f.
Lübbe, Hermann 30, 48
Ludendorff, Mathilde 163
Lüdke, Bruno 130
Luhmann, Niklas 41
Lukács, Georg 95, 193
Lummer, Heinrich 331
Luther, Martin 8, 40
Lutz, Theo 232

Machiavelli, Niccolò 15
Mähner, Hanna s. Wolff, Hanna
Mahnke, Horst 97, 107–114, 116, 127–130, 134, 138 f., 142 f., 145 f., 154, 156 ff., 162, 167, 282
Maier, Hans 181
Maier, Reinhold 123

Malick, Terrence 31
Mann, Thomas 23, 152
Manthey, Günter 154
Marcel, Gabriel 88, 180
Marcuse, Herbert 14, 16, 27, 29, 89, 168 f., 175, 221 f., 253, 280, 284, 306 f., 326
Marcuse, Ludwig 187
Marquard, Odo 29
Marten, Rainer 190, 267, 328 f.
Marthinsen, Karl Alfred 150
Martin, Bernd 203, 328 f.
Marx, Karl 81, 292, 304
Matthiesen, Johannes 113
Maunz, Theodor 204
May, Karl 102
Mayer, Gertrud 89
Mayer, Hans 95 f., 193, 195
Mayer, René 122 f.
Mayer, Wilhelm 185
McBride, Will 17
Mehring, Reinhard 11, 44, 318
Meinhof, Ulrike 141
Meller Marcovicz, Digne 8, 16–19, 283
Meller Marcovicz, Pali 18
Mende, Erich 10
Merk, Kurt 136
Merleau-Ponty, Maurice 79
Merseburger, Peter 134, 142 f.
Metz, Friedrich 67
Meyer, Haakon 160
Meyn, Marion 110 f.
Middelhauve, Friedrich 122
Minder, Robert 95, 193
Mischnick, Wolfgang 124
Mohler, Armin 334, 338
Möllendorff, Emilie von (geb. Pfaff) 242
Möllendorff, Wilhelm von 220, 224, 246, 250 f., 271
Möller, Helene 130
Möller, Horst 331
Mörchen, Hermann 198 f., 248, 294
Morin, Edgar 75
Mühsam, Erich 322 f.
Mühsam, Heinrich 323
Müller, André 124
Müller, Georg Wilhelm 161, 257
Müller, Hans Dieter 142
Müller, Max 30, 178, 196, 203–206, 298
Münster, Clemens 189
Musmanno, Michael A. 172
Mussolini, Benito 65

Napoleon Bonaparte 47
Naumann, Friedrich 242
Naumann, Werner 122
Nebe, Arthur 129 ff.
Neef, Hildegard 98, 106
Neske, Günther 40, 64, 193, 196, 198 f., 201, 290 f., 301, 319
Neumann, Friedrich 258
Niemeyer, Hermann 196
Nietzsche, Friedrich 8, 15, 22, 27, 40, 45, 83, 95, 102, 161, 181, 226, 230, 278 f., 282, 286, 318
Noack, Ulrich 160
Noelle-Neumann, Elisabeth 175
Nolte, Ernst 46, 51, 304–307, 309, 334
Noot, Herbert 150, 161
Nrkumah, Kwame 163

Ockham, Wilhelm von 37
Oebsger-Röder, Rudolf 112, 127, 134, 138
Oehlkers, Friedrich 76
Oelze, F. W. 22
Ogorzow, Paul 130
Ohlendorf, Otto 108, 130
Oltmanns, Käthe 204
Ophüls, Marcel 135
Ormond, Henry (eigentl.: Jacobssohn, Heinz Ludwig) 99 f., 142
Ostermann, Lore 106
Ott, Hugo 46, 73, 265, 275, 277, 320, 323 ff., 328 f.
Otte, Carolus 161
Oven, Wilfried von 117, 128

Pahlmann, Gerhard 263
Palmier, Jean-Michel 50, 295
Papen, Franz von 205
Parmenides 54
Pascal, Blaise 40, 190
Paul, Bruno 19
Pendorf, Robert 167
Perón, Juan 128
Petri, Elfride s. Heidegger, Elfride
Petri, Richard 37
Petzet, Arnold 19, 21
Petzet, Elsa 19
Petzet, Heinrich Wiegand 8 f., 19–22, 57, 62, 185, 189 f., 192, 194, 196, 200 f., 210 f., 213, 218, 239, 241, 254, 285 f.
Pfänder, Alexander 303
Pfeffer, Karl-Heinz 164
Picasso, Pablo 75, 191, 211

Picht, Georg 38
Platon 8, 62, 181, 227
Ploetz, Hans-Achim 280 f.
Podewils, Sophie-Dorothee von 313
Podlich, Oskar 159
Pöggeler, Otto 191, 300
Poliakov, Léon 88
Popper, Karl Raimund 23, 32
Poujade, Pierre 163
Predöhl, Andreas 153
Putscher, Marielene 317

Raddatz, Fritz J. 103
Rahner, Karl 227, 291
Rank, Maria 139
Rauschning, Hermann 159 f.
Rehse, Hulda 98
Reifenberg, Benno 86 f.
Renner, Hermann 167
Resnais, Alain 74
Reyna, Alberto Wagner de 21
Rhein, Eduard 130
Ribbentrop, Joachim von 106 f., 277
Richardson, William J. 10, 180
Rickert, Heinrich 37, 259
Riedel, Heinz 272
Riemerschmid, Richard 19
Riezler, Kurt 280
Rilke, Rainer Maria 298
Ringguth, Rolf 167, 198
Risse, Otto 265
Ritter, Gerhard 71, 76, 180, 228, 252, 264, 316
Ritter, Henning 326
Ritter, Joachim 326
Rockmore, Tom 329
Röhm, Ernst 28, 69, 259, 309
Roosevelt, Franklin D. 119
Roselius, Hilde 20
Rosenberg, Alfred 108, 180, 256, 259
Rothacker, Erich 229, 300
Rotzoll, Christa 106, 115, 158
Rousseau, Jean-Jacques 15
Rowohlt, Ernst 85
Rubel, Barbara 328
Rubin, Hans Wolfgang 141
Rudolph, Heinz-Wilhelm 114
Ruehl, Lothar 111
Rusk, Dean 172
Rust, Bernhard 225, 259, 269
Ryan, Allan A. jr. 132
Ryle, Gilbert 31

Sachsen-Meiningen, Bernhard von 63, 69
Sachsen-Meiningen, Margot von 63, 69, 71 f., 78
Safranski, Rüdiger 46, 323, 325
Saner, Hans 89, 172
Sartre, Jean-Paul 23, 25, 61 f., 75 f., 79 f., 82–87, 111, 167, 291, 308, 316
Sauer, Josef 246, 259, 271
Savas, Theodore 138
Schadewaldt, Wolfgang 246
Scheel, Gustav Adolf 108, 122, 147, 223 f., 226, 251, 256, 259 f., 262, 268, 270, 280 f.
Scheel, Walter 141
Scheler, Max 45, 303
Schelling, Friedrich Wilhelm Joseph 48, 67, 70, 83
Schelsky, Helmut 183
Schickele, René 248
Schiller, Karl 12
Schindler, Gerhard 128
Schirrmacher, Frank 103, 143
Schlageter, Albert Leo 207f., 242
Schleef, Einar 18
Schleicher, Kurt von 50, 182, 240 f., 315
Schlemmer, Gerhard 133, 137, 140
Schleyer, Hanns Martin 270
Schlüter, Leopold 141
Schmelz, Hans 106
Schmidt, Paul Karl s. Carell, Paul
Schmitt, Carl 13, 18, 41, 207, 244 f., 332 f., 338 f.
Schneeberger, Fritz 47
Schneeberger, Guido Federico 46–49, 198, 209 f., 249, 277, 320
Schneeberger, Sima (geb. Rosenblatt) 47
Schneider, Carl 269
Scholl, Hans u. Sophie 227, 306
Schönhuber, Franz 334
Schopenhauer, Arthur 23, 145
Schramm, Gottfried 203
Schröder, Gerhard 10
Schröder, Kitty 131
Schroeter, Werner 18
Schuhmann, Karl 303
Schulte-Mäter, Fritz 277
Schultze, Walter 271
Schulz, Walter 44
Schumacher, Kurt 120 f.
Schumacher, P. 227
Schwan, Alexander 95, 173, 177, 180 f., 183 f., 187

Schwan, Gesine 183
Scotti, Michael von 330
Scotus, Duns 37
Seemann, Silke 329
Seeßlen, Georg 31
Seifert, Heribert 332
Seikel, Karl Dietrich 101
Sellmeyer, Fritz 277
Seubert, Harald 338 f.
Shakespeare, William 61
Sheehan, Thomas 318
Six, Franz Alfred 108–111, 116, 122, 127, 134, 137 f., 154, 156 f., 164, 172, 182, 188, 226, 270, 278 ff., 282
Six, Marianne 137–140
Sloterdijk, Peter 32, 46
Södermann, Harry 161
Sonnemann, Ulrich 188
Sophia, Hl. 70
Spacil, Josef 133
Speer, Albert 12, 238
Spemann, Hans 242
Spengler, Oswald 45
Spinoza, Baruch de 15
Spranger, Eduard 210, 216 f., 240, 280
Springer, Axel 100, 107, 142, 158, 167
Stäbel, Oskar 259, 266, 271 f., 274 ff.
Stadelmann, Rudolf 63, 71 ff., 74, 264 f.
Stadler, Arnold 22
Stahl, Alexander von 331 f.
Stalin, Josef 95
Staudinger, Hermann 320
Steding, Christoph 156
Stein, Dieter 331, 333 f.
Stein, Eckart 269
Stein, Edith 38
Stein, Johannes 262 f., 265, 268, 270 f.
Steinbrecher, Walter 8
Steiner, George 10, 307
Steinhoff, Fritz 141
Stempka, Roman 99, 105
Stephan, Werner 113 f.
Stepun, Fedor 248
Stern, Clara 176
Stern, Günther s. Anders, Günther
Stern, William 176
Sternberger, Dolf 280, 291
Stolte, Dieter 290
Strauß, Botho 338
Strauß, Franz Josef 10, 12, 88, 117, 141 f., 165 f.
Strawinsky, Igor 191

Stresemann, Gustav 151
Stroomann, Gerhard 85
Szilasi, Wilhelm 30, 190, 302, 304

Talleyrand, Charles-Maurice de 118
Terboven, Josef 150, 160
Thannhauser, Siegfried 223
Thomä, Dieter 44, 50
Thomas von Aquin 36
Thomas, Michael (eigentl.: Hollaender, Ulrich) 103
Tiesenhausen, Hans von 220, 250 f., 271 f.
Tiesenhausen, Marie-Stephanie von 272
Tillich, Paul 23, 176
Toll, Hans Joachim 105 f.
Towarnicki, Frédéric de 74 f., 79 f., 294 f.
Trakl, Georg 40
Trotzki, Leo 199
Tugendhat, Ernst 30

Ubbelohde, Otto 37
Uexküll, Jakob von 45, 233

Valéry, Paul 66, 188, 242
van Davis, Jeffrey 328 f.
Vico, Giambattista 290
Vietta, Egon 85 f., 179
Vogeler, Heinrich 20
Voltaire 84
von zur Mühlen, Erik 278
von zur Mühlen, Erika 278
von zur Mühlen, Heinrich 48, 274–278

Wacker, Otto 224, 268, 270
Wagner, Friedrich 188
Wagner, Gerhard 271
Wagner, Richard 102, 318
Walz, Hanne 106
Walz, Kurt 156
Weber, Max 57, 89, 181
Wehner, Bernhard 117, 129–132
Weil, Eric 79
Weinberger, David 329
Weiner, Albert 150
Weischedel, Wilhelm 178
Weiss, Helene 210, 251, 302

Weißmann, Karlheinz 331, 333 f., 338
Weizsäcker, Carl Friedrich von 38 f., 153, 233, 242, 284, 291, 301
Weizsäcker, Viktor von 39, 269
Welte, Bernhard 30, 299
Werner, Oskar 17
Weyer, Willi 141
Wiegrefe, Klaus 128
Wiehe, Hans Jürgen 110 f.
Wiener, Norbert 232
Wild, Dieter 104
Willms, Bernard 334
Wimmer, Robert 271
Windmöller, Eva 106, 111
Winkler, Heinrich August 305
Wirsing, Giselher 42 f., 115, 119 f., 240
Wisser, Richard 290–293
Wittgenstein, Ludwig 14, 31
Wolf, Erik 196, 224, 251 f.
Wolf, Lothar 258, 262
Wolff, Dora 150
Wolff, Friedrich Wilhelm 150
Wolff, Georg 8, 14–17, 51, 59 f., 88, 95, 97, 107, 109–113, 129, 142 f., 145–171, 177 f., 180 f., 184–187, 194 ff., 198, 200 f., 209, 211 f., 214–219, 222 f., 225, 228, 231, 233, 235 ff., 239, 241–245, 247, 249, 253, 255, 257, 282, 285–289, 291, 294 ff., 298, 300
Wolff, Hanna (geb. Mähner) 160
Wolff, Hans 151, 160, 162
Wolff, Ulrike 160
Wolin, Richard 27
Wollheim, Norbert 113
Worringer, Wilhelm 156
Wulf, Joseph 88
Wundshammer, Benno 105

Young-Bruehl, Elisabeth 25

Zehm, Günter 331
Zehrer, Hans 50, 115, 240
Ziegler, Leopold 45
Ziesel, Kurt 142, 334
Zimmermann, Ekkehard 16, 145 f.
Zimmermann, Hans Dieter 65